Ludwig Wittgenstein

Wiener Ausgabe
Studien Texte

Band 3
Bemerkungen
Philosophische Bemerkungen

Herausgegeben von Michael Nedo

 SpringerWienNewYork

Herausgegeben mit Zustimmung der Nachlaßverwalter G. E. M. Anscombe,
Rush Rhees †, G. H. von Wright, Anthony Kenny und Peter Winch
von Michael Nedo, Wittgenstein Archive, Cambridge

Computerimplementation: Desmond Schmidt
Transkription: Rosemary Graham, Rainer Vesely
Mathematik und Graphik: Bobbie Coe, Desmond Schmidt
Korrektur: Hans Veigl, Josef Schiffer, Michael Cahn

Unterstützt vom Fonds zur Förderung der wissenschaftlichen Forschung, Wien

Druck: Tiskarna Optima, Ljubljana, Slowenien

Gedruckt auf säurefreiem, chlorfrei gebleichtem Papier – TCF
SPIN: 10712112

Band 3 der „Wiener Ausgabe" enthält die Manuskriptbände V und VI,
MSS 109 und 110 aus dem Eigentum der Nachlaßverwalter, in der
Wren Library, Trinity College, Cambridge.

Original-Ausgabe erschienen als „Ludwig Wittgenstein – Wiener Ausgabe"
Band 3: Bemerkungen. Philosophische Bemerkungen
Copyright © 1995 Springer-Verlag/Wien

ISBN 978-3-211-83268-4

INHALTSVERZEICHNIS

CONTENTS

Einleitung

Introduction

Am 20.1.1930 hatte Wittgenstein in Cambridge seine erste reguläre Vorlesung gehalten: ein Seminar über Probleme der Sprache, Logik und Mathematik. Im „Cambridge University Reporter" werden sie während seiner gesamten Lehrtätigkeit als „Philosophy" angekündigt.

Im Taschennotizbuch MS 155 notiert er die folgenden Bemerkungen für seine Studenten zur Beschreibung seiner Lehrtätigkeit:

On the 20th of January 1930 Wittgenstein gave his first scheduled lecture in Cambridge: a seminar on problems of language, logic and mathematics. During the entire period of his teaching his lectures were always announced in the Cambridge University Reporter as 'Philosophy'.

In a pocket notebook MS 155 he jotted down the following remarks for his students as a description of his teaching:

What I should like to get you to do is not to agree with me in particular opinions but to investigate the matter in the right way. To notice the interesting kind of things (i.e. the things which will serve as keys if you use them properly.

What different people expect to get from religion is what they expect to get from philosophy.

I don't want to give you a Def. of Philos. but I should like you to have a very lively idea as to the characters of philosophic problems. If you had, by the way, I could stop/start/ lecturing at once.

To tackle the phil. problem is difficult as we are caught in the meshes of language.

„Has the universe an end/beginning/ in Time" (Einstein)

You would perhaps give up Phil. if you knew what it is. You want explanations instead of wanting descriptions. And you are therefore looking for the wrong kind of thing.

Philos. questions, as soon as you boil them down to ..... change their aspect entirely. What evaporates is what the intellect cannot tackle.

Die Sommerferien verbringt Wittgenstein, wie nahezu alle Ferien, in Österreich, in Wien und auf der Hochreith, dem Sommersitz der Familie. Auf der Hochreith hatte Wittgenstein am 9. August den Manuskriptband IV abgeschlossen. Am 11. August beginnt er dort die unmittelbare Fortsetzung der Bemerkungen im Manuskriptband V, der zusammen mit dem Manuskriptband VI die Grundlage des hier vorgelegten dritten Bandes der WIENER AUSGABE bildet. Der Zusammenhang zwischen beiden Manuskriptbänden ist ähnlich dem zwischen den Bänden III und IV des zweiten Bandes der WIENER AUSGABE: Während der Weihnachtsferien 1930 läßt Wittgenstein den noch nicht abgeschlossenen V. Band in Cambridge. In Wien erwirbt er ein neues Schreibbuch, den Band VI, worin er die Bemerkungen des V. Bandes fortführt. Nach Cam-

During the summer Wittgenstein spent his holidays, as usual, in Austria: in Vienna and at the Hochreith, his family's summer residence. It was here that he finished MS volume IV on the 9th of August; on the 11th he continued his remarks in MS volume V, which together with VI form the basis of the present volume of the WIENER AUSGABE. The two manuscripts overlap in a similar way to MS volumes III and IV from the second volume of the WIENER AUSGABE: during the Christmas holidays of 1930 Wittgenstein left the unfinished volume V in Cambridge. In Vienna he acquired a new writing book, volume VI, in which he continued the remarks from V. After returning to Cambridge he carried on his entries first on the remaining pages of V, and thereafter in VI.

bridge zurückgekehrt, setzt er die Aufzeichnung-
en auf den verbliebenen Seiten des V. Bandes
fort. Danach werden die Aufzeichnungen im VI.
Band weitergeführt.

Am 5. Dezember 1930 wählt das Council des
Trinity College Wittgenstein für fünf Jahre zum
Research-Fellow. Grundlage dafür war das Ma-
nuskript „Philosophische Bemerkungen", das
Wittgenstein im Frühjahr 1930 Russell vorgelegt
hatte. Das College Council hatte Russell und die
Mathematiker Hardy und Littlewood mit der
Begutachtung beauftragt.

Anfang November 1930 notiert Wittgenstein
im Manuskriptband „Bemerkungen V." eine
Reihe von Entwürfen für ein Vorwort zu einem
geplanten Buch. Ob sich diese Entwürfe auf das
Manuskript der postum veröffentlichten „Philosophischen Bemerkungen" beziehen, das Wittgenstein bereits im April 1930 fertiggestellt hatte,
und in dessen Zusammenhang sie heute pub-
liziert sind, ist zweifelhaft. Mit Sicherheit aber
deuten diese Entwürfe darauf hin, daß Wittgenstein die feste Absicht hatte, seine neueren Arbeiten in der Form eines Buches zu veröffentlichen. Im Notizbuch MS 154 aus dem Jahr 1931
notiert Wittgenstein in Anlehnung an Novalis
einen Titel für das geplante Buch:

Der Titel meines Buches:
„Philosophische Betrachtungen. Alphabe-
tisch nach ihren Gegenständen geordnet
/Themen aneinander gereiht/."[... nach
Stichwörtern angeordnet]

Das Buchprojekt, an dem Wittgenstein spätes-
tens seit dieser Zeit arbeitet, führt 1932/33 zum
sogenannten „Big Typescript". Unter seinen
Manuskripten besitzt es als einziges die Struktur
eines konventionellen Buches: Es hat ein Inhalts-
verzeichnis und ist in Kapitel eingeteilt.

Entstanden ist das „Big Typescript" aus den
Synopsen der ersten zehn Manuskriptbände der
Jahre 1929 bis 1932. Die Durchschläge der aus
diesen Bänden hergestellten Typoskripte hatte
Wittgenstein in einzelne oder Gruppen von Bemerkungen zerschnitten, die er dann neu geordnet unter Themen, den späteren Kapitelüber-
schriften, bündelt. Aus dieser Zettelsammlung
wurde in Wien in einem Schreibbüro das „Big
Typescript" hergestellt. Wittgenstein ist über das
Ergebnis entsetzt: Sowie er die Seiten erhält, beginnt er mit einer intensiven Überarbeitung, die
sich bis zum Jahr 1935 hinzieht: Zunächst auf den
Typoskriptseiten selbst, dann auf den Rückseiten,
und schließlich in weiteren Manuskripten, die er
auf komplexe Weise miteinander verknüpft.

Über das Scheitern dieses Versuchs, seine Gedanken in einem Buch zusammenzufassen,
schreibt er im Januar 1945 im Vorwort zu den
„Philosophischen Untersuchungen":

On the 5th of December 1930 the Council of
Trinity College offered Wittgenstein a five-year
research fellowship. The award was based on the
manuscript 'Philosophische Bemerkungen',
which Wittgenstein had shown to Russell in the
spring of that year. The College Council had
appointed Russell, together with the mathema-
ticians Hardy and Littlewood, to act as assessors.

At the beginning of November 1930 Wittgenstein wrote down in the MS volume 'Bemerkungen V.' a series of sketches of a preface for a
planned book. Whether these sketches belong to
the manuscript subsequently published as 'Philosophische Bemerkungen', which Wittgenstein
had already prepared in April 1930, and with
which they appear published today, is doubtful.
However, these sketches clearly indicate that
Wittgenstein had the firm intention to publish his
more recent works in book form. In notebook
MS 154 from 1931 Wittgenstein jotted down, in a
way reminiscent of Novalis, a title for the
planned book (in German):

The title of my book:
'Philosophical Reflections. Alphabetically
ordered by topic/listed by theme.'
[... organised by headwords]

This book project, on which he had probably
been working for some time, led to the creation
of the 'Big Typescript' in 1932–33. It is unique
among the manuscripts of Wittgenstein in
possessing the structure of a conventional book:
it is divided into chapters and has a table of
contents.

This typescript is based on synopses taken
from the first ten MS volumes during the period
1929–32. A carbon-copy produced by the typist
was cut up by Wittgenstein into remarks either
singly or in groups, which he then rearranged by
bundling them together under themes that later
became his chapter titles. It was from this
collection of cuttings that the 'Big Typescript'
was produced in a typing bureau in Vienna.
Wittgenstein was shocked by the result; as soon
as he received the pages he began an intensive
revision, which lasted until 1935 – initially on the
typed pages themselves, then on the versos, and
finally in additional manuscripts, which he
connected together in a complex way.

He writes about the failure of this attempt to
gather together his thoughts into a book in the
1945 foreword to the 'Philosophische Untersuchungen':

Nach manchen mißglückten Versuchen, meine Ergebnisse zu einem solchen Ganzen zusammenzuschweißen, sah ich ein, daß mir dies nie gelingen würde. Daß das beste, was ich schreiben konnte, immer nur philosophische Bemerkungen bleiben würden; daß meine Gedanken bald erlahmten, wenn ich versuchte, sie, gegen ihre natürliche Neigung, in einer Richtung weiterzuzwingen.—

After several unsuccessful attempts to weld my results together into such a whole, I realised that I should never succeed. The best that I could write would never be more than philosophical remarks; my thoughts were soon crippled if I tried to force them on in any single direction against their natural inclination.—

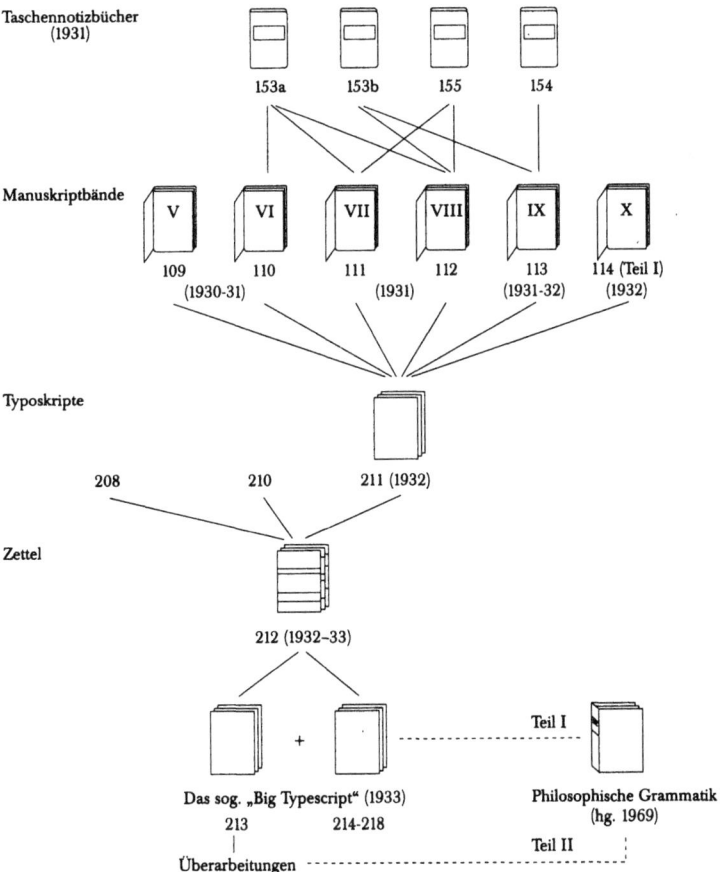

Die von Rush Rhees 1969 herausgegebene „Philosophische Grammatik" folgt im „Teil I" der komplizierten Überarbeitung des „Big Typescript", der „Teil II" entstammt dem nicht revidierten zweiten Teil des Typoskripts zur Logik und Mathematik. Der Inhalt vom „Teil I" ist auf Grund der umfangreichen Überarbeitungen wesentlich verschieden von dem der zugrundeliegenden Manuskriptbände I-X. Der Teil II ist ebenfalls keine treffende Wiedergabe der Manuskriptbände, aus dem gleichen Grund und auf die gleiche Weise wie (in der Einführung zum ersten Band der WIENER AUSGABE dargestellt) der ebenfalls von Rhees herausgegebene Band „Philosophische Bemerkungen" keine vollständige und treffende Wiedergabe der Manuskriptbände I-IV ist.

Manuskripte

Textgrundlage des dritten Bandes der WIENER AUSGABE sind die Manuskriptbände V und VI (MS 109 und MS 110) aus dem Wittgenstein-Nachlaß, im Eigentum der Nachlaßverwalter, in der Wren Library des Trinity College, Cambridge.

Band V trägt auf dem Vorsatzblatt den Titel:

Bemerkungen V.

Band VI trägt auf dem Vorsatzblatt den Titel:

VI. Philosophische Bemerkungen

Band V ist ein Schreibbuch im Format Einband: 339 × 205 mm, Papier: 330 × 204 mm, hergestellt vor 1930, vermutlich in Österreich.

Einband in dunkelgrünem Naturleinen auf Pappe aufgezogen, Buchdeckel mit abgerundeten Ecken, runder Rücken mit dunkelgrünem Leder erneuert. Der Einband weist keine weitere Beschriftung auf; die ursprüngliche Klammerbindung ist erneuert und mit weißen Leinenstreifen nachträglich verstärkt. Spiegel und Vorsatz lindgrünes, rauhes Papier. Auf den inneren Vorsatzblättern vorne und hinten roter Bibliotheksstempel: Trin. Coll. Library Cambridge. Schnitt grün-rot-schwarze Kamm-Marmorierung.

Das gelbgetönte, feste und glatte Papier ist hellblau liniert (33 Zeilen). Der Band hat einen Umfang von 300 Seiten, plus Vorsatzblätter. Nachträgliche Paginierung der Vorsatzblätter ii–vii.

Der Text ist ausschließlich in Wittgensteins Hand und in deutscher Sprache; die Bleistiftpaginierung, 1 bis 300, erfolgte nachträglich und stammt vermutlich von Wittgenstein. Wittgenstein schreibt den Text durchgehend mit graublauem Tintenstift; Korrekturen zumeist im selben Tintenstift, zahlreiche Randzeichen sowie

The 'Philosophical Grammar' published by Rush Rhees in 1969 followed in Part I the complex revisions of the 'Big Typescript', while Part II was based on the unrevised second part of 'Logic and Mathematics'. Because of these major revisions the content of Part I differs essentially from that of MS volumes I-X, on which the text is originally based. Part II likewise does not truly represent the MS volumes, for the same reason and in the same way as the 'Philosophische Bemerkungen', also published by Rhees, does not fully reproduce MS volumes I–IV, as explained in the introduction to the first volume of the WIENER AUSGABE.

Manuscripts

The third volume of the WIENER AUSGABE is based on MS volumes V and VI (MS 109 and MS 110) from the Wittgenstein papers, in the possession of the Wittgenstein Trustees, and held in the Wren Library of Trinity College Cambridge.

The front endpaper of V bears the title:

Bemerkungen V.

The front endpaper of VI bears the title:

VI. Philosophische Bemerkungen

Volume V is a casebound writing book whose cover measures 339 × 205 mm, and the pages 330 × 204 mm. It was manufactured before 1930, probably in Austria.

The binding is of dark-green linen over board; the covers have rounded corners and a curved spine repaired with dark-green leather. There is no inscription on the outside. The original staple binding has been replaced with stitching and reinforced with strips of white linen. Endpapers are of rough, lime-green paper. The insides of the free end-papers bear the red library stamp 'Trin. Coll. Library Cambridge'. The edges are comb-marbled in green/red/black.

The paper is yellowish, strong and smooth and ruled in light blue (33 lines per page). The volume contains 300 pages plus endpapers (later paginated ii–vii).

The text is exclusively in Wittgenstein's hand and in German; the page numbers written in pencil from 1 to 300 are a later addition and probably also by Wittgenstein. The text is written throughout with a grey-blue indelible pencil, as are most of the corrections, although many

einige wenige Korrekturen sind in Rot- und Blaustift ausgeführt.

Band VI ist ein Schreibbuch im Format Einband: 374 × 220 mm, Papier: 367 × 215 mm, hergestellt vor 1930, österreichischen Ursprungs. Dunkelgrünes, imprägniertes Leinen auf Pappe mit abgerundeten Ecken, der Einband weist keine Beschriftung auf, auf dem Rücken die Bibliotheksignatur O, Kopf und Schwanz des Rückens mit bordeaux- rotem Leder unterzogen. Spiegel und Vorsatz vorne und hinten nachträglich mit schwarzen Leinenstreifen verstärkt; die ursprüngliche Metallklammerbindung ist restauriert und durch eine genähte Bindung ersetzt mit zusätzlichen Lagenverstärkungen in hellblauem Leinen, sowie einem hellgrünen Rückenbündchen. Spiegel und Vorsatz brauner Karton. Schnitt schwarz-rot-blau marmoriert. Innere Vorsätze weißes Papier auf Karton, vorne und hinten roter Bibliotheksstempel: Trin. Coll. Library Cambridge. Auf dem Spiegel des Vorderdeckels befindet sich die folgende kreisrunde, aufgeklebte, in Ocker- und Brauntönen gehaltene Firmenvignette: „Fr. Strelez. I. Wollzeile Nr. 17" im äußeren Kreis und darin: „Gegründet 1837 – Geschäftsbücher – Büro-Artikel – Wien". Die Vignette ist mit rundem Mäander und Blumenornamenten versehen. Schnitt schwarz-rot-blaugelbe Kamm-Marmorierung.

Das gelbgetönte, feste und glatte Papier ist hellblau liniert (39 Zeilen). Der Band hat einen Umfang von 300 Seiten, plus Vorsatzblätter. Nachträgliche Paginierung der Vorsatzblätter ii–vii.

Der Text ist ausschließlich in Wittgensteins Hand und in deutscher Sprache; die Bleistiftpaginierung, 1 bis 300, erfolgte nachträglich und stammt vermutlich auch von Wittgenstein. Den Text schreibt Wittgenstein durchgehend mit grau-blauem Tintenstift; Korrekturen und Randzeichen sind ebenfalls in Tintenstift.

Beide MS Bände sind seit 1967 im „Cornell Film" des Wittgenstein-Nachlasses zugänglich, und seit 1978 im vom Herausgeber hergestellten Trinity College Film des Wittgenstein-Nachlasses, der die Manuskripte vollständiger und besser lesbar wiedergibt.

Struktur der Manuskriptbände

Der Anfang des Bandes „Bemerkungen V." ist eine unmittelbare Fortsetzung des vierten Manuskriptbandes „Philosophische Bemerkungen". Der erste Eintrag im Band ist datiert: 11.8.(1930); der letzte Eintrag ist vom 2.12.(1930), am Ende der Manuskriptseite 271, gefolgt von dem Hinweis: „Fortsetzung Bd. VI". Die verbleibenden Seiten (272–300) des Bandes bilden einen Einschub im Band VI, auf der Seite 31.

Den Band „VI. Philosophische Bemerkungen" beginnt Wittgenstein während der Weihnachts-

margin signs as well as some corrections have been carried out in red or blue pencil.

Volume VI is a casebound writing book whose cover measures 374 × 220 mm and its pages 367 × 215 mm. It was manufactured before 1930, and is of Austrian origin. The cover is dark-green impregnated linen over board with rounded corners and has no inscription. The rounded spine bears the library shelfmark 'O' and is strengthened top and bottom with claret red leather. The inner hinges have been strengthened with strips of black linen. The original staple binding has been replaced with stitching and some of the sections have been reinforced with light-blue linen. The headbands are light green. Endpapers are brown card. The inner sides of the free endpapers (white paper on card) bear the red library stamp: 'Trin. Coll. Library Cambridge'. On the inside front cover is pasted a circular brand label printed in brown and ochre containing the address of the manufacturer: 'Fr. Strelez. I. Wollzeile Nr. 17' around the edge and inside (in German): 'Founded 1837 – Stationary – Office Supplies – Vienna'. The label is decorated with a pattern of meanders and floral ornament. The edges are combmarbled in black/red/blue/yellow.

The paper is yellowish, strong and smooth, and ruled in light blue (39 lines per page). The volume contains 300 pages plus endpapers.

The text is exclusively in Wittgenstein's hand and in German; the page numbers from 1 to 300 were added later in pencil and are probably also by Wittgenstein. The text is written throughout in indelible pencil, including corrections and margin signs.

Both manuscripts have been available since 1967 as microfilms in the 'Cornell Film' of the Wittgenstein Papers, and since 1978 as the 'Trinity College Film' of the Wittgenstein Papers which has been produced by the editor and offers a more readable and complete reproduction of the originals.

Structure of the MS Volumes

The beginning of the volume entitled 'Bemerkungen V.' is a direct continuation of the fourth MS volume 'Philosophische Bemerkungen'. The first entry in volume V is dated 11.8.(1930); the last is from 2.12.(1930), at the end of MS page 271, followed by a note (in German): 'Continuation volume VI'. The remaining pages (272–300) of the volume form an insertion into volume VI, on page 31.

The volume entitled 'VI. Philosophische Bemerkungen' was begun by Wittgenstein during

ferien in Wien am 10.12.(1930). Der letzte Eintrag in Wien vom 28.(12.1930) endet am Anfang der Manuskriptseite 31 mit dem eingerahmten Hinweis: „Fortsetzung im V. Band". Die Fortsetzung im fünften Band beginnt auf der Seite 272 mit dem Datum 29.1.(1931). Das letzte Datum des Bandes vom 3.2.(1931) findet sich auf der Seite 298. Die letzte Bemerkung des Einschubs vom Band V. bricht mitten im Satz, gefolgt von dem Hinweis: „Fortsetzung im VI. Band". Im sechsten Band wird die Bemerkung unter dem gleichen Datum fortgesetzt mit dem Hinweis: „Fortsetzung aus dem V. Band." Das letzte Datum im sechsten Band ist vom 6.(7.1931) auf der Manuskriptseite 297. Die letzte Bemerkung findet sich am Ende der Manuskriptseite 300, gefolgt von zwei Zahlen 12672 über 150, wahrscheinlich im Bezug zur Schreibmaschinen-Synopse TS 211. Die Bemerkungen vom Band VI werden im Manuskriptband „VII. Bemerkungen zur Philosophie" mit dem Datum 7. (7.1931) unmittelbar fortgesetzt.

Die Bände V und VI repräsentieren die Arbeit von circa einem Jahr: vom 11.8.(1930) bis zum 6. Juli 1931. Die Datierung in den Bänden ist durchgehend und regelmäßig, und mit wenigen Ausnahmen täglich. Vom 19.9. bis zum 7.10.31 gibt es eine erste Unterbrechung von etwa 3 Wochen. Wittgenstein war am 20.9. auf der Hochreith angekommen, von wo er an Moore schreibt, daß seine Arbeit nur „mäßige Fortschritte" mache und daß er Besuch habe von Desmond Lee. Die nächste Unterbrechung von ca. 2 Wochen liegt im Band VI, nach dem 27.(12.1930), einer Zeit regelmäßiger Treffen mit Schlick in Wien. Die letzte Unterbrechung und die einzige unregelmäßige Datierung folgt dem 13. März 1931: am 15.3. war Wittgenstein nach Wien gereist, von wo er am 17.4. nach Cambridge zurückkehrt. Die einzigen Daten über die folgenden 31 Seiten sind der 17.(4.), der 3.5. und der 19.6., an dem Wittgenstein mit Beginn der Sommerferien die regelmäßige Datierung wieder aufnimmt, bis zum Ende des Bandes, am 6. Juli 1931.

Die Bemerkungen der Bände V und VI sind wie in allen Manuskripten Wittgensteins konsequent durch Leerzeilen voneinander getrennt. Die Bemerkungen sind in deutscher Sprache, mit gelegentlichen Formulierungen in englischer Sprache und einigen Zitaten in Französisch und Latein. Der V. Band enhält keine Bemerkungen in Code. Im VI. Band finden sich auf den letzten 100 Seiten insgesamt elf Bemerkungen in Code.

Die Bände sind sehr sorgfältig geschrieben, die Schreibkonventionen wie Einrückungen, Leerzeilen etc. sind von großer Konsistenz und der visuelle Gesamteindruck der Manuskripte ist der einer Vorlage zur Veröffentlichung.

the Christmas vacation in Vienna on 10.12. (1930). The last entry, in Vienna, on the 28th, ends at the top of MS page 31 with the boxed note (in German): 'Continuation in volume V'. This continuation in the fifth volume begins on page 272 with the date 29.1.(1931). The last date in this volume is 3.2.(1931) on page 298. The last remark of the insertion from volume V breaks off in the middle of the sentence, followed by a note (in German): 'Continuation in volume VI'. In the sixth volume the remark is continued under the same date: 3.2. and introduced with a note (in German): 'Continuation from volume V'. The last date in the sixth volume is from 6.(7.1931) on page 297. The last remark occurs at the end of page 300, followed by two numbers: 12672 over 150, probably a reference to the typescript synopsis TS 211. The remarks in volume VI are continued in MS volume 'VII. Bemerkungen zur Philosophie', dated from 7.(7.1931).

Volumes V and VI represent the work of about one year: from 11.8.(1930) to the 6th of July 1931. The dates are entered, with few exceptions, on a daily basis. The first gap, of three weeks, occurs from 19.9. to 7.10.31. Wittgenstein arrived at the Hochreith on 20.9., where he wrote a letter to Moore, saying that his work was 'getting on moderately well, but not more', and that he had been visited by Desmond Lee. The next gap, of about two weeks, occurs in volume VI, beginning on the 27th of December 1930, a time of frequent meetings with Schlick in Vienna. The last gap, and the only place where the dating is incomplete, occurs after the 13th of March 1931; on the 15th Wittgenstein journeyed to Vienna, from where he returned to Cambridge on the 17th of April. The only dates in the following 31 manuscript pages are 17.(4.), 3.5. and 19.6., at which point, at the start of the summer holidays, Wittgenstein resumed his regular practice of inserting dates up to the end of the volume on the 6th of July 1931.

The remarks of volumes V and VI are systematically divided from one another, as in all of Wittgenstein's manuscripts, with blank lines. All the remarks are in German, although occasionally there are formulations in English and some quotations in French and Latin. There are no enciphered remarks in volume V, but in VI the last 100 pages contain eleven examples.

The volumes are very carefully written. Writing conventions such as indentation, blank lines etc. are highly consistent and the overall visual impression is of a manuscript intended for publication.

Editionskonzept

Der Manuskriptband „Bemerkungen V" weist Besonderheiten auf, die einige Ergänzungen zur ausführlichen Darstellung des Editionskonzepts im Einführungsband zur WIENER AUSGABE, sowie zum Vorwort im ersten Band der Ausgabe notwendig machen. Den Band V hat Wittgenstein intensiver überarbeitet als die übrigen neun Manuskriptbände aus der Zeit von 1929 bis 32. Das zeigt sich in einem komplexeren Randzeichenapparat, umfangreicheren Umstellungen und häufigen Textänderungen, sowie den Entscheidungen von ursprünglich unentschiedenen Varianten in Form von Durchstreichungen.

In den Manuskriptbänden notiert Wittgenstein die Randzeichen in der Regel links vor der jeweiligen Bemerkung, so wie sie auch in der WIENER AUSGABE dargestellt werden. Im Band V, wo er oft bis weit in den Buchfalz hineinschreibt, setzt er die Randzeichen zunächst jeweils am linken und rechten Außenrand, infolge der häufigeren Überarbeitungen aber auch zusätzlich im Falz. Der Übersicht halber werden deshalb für den Manuskriptband V im dritten Band der WIENER AUSGABE die Randzeichen wie im Manuskript links und rechts vom Text wiedergegeben.

Nachträgliche Eingriffe in die Struktur von Bemerkungen und Umstellungen werden grundsätzlich ausgeführt und in den Fußnoten dokumentiert. Im Unterschied dazu werden die Entscheidungen von Varianten und Textveränderungen in Form von feinen Durchstreichungen im Text belassen und nur in den Fußnoten angegeben. Dieses Vorgehen ist notwendig, um einen klaren Unterschied zu den Streichungen im Text zu setzen, die in der Regel im unmittelbaren Schreibfluß entstanden sind: eindeutige Ausstreichungen, unter denen der ursprüngliche Text oft nur schwer zu entziffern ist.

Bei den wenigen vom Herausgeber ergänzten Textteilen, die im Haupttext nicht gesondert hervorgehoben werden, wird der Text des Manuskripts immer in den Fußnoten dargestellt. Unvollständige Interpunktion wird nur wo unbedingt nötig ergänzt und immer im Fußnotenapparat vermerkt. Bloße Verschreibungen werden nicht dargestellt, sind aber vollständig in die Primärtranskription aufgenommen. Die Schreibweise Wittgensteins, die häufig dem Lautbild folgt und so oft im Gegensatz zur gebräuchlichen Orthographie steht, führt zu einer anderen Art von Verschreibungen, die der besseren Lesbarkeit wegen gegebenenfalls korrigiert werden. Die Schreibweise des Manuskripts wird in den wichtigsten Fällen in den Fußnoten wiedergegeben.

Auch in der Groß- und Kleinschreibung folgt Wittgenstein oft nicht den gebräuchlichen Regeln. Aus den sorgfältigen Korrekturen in den

Editorial Conventions

The special characteristics of the MS volume 'Bemerkungen V.' make it necessary to expand the detailed accounts of the editorial concept given in the Introductory Volume and in the first volume of the WIENER AUSGABE. Wittgenstein revised volume V more thoroughly than any other of the nine MS volumes from the period 1929–32. This manifests itself in the complex use of marginal signs, more extensive use of rearrangements, frequent changes to the text, and also in the use of crossing out to decide between variants previously left open.

In the MS volumes Wittgenstein normally places margin-signs on the left before the relevant remark, just as in the WIENER AUSGABE. In volume V, however, where he often writes into the fold, he initially places margin-signs in the outer margins; but as a result of repeated revisions, he also places them in the fold. For the sake of clarity, therefore, in the third volume of the WIENER AUSGABE the margin signs are placed on the right and left, as in the manuscript.

Later changes regarding the structure and sequence of remarks have always been followed in the edition, with a corresponding indication in the footnotes. On the other hand, decisions between open variants and changes to the text executed by a simple crossing out with fine lines are not realized in the edition, but all such deletions are indicated in the footnotes. This procedure is necessary in order to clearly distinguish such cancellations from those that arose during the initial process of writing the text: that is, quite definite erasures under which the original text is often difficult to decipher.

In the very few cases where the editor has had to resolve genuine lacunae, since these are not marked in the main text in any other way, the actual manuscript version is always reproduced in the footnotes. Incomplete punctuation has been corrected only where absolutely necessary, and all such cases are documented in the footnotes. Simple writing mistakes are not reproduced, although they are recorded in the primary transcription. Wittgenstein's spelling, which tends to follow the sound of the text rather than the usual orthography, often leads to special spelling mistakes, which, in the interests of readability, have sometimes been corrected. In the more important of such cases the original spelling is given in the footnotes.

Likewise in his use of capitalisation Wittgenstein does not follow the usual conventions. Judging by his careful corrections in the manuscripts, however, these spelling peculiarities are introduced quite deliberately. As a result, in the WIENER AUSGABE capitalisation of adjectives, substantives and other doubtful cases follows

Manuskripten ist aber ersichtlich, daß diese Schreibeigentümlichkeit von Wittgenstein ganz gezielt eingesetzt wird. Die Groß- bzw. Kleinschreibung bei Adjektiven, substantivierten Verben und in anderen Zweifelsfällen folgt daher in der WIENER AUSGABE streng dem Manuskript, entsprechend Wittgensteins Bemerkung auf der Seite 108 im Band VI:

„Wie weiß ich, daß ein Wort hier Eigenschaftswort, dort Hauptwort ist?"

strongly the original manuscript, in keeping with a remark made by Wittgenstein himself on page 108 of volume VI (in German):

'How do I know that a word is in one place an adjective and in another a noun?'

Legende
Wiener Ausgabe Band 3

Haupttext

Sperrung	einfache Unterstreichung
KAPITÄLCHEN	mehrfache Unterstreichung
Serifenlose	gewellte Unterstreichung
| |	Einfügung
/ /	Variante
Kursiv	Text in Code

Linker Randapparat

Randzeichen Wittgensteins sowie eine seitenweise Zählung der Bemerkungen durch den Herausgeber

Rechter Randapparat

Zeilenzähler der Ausgabe, gelegentlich Randzeichen Wittgensteins, und Seitenzahlen des Manuskripts, gegenüber der Textzeile, in der die jeweilige Manuskriptseite beginnt

Fußnotenapparat

( )	Streichung
(...)	Streichung ohne Fortsetzung im Satz
Kursiv	Anmerkung des Herausgebers

Text in Code erscheint in den Fußnoten in Normalschrift.

   Die Fußnoten sind über den Zeilenzähler mit dem Haupttext verbunden.

Legend
Wiener Ausgabe Volume 3

Main text

letter spacing	single underlining
SMALL CAPS	multiple underlining
sans serif	wavy underlining
| |	insertion
/ /	variant
italics	text in cipher

Left margin

Marginal signs by Wittgenstein, numbering of the remarks per page by the editor

Right margin

Line counter, occasionally marginal signs by Wittgenstein, manuscript page numbers opposite the line corresponding to the beginning of the new page in the manuscript

Footnotes

( )	deletion
(...)	deletion, without continuation in the sentence
italics	annotation by the editor

Text in cipher appears in the footnotes in standard typeface.

   The footnotes are connected to the main text via the line counter.

Bemerkungen

V.

1 ?/∨₆ $2 \times 3 \neq 5$ ist eine grammatische Regel wie $2 + 3 = 5$

2 / Ist das Funktionieren/der Mechanismus/ von „~p" damit erklärt, daß man
sagt: ‚~p' ist wahr wenn ‚p' nicht wahr ist?   5

3 / Was sollte diese „Erklärung" für ein Satz sein? Sie ist doch keine
grammatische Regel. Ist es nicht sehr charakteristisch daß die
Erklärung ausgedrückt (wie in der WF-Notation) einfach zum Zeichen   10
gehört und nur eine Handhabe für den Angriff grammatischer Regeln
– Spielregeln – wird?
    Das „W" und „F" verfolgte eine Tendenz aber sie ist vereitelt,
dadurch, daß nun doch wieder alles zum Zeichen gehört. WF ist nur
noch eine Anspielung und nicht mehr. Und zwar nur eine Anspielung   15
auf eine andere Notation nicht auf eine Erklärung. – Es ist ja
selbstverständlich: es kann nicht eine Erklärung der Notation und die
Notation geben. Denn die Erklärung wird sofort zur Notation und
mehr als diese kann sie auch nicht enthalten.

          20

4 / Denn wenn ich erkläre „‚~p' ist wahr wenn ‚p' nicht wahr ist", so setzt
das voraus daß ich verstehe was es heißt ‚p' sei nicht wahr. Dann habe   2
ich aber nichts getan als zu definieren
    ~p $\overset{\text{Def}}{=}$ ‚p' ist nicht wahr
und daran ändert sich natürlich nichts wenn ich schreibe   25
    ~p $\overset{\text{Def}}{=}$ ‚p' ist falsch.
Es kommt nämlich wesentlich darauf an daß es nicht möglich ist das
Zeichen p auf der rechten Seite der Definition auszulassen bezw.
durch ein anderes zu ersetzen |(es sei denn wieder durch eine
Definition)|. Solange das nicht möglich ist kann und muß man auch   30
die rechte Seite als Funktion auffassen von p, nämlich
    ‚( )' ist falsch,
oder wie Russell schreiben würde:
    ‚$\hat{\xi}$' ist falsch.
    Das hängt auch damit zusammen daß ja der Tintenstrich nicht   35
falsch ist. (Wie auch das Bild nicht, es sei denn, daß es als Porträt
aufgefaßt wird.)

1 11.8. *–1930 auf der Hochreith in Österreich*

2 ?/ *linkes Randzeichen überschrieben*

4 ⟨∫⟩ *linkes Randzeichen gestrichen*

10 Ist es nicht sehr charakteristisch daß die Erklärung ausgedrückt ⟨– …⟩

13 Das „W" und „F" ⟨f…⟩

14 ist vereitelt, dadurch, daß *–die Kommas sind im MS gewellt unterstrichen*

14 gehört ⟨und⟩ WF nur ⟨mehr⟩ eine Anspielung ⟨bedeutet⟩ und nicht

17 Es ist ja selbstverständlich⟨,⟩ es kann nicht eine Erklärung der Notation

19 Denn die Erklärung wird sofort zur Notation und mehr als diese ⟨j…⟩

21 Denn wenn ich ⟨E…⟩

21 erkläre „‚~p' ist wahr wenn ‚p' ⟨f…⟩

25 und daran ändert sich natürlich nichts wenn ⟨w…⟩

31 kann und muß man auch die ⟨Rechte …⟩

31 kann und muß man auch die rechte Seite als Funktion ⟨a…⟩

36 (Wie auch das Bild nicht, ⟨wenn …⟩

Das ‚p' auf der rechten Seite muß nämlich eine Anspielung auf p, a l s S a t z aufgefaßt, sein, und ist nicht der Name des Tintenstrichs „p".

Wenn ich also auch dem Schriftzug „p" den Namen A gebe und daher schreibe

~p $\overset{\text{Def}}{=}$ A ist falsch

so hat das nur einen Sinn, d.h die rechte Seite kann nur verstanden werden, wenn A für uns als S a t z z e i c h e n steht. Dann aber ist nichts gewonnen; zum mindesten keine E r k l ä r u n g der Negation.

1   ?∫   Und dasselbe muß der Fall sein wenn man erklärt, „(x) fx" sei wahr wenn f( ) für alle Substitutionen wahr ist. Man muß auch dazu schon den logischen Mechanismus der Verallgemeinerung verstehen. Es ist nicht so daß man erst ahnungslos ist und die Verallgemeinerung nun durch die Erklärung erst zum Funktionieren gebracht wird. Wie wenn man in eine Maschine ein Rad einsetzt und sie dann erst funktioniert (oder die Maschine erst in zwei getrennten Teilen da ist und sie nun erst durch das Zusammensetzen als |diese| Maschine funktionieren)

13.

2   ?∫   Wenn man die allgemeinen Sätze von der Art ‚der Kreis befindet sich im Quadrat' betrachtet, so kommt es einem immer wieder so vor als sei die Angabe der Lage im Quadrat n i c h t e i n e n ä h e r e Bestimmung zur Angabe der Kreis liege ɪᴍ Q u a d r a t (wenigstens nicht, so weit der Gesichtsraum in Betracht kommt) als sei vielmehr das „im Quadrat" eine komplette Bestimmung die an sich nicht mehr näher zu bestimmen sei. Sowie eine Angabe der Farbe eine Angabe der Härte eines Materials nicht näher bestimmt. — So ist nun das Verhältnis der Angaben über den Kreis natürlich nicht und doch hat das Gefühl einen Grund.

3   ?∫∨ᵦ   Man möchte also sagen: mit „der Kreis ist im Quadrat" ist, in einer Beziehung, alles gesagt; an verschiedene mögliche Lagen im Quadrat braucht dabei gar nicht gedacht zu werden.

4   ∫∨ᵦ   „Ich habe (ja) nur gesagt, daß der Kreis i m Q u a d r a t sein wird, ob er in der Mitte oder weiter in einer Ecke sein werde/wird/ habe ich nicht gesagt." — — —

---

2   p, a l s S a t z aufgefaßt –der ganze Ausdruck ist im MS unterstrichen
6   und daher schreibe ~p $\overset{\text{Def}}{=}$ A ist falsch ⟨so ha…⟩
11   Und dasselbe muß der Fall sein wenn man erklärt, ⟨ist …⟩
12   wenn f( ) für alle Substitutionen wahr ist. ⟨W…⟩
13   verstehen. –der Schlußpunkt ist im MS gewellt unterstrichen
22   –im MS blau durchstrichen
23   Im MS: als |sei| die Angabe
30   natürlich nicht und doch hat das Gefühl ⟨einen …⟩
32   ?∫ linkes Randzeichen überschrieben
33   alles gesagt⟨. An⟩ verschiedene mögliche Lagen im Quadrat braucht
36   ∫ linkes Randzeichen überschrieben

4

1 /v₅ „Er ist im Zimmer, ich höre ihn auf und ab gehen". Hier ist es deutlich,
daß das im Zimmer sein eine, komplette, Bestimmung für sich ist zu
der die Angabe des Orts im Zimmer nicht als eine nähere
Bestimmung hinzutritt sondern als eine neue fremde Bestimmung
/Angabe/. 5

2 / In den grammatischen Regeln für die Termini des allgemeinen Satzes
muß es liegen welche Mannigfaltigkeit er für mögliche Spezialfälle
vorhersieht/voraussieht/. Was in den Regeln nicht liegt, ist nicht
vorhergesehen. 10

3 ?⌠ Alle diese Bilder/Verteilungen/ könnten \ᵣ 5
verschiedene Verzerrungen/Zerrbilder/ desselben
Sachverhalts sein. (Man denke sich die beiden weißen
Streifen und den schwarzen Streifen in der Mitte 15
dehnbar.)

4 ?/ Ist es unmöglich, daß aus einem Satz unendlich viele Sätze folgen, – in
dem Sinn nämlich, daß nach einer Regel immer neue Sätze aus dem
einen gebildet werden könnten ad infinitum? 20

5 / Angenommen die ersten 1000 Sätze dieser Reihe schrieben wir in
Conjunktion an. Müßte der Sinn dieses Produktes dem Sinne des
ursprünglichen Satzes nicht näher kommen als das Produkt der ersten
100 Sätze? Müßte man nicht eine immer bessere Annäherung |an den 25
ersten Satz| bekommen, je mehr man das Produkt ausdehnte und
würde das nicht zeigen daß aus dem Satz nicht unendlich viele andere
folgen können da ich schon nicht mehr im Stande bin das Produkt aus
10^{10} Gliedern zu verstehen und doch den Satz verstanden habe dem
das Produkt aus 10^{100} Gliedern noch näher kommt als das mit/von/ 30
10^{10} Gliedern.?

6 / Man denkt sich wohl, der allgemeine Satz ist eine abgekürzte ×ᵣ 6
Ausdrucksweise des Produkts. Aber was ist am Produkt abzukürzen,
es enthält ja nichts überflüssiges. 35

7 v_b Denn im Satz müssen die Sätze die aus ihm folgen/seine Folgesätze/
mitgedacht sein; – also müssen in jenem Satz jedenfalls die ersten
10000 Sätze mitgedacht sein.
(Hier ist noch eine Undeutlichkeit in der Theorie des Folgens.) 40

14.

8 v_b p folgt aus q heißt offenbar/jedenfalls/ daß q · ~p kein möglicher Satz
sein kann sondern eine Contradiction ist. – Ist q · ~p ein |sinnvoller|
Satz dann folgt p nicht aus q. 45

9 /ᵣ Wenn p aus q folgt so ist q · p = q

---

1 / *linkes Randzeichen überschrieben*
1 ⟨Es …⟩
8 muß es liegen ⟨was er als …⟩
23 Müßte der Sinn dieses ⟨Productes⟩ dem Sinne
28 andere folgen können da ich schon nicht mehr im Stande ⟨w…⟩

1 Wie verhält es sich nun mit dem Satz: die Fläche ist von A bis B

A   B   weiß? Aus ihm folgt doch daß sie auch von A′ bis B′
                weiß ist. Es braucht sich da ja nicht um sichtbares
                Weiß zu handeln; und der Schluß von dem ersten
                Satz auf den zweiten wird jedenfalls immer wieder   5
 A′ B′   ausgeführt. Es sagt mir einer „ich habe die Fläche von
A bis B damit bestrichen" und ich sage darauf „also ist sie jedenfalls
von A′ bis B′ damit angestrichen".

2 Wenn aber aus jenem F(AB) F(A′B′) folgt dann muß in F(AB) schon   10   7
von A′ und B′ die Rede sein. − „A′", „B′" müssen also Symbole sein,
die aus „A" und „B" konstruiert werden können wie etwa die
Unterteilungen eines Maßstabes aus seinen Endpunkten.

3 Ist denn in (x) fx von a die Rede, da fa aus (x) fx folgt? V_b 15
        In d e m Sinne des allgemeinen Satzes, dessen Verification in
einer Aufzählung besteht, ja.

4 Ist es nicht vielmehr so daß aus „der Streifen von A bis B ist weiß"
        folgt „der Streifen A′B′ ist weiß", wenn in dem Streifen   20
A A′   B′ B   AB eben die Striche A′ und B′ gezogen waren.
Unendlich ist nur die Möglichkeit dieser Art Figuren/Linienzüge/.

5 Was aus einem Gedanken folgt muß in ihm mitgedacht werden. Denn
an einem Gedanken ist nichts dran was wir noch nicht wissen   25
während wir ihn denken. Er ist keine Maschine deren Untersuchung
ungeahntes zu Tage fördern kann oder eine Maschine die etwas
leisten kann was man ihr zuerst nicht ansieht. D.h. er wirkt eben
l o g i s c h überhaupt nicht als Maschine. Als Gedanke liegt in ihm   8
nicht mehr, als hineingelegt wurde. Als Maschine d.h. kausal wäre ihm   30
alles zuzutrauen, logisch ergibt er nur was wir mit ihm gemeint haben.
        Wenn ich sage das Viereck [   ] ist ganz weiß so denke ich
nicht an zehn kleinere in ihm enthaltene Rechtecke die weiß sind und
an a l l e in ihm enthaltenen Rechtecke oder Flecken kann ich nicht
denken weil das (ein) Unsinn ist. Ebenso denke ich im/beim/ Satz „er   35
ist im Zimmer" nicht an 100 mögliche Stellungen die er einnehmen
kann und gewiß nicht an a l l e.

6 V_b (Eine unendliche Wirklichkeit wäre eine Kardinalzahl die alle anderen
Kardinalzahlen übersteigt.)   40

---

4   Es braucht sich da ja nicht um sichtbares Weiß zu handeln; und ⟨die …⟩
20 wenn in dem Streifen ⟨A und B⟩ eben die Striche A′ und B′
22 Unendlich ist nur die ⟨mögli…⟩
35 Ebenso denke ich ⟨b…⟩

6

1 ⩗ᵦ Ein Gedanke aus dem unendlich viele andere folgen ist/wäre/ ein
Gedanke der mit unendlich vielen anderen unverträglich wäre/ist/.
Warum aber soll ein Gedanke nicht seinem Wesen nach mit
unendlich vielen anderen unverträglich sein, d.h. daß sich nach einer
Regel ad inf. Sätze bilden ließen die ihrem Wesen nach mit jenem   · 5
ersten unverträglich wären. — Jener Gedanke müßte also geradezu
zum Inhalt haben daß alle nach einer |bestimmten| Regel |ad inf.|
gebildeten Sätze wahr sind. Aber wie soll er das denken? Denn er
kann sich dann nur auf die Regel beziehen da er ihre Erzeugnisse   9
nicht in extenso betrachten kann und dadurch ist wieder die/seine/   10
Unendlichkeit dahin.

2 / „Wo immer, innerhalb dieses Kreises, Du die Scheibe triffst, hast Du   \ᵦ
gewonnen".
        „Ich denke, Du wirst |die Scheibe| irgendwo innerhalb dieses   15
Kreises treffen".
        Was den ersten Satz betrifft, könnte man fragen: woher weißt Du
das? Hast Du alle möglichen Orte ausprobiert? Und die Antwort
müßte dann lauten: das ist ja kein Satz, sondern eine allgemeine
Festsetzung.   20

3   „Wo immer Du die Scheibe treffen wirst, wirst Du zufrieden sein."   ∨
    „Woher weißt Du das?" – Das ist eine Hypothese.

                                                                    15.   25
4   Auf den ersten Blick, gibt es zwei Arten der Deduktion: in der einen   \ᵦ
ist in der Prämisse von dem/allem/ die Rede wovon die Conclusion
handelt in der anderen nicht. Von der ersten Art ist der Schluß von
p · q auf q. Von der anderen der Schluß: der ganze Stab ist weiß also
ist auch das mittlere Drittel weiß. In dieser Conclusion wird von   30
Grenzen gesprochen von denen im ersten Satz nicht die Rede war.
(Das ist verdächtig.) Oder wenn ich sage: „Wo immer in diesem
Kreise Du die Scheibe triffst, wirst Du den Preis gewinnen" und dann
„Du hast sie |hier| getroffen also …." so war dieser Ort im ersten Satz   10
nicht vorausgesehn. Das heißt das Loch in diesem Ort/Die Scheibe   35
mit dem Loch …/ hat zu der Scheibe wie ich sie früher gesehen habe
eine bestimmte interne Beziehung und darin besteht es daß das Loch
hier unter die vorausgesehene allgemeine Möglichkeit fällt. Aber es
selbst war nicht vorausgesehen, es kam in dem ersten Bild nicht vor.
Oder mußte doch nicht darin vorkommen. Denn selbst angenommen   40
ich hätte dabei an 1000 bestimmte Möglichkeiten gedacht so hätte es
zum mindesten passieren/geschehen/ können daß die ausgelassen
wurde die später eintraf. Und wäre das Voraussehen dieser

    1 ⩗ᵦ oberes Randzeichen in Kopierstift
   18 woher weißt Du das⟨, hast⟩ Du alle möglichen Orte ausprobiert?
   22 „Wo immer Du die Scheibe treffen wirst, wirst Du ⟨v …⟩
   23 „Woher weißt Du das?" –die Anführungszeichen sind im MS gewellt unterstrichen
   27 gibt es zwei Arten der Deduktion: in der einen ist ⟨im …⟩
   29 ist der Schluß von p · q auf q⟨; von⟩ der anderen der Schluß:
   31 nicht die Rede war. ⟨⟨das⟩ ist verdächtig⟩
   34 so war ⟨der⟩ Ort im ersten Satz nicht vorausgesehn.
   43 die später eintraf⟨ – und⟩ wäre das Voraussehen dieser Möglichkeit

Möglichkeit wesentlich gewesen, so hätte die Prämisse durch das Übersehen dieser einen Möglichkeit den unrechten Sinn bekommen und die Conclusion würde nun nicht aus ihr folgen.

Andererseits wird dem Satz „Wohin immer Du in diesem Kreis triffst ....." nichts hinzugefügt wenn man sagt: „Wohin immer Du in diesem Kreis triffst und wenn Du insbesondere den schwarzen Punkt triffst ....". Aber, war der schwarze Punkt schon da als man den ersten Satz aussprach so war er natürlich mitgemeint; war er aber nicht da so hat sich durch ihn eben der Sinn des Satzes geändert.

1
„Dieses Rechteck ist weiß, also ist auch die hinein verlegte Figur weiß".
Das folgt nicht denn vielleicht ist sie dann innen schwarz, wenn wir sie hineinverlegen.

2 „Das Ganze ist weiß, folglich ist auch ein Teil der durch eine |solche| Grenzlinie charakterisiert ist, weiß." „Das Ganze war weiß, also war auch jener Teil davon weiß, auch wenn ich ihn damals nicht (durch eine Linie) begrenzt darin wahrgenommen habe." Hatte denn das Rechteck keine rechte und linke Hälfte ehe ich sie als solche wahrgenommen hatte? Und doch muß man das sagen.

3 Der Schluß heißt auch nicht so: „Wo immer auf die Scheibe der Schuß hintrifft, hast Du den Preis gewonnen. Du hast auf der Scheibe dahin getroffen also hast Du den Preis gewonnen". Denn wo ist dieses da? wie ist es außer dem Schuß bezeichnet, etwa durch einen Kreis? Und war der auch schon früher auf der Scheibe. Wenn nicht so hat die Scheibe sich ja verändert, wenn aber ja, dann war jener Kreis ohnehin ausdrücklich als eine Möglichkeit des Treffers vorgesehen./wäre er aber schon dort gewesen dann wäre er als eine Möglichkeit des Treffers vorgesehen worden./ Es muß vielmehr heißen „Du hast die Scheibe getroffen also ....".

4 Hat es nun nicht einen Sinn zu sagen: |Aber| wenn man die Scheibe trifft, muß man sie irgendwo treffen.?
Oder auch: Wo immer er die Fläche trifft so wird es keine Überraschung sein so daß man sagen würde „das habe ich mir nicht erwartet, ich habe gar nicht gewußt daß es diesen Ort gibt". Das heißt aber doch es kann keine geometrische Überraschung sein.

5 Wenn p aus q folgt, so muß p in q vorausgesehen gewesen sein.

1 das Vorausehen dieser Möglichkeit | | –das leergebliebene Einfügungszeichen ist im MS gewellt unterstrichen
1 das Vorausehen dieser Möglichkeit wesentlich gewesen, so ⟨wurde ...⟩
1 durch das ⟨übersehen⟩ dieser einen Möglichkeit
6 wenn Du insbesondere den schwarzen Punkt ⟨f...⟩
12 die hinein verlegte Figur –im MS weist von der Figur ein Pfeil in das Rechteck
16 ein Teil ⟨|davon|⟩ –im MS ist auch das Einfügungszeichen gewellt unterstrichen
19 Hatte denn das ⟨Ganze ...⟩
23 Im MS: „Wo immer auf dies
34 Hat es nun nicht einen Sinn ⟨zum ...⟩
34 ⟨Wenn⟩ man die Scheibe trifft,

1 /ₒ Zu einem früheren Satz ist noch zu sagen daß das da nicht notwendig durch ein Zeichen auf der Scheibe angegeben sein muß und daß es auf jedenfall ein Näher dem Mittelpunkt, oder dem Rand, ein Rechts oben oder Links unten gibt. Wie immer die Scheibe getroffen wird, stets m u ß so eine Beschreibung möglich sein.

    (Aber von diesen Beschreibungen gibt es auch nicht „unendlich viele".)

16.

2 /ₒ Wenn man ein Beispiel braucht dafür daß unendlich viele Sätze aus e i n e m folgen so wäre vielleicht das einfachste das, daß aus „a ist rot" die Negation aller Sätze folgt die a eine andere Farbe zuschreiben. Diese negativen Sätze werden gewiß in dem einen nicht mitgedacht. Man könnte natürlich sagen: Wir unterscheiden doch nicht unendlich viele Farbtöne; aber die Frage ist: hat die Anzahl der Farbtöne die wir unterscheiden überhaupt etwas mit der Komplexität jenes ersten Satzes zu tun; ist er mehr oder weniger kompliziert/komplex/ jenachdem wir mehr oder weniger Farbtöne unterscheiden?

    Müßte man nun nicht so sagen: Ein Satz folgt erst aus ihm, wenn er da ist. Erst wenn wir 10 Sätze gebildet haben die aus dem ersten folgen, folgen sie /10 Sätze/ aus ihm.

3 Statt Farben hätte ich Längen nehmen können. Aus „ich bin 170 cm hoch" folgt „ich bin nicht 171 cm hoch", nicht 172, etc, ad inf. Vₒ

4 Was soll es aber dann heißen zu sagen: wenn ein Satz aus dem anderen folgt, so muß der erste im zweiten mitgedacht sein, da es doch nicht nötig ist im Satz „ich bin 170 cm hoch" auch nur einen einzigen der anderen mitzudenken. Hier muß ein Unsinn vorliegen. \ₒ

5 Ich möchte sagen ein Satz folgt erst dann aus dem anderen wenn er mit ihm confrontiert wird. Jenes u.s.w. ad inf. bezieht sich nur auf die Möglichkeit der Bildung von Sätzen die aus dem ersten folgen, ergibt aber keine Zahl solcher Sätze. \ₒ

6 Könnte ich also einfach sagen: Unendlich viele Sätze folgen d a r u m nicht aus einem Satz weil es unmöglich ist unendlich viele Sätze hinzuschreiben (d.h. ein Unsinn ist, das zu sagen.) \ₒ 14

7 ⩔ₒ Eines ist wohl klar, es kann der Satz der aus p folgt der Grammatik des p nicht fremd sein. Der Satz könnte nicht überrascht sein daß der andere aus ihm folgt.

---

1 noch *–im MS durchstrichen*
3 auf jedenfall ein Näher dem Mittelpunkt, oder dem Rand, ein ⟨rechts …⟩
12 daß aus „a ist rot" die Negation aller Sätze folgt die ⟨dem⟩ a eine
13 eine andere Farbe zuschreiben. Diese ⟨N…⟩⟨negation…⟩
19 Müßte man nun nicht so sagen: Ein ⟨sa…⟩
23 ⩔ₒ *rechtes Randzeichen durchstrichen*
24 171 cm hoch", nicht 172, ⟨173⟩ etc,
36 Könnte ich also einfach sagen⟨?⟩ Unendlich viele Sätze folgen
37 Unendlich viele Sätze folgen d a r u m nicht aus einem Satz weil ⟨ich …⟩
38 es unmöglich ist unendlich viele Sätze hinzuschreiben⟨. …⟩
40 ⩔ₒ *oberes Randzeichen in Kopierstift*

9

1 /ᵇ „Wenn aus $F_1(a)$ [= a hat die Farbe F_1] folgt ~$F_2(a)$ so mußte in der Grammatik des ersten Satzes auch schon die Möglichkeit des zweiten vorausgesehen sein (wie könnten wir denn/auch/ sonst F_1 und F_2 Farben nennen)."

/ᵇ „Wenn der zweite Satz dem ersten sozusagen unerwartet gekommen wäre so könnte er nie aus ihm folgen." 5

/ᵇ „Der erste Satz muß den anderen als seine Folge erkennen.
Oder vielmehr es muß dann beide e i n e Grammatik vereinigen und diese muß dieselbe sein wie ehe dem Schließen."

/ᵇ (Es ist sehr schwer hier keine Märchen von den symbolischen 10
Vorgängen/ von den Vorgängen im Symbolismus/ zu erzählen, wie an anderer/der anderen/ Stelle keine Märchen über die 15
psychologischen Vorgänge. Denn alles ist ja einfach und allbekannt (und nichts neues zu erfinden). Das ist ja eigentlich das Unerhörte an der Logik daß ihre außerordentliche Schwierigkeit darauf beruht daß 15
nichts zu konstruieren sondern alles schon da und bekannt ist.)

2 „Welchen Satz p nicht als seine Folge erkennt, der ist nicht seine Folge."

/ᵇ D.h. aus der kompletten Grammatik des Satzes p muß/müßte/ 20
auch hervorgehen welcher Satz aus ihm folgt, und würde nun ein neuer Satz gefunden der aus p folgt so würde damit der Sinn von p geändert werden

/ „Wenn z.B. aus „a ist grün" folgt „a ist nicht rot" so muß „a ist grün" den zweiten Satz/Ausdruck/ als seinen Verwandten 25
anerkennen."

3 / Die Grammatik ist nicht unendlich kompliziert, weil sie die endlose Bildung von Zahlzeichen zuläßt.

30

---

1 *An- und Ausführungszeichen der ganzen Bemerkung im MS blau*
4 *Die folgenden zwei Absätze und der vierte sind im MS Bemerkungen, durch blaue Klammern am Rand der vorangehenden Bemerkung zugeordnet.*
9 ehe –*gewellte Unterstreichung im MS blau*
13 über die psychologischen Vorgänge | |⟨⟩ …⟩ –*das leergebliebene Einfügungszeichen ist im MS gewellt unterstrichen*
14 (und nichts neues zu erfinden⟨.⟩ …⟩
18 *An- und Ausführungszeichen des Absatzes im MS blau*
19 *Die folgenden zwei Absätze sind im MS Bemerkungen, durch blaue Klammern am linken Rand der vorangehenden Bemerkung zugeordnet.*
21 muß/müßte/ auch hervorgehen welcher Satz aus ⟨p⟩ folgt,
22 ein neuer Satz gefunden der aus p folgt so würde damit ⟨die Be…⟩
24 „Wenn z.B. aus –*das Anführungszeichen fehlt im MS*
26 anerkennen." –*Ausführungszeichen im MS blau*

1   /ₒ   Ist es nicht einfach so: Aus der Grammatik des Satzes – und aus ihr
allein, muß es folgen/erhellen/hervorgehen/ ob ein Satz aus ihm folgt.
Keine Einsicht in einen neuen Sinn kann das ergeben; – sondern nur
die Einsicht in den alten Sinn. – Es ist nicht möglich einen neuen Satz
zu finden der aus jenem folgt, den man nicht hätte bilden können   5   16
(wenn auch ohne zu wissen ob er wahr oder falsch sei/ist/) als jener
gebildet wurde. Entdeckte man einen neuen Sinn und folgte dieser aus
jenem/dem/ ersten Satz so hätte dieser Satz damit seinen Sinn
geändert.   .

                 10

2   /ₒ   Man überlege, welchen Grund hat man ein |neues| Phänomen F a r b e
zu nennen, wenn es sich nicht in unser bisheriges Farbenschema
einfügt.

3   ∀/   Das was man ursprünglich Satz nennt ist eine gewisse Leier die von   15
verschiedenster Art sein kann, d.h. die verschiedenartigste(n)
Funktion(en)/verschiedenen Arten sein kann, d.h. verschiedene
Funktionen/ erfüllen kann.

4   ∨ $2 + 2 = 4$, Ich sehe einen gelben Fleck in einer blauen Umgebung,   20
Vor mir liegt ein Buch auf dem Tisch, Jedes Ding ist sich selbst gleich,
etc, gelten als Sätze.

5   ∨ₒ   Hypothesen nenne ich solche Sätze für welche es gilt daß man sich
immer irren kann.   25

                                        17.

6   ?ʃ∨ₒ   Was in der Philosophie sagbar ist muß immer hausbackener werden;
und das einzige nicht Hausbackene ist die Grenze der Sprache.

                 30

7   ?ʃ∨ₒ   Denn immer wieder denkt man: ja, wie soll ich dieses Letzte
aussprechen? Aber das Letzte soll ich eben nicht aussprechen, sondern   17
das ist die Mauer an die wir stoßen./das ende an das wir kommen./

8   ?ʃ∨ₒ   Ich sage jemandem: es liegt hier ein gelbes Buch vor mir. Aber das   35
kann ich nicht bestimmt wissen. Was ich dagegen bestimmt wissen
kann, kann ich das mitteilen? – Sind nicht die Sätze im engeren Sinne
n u r Schnitte von Hypothesen und selbstständig existenzunfähig?

---

 2 folgen/erhellen/hervorgehen/ *–im MS ist die dritte Variante blau geschrieben*
 3 Keine Einsicht in einen neuen Sinn kann das ergeben⟨. Sondern⟩ nur
 4 Sinn *–im MS blau durchstrichen*
 5 einen neuen Satz zu finden der aus jenem folgt, ⟨der ...⟩
 6 man nicht hätte bilden können (wenn ⟨ma...⟩
 6 sei/ist/ *–im MS ist die zweite Variante blau geschrieben, die erste blau unterstrichen*
15 ∀ *linkes Randzeichen durchstrichen*
20 *Im MS fortlaufender Text, durch Randzeichen und senkrechten Strich in der Zeile als*
      Bemerkung gekennzeichnet.
20 ⟨„⟩$2 + 2 = 4$
21 *Im MS:* Vor liegt ein Buch
28 ?ʃ *linkes Randzeichen überschrieben*
29 und das einzige nicht ⟨hausbackene⟩ ist die Grenze der Sprache.
31 ?ʃ *linkes Randzeichen überschrieben*
35 ?ʃ *linkes Randzeichen überschrieben*

1 / Ich möchte sagen: die |alte| Logik hat viel mehr Convention und
Physik in sich als man geglaubt hat. Wenn das Substantiv der Name
eines Körpers ist das Verbum etwa zur Bezeichnung einer
Bewegung, das Adjectiv der Eigenschaft eines Körpers dient, dann
sieht man wohl wie voraussetzungsvoll diese Logik ist und kann   5
annehmen daß diese ursprünglichen Voraussetzungen |auch| noch
tiefer in die Anwendung dieser Worte, in die Logik der Sätze reicht.

2 / Das Kreuzworträtsel wäre die beste Illustration dafür, wie man eine
Annahme aus einem Grunde halten kann, der seinerseits wieder einen   10
Grund hat, der einen Grund hat etc, etc, daß es unmöglich wird eine
einzelne Entscheidung zu rechtfertigen bis/ehe nicht/ alles beisammen
ist. Denn ich glaube daß hier ein a steht weil es ein Wort mit   18
3 Buchstaben gibt das … lautet; aber dieses halte ich für das richtige
weil am Ende ein r steht und es ein Wort mit 5 Buchstaben gibt   15
dessen 4ter ein r ist; aber dieses Wort wähle ich wieder, weil u.s.w..

3 / Angenommen ein Kreuzworträtsel hätte zwei Lösungen die allen
Bedingungen entsprächen, wäre davon eine d i e Lösung? Das hat eine
Bedeutung in der Theorie der Grammatik.   20

4 / Man könnte glauben daß es günstig ist in der Logik recht/möglichst/
„bestimmte" Sätze zu Beispielen zu nehmen. In Wahrheit aber muß
ein Satz wie „dieser Anzug ist mir etwas zu groß" oder „ich sehe
meinem Vater ähnlich" für uns ebensogut taugen. — Beispiele taugen   25
für uns nur dann nicht, wenn sie einer anderen Art von Sätzen
angehören, als |der| die wir betrachten wollen. Vague Sätze würden
uns also dann nicht taugen wenn wir sie für eine eigene logische Art
von Sätzen hielten und sie augenblicklich nicht betrachten wollten.
(Aber dann müßten wir sie ja doch einmal betrachten.)   30

5 ?/ Die Aristotelische Logik ist ein Spiel, das sich auf Sätze anwenden   19
läßt.

6 ∨ Alles was man verlangen kann, ist, das Spiel k o m p l e t t kennen zu   ∨ 35
lernen. (Die Anwendung ist dann zu tun/machen/ nicht zu
sagen/reden/.)

1 Logik hat viel mehr ⟨Konvention⟩ und Physik in sich
2 Physik in sich als man geglaubt hat. Wenn das ⟨Sy…⟩
3 eines Körpers |ist| das Verbum etwa ⟨von der⟩ Bezeichnung
4 das Adjectiv ⟨von der Bezeichnung⟩ der Eigenschaft eines Körpers dient,
6 |auch| –im MS ist auch das Einfügungszeichen gewellt unterstrichen
9 / linkes Randzeichen durchstrichen
11 der einen Grund hat etc, etc, daß es ⟨zu …⟩
18 / linkes Randzeichen durchstrichen
26 wenn sie einer anderen Art von Sätzen ⟨angehörten⟩, als
27 die wir betrachten wollen. Vague ⟨setzte …⟩
35 ⟨/⟩ linkes Randzeichen gestrichen

1   Immer ist hier das Gleichnis gut von der Laterna magica mit dem   ∨
Film und den vereinzelten Bildern auf der Leinwand oder von dem
Körper der sich dreht und blitzartig hie und da beleuchtet wird. Denn
das ist ja eigentlich gar kein Gleichnis sondern es verhält sich in der
Logik der Hypothesen wirklich so.   5

    18.

2   Es werden |immer| Facetten der Hypothese verifiziert

3   Die Erlebnisse d.h. die primären Ereignisse sind mit der Hypothese   ∨ 10
vereinbar. (The hypothesis accounts for them)
    Man könnte etwa sagen: die Hypothese erklärt sie.

4   Ist es nun nicht etwa so daß das was die Hypothese erklärt selbst nur
wieder durch eine Hypothese ausdrückbar ist. D.h. natürlich, gibt es   15
überhaupt primäre Sätze; die also endgültig verifizierbar sind und
nicht die Facetten einer Hypothese sind? (Das ist etwa als würde man   20
fragen, „gibt es Flächen die nicht Oberflächen von Körpern sind?".)

5 ∨ Am ehesten ließe sich das im Verlauf eines Experiments sehen, wenn   20
man die unmittelbaren Erfahrungen beschreiben wollte, die im
Experiment den Ausschlag geben/die Entscheidung bringen/. [die im
Experiment für oder gegen die Hypothese entscheiden]
    Denn es kommt doch am Ende darauf hinaus daß man einen
Zeiger auf einem Teilstrich sieht, oder einen Lichtpunkt in einem   25
Fernrohr, etc.
    Gibt es nun nicht Sätze die dieses rein „Subjective" (was natürlich
nicht subjectiv ist) beschreiben, – jene Haken woran alles endlich
angehängt ist?
    Aber können solche Sätze zur/der/ Mitteilung dienen?   30
    Wären es nicht Sätze die dem Sprechenden als primäre, dem
Angesprochenen/Anderen/ aber als Hypothesen gälten?

    19.

6   Es kann jedenfalls kein Unterschied sein zwischen einer Hypothese als   35
Ausdruck einer unmittelbaren Erfahrung gebraucht und einem Satz:
im engeren Sinne.

7 ∨ Merkwürdig ist dann aber die Bedeutung der Wahrheitsfunktionen
angewandt auf Hypothesen statt primären Sätzen: 40 21
    Der Unterschied entspräche, natürlich, dem der Bedeutungen des
Wortes Wahr (und Falsch) in jenen beiden Fällen.

    1 Immer ist hier das Gleichnis gut von der ⟨Kammera …⟩
    3 sich dreht und blitzartig hie und da beleuchtet wird. ⟨Di…⟩
    4 Denn das ist ja eigentlich gar kein Gleichnis sondern ⟨es ver…⟩
    8 *Im Manuskriptband durchgehend:* Fassetten *bzw.* Fassette
    14 ⟨Es …⟩
    16 gibt es überhaupt primäre Sätze; die also endgültig ⟨w…⟩
    25 einem Teilstrich sieht ⟨⟨⟩oder einen Lichtpunkt in einem Fernrohr⟨⟩ …⟩
    31 Wären es nicht Sätze die dem ⟨sprechen…⟩
    32 dem Angesprochenen/Anderen/ aber als Hypothesen ⟨ve…⟩

1 Es gibt jedenfalls einen Unterschied zwischen Sätzen von denen man
sagt es ist wahrscheinlich der Fall und solchen von denen man es nicht
mit Sinn sagen kann.

2 Es ist ein Unterschied zwischen einem Satz wie „hier liegt eine Kugel
vor mir" und „es schaut so aus als läge eine Kugel vor mir". — Das
zeigt sich auch so: man kann sagen „es scheint eine Kugel vor mir zu
liegen" aber es ist sinnlos: „es scheint eine Kugel hier liegen zu
scheinen". Wie man |auch| sagen kann „hier liegt wahrscheinlich eine
Kugel" aber nicht „wahrscheinlich scheint mir h i e r eine Kugel zu
liegen". Man würde in solchem Fall sagen „ob es s c h e i n t, mußt Du
doch wissen".

3 Man möchte etwa auch sagen: „Ich weiß schon e t w a s, nämlich, was
ich s e h e; ich weiß nur nicht, ob es eine Kugel ist." Hat es |denn| aber
einen Sinn zu sagen „ich weiß, was ich sehe"? — Angenommen ich
sehe einen gelben Kreis, könnte man dann nicht sagen: wenn das
nicht schon wieder eine Hypothese ist (da es ja einen physiologischen
Vorgang behauptet) dann hat es überhaupt keinen Sinn. Denn damit
es ein Satz ist, müssen Kreis, gelb, etc. schon vorgefaßte Begriffe
sein. — Man könnte fragen: wie kann ich wissen, daß das Gesichtsbild
mit diesen Begriffen übereinstimmt – es sei denn daß ich jetzt diese
Worte als Beschreibung dieses Gesichtsbilds bestimme, dann ist
freilich kein Wunder daß sie stimmen. Aber ist es denn willkürlich ob
ich ja oder nein antworte, wenn mich jemand fragt: „siehst Du dort
ein Licht"? Andrerseits ist es doch klar daß ich apodiktisch sagen kann
„nein, ich sehe keins" oder „ja, ich sehe eins". Es wäre doch offenbar
unsinnig zu sagen „wahrscheinlich sehe ich ein Licht" (Es sei denn daß
es sich wieder um ein/das/ physikalische(s) Faktum handelt wonach
aber nicht gefragt wurde) Man würde doch antworten: „Du mußt doch
w i s s e n ob Du ein Licht siehst oder nicht". („Du mußt doch wissen,
ob es Dir so s c h e i n t")

18 ich sehe einen gelben Kreis, könnte man dann nicht sagen⟨, …⟩
21 Denn damit es ein Satz ist, ⟨muß …⟩
22 Man könnte fragen: wie ⟨weiß ich⟩, daß das Gesichtsbild
22 Man könnte fragen: wie kann ich wissen, daß ⟨e…⟩
23 es sei denn daß ich ⟨sie …⟩
30 daß es sich wieder um ein/das/ physikalische(s) Faktum handelt⟨⟩ …⟩

1 / Und nun ist es wohl auch Unsinn·zu sagen, die Übereinstimmung
|(oder Nicht-Übereinstimmung)| zwischen Satz und Welt/Realität/ sei   23
willkürlich durch eine Zuordnung geschaffen. Denn, wie ist diese
Zuordnung auszudrücken? Sie besteht darin, daß der Satz „p" sagt, es
sei g e r a d e d a s der Fall. Aber wie ist dieses „gerade das"   5
ausgedrückt?/gegeben?/ Wenn durch einen andern Satz so gewinnen
wir nichts dabei; wenn aber durch die Realität, dann muß diese schon
in bestimmter Weise – articuliert – aufgefaßt sein. Das heißt: man
kann nicht auf einen Satz und auf eine Realität deuten und sagen:
„d a s entspricht d e m". Sondern dem Satz entspricht nur wieder das   10
schon articulierte/Articulierte/.

2   Was hat es nun mit der allgemeinen Regel auf sich die das Wort   \?
„Gemischtwarenhandlung" auf einem Haus, zum S a t z macht? Das ist   ᵇ
klar: wir verstehen dieses Wort wenn es in einem (gewöhnlichen) Satz   15
vorkommt; wenn ich es dagegen allein auf einen Zettel auf meinem
Schreibtisch schreibe, so sagt es nichts, und man könnte etwa|, wenn
man es so sieht,| fragen: nun, was ist's damit? Es ist dann eben ein
einzelnes Rad das wir zwar als Teil eines Mechanismus kennen, |das|
aber hier, außerhalb jedes Verbandes, keinen Zweck erfüllt. Jenes   20 24
Wort auf dem Haus aber erfüllt den Zweck einer Mitteilung. In
welchem Verbande steht es nun? — Man könnte sagen das
Charakteristische eines Zeichens ist, daß es sich von vornherein muß
lernen lassen, wie der Eisenbahner/Lokomotivführer/ die
Eisenbahnsignale lernt. Was er da lernt ist eben die „allgemeine   25
Regel". Ich will also sagen: Er lernt dabei nicht nur Wörter einer
Sprache, sondern auch eine Grammatik. Wäre z.B. „halt" eines dieser
Wörter, so genügte es allein gar nicht denn es bedarf einer Regel zu
wissen w e l c h e r Zug nun halten soll.
          Das Schiffssignal „Stop" ist auch ein einwörtiger Satz; wo ist hier   30
der S a t z z u s a m m e n h a n g? Oder soll man/ich/ so sagen: Das Wort
„Stop" hat nur im Schiff Sinn nicht wenn ich es allein auf irgend einen
Zettel schreibe; wenn andrerseits das Wort an seinem Ort durch kein
anderes zu ersetzen wäre, so wäre es wiederum sinnlos.
                                                                                   35
3 ∨ Das Schild „Bass & Ale" zeichnet nur gewisse Häuser aus vor
anderen welche es nicht tragen. Und selbst wenn es auf allen Häusern
angebracht wäre als Zeichen daß tatsächlich überall diese Getränke zu
haben sind so müßte es doch denkbar d.h. in unserer Grammatik   25
vorgesehen sein, daß ein Haus es nicht trüge. Denn gehörte es als   40
selbstverständlich zu einem Haus dann könnte es nichts ausdrücken
/aussagen/.

ₗ *Im MS ein Absatz, durch Randzeichen als Bemerkung gekennzeichnet.*
ₗ Und nun ist es wohl auch Unsinn zu sagen ⟨d...⟩
₂ zwischen Satz und ⟨W...⟩
₆ Aber wie ist dieses „gerade das" ausgedrückt?/gegeben?/ ⟨Entweder ...⟩
₁₈ |, wenn man es so sieht,| fragen: nun, was ist's damit? ⟨Es ...⟩
₂₂ Man könnte sagen das ⟨charakteristische⟩ eines Zeichens ist,
₂₉ es allein gar nicht denn es bedarf einer Regel zu wissen ⟨an ...⟩
₃₆ *Im MS ein Absatz, durch Randzeichen als Bemerkung gekennzeichnet.*
₃₆ g e w i s s e *–im MS zuerst einfach, dann gewellt unterstrichen*

1   Hätte das Wort außer allem Zusammenhang Sinn, dann genügte es   \?
daß es im Wörterbuch steht; d.h. es brauchte sonst nirgends erwähnt
zu werden. Es würde so zu sagen genügen daß man es ein für allemal
weiß. (Man könnte dann sagen „wozu steht das/dieses/ Wort da? Ich
weiß es ja ohnehin schon".) – Dieses Wort sollte aber wahr und falsch   5
sein können, dann nur ein für allemal das eine oder das andere; es
müßte |dann| sozusagen von der Natur des Satzes $2 + 2 = 4$ sein.

                                                       21.

2   In dem was den Satz mit der gegebenen Tatsache verbindet ist nichts   \   10
Hypothetisches.

3   Es ist doch klar daß eine Hypothese von der Wirklichkeit – ich meine
von der unmittelbaren Erfahrung – einmal mit ja, einmal mit nein
beantwortet wird, (wobei freilich das „ja" und „nein" hier nur   15
Bestätigung und Fehlen der Bestätigung ausdrücken) und daß man
dieser Bejahung und Verneinung Ausdruck verleihen kann.   26

4   /   Die Hypothese wird, mit d e r Facette an die Realität angelegt, zum
Satz.   20

5   /   Wie ist es mit den Sätzen die in Dichtungen vorkommen. Hier kann
doch gewiss von einer Verification nicht geredet werden und doch
haben diese Sätze Sinn. Sie verhalten sich zu den Sätzen für die es
Verification gibt wie ein Genre Bild zu einem Portrait. Und dieses   25
Gleichnis dürfte wirklich die Sache richtig/vollständig/ darstellen.

6   /   Entsprechen diese Sätze etwa dem was Frege und Meinong
Annahmen nannten?   30

7   /   Denn in jenen erdichteten Sätzen haben doch die Wörter Bedeutung
wie in den anderen, rot, blau, rechts, links, Kopf, Fuß, bedeuten
dasselbe wie sonst. D.h. es ist eine Verbindung mit der Wirklichkeit
vorhanden. In e i n e m Sinne wenigstens; – aber es fehlt die
Verbindung mit dem Jetzt und Hier. |(Erinnern wir uns aber, wie die   35
Bedeutung eines Wortes fixiert ist.)|

8   /   Wenn ich ein Bild anschaue so sagt es mir etwas auch wenn ich
keinen Augenblick glaube (|mir| einbilde) die Menschen seien wirklich   27
oder es habe wirkliche Menschen gegeben wovon/von denen/ dies
ein verkleinertes Bild sei. „Es sagt mir etwas" kann aber hier (natürlich)   40
nur heißen es bringt eine gewisse Einstellung |in mir| hervor.

---

6   dann nur ein für allemal ⟨nur⟩ das eine oder das andere;
15   einmal mit nein beantwortet wird⟨. (Wobei⟩ freilich das
16   Bestätigung ausdrücken) und daß man ⟨diesem Beja…⟩
19   *Im MS:* Fassette   .
19   mit d e r Facette an die ⟨der⟩ Realität angelegt,
28   ⟨∨⟩ *linkes Randzeichen gestrichen*
38   so sagt es mir etwas auch wenn ich ⟨|mir|⟩ keinen Augenblick glaube
40   die Menschen seien wirklich oder ⟨er …⟩
41·   ⟨Wenn ich aber sage⟩ „Es sagt mir etwas"
41   (natürlich) *-im MS durchstrichen*

1 / Meine Stellung gegen das Bild ist auch keine hypothetische so daß ich
mir etwa sagte „Wenn es solche Menschen gäbe, dann ....".

2 ⩛ Und ist es nicht unsinnig zu sagen „das Wort ‚Rot' bedeutet in der
Dichtung was es auch sonst bedeutet"? Was bedeutet es denn? Darf   5
man denn sagen „es bedeutet dieses" und auf einen roten Gegenstand
zeigen? Ist hier nicht nur eine Anwendung dieses Wortes zu sehen.
Läßt sich denn das vergleichen mit dem Fall wenn jemand sagt „das
ist der Ludwig/N/". Und doch kann ich jemandem der wüßte daß
„rot" eine Farbe bezeichnet aber nicht wüßte welche das Wort auf   10
jene Art erklären. „‚rot' bedeutet hier was es sonst bedeutet" könnte
nur heißen: es bedeutet dieselbe **Farbe**. Denn ehe man nicht die
Wortart des Wortes „rot" versteht, versteht man auch nicht die
Erklärung „d a s ist rot".

15

3 ∨ Ist der Satz/die Sprache/ ein Bild so kann ihn nicht erst die Meinung   28
dazu machen. Die Meinung macht ihn nur zum Porträt.

22.

4 ∅ Engelmann sagte mir, wenn er |zu Hause| in seiner Lade voll von   20
seinen Manuscripten krame so kämen sie ihm so wunderschön vor
daß er denke sie wären es wert den anderen Menschen gegeben zu
werden. (Das sei auch der Fall wenn er Briefe seiner verstorbenen
Verwandten durchsehe). |Wenn er sich aber eine Auswahl davon
herausgegeben denkt so verliere die Sache jeden Reiz und Wert und   25
werde unmöglich.| Ich sagte wir hätten hier einen Fall ähnlich
folgendem: Es könnte nichts merkwürdiger sein als einen Menschen
bei irgend einer ganz einfachen alltäglichen Tätigkeit wenn er sich
unbeobachtet glaubt zu sehen. Denken wir uns ein Theater, der
Vorhang ginge auf und wir sähen einen Menschen allein in seinem   30
Zimmer auf und ab gehen, sich eine Zigarette anzünden, sich
niedersetzen u.s.f. so daß wir plötzlich von außen einen Menschen
sähen wie man sich sonst nie sehen kann; wenn wir quasi ein Kapitel
einer Biographie mit eigenen Augen sähen, – das müßte unheimlich
und wunderbar zugleich sein. Wunderbarer als irgend etwas was ein   35
Dichter auf der Bühne spielen oder sprechen lassen könnte. Wir
würden das Leben selbst sehen. — Aber das sehen wir ja alle Tage und   29
es macht uns nicht den mindesten Eindruck! Ja, aber wir sehen es
nicht in d e r Perspektive. — So wenn E. seine Schriften ansieht und sie
herrlich/wunderbar/ findet (die er doch einzeln nicht veröffentlichen   40
möchte) so sieht er sein Leben, als ein Kunstwerk Gottes, und als das
ist es allerdings betrachtenswert, jedes Leben und Alles. Doch kann
nur der Künstler das Einzelne so darstellen daß es uns als Kunstwerk
erscheint; jene Manuscripte verlieren m i t R e c h t ihren Wert wenn
man sie einzeln und überhaupt wenn man sie   45
u n v o r e i n g e n o m m e n, das heißt ohne schon vorher begeistert zu

    4 Und ist es nicht unsinnig zu sagen „das Wort ‚⟨rot⟩' bedeutet
    5 Was bedeutet es denn? ⟨Kan…⟩
   26 |Wenn er sich aber eine Auswahl davon herausgegeben denkt so verliere
      die Sache jeden Reiz und Wert und werde unmöglich.| –*das*
      Einfügungszeichen ist im MS doppelt unterstrichen
   33 wie man sich sonst nie sehen kann; wenn wir ⟨gl…⟩
   37 Wir würden das Leben ⟨ni…⟩
   42 als ein Kunstwerk Gottes, und als das ist es allerdings ⟨B…⟩

17

sein, betrachtet. Das Kunstwerk zwingt uns – sozusagen – zu der
richtigen Perspective, ohne die Kunst aber ist der Gegenstand ein Stück
Natur wie jedes andre und daß wir es durch die Begeisterung
erheben können das berechtigt niemand es uns vorzusetzen. (Ich muß
immer an eine jener faden Naturaufnahmen denken die der, der sie   5
aufgenommen interessant findet weil er dort |selbst war,| etwas erlebt
hat, der dritte aber mit berechtigter Kälte betrachtet; wenn es
überhaupt gerechtfertigt ist ein Ding mit Kälte zu betrachten.

    Nun scheint uns aber, gibt es außer der Arbeit/Tätigkeit/Funktion/   30
des Künstlers noch eine andere, die Welt sub specie aeterni   10
einzufangen. Es ist – glaube ich – der Weg des Gedankens der
gleichsam über die Welt hinfliegt und sie |so| läßt wie sie ist, – sie von
oben im/vom/ Fluge betrachtend. [sie vom Fluge betrachtend] [sie von
oben vom Fluge betrachtend]

                                                                 15

1   /   Daß die Sprache ein Bild hervorbringt zeigt sich schon darin, daß
Bilder – im gewöhnlichen Sinn des Wortes – sich ihr natürlich
einfügen.

    Die Illustration in einem Buch ist dem Buch nichts Fremdes,
sondern gesellt sich ihm zu wie ein verwandter Behelf einem anderen,   20
– wie |etwa| eine Reibahle dem Bohrer.

    ∫   Wenn einen die Häßlichkeit eines Menschen abstößt so kann sie
einen im Bild (im gemalten) gleichfalls/ebenso/ abstoßen, aber auch in
der Beschreibung, durch Worte/in den Worten/.

                                                                  25

2   ∀   Wenn einer fragt was bedeutet das Wort „rot" und ich antworte
„dieses" und zeige auf einen roten Gegenstand, so ist klar daß das
Wort auch dann seine Bedeutung gehabt hätte, wenn der rote
Gegenstand nicht bei der Hand gewesen (wäre), ja wenn nichts rotes   31
auffindbar gewesen wäre. Er gehörte also nicht zu jenem Zeichen   30
und wenn auf ihn |zur Erklärung| gedeutet wird so hilft er, ein neues
Zeichen bilden. Der rote Gegenstand tritt mit dem Wort zu einem
Zeichen zusammen.

3   Das ist selbstverständlich: wir können Namen von Personen erdichten   ∀ 35
aber nicht Namen|, etwa,| von Farben.

4   Wir haben in der Dichtung/dem Erdichteten/ bloß das Spiel der   ∀
Gedanken und Vorstellungen. Soweit die Wirklichkeit in dieses Spiel
eingreift greift/wirkt/ sie als Zeichen (ein).   40

2 ohne die Kunst aber ist der Gegenstand ⟨nur⟩ Natur
9 Nun scheint uns aber, gibt es außer ⟨dem kü…⟩
10 *Im MS:* sub specie äterni
14 [sie von oben vom Fluge betrachtend] *–im MS in der Zeile, nach der*
    Öffnungsklammer mit einer vertikalen Wellenlinie markiert
22 *Der Absatz ist im MS eine Bemerkung, durch eine Klammer am linken Rand der*
    vorangehenden zugeordnet.
24 gleichfalls/ebenso/ abstoßen, aber auch in der ⟨Beschreibung. …⟩
26 Wenn einer fragt was bedeutet ⟨den…⟩
38 bloß ⟨Spiele⟩ der Gedanken und Vorstellungen.

1 Die Übereinstimmung der Gedanken als solche mit der Wirklichkeit ∀
ist nicht auszudrücken. Nimmt man das Wort Übereinstimmung im
Sinne der … eines wahren Satzes mit der Wirklichkeit dann stimmt
die Sache nicht weil es auch falsche Gedanken gibt. Ein anderer Sinn
aber ist durch die Sprache nicht wiederzugeben. Wie alles   5
metaphysische ist die (prästabilierte) Harmonie zwischen dem
Gedanken und der Wirklichkeit durch die Grenze der Sprache |uns|
gegeben.

2 ∀ Das Alltäglichste, der Satz, ist Objekt unserer Untersuchung. (Der   10 32
Satz, wie ihn jeder spricht.)

3 ∀ Der Satz „ich will nach Wien fahren" hat Sinn auch, wenn Wien ohne
daß ich davon erfahren hätte von einem Erdbeben zerstört worden
sein sollte. Der Satz „ich freue mich den N.N. zu sehen" hat Sinn auch   15
wenn dieser Mensch nicht mehr leben sollte, ja selbst wenn er nie
gelebt hätte. Hier handelt es sich um Hypothesen.

4 ∀ Die Grammatik constituiert einen Mechanismus; denn indem sie
gewisse Verbindungen erlaubt und andere verbietet, tut sie dasselbe   20
was die Lager, Führungen (und |überhaupt| alle Teile) des Mechanismus
tun: sie lassen bestimmte/gewisse/ Bewegungen zu und bestimmen so
die Bewegung (der Teile).

5 ∀ Der Satz im engeren Sinne verhält sich zur Hypothese wie eine   25
Projection eines Körpers zum Körper

6 ?/ Ob der Körper den ich sehe eine Kugel ist kann zweifelhaft sein, aber
daß er |von hier etwa| eine Kugel zu sein scheint, kann doch nicht
zweifelhaft sein. − Der Mechanismus der Hypothese würde nicht   30
funktionieren, wenn der Schein auch noch zweifelhaft wäre; wenn also
auch nicht eine Facette der Hypothese unzweifelhaft verifiziert würde.   33
Wenn es hier Zweifel gäbe, was könnte den Zweifel heben?
Wenn auch diese Verbindung locker wäre so gäbe es auch nicht
Bestätigung einer Hypothese, die Hypothese hinge dann gänzlich in   35
der Luft und wäre zwecklos (und damit sinnlos).

                                                                23.

7 Ich habe noch immer nicht die Maschinerie der Hypothese und des   ∀
Satzes erfaßt.   40

---

7 die (prästabilierte) Harmonie zwischen dem Gedanken und der Wirklichkeit
–im MS am rechten Rand mit einem vertikalen Strich markiert, dem und der sind
durchstrichen

13 Der Satz „⟨Ich⟩ will nach Wien fahren"

17 Hier handelt ⟨sichs⟩ um Hypothesen.

23 sie lassen bestimmte/gewisse/ Bewegungen zu und bestimmen so die
Bewegung (der Teile). –im MS am linken Rand mit einer vertikalen Wellenlinie
markiert

29 doch –im MS durchstrichen

31 wenn ⟨nicht⟩ der Schein auch noch zweifelhaft wäre;

32 Im MS: Fassiette

32 eine Facette der Hypothese unzweifelhaft verifiziert ⟨wird.⟩ Wenn es

1 Wenn ich |von Etwas| sage „das fühlt sich wie eine Schneide an" so   V
  bilde ich damit unmittelbar mein Gefühl ab

2 Es ist eine ungemein wichtige Sache daß ich mich bei dem Gebrauch   \
  der Sprache nicht erinnere wie ich sie gelernt habe.   5
    Ich sage „hier sehe ich eine schwarze Kugel". Ich weiß nicht wie
  ich „schwarz" und „Kugel" gelernt habe. Meine Anwendung der
  Wörter ist unabhängig von diesem Erlernen. Es ist |so| als hätte ich die
  Wörter selbst geprägt. Und nun kommt wieder die alte Frage: Wenn
  die Grammatik die von den Wörtern handelt für ihre Bedeutung   10
  wesentlich ist, muß ich die grammatikalischen Regeln die von einem   34
  Wort handeln da alle im Kopf haben, wenn es für mich was/etwas/
  bedeuten soll? Oder ist es hier wie im Mechanismus: Das Rad, das
  still steht oder auch sich dreht |das Rad in einer Lage| weiß nicht
  welche Bewegung ihm noch erlaubt ist, der Kolben weiß nicht   15
  welches Gesetz seiner Bewegung vorgeschrieben ist; und doch wirkt
  das Rad und der Kolben nur durch jene Gebundenheit/jenes
  Geführtsein/ [Beschränkung seiner Freiheit] [Gebundensein]
?/ (Die Wahl der/unsrer/ Worte ist so wichtig weil es gilt die
  Physiognomie der Sache genau zu treffen weil nur der genau gerichtete   20
  Gedanke auf die richtige Bahn führen kann. Der Wagen muß
  |haar|genau auf die Schiene gesetzt werden, damit er richtig
  weiterrollen kann.)
/ Soll ich also sagen: Die grammatischen Regeln wirken in der
  Zeit? (Wie jene Führung)   25
/ Also: Das Wort „Kugel" wirkt nur durch die/in der/ Art seiner
  Anwendung. Und es wäre die seltsame Frage denkbar „wie kann ich
  denn dann gleich wissen was ich mit ‚Kugel' meine, ich kann doch
  nicht die ganze Art der Anwendung |auf einmal| im Kopf haben?".   35
/ Und wenn mich jemand fragt „siehst Du dort eine schwarze   30
  Kugel", so muß ich doch diese Anwendung des Wortes vor Augen
  haben um |ihn verstehen und| um antworten zu können.

1 Wenn ich |von ⟨etwas⟩| sage „das fühlt sich wie eine Schneide an"
9 Es ist |so| als hätte ich die Wörter selbst ⟨gef...⟩
19 *Die mit Randzeichen markierten Absätze sind im MS Bemerkungen, durch Klammern*
  am linken Rand miteinander verbunden. Vom Ende des vorangehenden Absatzes
  weist ein Pfeil am rechten Rand auf den vierten Absatz, den eingeklammerten dritten
  Absatz überspringend.
19 ⟨|⟩Die Wahl der/unsrer/ Worte ist so wichtig
22 Der Wagen muß |haar|genau auf die ⟨Schienen⟩ gesetzt werden,
27 seiner Anwendung. *–im MS Zeilenende ohne Schlußpunkt*
29 |auf einmal| *–das Einfügungszeichen ist im MS gewellt unterstrichen*

／ Nun ist es seltsam, daß ich das Gefühl habe, als trüge man die
grammatischen Regeln auf irgend eine Weise mit sich herum wenn
man das Wort gebraucht./ich die grammatischen Regeln auf irgend
eine Weise mit mir herum wenn ich das Wort gebrauche./ Wie ich
nicht überrascht bin daß sich das Rad nur drehen kann und ich seine   5
Bewegungsfreiheit, gleichsam, mit einem Blicke übersehe, wie ich eine
Bewegungsfreiheit kenne.

So, möchte ich sagen, weiß ich in irgend einem Sinn schon daß
hinter der Halbkugel die ich sehe, eine zweite gleich große ist und
nicht etwa eine Spitze, ich weiß daß die Kugel von der Seite gesehen   10
auch als Kreis erscheint etc. etc.. Oder kann es mir doch durch das
was ich in/mit/ mir herumtrage ableiten.

／ Das Schließen in schwierigeren Fällen geht tatsächlich so vor
sich, indem/in der Zeit vor sich, daß/ ich die Regeln anschauen die
Prämissen nachschlagen muß und so den sprachlichen Apparat wie   15
eine Maschine gebrauche.   36

1   ／ Und ist es nicht ähnlich mit dem Schachspiel: in irgend einem Sinne
kann man sagen, ich wisse die Regeln des Schachspiels (habe sie im
Kopf) die ganze Zeit während ich spiele. Aber ist dieses „sie im Kopf   20
haben" nicht wirklich nur eine Hypothese. Habe ich sie nicht nur in so
fern im Kopf als ich sie in jedem besondern Falle anwende? – Gewiß,
dies Wissen ist nur das hypothetische Reservoir woraus das wirklich
gesehene Wasser fließt
                                                                           25

2   ?/∀ Das Problem was unmittelbar mit unserem in Beziehung steht ist: Was
heißt es/Die Frage die unmittelbar mit unserer in Beziehung steht ist
die Frage nach dem Sinn der Aussage/ „ich kann Schach spielen"?

Ist es nicht auf genau derselben Stufe wie „ich kann dieses Buch
aufheben"? oder „ich kann lesen"?   30

3   ／ „Ich weiß, wie ein Bauer ziehen darf"
„Ich weiß, wie das Wort ‚Kugel' gebraucht werden darf".

ı *Die folgenden zwei Absätze bilden im MS eine Bemerkung.*
4 man die grammatischen Regeln auf irgend eine Weise mit sich herum wenn
man das Wort gebraucht./ich die grammatischen Regeln auf irgend eine
Weise mit mir herum wenn ich das Wort gebrauche./ *–erste Variante im MS*
durchstrichen
6 und ich seine Bewegungsfreiheit ⟨–⟩ gleichsam ⟨–⟩ mit einem Blicke
6 mit einem Blicke übersehe ⟨⟨und kenne.⟩⟩
14 *Im MS:* in ⟨der Zeit vor sich, daß⟩
18 Und ist es nicht ähnlich mit dem Schachspiel⟨;⟩ in irgend einem Sinne
27 *Im MS:* Die Frage was unmittelbar mit unserem in Beziehung steht

1 / Wenn ich sage „ich kann dieses Gewicht (auf)heben" so kann man
      antworten „das wird sich zeigen, wenn Du es versuchst" und geht es
      dann nicht so kann man sagen „siehst Du, Du konntest es nicht", und   37
      ich kann darauf n i c h t antworten/sagen/ „doch, ich konnte es als ich
      es sagte nur als es zum Aufheben kam, konnte ich es nicht". D.h.:   5
      dieses Können ist nicht ein Erlebnis: ob man es kann wird sich/die
      Erfahrung/ z e i g e n. Anders ist es wenn ich sage „ich verstehe diesen
      Befehl" dies ist, oder scheint ein Erlebnis zu sein. „Ich muß wissen ob
      ich ihn (jetzt) verstehe" aber nicht: Ich muß wissen ob ich das Gewicht
      |jetzt| heben kann. — Wie ist es nun in dieser Beziehung/Hinsicht/ mit   10
      dem Satz „ich kann Schachspielen"? Ist das etwas was sich zeigen wird
      oder kann man sagen „als ich es behauptete, konnte ich Schach
      spielen nur jetzt kann ich es nicht". (Ich sehe jetzt/hier/ von dem Fall
      ab wo man zur Zeit als man es behauptete eine bestimmte Regel im
      Kopf hatte die man dann vergaß. Denn (im allgemeinen) wenn ich   15
      sage ich kann Schachspielen, denkt man in diesem Augenblick an gar
      keine der Regeln) Ist nicht das was mich rechtfertigt nur, daß ich mich
      erinnere früher Schach gespielt zu haben? Und etwa daß ich wenn
      aufgefordert |zur Probe| die Zugregeln |der Figuren| im Geiste
      durchfliegen kann.   20

2 / Ist es nicht auch so für den/beim/ Gebrauch des Wortes „Kugel"? Ich
      gebrauche das Wort instinktiv. Aufgefordert aber Rechenschaft zu   38
      geben/zu sagen/ ob ich es verstehe rufe ich mir gleichsam zur Probe
      gewisse Vorstellungen hervor.   25

3 ∀ „Siehst Du ein Reh dort?" „Oh ja, deutlich!" Welch ein komplizierter
      Gegenstand, wie viele Ansichten sind möglich und doch verstehe ich
      augenblicklich. Oder kann doch augenblicklich auf die Frage
      reagieren.   30
            Denn ich habe die Sprache i n s t i n k t i v gebraucht. Als
      Instrument, wie den Stock mit dem ich etwas beiseite schlage was
      mich am gehen hindern will.

4 ∀ᵦ Was ist aber das Geschäft der logischen Untersuchung, ist es die   35
      Wirkungsweise des Nervenmechanismus zu untersuchen, wie|, auf
      welchen Bahnen,| der Reflex zustande kommt? Nein.
            Dann bleibt ihr aber nichts übrig als der Sprache eigene Gesetze
      zu erforschen denn die sind das Spiegelbild – auf welchem Weg
      immer – von Gesetzen der Welt.   40

5 ∀ Es droht in dieser Untersuchung immer der psychologische Abgrund.
      (Den/Dessen Gefahr/ man aber nur dann überwinden kann, wenn
      man ihn klar ins Auge gefaßt hat)

                                                                                          45

---

11 mit dem Satz „ich ⟨kann⟩ Schachspielen"?
15 eine bestimmte Regel im Kopf hatte die man dann vergaß⟨⟩ …⟩
16 wenn ich sage ich kann Schachspielen⟨ so⟩ denkt man
19 wenn aufgefordert |zur Probe| die ⟨Regeln⟩ |der Figuren|
22 des Wortes „Kugel"⟨, …⟩
24 ob ich es verstehe rufe ich mir ⟨gle…⟩ ⟨zur …⟩
31 Denn ich habe die Sprache ⟨nur⟩ i n s t i n k t i v gebraucht.
35 ∀ᵦ *oberes Randzeichen in Kopierstift*
37 |, auf welchen Bahnen,| –*das Einfügungszeichen ist im MS gewellt unterstrichen*
39 sind das Spiegelbild ⟨(⟩auf welchem Weg immer

1   (Es kann nicht darauf ankommen ob die Sprache instinktiv oder halb \
instinktiv gebraucht wird. Wir sind hier im Sumpf der graduellen
Unterschiede nicht auf dem festen Grund der Logik.)

2   (Wenn ich die Logik paraphrasiere bin ich freilich auch in der Gefahr   ⩔ₕ   5
wie die Katze um den heißen Brei zu gehen.)

3   Könnte man sagen: Es kommt nicht darauf an wieviele Regeln der   ⩔
Anwendung er beim Gebrauch eines Wortes im Kopfe habe/hat/,
sondern welche Regeln er dir gefragt angibt/wenn befragt nennt/   10

4   Wenn ich sage „|sieh| dort ist eine Kugel" oder „dort ist ein Kegel" so   \
kann die Ansicht (ein Kreis) auf beides passen und wenn ich sage „ja
ich sehe es", so unterscheide ich doch zwischen den beiden
(verschiedenen) Hypothesen. Wie ich im Schachspiel zwischen einem   15
Bauern und dem König unterscheide auch wenn der |gegenwärtige|
Zug einer ist den beide machen könnten und wenn selbst eine
Königsfigur als Bauer fungierte.
      Das Wort „Kugel" ist mir bekannt und steht in mir für etwas,
das heißt, es bringt mich in eine gewisse Stellung zu ihm/sich/ (wie   20   40
ein Magnet eine Nadel in seine Richtung bringt)

5   ⩔ₕ „Siehst Du dort eine Kugel?" „Nein – ach ja, aber man sieht nur ein
Stück, das Übrige ist bedeckt".   25

6   / Dieses „Übersehen der Wirkungsweise" eines Rades ist es nicht darin
vorhanden, wenn wir mit einem Wort eine Vorstellung verbinden?
Haftet der Vorstellung die etwa das Wort rot in mir erweckt auch jene
Unbestimmtheit an, die erst|, quasi,| geschriebener Regeln bedarf um
ihr einen bestimmten/den richtigen/ Freiheitsgrad zu geben?   30

7   / Jedenfalls aber machen geschriebene Regeln die Sprache nicht
weniger unmittelbar, denn sonst könnten sich |geschriebene Regeln|
– die langen Schlußketten der Mathematik – nicht ohne Bruch in
unsere Sprache einfügen. [Jedenfalls aber ist die Sprache ohne   35
geschriebene/geschriebener/ Regeln nicht unmittelbarer .....]

                                     24.

8   / Das ist klar: die Grammatik ist das Leben des Satzzeichens.   ×   40

---

2 Wir sind hier im ⟨/Morast/⟩ der graduellen Unterschiede
3 nicht auf dem ⟨harten⟩ Grund der Logik.)
5 ⩔ₕ *oberes Randzeichen in Kopierstift*
8 Es kommt nicht darauf an wieviele ⟨para…⟩
12 dort ist eine Kugel"⟨,⟩ *–das Komma ist im MS gewellt unterstrichen*
15 (verschiedenen) *–im MS durchstrichen*
23 ⩔ₕ *oberes Randzeichen in Kopierstift*
26 Dieses „Übersehen ⟨des …⟩
26 der Wirkungsweise" eines Rades(") ist es nicht darin vorhanden,

1 ⩚ Ist es nun nicht so: Würde man die Dinge sich selbst bezeichnen
lassen so wären unsinnige |Zeichen|verbindungen nicht erst zu
verbieten sondern unmöglich. Aber wenn die Vorstellungen Zeichen
sind so geschieht eben dasselbe: Etwas dunkleres als Schwarz kann ich
mir nicht vorstellen und keine klingende Farbe etc. – Ich meine die
grammatischen Regeln wirken sich erst mit der Zeit aus wenn das
Wort in verschiedenen Verbindungen gebraucht wird aber die
Grammatik der Vorstellung/Vorstellung(en)/ ist sozusagen
zwangsläufig. Aber das ist auch eine schiefe Darstellung.

  Wenn ich sage „unsinnige Zeichenverbindungen wären nicht zu
verbieten", so meine ich es wäre unmöglich sie zu verbieten weil sie
sich nicht beschreiben lassen.

2 Wie weiß ich was der Begriff Kugel alles beinhaltet, – wenn ich das
Wort „Kugel" gebrauche, und doch wissen muß/weiß/ was ich damit
meine?

  Da geschieht doch folgendes: für manche der Consequenzen
muß ich mich an die Geometrie (also Grammatik) wenden und andere
sind in der Vorstellung (schon/selbst/) klar.

3 ⩗ Man könnte fragen: Wie mach ich's denn um ein Wort immer richtig
anzuwenden, schau ich immer in der Grammatik nach? Nein, daß ich
etwas meine – was ich meine, hindert mich einen Unsinn zu sagen;
– aber was meine ich denn? Die alte Frage. Ich sage: ich rede vom
Teilen eines Apfels aber nicht vom Teilen der Farbe Rot weil ich
beim Teilen eines Apfels mir etwas denken kann, etwas vorstellen,
etwas wollen kann beim Ausdruck „Teilen einer Farbe" nicht. Und ist
es etwa so daß man bei diesen Worten nur noch keine Wirkung auf
andere Menschen beobachtet hat?! – Und auch das ist nicht so
unsinnig, es muß aber der Satz immer ein Bild der Wirkung sein um
die es sich hier handelt.

4 ⩚ Wenn das Reden ein Spiel mit Worten ist so läßt sich der Unsinn so
leicht spielen wie der Sinn. Aber es geht eben noch etwas anderes
(dabei) vor sich; so daß, wenn ich sage „rot ist in die Hälfte geteilt" ich
das Spiel eigentlich gar nicht spiele.

41

5

10

\

15

20

42

25

30

35

---

2 so wären ⟨unmögliche Verbindungen e…⟩
4 wenn die Vorstellungen Zeichen sind so geschieht ⟨etwas …⟩
10 ⟨Denn daß …⟩ –*im MS Beginn einer Bemerkung*
10 Wenn ⟨sich …⟩
14 ⟨∨⟩ *rechtes Randzeichen gestrichen*
18 an die Geometrie (also Grammatik wenden⟨)⟩ und andere sind
23 daß ich etwas meine – was ich meine, –*im MS am linken Rand mit einer*
  vertikalen Wellenlinie markiert
23 einen –*im MS durchstrichen*
24 aber was meine ich denn? ⟨Das …⟩
24 Die alte Frage. –*im MS durchstrichen*
25 ich rede vom Teilen eines Apfels ⟨oder …⟩
30 es muß aber ⟨die Wirkung des Satzes⟩ immer ein Bild der Wirkung sein
35 geht eben noch etwas anderes (dabei) vor ⟨sich …⟩

1   /   „Woher weiß ich daß ich Rot nicht teilen kann?" — Die Frage selbst   \
        heißt nichts. Ich möchte sagen: Man/Ich/ muß mit der
        Unterscheidung von Sinn und Unsinn anfangen. Vor ihr ist nichts   43
        möglich. (Denn sonst kann ich überhaupt nicht reden.)
                                                                                    5

2   [Ich bin jetzt in einer ungeheuern Verwirrung]

3   Was ich sage kommt/käme/ eigentlich immer darauf hinaus daß   v\
        Sprechen und Denken nicht einerlei sind.
                                                                                    10

4   Andererseits aber was ich hier unter denken verstehe kein/nicht   v
        wesentlich ein/ menschlicher (tierischer) Vorgang ist/sein kann/ weil
        der mich hier/in der Logik/ nicht interessiert. — Und doch muß der
        Denkprozess autonom sein denn er muß alles in sich enthalten
        was den Gedanken sinnvoll macht. Was dazugehört daß der Satz   15
        sinnvoll werde, was zum Satz gehört damit das der Fall ist muß alles
        innerhalb des Gedankens liegen. Wenn ich sage „ich möchte hier
        einen roten Kreis sehen" so kann, ob das Sinn hat, nicht (von einer
        außerhalb des Gedankens liegenden Existenz abhängen) davon
        abhängen ob es einen roten Gegenstand irgendwo gibt und überhaupt   20
        kann der Sinn eines Satzes nicht von einer außerhalb des Gedankens
        liegenden Existenz abhängen.
            Damit wäre der Sinn sofort problematisch geworden; und was   44
        problematisch ist kann nicht der Sinn/Gedanke/ sein.
                                                                                    25

5   ⩓   Ich will sagen: denk nicht daß das denken im Kopf vor sich gehen   v
        muß (wie die Verdauung im Magen) Das Denken ist für mich nicht
        ein menschlicher sondern ein sachlicher Prozess.

6   ⩓   Nein, was problematisch ist, ist nicht der Gedanke (das ist etwas   v   30
        anderes, nicht der Gedanke.)

7   ⩓   Aus der Gedankenwelt komme ich in Gedanken nie hinaus.   v

8   ⩓   Wenn man jemand Naiven fragen würde, was ein Gedanke ist [wie   \   35
        ein Gedanke vor sich geht] so würde er sagen es ist eine Kette von
        Vorstellungen von Dingen, und Worten.

                                                              25.

9   ?/⩓ Immer in dem Versuch die Sprachgrenze zu finden, bis zu ihr zu   v   40
        reden und sie so zu zeigen/weisen/, stolpere ich über sie, in den Unsinn
        hinein.

---

  1   „Woher weiß ich daß ich Rot nicht teilen ⟨ka…⟩
  8   \ rechtes Randzeichen überschrieben
 11   Im MS fortlaufender Text, durch Randzeichen und senkrechten Strich in der Zeile als
      Bemerkung gekennzeichnet.
 12   kein/nicht wesentlich ein/ –erste Variante im MS durchstrichen
 12   menschlicher ⟨–⟩ tierischer Vorgang ist/sein kann/ weil
 19   (von einer ⟨Existenz …⟩ außerhalb des Gedankens liegenden Existenz
      abhängen) –die ganze Parenthese ist im MS durchkreuzt
 21   und überhaupt kann der Sinn eines Satzes nicht von ⟨der Exi…⟩
 35   Wenn man ⟨jemanden⟩ Naiven fragen würde,
 40   ?/ linkes Randzeichen überschrieben

1   ⩔   Wodurch unterscheidet sich die Wirkungsweise des Wortes ‚Kugel‘   ⋁
          von der des Wortes ‚Kegel‘, doch nicht durch die Verschiedenheit
          ihrer Klang- oder Schriftbilder, doch nur durch die grammatischen   45
          Regeln die von ihnen gelten oder durch die verschiedenen
          Vorstellungen die mit ihnen verknüpft/verbunden/ sind.   5

2   (Fügt sich nicht auch eine Rechnung unseren Gedanken ein?)   ⩔

3   Wie unterscheidet sich Sinn und Unsinn?   ⩔
                                                       10

4   Da scheint es als könnte man so etwas sagen wie: Die Wortsprache   \
          läßt unsinnige Ausdrücke zu, die Sprache der Vorstellung aber nicht
          unsinnige Vorstellungen. (Natürlich kann das, so wie es da steht,
          nichts heißen)
               Kann ich nicht antworten: oh doch, ich kann mir unsinnige   15
          Vorstellungen machen nämlich solche, mit denen ich nichts denke.

5   Wenn ich mich entschlösse (in meinen Gedanken) „abrakadabra“/N/   \
          statt „rot“ zu sagen, wie würde es sich zeigen daß „abrakadabra“ an
          dem Platz des „rot“ steht. Wodurch ist der Platz/die Stelle/ eines   20
          Wortes bestimmt? Angenommen etwa ich wollte auf einmal alle
          Wörter meiner Sprache durch andere ersetzen wie könnte i c h wissen
          welches Wort an der Stelle welches’ steht. Sind es |da| die
          Vorstellungen die bleiben und den Platz des Wortes fixieren/halten/.
          So daß an einer Vorstellung quasi ein Haken ist und hänge ich an   25   46
          d e n ein Wort so ist ihm damit/dadurch/ der Platz angewiesen? Ich
          kann es nicht glauben. Ich kann mir nicht denken daß den
          Vorstellungen im Denken ein anderer Platz zukommt als den Worten.

6   ⩔   Die Naive Auffassung würde vielleicht sagen: dieses Wort füllt   ⌇ 30
          denselben Platz aus wie jenes frühere wenn ich mit ihm dasselbe   ⋁
          meine wie mit dem ersten. Aber damit ich etwas meinen kann, muß
          es da sein und ist es da/vorhanden/ so gehört es zum Gedanken (denn
          es ist eine Bedingung der Existenz dieses Gedankens)
                                                       35

7   /   Man kann das Wort „existieren“ so auffassen daß „rot existiert“   ⌇
          bedeutet es gibt ein Ding das rot ist (dies ist ein wirklicher Satz oder   ⋁
          |doch| eine Hypothese) oder man faßt ihn so auf daß damit gemeint
          ist, der Satz „a ist rot“ hat Sinn.
                                                       40

  1   ⟨⌇⟩ *linkes Randzeichen gestrichen*
  3   durch die Verschiedenheit ihrer Klang⟨bilder⟩ oder Schriftbilder,
  3   oder Schriftbilder, doch nur durch die ⟨G…⟩
 11   ⟨⌇⟩ *rechtes Randzeichen gestrichen*
 11   ⟨Das …⟩
 12   Die Wortsprache läßt ⟨Unsinn …⟩
 12   Die Wortsprache läßt unsinnige Ausdrücke zu, die ⟨V…⟩
 26   ist ihm damit/dadurch/ der Platz angewiesen? Ich ⟨glaube …⟩
 33   muß es da sein und ist es ⟨wo …⟩
 37   daß „rot existiert“ bedeutet es gibt ⟨etwas …⟩

1   ᵛ/   Die Frage „habe ich diese Farbe schon einmal gesehn" ist unsinnig   ᵛ
wenn ich in einem primären Sinne frage, und nicht das Gedächtnis als
einzigen Richter anerkenne. (Das gehört unmittelbar hierher.)

2   /   Es hängt damit zusammen: wenn ich mir eine Farbe zu sehen erwarte   ᵛ   5
und es kommt eine und ich sage das ist die, die ich erwartet habe: 47
Läßt sich fragen „woher weißt Du das, die Farbe war ja nicht da wie
Du sie erwartet hast"?
       Im primären Sinn ist das Wiedererkennen |einfach| das
Kriterium/Symptom[Anzeichen]/ der Gleichheit sondern der   10
Ursprung des Begriffs der Gleichheit. Und zwar sowohl das
Wiedererkennen der Erinnerung wie das des Erwartens.

3   (In gewissem Sinne verlieren alle Dinge ihre Farbe wenn sie durch   ᵛ
die/in der/ Sprache eingefangen werden.)   15

4   Das Wiedererkennen einer Erwartung in den Tatsachen ist   ᵛ
keine/nicht die/ Kontrolle der Ähnlichkeit oder Gleichheit sondern
das Gleichsein.

       20

5   Wie verträgt sich das aber mit der gesonderten Betrachtung von   ᵛ
Erwartung und Ereignis/Erfüllung/ (Gedanken und Tatsachen)?

6   „Das ist die Farbe die ich mir erwartet habe": da gibt es keine   ᵛᵛ
Täuschung. Es gibt keine Täuschung, weil es auch keine   25
Möglichkeit der Entdeckung einer Täuschung gibt. [weil es kein
mögliches Daraufkommen auf eine Täuschung gibt]

7   /   Kann man (denn) die Erwartung mit der eingetroffenen Tatsache   ᵛ   48
vergleichen? Man sagt ja die Tatsachen stimmen mit der Erwartung   30
überein oder nicht überein; aber dieses Übereinstimmen bezieht sich
nicht auf Eigenschaften der Erwartung (des Vorgangs der Erwartung)
und Eigenschaften des Ereignisses, vielmehr drückt sich die
Übereinstimmung durch eine Übereinstimmung der Zeichen aus. Ich
nenne die Farbe eines Flecks „rot" wenn sie die Erwartung er werde   35
rot sein befriedigt.
       Wir sind hier an einer Grenze der Funktion der Sprache. Dort
quasi wo die Sprache die Realität abstrahiert/verabstrahiert/.

8   /   Es ist aber nicht so als wenn/ob/ ich sagte: „ich habe Lust auf einen   ᵛ   40
Apfel, was immer also diese Lust beruhigen/stillen/ wird werde ich
einen Apfel nennen". (|also| etwa auch ein Schlafmittel)

---

  1 ᵛ *linkes Randzeichen durchstrichen*
  3 ⟨(das⟩ gehört unmittelbar hierher)
  6 eine Farbe zu sehen erwarte und es kommt eine und ich sage ⟨daß …⟩
  6 das ist die⟨ und …⟩
  7 die Farbe war ja nicht da wie ⟨du⟩ sie erwartet hast"?
 14 ⟨\⟩ *rechtes Randzeichen gestrichen*
 17 ⟨ᵛ⟩ *rechtes Randzeichen gestrichen*
 24 ᵛ *linkes Randzeichen überschrieben*
 32 *Im MS:* (des Vorgang der Erwartung)
 34 durch eine Übereinstimmung der Zeichen aus. *–im MS markiert nach dem*
       Schlußpunkt ein vertikaler Strich in der Zeile den Gültigkeitsbereich des Randzeichens
 40 ⟨ᵛ⟩ *linkes Randzeichen gestrichen*

27

1 ⩔ |Der Zusammenhang zwischen| Wiedererkennen und Namengebung erzeugt jene Funktion der Sprache und ihre Grenzen.

26.

2 / Ich sehe ein Buch und sage es ist rot so drücke ich in dieser/durch diese/ Namengebung das Wiedererkennen |in der Sprache| aus, es ist also nicht durch einen Satz auszudrücken.

⩔ 5

49

3 Es ist irgendwo ein Mißverständnis über die Funktion der Sprache das es uns so schwer macht hier richtig zu sehen.

⩔

10

Es dürfte das Mißverständnis sein welches uns dazu führt zu glauben daß die Bedeutung des Wortes „rot" erklärt ist wenn/indem/ wir auf einen roten Gegenstand zeigen und sagen „das ist rot". (oder auch „rot' bedeutet das")

Es ist falsch den Gedanken ein Bild einer Realität zu nennen denn so ist es als vergliche man den Gedanken mit einer Realität auf ihre Ähnlichkeit, während eine Ähnlichkeit überhaupt keine Rolle Spielt wohl aber eine Identität; die eben durch die/jene/ Art der Namengebung angezeigt/gezeigt/ wird.

⩔ 15

20

4 Was ich erwarte ist nicht dem ähnlich was die Erwartung erfüllt, sondern es ist das was die Erwartung erfüllt.

\

5 Ich erwarte nicht etwas ähnliches wie das was dann eintritt sondern dasselbe. was eintritt.

⩔

25

6 / So heißt es in der Sprache: ich erwarte es und es geschieht.

⁇
⩔   50

7 / Es hat auch einen Sinn zu sagen es sei nicht das geschehn was ich erwartet habe sondern etwas Ähnliches im Gegensatze aber zu dem Fall wo das geschieht was erwartet wurde. Und das zeigt (zu) welchem Mißbrauch der Sprache/welcher Art der Mißbrauch der Sprache ist zu welchem/ wir hier verleitet werden.

⁇
⩔

30

27. 35

8 ⩔ Es ist jenes Mißverständnis – glaube ich – das ich oben erwähnt habe.

v

9 ⩔ Es ist hier ein ähnliches mißdeuten der Funktion eines Satzes wie im Falle der Sätze „ich habe Zahnschmerzen" und „er hat Zahnschmerzen".

v

40

6 |in der Sprache| –das Einfügungszeichen ist im MS gewellt unterstrichen
11 Es dürfte das Mißverständnis sein ⟨das⟩ uns dazu führt zu glauben
14 (oder auch⟨:⟩ „rot' bedeutet das")
15 Der Absatz ist im MS eine Bemerkung, durch eine Klammer am linken Rand der vorangehenden zugeordnet.
21 ⟨⩔⟩ rechtes Randzeichen gestrichen
24 ⟨⩔\⟩ rechte Randzeichen gestrichen
27 ich erwarte ⟨es⟩ –im MS gestrichene Unterstreichung
33 (zu) welchem Mißbrauch der Sprache/welcher Art der Mißbrauch der Sprache ist zu welchem/ –die Varianten sind im MS am linken Rand mit einer vertikalen Wellenlinie markiert
39 eines Satzes wie im Falle ⟨„ich habe, er hat Zahnschmerzen" …⟩

1 /⌄ Wenn man nun sagte: Das rot das Du Dir vorstellst ist doch gewiß   ⌄
nicht dasselbe (die selbe Sache) wie das, was Du wirklich vor Dir
siehst, – wie kannst Du dann sagen ‚das ist das selbe was ich mir
vorgestellt habe'? – Zeigt denn das nicht nur, daß was ich ‚dieses Rot'
nenne eben das ist, was meiner Vorstellung und der Wirklichkeit   5
gemein ist? Denn das Vorstellen des Rot ist natürlich anders als das   51
Sehen des Rot aber darum heißt ja auch das eine „vorstellen eines
roten Flecks" und das andere „sehen eines roten Flecks". In beiden
(verschiedenen) Ausdrücken aber kommt das selbe Wort „Rot" vor
und so muß dieses Wort nur das bezeichnen was b e i d e n Vorgängen   10
zukommt.

Ist es denn nicht dasselbe in den Sätzen „hier ist ein roter Fleck"
und „hier ist kein roter Fleck". In beiden kommt das Wort „rot" vor,
a l s o kann dieses Wort nicht das vorhandensein von etwas Rotem
bedeuten. — (Der Satz „das ist rot" ist nur e i n e Anwendung des   15
Wortes „rot" gleichberechtigt mit allen anderen, wie mit dem Satz
„das ist nicht rot".)

(Das Wort „rot" hat eben – wie jedes Wort – nur im
Satzzusammenhang eine Funktion. Und ist das Mißverständnis das, in
dem Wort allein schon den Sinn eines Satzes zu sehen glauben?)   20

2 [Das Nachdenken über philosophische Fragen liefert sozusagen/in   ⩔
gewissem Sinne/ das Material, – der Einfall die Synopsis]

3 Wenn man sagt, ich könne das Wort „rot" nicht sinnvoll gebrauchen   \⌄ 25
wenn ich n i e etwas rotes gesehen hätte so ist das Unsinn/falsch/
wenn es sich hier um den physischen/physikalischen/ Vorgang des   52
Sehens handeln soll. In/Mit/ irgend einem Sinne könnte man sagen:
das Wort „rot" hätte für mich keinen Sinn wenn ich mich nicht
erinnerte/erinnern könnte/ schon rot gesehn zu haben; aber auch hier   30
brauche ich mich nicht an einen bestimmten Fall zu erinnern wo ich
etwas Rotes gesehen habe und so bleibt/bliebe/ nur |übrig| daß ich
mir Rot muß vorstellen können. Aber auch diese Vorstellung ist nicht
die Halluzination eines roten Gegenstands.
Wenn sie es aber wäre!!   35

4 ⩔ Und so bleibt – scheint es mir – nur übrig daß ich das Wort im Satz
der von der Vorstellung handelt muß sinnvoll anwenden können.

1 ⟨Wie wenn …⟩
2 was Du wirklich vor Dir siehst⟨;⟩
8 und das andere „sehen eines roten Flecks". In beiden ⟨A…⟩
14 kann dieses Wort nicht das vorhandensein ⟨eines roten Gegen…⟩
15 bedeuten. — ⟨Das ist Rot …⟩
23 das Material, – der Einfall⟨,⟩ die Synopsis]
26 Unsinn/falsch/ *–zweite Variante im MS durchstrichen*
31 an einen bestimmten Fall zu erinnern wo ich ⟨rot⟩ gesehen habe
32 gesehen habe und ⟨es …⟩
34 ist nicht die Halluzination eines roten ⟨Körpers …⟩
35 Wenn sie es aber wäre!! *–im MS ein Nachtrag über der Zeile*
37 *Im MS fortlaufender Text, durch ein Randzeichen links und zwei vertikale Striche in*
der Zeile als Bemerkung gekennzeichnet. Der Text ist am linken Rand mit einer
vertikalen Wellenlinie markiert.

1 ∫⩔ Der Vergleich des Satzes mit einem Maßstab kommt uns wieder   ⋁
näher und scheint nun ja weiter nichts darzustellen als das Verhältnis
von Gedanken und Wirklichkeit/Realität/ das sich im Satz dadurch/so/
darstellt daß der Ausdruck der Erwartung lautet „ich erwarte daß p
eintritt" und der Ausdruck der Erfüllung „p ist eingetreten". p ist – im   5
strengsten Sinne – das Gemeinsame zwischen Maßstab und
Gemessenem.

2 ∫⩔ Das Gemeinsame zwischen Gedanken und Realität, das sich   ⋁
sprachlich durch gemeinsame Bestandteile des Ausdrucks ausdrückt/   10   53
Gemeinsames im Ausdruck/in den Ausdrücken/zeigt/, läßt sich – eben
darum – nicht durch Sätze darstellen (beschreiben). (Hier sind wir
wieder an der Sprachgrenze.)

3 ∫ Man kann nicht in der Sprache das Wesen der Sprache beschreiben.   ⩔   15

4 ?∫ Wenn das was wir „denken" nennen in einer Art Krabbeln im Kopfe   ⩔
bestünde so könnten wir das natürlich mit der Sprache darstellen wie
jeden anderen Vorgang; nur was am Denken unmittelbar durch die
Sprache seinen Ausdruck findet/ausgedrückt wird/, kann die Sprache   20
nicht von außen betrachten.

5 / Wie komisch wäre es zu sagen: ein Vorgang sieht anders aus, wenn er   \
geschieht als, wenn er nicht geschieht. Oder: „ein roter Fleck sieht
anders aus wenn er da ist, als wenn er nicht da ist, aber die Sprache   25
abstrahiert von diesem Unterschied, denn sie spricht von einem
roten Fleck ob er da ist oder nicht".

6 / Wie unterscheidet sich das Rot eines Flecks den wir vor uns sehen   \
von dem dieses Flecks wenn wir ihn uns bloß vorstellen? — Aber wie   30
wissen wir denn daß es das rot dieses Flecks ist wenn es |von dem
Ersten| verschieden ist? — Woher wissen wir denn daß es dasselbe Rot   54
ist wenn es verschieden/nicht dasselbe/ ist? — Dieser Galimathias zeigt
daß hier ein Mißbrauch der Sprache vorliegt.

    35

12 (Hier sind ⟨wied…⟩
33 *Im MS:* Gallimathias

1 /∫/ Wie ist es möglich daß ich erwarte, und das was ich erwarte kommt?! ∨
Wie konnt' ich es erwarten, da es nicht da war?

/ Die Realität ist keine Eigenschaft die dem Erwarteten noch fehlt \
und die nun hinzutritt wenn es eintritt. − Sie ist auch nicht wie das
Tageslicht das den Dingen erst ihre Farbe gibt wenn sie im Dunkeln 5
schon gleichsam farblos vorhanden sind.

Alle diese grammatischen Formen stellen den Gegensatz
Erwartung und Erfüllung nicht dar. Die Sprache stellt ihn nur so dar,
wie sie ihn immer darstellt durch den Gegensatz der Sätze „ich erwarte
p" und „p ist eingetroffen". 10

⅂ Wie konnte ich es erwarten, und es kommt dann wirklich; − als \
ob die Erwartung ein dunkles Transparent wäre und mit der Erfüllung
das Licht |dahinter| angezündet würde. Aber jedes solche Gleichnis ist 55
falsch weil es die Realität als einen beschreibbaren Zusatz zur
Erwartung/zum Gedanken/ darstellt, was unsinnig ist. 15

(Es ist das im Grunde derselbe Unsinn, wie der, der die
vorgestellte Farbe als matt im Vergleich zur wirklichen darstellt.)

Du siehst also, möchte ich sagen, an diesen Beispielen, wie die \
Sprache tatsächlich funktioniert. − Aber auch das stellt die Sache
falsch dar, denn es scheint dann daß man sich die Funktion der 20
Sprache anders vorgestellt hat (sie sich anders vorstellen konnte) und
nun resignieren muß.
Aber es ist richtig zu sagen: Du siehst also, wie die Worte wirklich
gebraucht werden.
25

2 ∫ Die ganze Antwort auf mein Problem liegt darin, daß ich nicht fragen \
kann: „woher weißt Du daß das wirklich das ist, was Du Dir erwartet
hast". − Denn weder kann man es an |einem Dritten| (einem Gefühl
der Befriedigung) erkennen. (sonst müßte zum Voraus |durch| eine
Regel bestimmt sein daß, |immer| wenn dieses Gefühl eintritt .... Aber 30
das setzt wieder die Möglichkeit einer Annahme voraus) Noch
erklärt es etwas wenn ich sage, ich erkenne das Erwartete wieder.
Das ist nur |ein hinzugesetztes/ein hinzugefügtes/| Wort, das uns nicht 56
hilft.
35

1 / *linkes Randzeichen überschrieben*
1 ∫ *linkes Randzeichen durchstrichen*
1 Wie ist es möglich daß ich erwarte, und ⟨daß ...⟩
1 kommt?! −*Fragezeichen und Ausrufezeichen sind im MS gewellt unterstrichen*
3 ⟨∫⟩ *linkes Randzeichen gestrichen*
3 *Die mit Randzeichen markierten Absätze sind im MS Bemerkungen, durch Klammern*
am linken Rand miteinander verbunden.
5 *Im MS:* Farbe gibt wenn sie im Dunkeln
7 *Im MS:* Alle dies
7 Alle diese grammatischen Formen stellen ⟨von ...⟩
13 |dahinter| −*das Einfügungszeichen ist im MS gewellt unterstrichen*
16 (Es ist das im Grunde derselbe Unsinn, wie ⟨w...⟩
18 ⟨∫⟩ *linkes Randzeichen gestrichen*
24 Aber es ist richtig zu sagen: Du siehst also, wie die Worte wirklich
gebraucht werden. −*im MS ein Nachtrag am Ende der Bemerkung*
28 Denn weder kann man es an |einem Dritten| (einem Gefühl⟨⟩ ...⟩
30 zum Voraus |durch| eine Regel bestimmt sein ⟨|die sagt|⟩ daß,

1 ∫ Denn könnte man diese Frage beantworten (hätte die Frage einen ∨
Sinn), so enthielte die Antwort eine Beschreibung von Gedanken und
Wirklichkeit, und der Bedingung ihrer Übereinstimmung.

2 ∫⩔ Man könnte das auch so auffassen/ansehen/: Es ist möglich den ∨ 5
Gedanken zu beschreiben und die Tatsache die ihm entspricht; dann
zeigt es sich daß der Gedanke in der Sprache (denn nur in ihr kann
ich ja |?| darstellen) p lautet und die Tatsache: daß p der Fall ist. Wenn
Du willst kannst Du das als/Das kannst Du wenn Du willst als/ die
Funktion der Sprache charakterisierend auffassen. 10

3 ⩔ Gibt es |noch| eine andre Art den Gedanken zu beschreiben, als das ∨
Zeichen zu geben wodurch gedacht wurde? Nein! – Gäbe es eine
andere Art wie würden sich die beiden vertragen? Sie dürften sich ja
nicht widersprechen was aber jene gibt müßte diese auch geben. 15

4 / Ist zwischen der Vorstellung eines Erinnerungsbildes und der eines \
Erwartungsbildes ein Unterschied? Ich kann doch z.B. erwarten die 57
Farbe zu sehen die ich mich erinnere dort und dort gesehen zu haben.
Ich erinnere mich z.B. meine Schwester/einen Menschen/ heute in 20
einer bestimmten Stellung gesehn zu haben und kann mir nun
vorstellen daß sie morgen wieder in dieser Stellung da und da
erscheinen wird. Ändert da das Vorstellungsbild seinen Charakter
wenn ich von der Erinnerung zur Erwartung übergehe? Ich glaube,
offenbar nicht. 25

5 Ich habe gesagt es hat keinen Sinn zu fragen „woher/wie/ weißt Du ⩔
daß Du Dir gerade das erwartet hast" (Man würde da wohl antworten
„ich muß doch wissen was ich mir erwartet habe". Könnte man aber
auch so antworten: Ja, ich habe die Erwartung/Vorstellung/ noch vor 30
mir und sie und die Farbe hier sind ganz gleich?

---

3 eine Beschreibung von Gedanken und Wirklichkeit, und ⟨die …⟩
5 ∫ *linkes Randzeichen überschrieben*
10 die Funktion der Sprache charakterisierend –*im MS am linken Rand mit einer*
   vertikalen Wellenlinie markiert
12 Gibt es |noch| eine ⟨andere⟩ Art den Gedanken zu beschreiben,
13 Gäbe es ⟨noch⟩ eine andere Art wie würden sich die beiden vertragen?
17 ⟨∨⟩ *linkes Randzeichen gestrichen*
23 in dieser Stellung da und da erscheinen wird. ⟨U…⟩
28 (Man würde –*im MS fehlt die Schlußklammer*
28 daß Du Dir gerade das erwartet hast" (Man würde ⟨das …⟩
29 „ich muß doch wissen was ich mir erwartet habe"⟨ könnte⟩ man aber

1 ∫ Kann man nun sagen: Man kann in Sätzen der Wortsprache ⱽ
      oder/aber/ auch in Vorstellungen denken. Die Worte sind willkürlich
      dagegen die Vorstellungen nicht also bedient sich |hier| das Denken
      zweier radikal verschiedener Mittel? – Wie aber wenn das Denken
      gemalte Bilder benützt? Ist das nicht noch ein krasserer Fall als der   5
      der deutlichsten Vorstellung, und ist dann nicht dennoch kein   58
      Vergleich möglich, der a priori die Intention des Bildes bestimmte. Das
      heißt: Sei die Vorstellung so lebhaft/bestimmt/ [deutlich] sie wolle sie
      hat doch nichts vor dem willkürlichen Wortausdruck voraus da ihre
      Deutung durch sie (die Vorstellung) selbst nicht gegeben ist.   10

2 ⱽ Also muß jede Deutung angenommen werden wenn sie kommt   ∨
      solange/wenn/ sie eine Deutung d.h. eine Übersetzung ist.

                                                    28.   15

3 ∫ⱽ Die Intention ist nur dadurch auszudrücken in dem gezeigt wird was   ∨
      intendiert ist.

4 ⱽ Das Verhältnis, die Beziehung zwischen Gedanken und Wirklichkeit   ∨
      gibt die Sprache durch die Gemeinsamkeit des Ausdrucks wieder.   20
      Anders kann sie dies Verhältnis nicht darstellen.
          Wir haben hier eine Art Relativitätstheorie der Sprache (vor uns).
      (Und die Analogie ist keine zufällige/nicht zufällig/. –)

5 ⱽ (Ein Irrtum schadet nichts, er nützt, wenn er nur tief genug gefaßt ist.) ∨ 25
      (Drum scheue Dich nicht einen Irrtum immer wieder zu wiederholen
      und zu approfondieren.)   59

6 ?/ Ich wollte mir die Erwartung und das Ereignis von außen betrachten |ⱽ
      /ansehn/ um zu sehen worin ihre Ähnlichkeit, ihre Gemeinsamkeit   30
      /ihr Gemeinsames/, ihre wesentliche/merkwürdige/ Beziehung liegt.
          Und wenn ich sie nun wirklich betrachte (und die Erwartung als
      Erwartung nicht nur als Vorstellung) so kann ich nur sagen daß das
      Ereignis die Erfüllung der Erwartung ist./die Erwartung erfüllt./
          Aber ich will diese Antwort nicht gelten lassen.   35
          Sehe ich die Erwartung als Bild nur, nicht als Portrait an, so
      ergibt die Betrachtung nur Ähnlichkeit oder Unähnlichkeit und nichts
      über das Wesen der Erwartung; sehe ich sie aber als Erwartung – und
      nicht nur als selbständige Vorstellung – an, dann ergibt die Betrachtung
      nur daß die Erwartung die Erwartung und das Ereignis die Antwort   40
      auf die Erwartung/Erfüllung – oder Nichterfüllung –/ ist.

  1 ⟨ⱽ⟩ *rechte Randzeichen gestrichen*
  2 oder/aber/ auch in Vorstellungen ⟨(|etwa| Gestalts…⟩
  4 Wie aber wenn ⟨sich das Denken gemalter …⟩
  8 Das heißt: Sei die Vorstellung ⟨die …⟩
  16 ∫ *linkes Randzeichen überschrieben*
  23 *Im MS:* der Sprache (vor uns)(. Und –*der gewellt unterstrichene Schlußpunkt steht
      im MS nach der später eingefügten Öffnungsklammer, die Klammern* (vor uns) *sind
      im MS nur mit feinem Strich angedeutet*
  29 \ *rechtes Randzeichen überschrieben*
  39 nicht nur als selbständige Vorstellung an ⟨–⟩ dann ergibt

1 / Die Erwartung wartet bis zum Moment der Entscheidung. Dann aber berührt sie die Entscheidung. – – –
Wie die Rechnung ihr Resultat.

2 ∫ Das Zusammenpassen der Erwartung und der Entscheidung drückt sich in der Gemeinsamkeit des Wortausdrucks aus.

3 / Das „ja" (oder „nein") oder die Beschreibung des Ereignisses d e u t e t das Ereignis/es/ als Erfüllung der/Antwort auf die/ Erwartung.

4 / In der S p r a c h e berühren sich Erwartung und Ereignis.

5 ?∫ Es ist als brächte die Beschreibung am Ereignis die/jene/ Striche /Marken/ an die sich dann mit denen der Erwartung berühren.

6 / „Ich erwarte mir einen Schuß"; er kommt nun./der Schuß fällt./ Wie das hast Du Dir erwartet, war also dieser Krach irgendwie schon in Deiner Erwartung? Oder stimmt Deine Erwartung nur in anderer Beziehung mit dem Eingetretenen überein, war der/dieser/ Lärm nicht in Deiner Erwartung enthalten und kam nur als accidens hinzu als die Erwartung erfüllt wurde? Aber nein, wenn der Lärm nicht eingetreten wäre so wäre meine Erwartung nicht erfüllt worden, der Lärm hat sie erfüllt, er kam nicht zu der Erfüllung hinzu wie ein zweiter Gast zu dem einen den ich erwartete.

7 / War das am Ereignis was nicht auch in der Erwartung war ein accidens eine Beigabe der Schickung/des Schicksals/? Aber was war denn dann n i c h t Beigabe, kam denn irgend etwas vom Schuß schon in meiner Erwartung vor? Und was war denn Beigabe, denn hatte ich mir nicht den ganzen Schuß erwartet?

8 ?/∨ Die Auffassung der Realität als Beigabe zur Erwartung ist der Unsinn, gegen den ich mich unmittelbar wenden darf./kann./

9 ∫ Wäre nur das am Ereignis Erfüllung der Erwartung, was schon in der Erwartung war, dann brauchte die Erwartung keine Erfüllung mehr, dann wäre sie ihre eigene Erfüllung.
(Ich dränge jetzt das Gleichnis vom Maßstab zurück, obwohl es sich immer wieder als das beste zeigt.)

3 Wie die Rechnung ihr Resultat. –*im MS ein Nachtrag über der Zeile*
5 \ *rechtes Randzeichen überschrieben*
8 ⟨⩔⟩ *linkes Randzeichen gestrichen*
8 ⟨Die Be…⟩
11 ⟨∨⟩ *linkes Randzeichen gestrichen*
13 ∫ *linkes Randzeichen überschrieben*
13 Es ist als brächte die ⟨d…⟩
13 Es ist als brächte die Beschreibung am Ereignis die/jene/ ⟨Teilstriche⟩ an
16 „Ich erwarte mir einen Schuß"⟨. Er kommt nun./Der Schuß fällt./⟩
32 ?/ *linkes Randzeichen überschrieben*
36 was schon in der Erwartung war, dann ⟨wa…⟩ brauchte ⟨der …⟩
36 die Erwartung keine Erfüllung mehr⟨. …⟩
38 ⟨Ich dränge jetzt das Gleichnis vom Maßstab ⟨j…⟩

1 /∨ Die Verwechslung die hier vor sich geht hält den Fall „ich habe es ∀\
erwartet und es ist geschehen" für den „es stand früher draußen und
jetzt steht es herinnen".   62

2 ∀ Wenn man sagt, daß die Erwartung durch den selben Satz/mittels des ∨ 5
selben Satzes/ ausgedrückt wird wie die Tatsache die sie erfüllt, so
scheint es als beschriebe man eine Eigentümlichkeit der Sprache die
(sich wohl auch anders denken ließe) man |sich| auch anders denken
könnte. Es ist als gäbe man ein Characteristicum unserer Sprache wie
sie nun einmal ist, sich aber auch anders denken ließe.   10
　　　Die Betrachtung macht dann einen psychologischen Eindruck statt
eines grundsätzlichen.

　　　　　　　　　　　　　　　　　　　　　　　　　　　　29.

3 ∫∀ Man kann beim Wiedererkennen des Erwarteten quasi nur ∨ 15
beschreiben was geschieht ohne einen Grund anzugeben. — Man
befindet sich im Zustand der Erwartung und macht Bilder bis das
Ereignis eintritt welches man als Entscheidung anerkennt. Daß man es
als entscheidend anerkennt zeigt sich, indem man es durch den Satz
beschreibt der die Erwartung ausdrückte. — Hier tritt die Frage auf: 20
Welche Beziehung besteht zwischen der Beschreibung und der
Tatsache? Welche Beziehung der Beschreibung stelle ich zur Tatsache
her? Welche Beziehung zur Tatsache stelle ich her, wenn ich die
Beschreibung mache?
　　　　　　　　　　　　　　　　　　　　　　　　　　　25
4 ∫ Ich lenke meine Worte (offenbar) nach den Tatsachen. D.h. ich ∀ 63
porträtiere die Tatsachen.

5 ?/∨ Ich schaue in ein Fernrohr und es fragt mich jemand „was siehst Du?", ∀
und ich antworte: „ich sehe vier Sterne die ein Quadrat bilden". — 30
Wie kam ich zu diesen Worten? — Wie drückt sich aus, daß diese
Beschreibung der Tatsache paßt?

ı ∨ *linkes Randzeichen überschrieben*
ı ∀ *rechtes Randzeichen überschrieben*
ı Die Verwechslung die hier vor sich geht ⟨ist …⟩ ⟨geschieht …⟩
ı Die Verwechslung die hier vor sich geht ⟨vermengt⟩ den Fall
ı „ich habe ⟨das⟩ erwartet und ⟨das⟩ ⟨auch⟩ geschehen" ⟨mit dem⟩ „⟨das⟩
　stand früher draußen und jetzt steht es herinnen".
8 (sich wohl auch anders denken ließe) –*im MS durchstrichen*
8 man |sich| –*das Einfügungszeichen ist im MS gewellt unterstrichen*
15 ∫ *linkes Randzeichen überschrieben*
15 *Die ersten drei Sätze der Bemerkung sind im MS am linken Rand mit einer*
　vertikalen Wellenlinie markiert.
19 welches man als Entscheidung anerkennt. Daß man es als ⟨Entschei…⟩
19 zeigt sich, indem man es ⟨mit …⟩
21 Welche Beziehung besteht zwischen ⟨einer⟩ Beschreibung und
29 ?/ *linkes Randzeichen überschrieben*
32 Wie drückt sich aus, daß diese Beschreibung der Tatsache ⟨P…⟩

1   ⁊/   Nehmen wir den krassesten Fall an: es sei diese Beschreibung in einem   Ɐ
Buch – etwa einer Art Fibel – zu lesen neben einem Bild das die vier
Sterne in der gleichen Anordnung zeigt wie sie im Fernrohr zu sehen
sind. Könnte man sich nun einfach auf die Fibel berufen um zu zeigen
daß die Beschreibung stimmt? – Es könnte dann freilich die   5
Beschreibung in der Fibel nicht als B e s c h r e i b u n g aufgefaßt
werden, denn sonst wiederholte sich unser Problem dort, sondern die
Regel müßte |einfach| lauten: eine Beschreibung ist richtig wenn der
Wortlaut in diesem Buch neben dem entsprechenden Bild gefunden
wird/steht/. – Ist nun die Schwierigkeit die, daß diese Regel selbst auf   10
diese Art nicht darstellbar ist?

          Wie weiß ich daß das die richtige Beschreibung ist? Weil sie hier
steht.

2   Wie weiß ich aber, daß was hier steht die richtige Beschreibung ist? –   v   15   64
Das ist eben Übereinkommen. Aber erinnere ich mich denn immer
wenn ich Worte gebrauche an eine Abmachung?

3   ʃⱯ   Mir hätte jene Beschreibung auch englisch einfallen können; wenn   v
mir aber durch Zufall die chinesischen Worte für diese Tatsache/dafür/   20
eingefallen wären, ohne daß ich weiß daß diese Lautverbindungen die
chinesischen Zeichen für diesen Fall sind, so wären sie mir unsinnig
erschienen; aber nicht mehr, sobald mich jemand soviel chinesisch
gelehrt hätte um in dieser Sprache diesen Satz bilden zu können.

                      25

4   /   Aber um in dieser Sprache/im Chinesischen/ diesen Satz bilden zu   \
können dazu genügt es nicht die Lautverbindung/Lautreihe/ zu lernen
und zu wissen daß sie in der (chinesischen Fibel) neben jenem Bild
steht. Denn das befähigt mich nicht die Tatsache auf chinesisch zu
porträtieren.   30

5   /   Ja wenn es mir im Deutschen so geschehen würde daß ich die ganze
Sprache vergäße mir aber bei einer bestimmten Gelegenheit plötzlich
die Lautverbindung einfiele die man in diesem Falle gebraucht, so
würde ich diese Lautverbindung in diesem Falle nicht v e r s t e h e n.   35   65

6   v/   Das Porträtieren/Nachzeichnen/ der Tatsache durch die Sprache ist in   Ɐ
dem Ausdruck/Worte/ b e - s c h r e i b e n vollständig wiedergegeben.
          Beschreiben heißt nachschreiben, nachzeichnen.

    40

1 ?/∨ Gibt es nun – im Primären – ein Criterium dafür daß richtig   ⩗
nachgezeichnet wurde? (Es scheint mir nämlich, als könnte es das
nicht geben.)

    „Wie weißt Du, daß diese Worte, das wiedergeben, was Du
siehst?". – Könnte man denn diese Worte daraufhin rechtfertigen?   5
Und wie, durch eine Beschreibung in Worten? – Ist es nicht klar daß
diese Rechtfertigung selbst eine Beschreibung des Sachverhalts in
irgend einer Sprache (in der Sprache der Rechtfertigung) sein müßte?
Denn sie müßte doch sagen: da sich die Sachen so und so verhalten
und die Vereinbarungen so getroffen sind, so war die Beschreibung   10
richtig.

2 ∫ Es ist, übrigens, das Gleiche ob ich einen Sachverhalt beschreibe oder   ⩗
einen Wortlaut als Beschreibung deute.

       15

3 /∨ Wenn sich die Beschreibung nicht rechtfertigen läßt dann kann also   ⩗   66
überhaupt von einer Rechtfertigung nicht die Rede sein. Und es führt
uns irre so über die Sache zu denken daß eine Rechtfertigung denkbar
/im Bereich der Möglichkeit/ erscheint.

    Es wäre also die Consequenz zu ziehen: Eine Rechtfertigung   20
schien Dir denkbar, also schaust Du die ganze Sache falsch an.

4 ?∫ Wenn man jemanden fragt „wie weißt Du daß diese Beschreibung   ∨
wiedergibt was Du siehst" so könnte er etwa antworten „ich meine das
mit diesen Worten". Aber was ist das „d a s", wenn es nicht |selbst| 25
wieder articuliert |also schon Sprache| ist? Also ist „ich meine das" gar
keine Antwort.
Die Antwort ist eine Erklärung der Bedeutung der Worte.

5 / Wenn ich die Beschreibung nach Regeln bilde, was auch möglich ist,   \   30
dann übersetze ich sie als eine Sprache aus einer anderen. Und das
kann ich natürlich mit Grammatik und Wörterbuch tun und so
rechtfertigen. – Aber dann ist die Übertragung von Articuliertem in
Articuliertes. Und wenn ich sie durch Berufung auf die Grammatik
und das Wörterbuch rechtfertige so tue ich nichts als eine Beziehung   35
zwischen Wirklichkeit und Beschreibung (eine projective Beziehung)   67
festzustellen, von der Intention, aber, meiner Beschreibung ist hiebei
keine Rede. (D.h. ich kann eben nur die Ähnlichkeit des Bildes
prüfen, nichts weiter.)

       40

---

1 ?/ *linkes Randzeichen überschrieben*

9 da sich die Sachen so und so verhalten ⟨so …⟩

16 / *linkes Randzeichen überschrieben*

18 Und es führt uns irre so über die Sache zu denken ⟨als wäre eine …⟩

24 was Du siehst" *–im MS fehlt das Ausführungszeichen*

25 |selbst| *–das Einfügungszeichen ist im MS gewellt unterstrichen*

28 Die Antwort ist ⟨einer⟩ Erklärung der Bedeutung der ⟨Wörte…⟩

28 Die Antwort ist eine Erklärung der Bedeutung der Worte. *–im MS ein
Nachtrag am Ende der Bemerkung*

34 Aber dann ist die Übertragung von Articuliertem in Articuliertes. *–im MS
am linken Rand mit einer vertikalen Wellenlinie markiert*

37 und Beschreibung (eine projective Beziehung) festzustellen, ⟨aber …⟩

37 von der Intention, aber, meiner Beschreibung ist ⟨hiebei⟩ keine Rede.

1 ∫ (Alles liegt jetzt in dem „d e u t e n" beschlossen. Wie das Problem sein ∀
Haus wechselt!)

2 ∫ Ich sehe diesen Sinn in diese Worte hinein. Ich sehe diesen ∀
Sachverhalt in diese Worte hinein. 5

3 ∫ „Sie sagte mir daß sie um 3 Uhr von der H. fortgehen wolle; sie wird ∀
den kürzesten Steig gehn, das dauert 40 Minuten, so ist sie um ca $\frac{3}{4}$4
hier; jetzt ist es $\frac{1}{2}$4, ich muß mich also langsam herrichten" — diese
Gedankenkette führt zu irgendeiner A n w e n d u n g die offenbar ihr 10
Zweck ist. Sie ist ein Operieren mit Bildern zu einem Zweck.

30.

4 ∫ Wenn ich einen vorliegenden Sachverhalt mit den Worten beschreibe: ∀
„hier ist ein roter Kreis" geben diese Worte die Tatsache etwa besser 15
wieder als der Satz „hier ist ein grünes Viereck"? Gewiß nicht; aber
der Klang der Worte ist es auch nicht der abbildet, nachzeichnet,
sondern das Wort in seinen Beziehungen durch die Grammatik ist ein
Werkzeug der Abbildung./des Abbildens./

20

5 ∀ Die Deutung des Satzes liegt in der Namengebung. 68
Die Namengebung ist unabhängig von der H y p o t h e s e daß
wir – etwa in unserer Jugend – diesen Namen in dieser Anwendung
gelernt haben. Das Historische (das immer hypothetisch ist) kann hier
nicht hineinspielen. Wir geben den Namen als gäben wir ihn zum 25
erstenmal. – Überhaupt aber liegt in der Idee der Namengebung ein
Unsinn, sie ist von der Namengebung an Personen – und etwa manche
Dinge – genommen, führt aber zu Unsinn wenn man sie auf Wörter
wie „rot", „grün" etc anwenden will. Wo ist das, was mit dem Wort
„grün" bezeichnet wird? Wie schon oft gesagt wird das Wort „grün" 30
auch dort im Satz gebraucht, wo kein grünes Ding vorhanden ist.

6 ∀ Das articulirt-Sehen der Tatsache – – ∨
Der Wortausdruck verdoppelt das articulierte Bild.

35

7 / Wie kann man durch denken die Wahrheit lernen? \
Wie man ein Gesicht besser sehen lernt wenn man es zeichnet.

8 ∀ Was ist das G e s c h ä f t des Denkens? ∨

40

7 „Sie sagte mir |daß| sie um 3 Uhr von |der| H. ⟨weggehen⟩ wolle
8 sie wird den ⟨kurze…⟩
8 sie wird den kürzesten Steig gehn, ⟨daß …⟩
8 dauert 40 Minuten, ⟨also⟩ ist sie um
16 geben diese Worte die Tatsache etwa besser wieder als ⟨die Wo…⟩
21 *Die Bemerkung ist am linken Rand mit einer vertikalen Wellenlinie markiert.*
22 Die Namengebung ist unabhängig ⟨davon …⟩
23 in unserer Jugend – *der Gedankenstrich fehlt im MS*
25 (das immer hypothetisch ist) kann hier nicht hineinspielen.⟨⟩
37 Wie man ⟨durch …⟩

1 Sieht man es nicht an jenem Fall wo in der Gerichtsverhandlung ein Unfall mit Puppen und Modellen dargestellt wird? (Von einer solchen Vorführung mit Modellen kann man zu einer schematischeren mit |gewöhnlichen| Klötzchen übergehn und von da zu einer Zeichnung und zu einem Schema einiger willkürlicher Zeichen und zu unserer gewöhnlichen Sprache) Es ist hier offenbar von dieser Wiedergabe eine ernste Anwendung gemacht.

2 Man kann sich nach Gedanken r i c h t e n. – Das kann ihnen nicht zufällig anhaften. Es muß – glaube ich – ihnen wesentlich sein, ja ihr Geschäft sein.

3 ∫ Der Satz ist eine Vo r r i c h t u n g, die ihren Zweck erfüllt hat wenn sie sich mit der Wirklichkeit gemessen hat.

4 ∨/ Denken ist das Benützen von Sätzen.

5 Am Satz mißt man unmittelbar die Wirklichkeit.

6 Die Wirklichkeit die man an ihm/am Satz/ mißt ist |seine Bedeutung,| die Entscheidung über seine Wahr- und Falschheit.

7 Das Denken kann ja keine Spielerei sein |kein Spiel menschlicher Kräfte|. Und ist es das, so wäre es für uns uninteressant.

8 ?∫/ Nehmen wir an, ich erwarte jemand: ich sehe auf die Uhr, dann zum Fenster hinaus, richte etwas in meinem Zimmer zurecht, schaue wieder hinaus etc. Diese Tätigkeit könnte ich das Erwarten nennen. Denke ich nun die ganze Zeit dabei? (d.h. ist diese Tätigkeit wesentlich eine Denktätigkeit oder von ihr begleitet?) Letzteres |bestimmt| nicht. Und wenn ich jene Tätigkeiten Denken nennte, welches wären die Worte durch die dieser Gedanke ausgedrückt würde? – Wohl aber werden auch Gedanken während diesem Warten sich einfinden. Ich werde mir s a g e n: „Vielleicht ist er zuhause aufgehalten worden" und dergleichen mehr; vielleicht auch die articulierte Erwartung „wenn er nur käme".

In allen jenen erwartenden Handlungen ist nichts was uns interessiert (die Erfüllung der Erwartung in diesem Sinn ist nichts anderes als die Stillung des/eines/ Hungers) Uns interessiert nur das zu einem Zweck gemachte Bild – der a r t i c u l i e r t e Gedanke.

---

4 |gewöhnlichen| –*das Einfügungszeichen ist im MS gewellt unterstrichen*
16 / *linkes Randzeichen überschrieben*
16 \ *rechtes Randzeichen überschrieben*
16 Denken ist das ⟨N…⟩
23 Das Denken kann ja ⟨keine Spielerei/kein Spiel/ sein./keine Spielerei |kein Spiel menschlicher Kräfte| sein./⟩
26 ?∫ *linkes Randzeichen überschrieben*
26 ⟨∨⟩ *rechtes Randzeichen gestrichen*
34 Ich werde mir s a g e n: –*der Doppelpunkt ist im MS gewellt unterstrichen*
40 Uns interessiert nur das zu einem Zweck gemachte Bild⟨. …⟩

1   ʃⱽ   Ich mache mir das Bild anläßlich einer Sachlage./eines Ereignisses./   ∨

> Ich gebe ihm aber die Beziehung zu seinem/zum/ Gegenstand
> wie jedem Nachbild das ich mache ob ich etwas in Ton forme oder   71
> abzeichne. Was ist das für eine Beziehung?
>
> Ist es nicht dieselbe die entsteht wenn ich etwa die Reihe der   5
> Zahlen 3, 7, 2, 5, 1 durch eine Reihe von Quadraten des
> entsprechenden Flächeninhaltes darstellen will und nun nach einer
> Regel (Wurzelziehen, Auftragen der Seite, etc) vorgehe? Wenn ich
> eine Linie abzeichne, so heißt/lautet/ die Regel etwa ziehe immer
> parallel zu diesem Linienzug von links nach rechts.   10

2   ʃ   Besteht also das Abbilden darin, nach einer Regel vorzugehn? Wie ist   ⱽ
aber diese Regel gegeben? — Wie ist mir die Regel bewußt? Was ist
ihr Ausdruck?

   15

3   ʃ   Ich meine hier die Regel als etwas vorgesetztes (quasi als allgemeines   ⱽ
Programm).

4   ⱽʃ   Nun ist ja der Vorgang des Abbildens tatsächlich/wirklich/ damit   ⱽ
beschrieben, daß man das Abzubildende und die Regel gibt (also etwa   20
3, 7, 2, 5, 1 und die allgemeine Vorschrift der Abbildung)

5   Wenn ich sage der Vorgang des Abbildens sei damit beschrieben so   ⱽ
meine ich aber nur, seine Multiplizität sei dann gegeben. (die
„Intention" der Beschreibung bleibt aus dem Spiel.)   25   72

6   ⱽ   Ich wollte den Vorgang des Nachbildens so beschreiben: daß ich   ∨
meine Hand von dem Abzubildenden/Vorbild/ führen lasse. Aber
dieses Führen ist eben in der Regel der Abbildung ausgedrückt.

   30

7   ⱽ   Das hieße also wir übersetzen die Wirklichkeit mit Hilfe von Regeln   ∨
in die Sprache. Und das ist, wenn man sich einfache Fälle, sozusagen
eine einfachere Welt, construirt leicht zu denken. Wenn etwa die
Welt aus einem Quadratnetz bestünde worin in gleichmäßigen
Zeitabständen verschiedene Gitterpunkte aufleuchteten so wäre dieser   35
Vorgang sehr einfach durch eine Sprache darzustellen die etwa in
einer Klammer die Coordinatenpaare der jeweils aufleuchtenden
Punkte vereinigt etwa (7, 3; 5, 4; 8, 6) u.s.w..

8   ⱽ   Wäre dann aber die Abbildung nicht|, durch diese Regeln,| ∨   40
rechtfertigbar? Ja und nein; die Abbildung ist mit den Regeln im
Einklang aber nicht durch sie beschrieben.

---

1   ʃ *linkes Randzeichen überschrieben*
5   Ist es nicht dieselbe die entsteht wenn ich etwa die ⟨Reihen⟩ der Zahlen
8   und nun nach einer Regel (Wurzelziehen, ⟨Auftret…⟩
13   Wie ist mir die Regel bewußt?(!) Was ist ihr Ausdruck?
19   ⱽ *linkes Randzeichen überschrieben*
21   das Abzubildende und die Regel gibt (also etwa 3, 7, ⟨5 …⟩
23   *Im MS ein Absatz, durch Randzeichen als Bemerkung gekennzeichnet.*
23   Wenn ich sage ⟨ei…⟩
33   einfache Fälle, sozusagen eine einfachere ⟨F…⟩
41   Ja und nein; die Abbildung ist mit den Regeln ⟨in …⟩

1 ⋎ Wozu denken wir denn, denn dadurch wird es sich auch zeigen, ob
das Denken eine wichtige Angelegenheit ist.
      Da ist es ganz klar, wir denken zu einem Zweck. Der Zweck des
Denkens besteht offenbar darin, meine Handlungen danach
einzurichten und zwar genau so wie ich sie nach der Berechnung eines
Dampfkessels einrichte (Diese Berechnung ist ja auch ein Denkakt)

2 ∫ Ich mache z.B. einen Plan, einen Kampfplan, Fluchtplan.

3 ?/∫ Der Gedanke ist der angewandte Plan.

4 Und zwar mache/zeichne/ ich einen Plan/Ich mache einen Plan/
nicht nur um mich anderen verständlich zu machen sondern auch um
selbst über die Sache klar zu werden. (D.h. die Sprache ist nicht nur
Mittel zur Mitteilung)

5 Die Verwendung des Plans ist eine Rückübersetzung/Übersetzung/ in
unsere Handlungen. Eine Übertragung in unsere Handlungen.
      (Es ist klar daß da kausale Zusammenhänge gesehen werden,
aber es wäre komisch die als das Wesen eines Planes anzugeben.)

6 Dagegen liegt vielleicht der Kausalitätstheorie der Bedeutung der
richtige Gedanke/die richtige Erkenntnis/ zu Grunde, daß die
Intention des Planes nicht durch Sätze auszudrücken ist.

7 ⋎ Daß etwas ein Portrait des A ist besteht ja nicht darin daß es ähnlich
ist sondern darin daß es ähnlich sein soll. Also nicht darin daß eine
bestimmte Übersetzungsregel aus der Betrachtung von Bild und
Gegenstand abzulesen ist, sondern daß zu dem Bild eine Regel
gegeben ist nach der es zu kontrollieren ist.

8 ⋎ Nehmen wir für einen Augenblick an die Übersetzung aus einer
Sprache in eine andere etwa aus dem Englischen ins Deutsche ginge
so vor sich daß man mit dem Wörterbuch immer ein englisches in ein
ihm eindeutig entsprechendes deutsches Wort übertrüge. Wenn ich
nun sage diese Schrift soll die deutsche Übersetzung von jener
englischen sein, so gebe ich dem Andern eigentlich damit die |deutsche|
Schrift und das englisch-deutsche Wörterbuch (den Ausdruck der
Regel) zur möglichen Kontrolle.

9 ⋎ Die Kontrolle einer Übersetzung mit Hilfe des Wörterbuches ist eine
Tätigkeit die nicht der Verification eines Satzes entspricht. (?)

10 Das Kontrollieren einer Übersetzung |nach dem Wörterbuch| ist genau
analog dem Kontrollieren einer Rechnung nach den
Rechnungsregeln.

4 ⟨Das ...⟩
9 (∨) *rechtes Randzeichen gestrichen*
18 (∨) *rechtes Randzeichen gestrichen*
30 aus der Betrachtung von Bild und Gegenstand abzulesen(,) ist,
35 *Im MS:* englischen
37 Wenn ich nun sage diese Schrift (ist die deu...)
42 Die Kontrolle einer Übersetzung(ist ...)

1   Ist also nicht ein Satz der Art „dieses Bild soll den Gegenstand A   ⱽ
vorstellen" von der Art der mathematischen Sätze? Etwa der
Gleichung $25 \times 24 = 230 - ?$

2   Oder wenn ich etwa sage: die Linie 〰 soll ein genaues Abbild   ⱽ   5
der Linie 〰 sein. (Das Verständnis der Abbildungsregel ist
vorausgesetzt).

3   Ich glaube, daß dies kein Satz ist sieht man schon daraus, daß darin   ⱽ
die Abbildungsregel abgetrennt von den beiden Komplexen gegeben   10
ist/wird/ die in der internen Beziehung stehen.

4   „Diese Linie soll ein Abbild jener sein" ist eine Bestimmung und   ⱽ
kein Satz. Es/Sie/ händigt einem quasi, Bild, Abgebildetes und
Abbildungsregel ein. Hier ist aber die Schwierigkeit daß sie diese   15
Dinge nur stumm einzuhändigen scheint. Wie aber wissen wir dann,   76
was wir mit ihnen anzufangen haben.

5   ⱽ   Und doch scheint der Vorgang keine Worte zuzulassen; denn, was   ∨
immer dazu gesagt würde, woher wüßten wir was es bedeuten soll?   20
/bedeutet?/

6   ⱽ   Kein Zusatz würde die Multiplizität der Sache ändern, weil statt dieses   ∨
Zusatzes kein anderer mit anderem Sinn eingesetzt werden kann. Er
ist also so überflüssig (also bedeutungslos) wie etwa das Fregesche „⊢".   25

7   ⱽ   Könnte ich nicht sogar zwischen die beiden Linien das Zeichen „=",   ∨
im mathematischen Sinn, setzen? Kann ich es nicht offenbar eben mit
dem Recht hier setzen wie zwischen den englischen und deutschen
Satz. Und hier wird die Gleichung buchstäblich nach Regeln aufgelöst,   30
wie jede mathematische.

8   ⱽ   Kann ich nicht sagen: die Definition ist ein Ausdruck der Intention?   ∨
Und der einzig mögliche − ?

                                                                           35

9   /   Wenn ich sage „der Sinn eines Satzes ist dadurch bestimmt, wie er zu   ∨
verifizieren ist", was muß ich dann von dem Sinn des Satzes, daß
dieser Satz die Übersetzung/dieses Bild das Portrait/ jenes   77
|Gegenstandes| sein soll, sagen? Wie ist das denn zu verifizieren?

                                                                           40

                                                              1.9.

10   Was zum Wesen des Satzes gehört kann die Sprache schon darum   \
nicht ausdrücken weil es für jeden Satz das gleiche wäre; und ein
Zeichen das in jedem Satz vorkommen muß logisch eine bloße
Spielerei wäre. Die Zeichen des Satzes sind ja nicht Talismane oder   45
magische Zeichen die auf den Betrachter einen bestimmten Eindruck
hervorrufen sollen.
      Gäbe es philosophische Zeichen im Satz so müßte ihre Wirkung
/Funktion/ eine solche unmittelbare sein.

                                                                           50

---

1   „dieses Bild soll ⟨jenen⟩ Gegenstand A vorstellen"
6   (Das Verständnis der Abbildungsregel ⟨wird⟩ vorausgesetzt).
27   Könnte ich nicht sogar zwischen ⟨das …⟩
33   ⟨D…⟩
36   ⟨ⱽ⟩ *linkes Randzeichen gestrichen*

1   Darum kann die Sprache nur den Plan ausdrücken nicht seine   ⩔
Anwendung. Und die Logik nur den Plan untersuchen.

2   Denken heißt einen Plan machen und mit ihm arbeiten. Aber was   ⩔
macht den Plan zum Plan? |D.h.| Was unterscheidet ihn von einem   5
beliebigen Gekritzel? Was ich mit ihm vorhabe. Aber was hast Du mit
ihm vor? Es folgt ein weiterer Plan. − Nein, zu dem Plan gehört noch
die Regel der Übersetzung, alles weitere ist Anwendung.   78

3 ⩔ Die Sprache duldet keine Verzierungen, keine psychologischen   V   10
Hilfen.

4 ⩔ Ihre Anwendung kann die Sprache nicht vorwegnehmen.   V

5 ⩔ „Wissen was der Fall ist, wenn der Satz wahr ist" kann nur heißen, die   V   15
Regel kennen nach der er zu kontrollieren ist. − Aber wie ist es
ausgedrückt daß er nach dieser Regel zu kontrollieren ist? Die
Regel ist ja dem Satz nur beigegeben, aber wo ist ihre Anwendung auf
den Satz dargestellt? Wo aber immer sie dargestellt wäre, da durch ein
anderes/weiteres/ Bild, und so kämen wir in einen endlosen Regress   20
(hinein).
    Aber wie kann man da von Darstellung reden, und wozu diese
Darstellung? Wir müssen doch |endlich| zur Anwendung kommen!

6 ⩔ Ich mache mir einen Plan um nach ihm/danach/ zu gehen. Der   V   25
                   Punkt (ist meine gegenwärtige Stellung) bin ich, wo ich
                   jetzt stehe. So ein Plan ist offenbar ein nützliches
                   Instrument. Und das rechtfertigt eine Untersuchung
                   seiner Wirksamkeit/Funktion/. Aber es ist wahr, das ist   79
noch nicht Alles. Es genügt um den Plan zu verstehen nicht daß ich   30
diese Zeichnung sehe und sehe wo ich stehe und die (eventuelle)
Ähnlichkeit der Landschaft mit dem Plan. Ich muß auch wissen was es
heißt einem Plan folgen. Das habe ich vielleicht dadurch gelernt daß
ich früher wirklich Plänen gefolgt bin. Aber davon kann ich hier nicht
die Tatsache brauchen sondern etwas was ich in ihr sehe. Wie ich aus   35
der angefangenen Reihe $1 + \frac{1}{1!} + \frac{1}{3!} + \frac{1}{5!} + \dots$ eine Regel herauslese.
/mir eine Regel herausnehme./

7   Insofern jeder Satz ein Plan ist und man mit einem Plan einen Plan   \
nicht erklären kann, kann man keinen Plan mit einem Satz erklären.   40
    Jede Erklärung durch einen Satz liefert − wie gesagt − einen
neuen Plan und nie das Wesen des Planes.

8   Man könnte auch so sagen: Der Satz ist ein Instrument des   ⩔
Gedankens, darum kann ich in den Satz nicht den Gedanken fassen.   45

---

7   Aber was hast Du mit ihm vor? ⟨− …⟩
8   zu dem Plan gehört noch die Regel der ⟨Anwendung …⟩
13   ⟨A…⟩
23 |endlich| −*im MS durchstrichen, das Einfügungszeichen ist gewellt unterstrichen*
25   nach ihm/danach/ −*zweite Variante im MS durchstrichen*
26   (ist meine gegenwärtige Stellung) −*im MS durchstrichen*
31   und sehe wo ich stehe und die ⟨-⟩ eventuelle
36   Reihe $1 + \frac{1}{1!} + \frac{1}{3!} + \frac{1}{5!} + \dots$ mir ⟨seine⟩ Regel herausnehme.

43

1   Die Sache ist solange nicht völlig geklärt als noch eine Unbefriedigung   ⱽ
     über die Grenze des Ausdrucks vorhanden ist und diese nicht
     vielmehr die Befriedigung bringt. – Denn es handelt sich nicht darum   80
     zu resignieren und eine Forderung zurückzuziehen sondern darum zu
     erkennen daß die scheinbare Forderung sinnlos/unsinnig/ war. [... zu   5
     erkennen, daß es keine Forderung war]

2   /   Einem Plan folgen ist wesentlich dieselbe Tätigkeit wie eine Projection
     |(Übersetzung)| nach einer bestimmten Regel zu kontrollieren.

                                                                                10

3   ⱽ   Ich kontrolliere den Plan nach der Regel. Ich verbinde durch   ∨
     meine Tätigkeit die Regel mit dem Plan. Wenn ich also sagte, die
     Regel werde dem Plan sozusagen ohne ein verbindendes Wort
     beigegeben, so soll es in Wirklichkeit heißen: die Verbindung der Regel
     mit dem Plan wird durch die Anwendung der Regel auf den Plan   15
     gemacht./hervorgebracht.//kommt durch die Anwendung der Regel auf
     den Plan zu Stande./

4   ⱽ   „Kontrolliere die rechte Zahlenreihe, die Zahlen sollen immer die   ∨
     Quadrate der Zahlen der linken Reihe sein." Oder: „bilde eine Reihe   20
     von Zahlen die die Quadrate der linken Zahlenreihe sind." Das
     Wesentliche ist hier, daß die Regel unabhängig von den beiden
     Reihen gegeben ist. Und genau so kann ich sagen: „sieh nach ob diese
     Reihe von Figuren die orthogonalen Projectionen jener Figuren sind.
            Wenn ich einen Plan mache, oder mich nach ihm richte, immer   25   81
     handle ich so daß mir die Übersetzungsregel, die Projectionsmethode,
     unabhängig von den (beiden) Gegenbildern vorliegt.

5   ⱽ   Das ist auch das Wesen der Vorlage (Zeichenvorlage) und man kann   ⱽ
     den Satz/Befehl/ als Vorlage auffassen.   30

6   Der Satz ist als Richter hingestellt und wir fühlen uns vor ihm   \
     verantwortlich.

                                                    2.   35

7   Auf die Frage „was ist mit diesem Plan gemeint" dürfte nicht ein   ⱽ
     anderer Plan zur Antwort kommen sondern etwas was die Beziehung
     zu dem Anderen offen läßt wie sie ja sein muß da es ja fraglich ist ob
     sie befriedigt wird oder nicht. Dies was die Beziehung offen läßt ist die
     Regel der Übersetzung.   40

8   Und es ist klar daß der Plan zusammen mit der Regel der   ⱽ
     Übersetzung die nötige Multiplizität gibt/hat/; das zeigt sich einfach
     dadurch, daß ich jemandem zur Kontrolle nur diese beiden Sachen
     geben brauche.   45

---

1   Die Sache ist solange nicht völlig geklärt als ⟨über die ...⟩
2   eine Unbefriedigung über die Grenze des Ausdrucks vorhanden ist⟨. ...⟩
4   darum –*im MS durchstrichen*
5   sondern darum zu erkennen daß die ⟨Fo...⟩
8   ⟨\⟩ *rechtes Randzeichen gestrichen*
23 „sieh nach –*im MS fehlt das Ausführungszeichen*
42 Und es ist klar daß der Plan ⟨u...⟩

1   Nun könnte man sagen: Es ist aber nicht genug ihm die beiden   ⩔   82
Sachen zu geben, Du mußt ihm (doch) auch sagen wie sie anzuwenden
sind. Damit aber würde wieder ein neuer Plan erzeugt, der der
Erklärung so bedürftig wäre wie der erste.

5

2   Die Antwort aber scheint zu sein: Du kannst die Sprache (als solche)   ⱽ
dem Anderen nicht erklären, d.h. ihn durch einen Satz zwingen sie in
einer bestimmten Weise zu gebrauchen. Hier ist quasi die Funktion der
Erklärung mißverstanden.

10

3   ⩔   Denn, wenn i c h den Plan verstehe, so geht das/es/ nicht |so| vor sich   ⱽ
daß ich über ihn einen Gedanken denke.

4   ⩔   Sondern daß/indem/ ich die Wirklichkeit durch den Plan ansehe.

15

5   ⩔   (Das Wesen der Erklärung erklären wollen, geht nicht.)   ⱽ

6   ⩔   Ich möchte sagen: einen Plan verstehen muß schon heißen ihn   ⱽ
anwenden.
     D.h. ihn |als Plan| verstehen heißt schon nach ihm handeln, ihm   20
nachhandeln.

7   Der Plan den ich gezeichnet habe, um später nach ihm zu gehen ist   ⩗   83
für mich nicht irgendeine Zeichnung auf einem Stück Papier. Wie
unterscheidet er sich für mich von irgend einem Fetzen Papier?   25

8   Durch seine Beziehung auf etwas anderes/Anderes/. Aber da das   ⩔
Ereignis dessen Plan er ist nicht stattgefunden haben muß so kann er
darauf nicht zeigen, sondern nur auf Gegenstände die vorhanden sind
ob dieses Ereignis stattfindet oder nicht. Gegenstände die ihm seinen
Sinn gestatten nicht die ihn wahr machen. Aber diese Gegenstände   30
zusammen mit der Zeichnung machen auch nicht einen Plan, denn
die Beziehung nach außen die für ihn wesentlich ist richtet sich gerade
auf das Eventuelle, das Unbestimmte.

35

9   Der Plan kann (also) nur seine Fühler ausstrecken bis dorthin wo das   ⩔
Ereignis eintrifft oder nicht eintrifft. Und das v e r l a n g e n d e
Ausstrecken ist es was wir im Plan als Plan verstehen.

10   Dieses/Das/ Verlangende besteht darin daß der Plan nicht   ⩔   40
abgeschlossen ist (keine Tatsache); denn ist er ein abgeschlossener
Komplex so hört er auf nach außen zu deuten.   84

11   ⩔   Der Plan ist als Plan daher nicht zu beschreiben.   ⱽ

45

12   [Das muß sich alles hausbacken darstellen lassen]

---

14   *Die Bemerkung steht im MS nach der folgenden, durch einen Pfeil am linken Rand*
     umgestellt.
23   den ich gezeichnet habe, um später nach ⟨im …⟩
25   Wie unterscheidet er sich für mich von irgend einem Fetzen ⟨⟨Papier⟩⟩?
32   Aber diese Gegenstände zusammen mit ⟨dem Plan …⟩
41   denn ist er ⟨abgeschlossen …⟩

45

1 ?∨ Der Plan ist als Plan etwas unbefriedigtes.   ∨
       (Wie der Wunsch, die Erwartung, die Vermutung u.s.f.)

2 ?∨ Ich möchte manchmal mein Gefühl dem Plan gegenüber als eine   ∨
       Innervation bezeichnen. Aber auch die Innervation an sich ist nicht   5
       unbefriedigt, ergänzungsbedürftig.

3 ∀ Ich sollte glauben das wird/würde/ sich so zeigen daß, wenn ich vom   ∨
       Plan rede, ich die Ergänzung irgendwie vornehmen muß.

                                  10

4 ∀ Es ist eben etwas anderes, einen Plan haben und von einem Plan
       reden.

5 ∅∨ (Die Methode zu Philosophieren ist sich wahnsinnig zu machen, und   ∨
       den Wahnsinn wieder zu heilen.)   15

6 ∀ Wenn ich die beiden Gegenbilder und die Regel der Übersetzung   ∨
       gebe so ist diese Situation – sozusagen – entscheidungsschwanger. –   85
       Jede Verbindung dieser Dinge die die Unentschiedenheit nicht
       aufhebt ändert die Lage in nichts wesentlichem.   20

7   Ein deutscher Text, ein englischer Text und das englisch-deutsche   ∀
       Wörterbuch. Freilich wenn ich will daß jemand die Texte mittels des
       Wörterbuches vergleicht so drücke ich ihm die drei Dinge nicht
       wortlos in die Hand sondern sage etwas dazu aber alles was er zu   25
       seiner Tätigkeit braucht, die einzigen Utensilien sind die Texte und
       das Wörterbuch; was ich dazu sage mag ihn veranlassen es zu tun
       aber es hilft ihm dabei nicht. Wenn er den Vergleich ausführt so
       macht er von jenen „verbindenden" Worten keinen Gebrauch.

                                    30

8   Auch so: Wenn man nach einer Regel einen Tatbestand abbildet so ist   \×
       d i e s e r dabei die V o r l a g e. Ich brauche keine weitere Vorlage die
       mir zeigt wie |die Abbildung vor sich zu gehen hat, wie also| die erste
       Vorlage zu benutzen ist, denn sonst brauchte ich auch eine Vorlage
       um mir die Verwendung/Anwendung/ der zweiten zu zeigen u.s.f.   35
       ad infinitum. D.h. eine weitere Vorlage nutzt mir nichts, ich muß ja
       doch einmal ohne Vorlage handeln.

9 ∀ Ich kann meine Tätigkeit dahin verschieben daß ich statt von der   86
       einen Vorlage von einer anderen abzeichne, aber das ist auch alles.   40

10 ∀ Ich kann also den Gebrauch d e r V o r l a g e |an sich| an einer Vorlage   ∨
       nicht zeigen. Nicht einen Plan machen der mir zeigen soll wie ein
       Plan (im allgemeinen/allgemein/) zu gebrauchen sei.

                                    45

---

5 Aber auch die Innervation ⟨ist …⟩
8 Ich sollte glauben ⟨daß …⟩
14 ∅ *linkes Randzeichen überschrieben*
22 ⟨\∀⟩ *rechtes Randzeichen gestrichen*
22 ein englischer Text und das ⟨Englisch-Deutsche⟩ Wörterbuch.
24 jemand die Texte mittels des Wörterbuches vergleicht so ⟨sage ich …⟩
31 \ *rechtes Randzeichen überschrieben*
36 *Im MS:* eine weitere Vorlage nutzt mich nichts

1 ∀ Auch verbindet die zweite Vorlage die erste Vorlage mit der Regel nicht, denn es fehlt immer das letzte Glied. Das nur die Anwendung geben kann. ∨

2 ∀ Man könnte auch so sagen: Eine Zeichnung ist nicht darum ein Plan weil einer einmal – durch Zufall – so gegangen ist daß sein Weg dem Plan entsprochen hat, sondern weil er dem Plan nach einer bestimmten Regel nachgegangen ist. Übrigens entspräche ja sonst jeder Weg dem Plan (nach irgendeiner Regel) ∨

D.h.: Der Plan ist nur Plan nach einer bestimmten Regel. Erst Zeichnung und Regel machen einen Plan.

3 Der Symbolismus kann nichts was er ausdrücken soll nur andeuten. \? 87

Das aber ist die Schwierigkeit beim Verständnis des Zeichens/der Bezeichnungsweise/ für die Negation. Der Symbolismus darf für nichts Wesentliches (bloß) einen hint geben darf nichts Wesentliches bloß andeuten, wie man jemand stupft/anstößt/ um ihn an etwas zu erinnern. Aber dieses Stupfen/Anstoßen/ kann |doch| nur dann verstanden werden wenn die Sache vorher schon ausführlich besprochen wurde. Und so darf uns der Symbolismus nur stupfen wenn uns das nur etwas ins Gedächtnis rufen soll was er uns schon vorher dargestellt hat. (Eine Definition ist so ein Stupfer)

3.

4 Wir können den Plan von seiner Negation unterscheiden. Ich meine: Wir haben was den Plan und seine Negation anbelangt sozusagen absolutes Gehör. Sie erscheinen uns nicht nur als entgegengesetzt wenn wir sie mit einander confrontieren. ∀

5 Heißt das nicht folgendes: Der Satz wird/ist/ nicht gebildet aus dem Bild, der Projectionsregel und einem vorgesetzten + oder – (ja oder nein) denn sonst könnte man + und – nicht absolut von einander unterscheiden. Ist das aber wahr? Es gelten doch andere Regeln von + als von – (– – = + aber + + ≠ –) D.h. Ja und nein sind nicht einfach entgegengesetzt wie rechts und links, absolut genommen aber dasselbe. ∀ 88

Der Satz besteht also nicht aus Bild, Projectionsregel und einer daran angebrachten Scheibe mit einem Pfeil die man entweder nach rechts oder nach links stellen/drehen/ kann.

6 nicht darum ein Plan weil einer einmal – durch Zufall – ⟨z...⟩
19 kann |doch| nur dann verstanden werden wenn die Sache ⟨sc...⟩
20 *Im MS:* stubfen
22 (Eine Definition ist *–im MS* ist ***doppelt gewellt unterstrichen***
22 Eine Definition ist so ein ⟨Stubser⟩
22 *Im MS:* Stubfer
25 Wir können den Plan ⟨f...⟩
27 den Plan und seine Negation anbelangt sozusagen absolutes ⟨gehört ...⟩
37 Der Satz besteht also nicht aus Bild, Projectionsregel und einer ⟨an...⟩

1   ⩔   Analoges wie von „ja" und „nein" gilt von „wahr" und „falsch".   ⩔
            Ja und Nein verhalten sich nicht wie rechts und links sondern
            wie Umkehren zu Lassen-wie-es-ist. D.h., wie Wenden zu
            Nicht-Wenden/Stehenbleiben/, nicht wie Rechtswenden zu
            Linkswenden.   5

2   /   ,p' ist wahr = p. Man gebraucht das Wort „wahr" in   \
            Zusammenhängen wie „was er sagt ist wahr" das aber sagt dasselbe
            wie „er sagt ,p', und p".
                                            10

3   ⩔   Da das „ja" anzeigt daß alles so bleibt wie es ist, so kann man es ganz   ∨
            weglassen. Man kann also „ja p" durch „p" ersetzen; dagegen kann
            man nicht „~p" durch „p" und „p" durch „~p" ersetzen, denn wie
            wollte man dann die Verneinung wieder verneinen und die Bejahung
            erhalten?   15

4   Das Wesen der Verneinung e r k l ä r e n ist so unmöglich als das   ⩔   89
            Wesen des Satzes erklären.

5   Die Erklärung ,~p' ist wahr für den Fall wenn/in welchem/ ,p' falsch ist,   ⩔ 20
            wäre identisch mit der |Erklärung| daß ,p ∨ ~p' |kein sinnvoller Satz
            sondern| eine Tautologie ist.

6   Denken heißt Pläne machen.   ⩔
                                                    25

7   Ist die Verneinung ein Z u s a t z zum Plan? d.h. besteht der neue Plan   ⩔
            jetzt aus dem Bild, der Projectionsregel u n d der Verneinung? Oder
            hat die Verneinung (etwa) die Projectionsregel geändert?

8   Die Verneinung v e r b i n d e t sich mit dem verneinten Plan und der   \ 30
            verneinte kommt als Plan nicht im neuen Plan vor: d.h., wenn ich ~p
            glaube so glaube ich dabei nicht zugleich p weil p in ~p vorkommt.

9   Es wäre charakteristisch für eine bestimmte irrige Auffassung, wenn   \
            ein Philosoph glaubte einen Satz mit roter Farbe drucken lassen zu   35
            müssen da er erst so ganz das ausdrücke was der Autor sagen wolle.
                (Hier hätten wir die magische Auffassung der Zeichen statt der
            logischen.) (Das magische Zeichen würde wirken wie eine Droge, und   90
            für sie wäre die Kausalitätstheorie richtig./völlig zureichend./)
                                              40

---

3   wie Umkehren zu Lassen-wie-es-ist. *–im MS am linken Rand mit einer*
    vertikalen Wellenlinie markiert
12   so kann man es ganz weglassen. ⟨Dagegen …⟩
13   nicht „~p" durch „p" ⟨ersetzen⟩ und „p" durch „~p" ersetzen,
21 |Erklärung| *–das Einfügungszeichen ist im MS gewellt unterstrichen*
22 |kein sinnvoller Satz sondern| *–das Einfügungszeichen ist im MS gewellt*
    unterstrichen
28   (etwa) *–im MS durchstrichen*
30   ⟨∨⟩ *rechtes Randzeichen gestrichen*
31   der verneinte kommt als Plan nicht im neuen Plan vor⟨, wenn …⟩

1   ⩛   Das worauf es ankommt ist die interne Beziehung der Pläne „~p"   ∨
            und „p".

               Es ist klar, wenn ich den Plan ~p habe so habe ich nicht |auch|
            den Plan p insofern also kommt der Plan p im Plan ~p nicht vor.
            Anderseits zeigt das Vorkommen von ‚p' in ‚~p' und noch klarer   5
            ~(~p) = p den Zusammenhang.

2   /   p kommt in ~p in (genau) demselben Sinne vor wie ~p in p.   \

3   /   Die Worte „vorkommen" etc sind eben unbestimmt wie alle solche   \   10
            Prosa. Exact und unzweideutig und unbestreitbar sind nur die
            grammatischen Regeln die am Schluß zeigen müssen worum es sich
            handelt./was gemeint ist./

4   ⩛   Sie sind der letzte und einzige Ausdruck dafür wie es sich wirklich   ∨   15
            verhält (d.h. was es logisch/in der Logik/ für eine Bewandtnis hat.)

5   /   Ich zeichne einen Plan (wie ich gehn will) und schreibe das   ∨
            Verneinungszeichen dazu; aber das nützt nichts solange man nicht
            weiß, daß es das Verneinungszeichen ist. Aber wie kann man es denn   20   91
            wissen?/weiß man es denn?/ Etwa dadurch daß es uns gesagt wird?
            Aber wie wird es uns denn gesagt? Dabei kann doch nur ein Zeichen
            für ein anderes gesetzt werden. Denn eine Erklärung der Negation
            wäre nur wieder ein Zeichen für sie.

                                                                25

6   „Wie ich einen Körper durch seine verschiedenen Ansichten geben   \
            kann und er mit diesen äquivalent ist, so offenbart sich die Natur der
            Negation in den verschiedenen grammatisch erlaubten Anwendungen
            des Negationszeichens."

                                                               30

---

   3   *Absatzmarkierung im MS durch einen Pfeil am linken Rand.*
   3 |auch| *–das Einfügungszeichen ist im MS gewellt unterstrichen*
   5   Anderseits zeigt ⟨daß …⟩
   8   ⟨~p…⟩
  10   Die Worte „vorkommen" etc sind eben ⟨unlog…⟩
  11   Exact und unzweideutig und unbestreitbar sind ⟨nun⟩ die
  12   Regeln die am Schluß zeigen ⟨müßten⟩ worum es sich handelt.
  15   *Die Bemerkung ist am linken Rand mit zwei vertikalen Strichen markiert.*
  26   ⟨∨⟩ *rechtes Randzeichen gestrichen*
  27   mit diesen | | *–im MS ist das leergebliebene Einfügungszeichen gewellt unterstrichen*

1 „Was hilft es daß als Negationszeichen nur ein Haken vor dem Satz p   \
steht, ich muß ja doch die ganze Negation denken."
  Eine Projectionsmethode mag einen Punkt in einen Kreis
projicieren aber die Complication dieser Projectionsmethode wird sich
offenbaren wenn man nun alle die Gebilde durchgeht die sie in   5
einander verwandelt.
  Wenn ich z.B. sage ich gehe nicht diesen Weg so stimmt damit
überein daß ich jene anderen Wege/alle anderen Wege/ gehe (und
daß ich einen Weg gehe verträgt sich nicht damit daß ich einen
anderen gehe) und so zeigt |es| sich was das ‚nicht' bedeutet.   10

2 Aber eines ist doch klar daß das „∼" vor den Plan gesetzt ein Zeichen   ⋎   92
gänzlich anderer Art ist als der Plan selbst oder einer seiner Teile.

3 ⋎ Und zeigt sich auch diese Verschiedenheit endgültig |nur| in der   ∨ 15
Grammatik?

4 ⋎ Das „nein" wäre ein Stoß um uns zu erinnern „Du, das ist eine   ∨
Negation".
                      20

5 ⋎/ Das Zeichen „∼" deutet an, Du sollst das |was folgt| negativ auffassen.   ∨
 /   Es deutet an heißt, daß das nicht der letzte sprachliche Ausdruck   ∨
ist. Daß das nicht das Bild des Gedankens ist. Daß mehr in der
Negation ist als das.
                      25

6 / Die Erklärung eines Zeichens ist sofort ein Zeichen. Denn sie konnte   ∨
doch nur darin bestehen, daß sie den Gedanken genauer darstellt als
jenes Zeichen

7 ⋎ Was ist der Unterschied zwischen dem Schachbrett und einer   ∨ 30
Schachfigur?
  Es ist die Anwendung gänzlich anderer Art
  (Denke an das einander Aufheben der Operationszeichen ∼, ∨
etc was sonst nie vorkommt.)
                      35

1   ⟨∨⟩ *rechtes Randzeichen gestrichen*
1   ⟨H…⟩
3   ⟨∨⟩ *rechtes Randzeichen gestrichen*
3   *Die folgenden zwei Absätze sind im MS Bemerkungen, durch Klammern am rechten Rand der vorangehenden zugeordnet.*
5   wird sich offenbaren wenn man nun ⟨/die/⟩ Gebilde durchgeht
7   ⟨∨⟩ *rechtes Randzeichen gestrichen*
8   so stimmt damit überein daß ich ⟨jenen⟩ anderen ⟨Weg⟩ gehe
15 |nur| –*das Einfügungszeichen ist im MS gewellt unterstrichen*
21   ⋎ *linkes Randzeichen überschrieben*
21   Das Zeichen ⟨∼ …⟩
21 |was folgt| –*das Einfügungszeichen ist im MS gewellt unterstrichen*
22   *Der Absatz ist im MS eine Bemerkung, durch eine Klammer am linken Rand der vorangehenden zugeordnet.*
26   Die ⟨A…⟩
33   ⟨()Denke an das einander Aufheben der Operationszeichen
34   was sonst nie vorkommt –*im MS am linken Rand mit zwei vertikalen Wellenlinien markiert*

4

1   Denken wir uns den Plan eines Weges gezeichnet und mit einem   \   93
     Strich durchgestrichen der/was/ anzeigen soll daß dieser Plan nicht
     auszuführen ist. Auf dem Plan sind viele Striche |gezogen| aber der,
     der ihn durchstreicht hat eine gänzlich andere Funktion als (die   5
     anderen)/sie/.

2   Das Zeichen hat nur einen Zweck uns etwas mitzuteilen; eine   \
     Erklärung des Zeichens kann also nur diese Mitteilung verdeutlichen,
     (die Erklärung) ist also selbst nur ein Zeichen statt des ersten.   10
          Eine Erklärung des Zeichens der Negation muß also selbst nur
     eine grammatische Auseinanderlegung der Negation sein

3   Ich will sagen, man kann ein Zeichen in gewissem Sinne nicht   ⩔
     erklären. Es muß in den Regeln seiner Anwendung für sich selbst   15
     sprechen. Und alles sagen was sich überhaupt (erklärendes
     /verdeutlichendes/) sagen läßt.

4   Könnte eine Erklärung die nicht zur Grammatik gehört etwas   \
     Wesentliches über die Negation etwa sagen so müßten wir gerade   20
     dieses Wesentliche im Gebrauch des Zeichens entbehren. − Es würde
     dann das Sachliche nicht genügen und das Unsachliche enthielte das   94
     was zum Verständnis nötig ist.

5   ⩔ Die Sprache hat nur einen Zweck, ihre Anwendung; − ist diese durch   ⩔   25
        die Grammatik fixiert, so kann es nichts mehr wesentliches über sie zu
        sagen geben.

6   ⩔ Eine Sprache muß dafür sorgen, daß sie verstanden werde; die/eine/   ⩔
        Erklärung ist ja auch nur Sprache und kann sie besser verstanden   30
        werden als die erste dann ist sie eben der bessere Ausdruck für das erste.
        [.. und kann sie sich besser verständlich machen als die erste, so ist
        sie eben die bessere Sprache.]

7   ⩔ So ist es auch zu begreifen daß die Fregesche Erklärung der   ⩔   35
        Wahrheitsfunktionen von mir nur auf ein Schema gebracht eine |neue|
        Notation der Wahrheitsfunktionen ergeben.

8   / Vergleich der verschiedenen Arten von Linien [der Linien mit   \
        verschiedenen Funktionen] auf der Landkarte mit den Wortarten im   40
        Satz. Der Unbelehrte sieht eine Menge Linien und weiß nicht, daß sie
        sehr verschiedene Bedeutungen haben.

---

6   (die anderen)/sie/ *−erste Variante im MS durchstrichen*
8   ⟨∨⟩ *rechtes Randzeichen gestrichen*
9   nur diese Mitteilung (verdeutlichen), (die Erklärung) ist also
31   dann ist sie eben der bessere Ausdruck für das erste. *−im MS am linken Rand*
     mit einer vertikalen Wellenlinie markiert, für das erste *durchstrichen*
36 |neue| *−im MS ist auch das Einfügungszeichen gewellt unterstrichen*

51

1   ⊻   Das Negationszeichen veranlaßt uns zu etwas. Aber wozu? und wie?   ∨   95
        Sie veranlaßt uns nur zu etwas, den folgenden Plan anders
aufzufassen. – Ist aber diese andere Art der Auffassung auf andere
Weise näher zu erklären? Wie ein kurzes Signal, das dann durch einen
Satz erklärt werden kann.   .   5

2   Man hat das Gefühl, die Negation veranlasse/veranlaßt/ uns nur zu   ⊻
etwas, was aber viel komplexer ist als das Signal. Und das ist (ja) wahr,
der Haken ~ vor dem Satz ist es nicht, der uns die Negation erklärt.
Der uns erklärt was wir machen sollen. (Er hat eben nicht die   10
nötige Multiplizität)

3   Denn der Symbolismus muß sich selbst erklären.   ⊻

4   Auf die Frage „was bedeutet das", muß es eine Antwort geben, oder   ⊻   15
die Frage ist unsinnig. Da aber zur Antwort immer wieder ein Zeichen
kommt so ist sie immer eine/hat sie die Form einer/ Definition und
gehört also zur Grammatik.

5   Ich sage, die Verneinung ist nur eine Veranlassung, um etwas viel   \   20
komplexeres zu tun; aber was? Läßt sich die Frage nicht beantworten
(und das eine |Symbol der| Negation durch ein anderes (zu) ersetzen
ist keine Antwort) so ist sie unsinnig und dann ist (es) auch jener erste
Satz. (unsinnig).   .

                                                             25

6   Es ist als veranlaßte uns das „~" zu etwas, aber was, das wird   \   96
scheinbar nicht gesagt. Es ist, als brauchte es nur angedeutet werden,
als wüßten wir es schon. Als wäre eine Erklärung jetzt unnötig, da wir
die Sache ohnehin schon kennen.

                                                             30

7   Nun könnte man sogar sagen, die Erklärung liegt in extenso in allen   ∨
Anwendungen, in den Grammatischen Regeln (die übrigens – was das
„alle" erklärt – eine induktive Regel enthalten).

1   ⟨⊻⟩ *linkes Randzeichen gestrichen*
8   (ja) *–im MS durchstrichen*
9   ist es nicht, der uns die Negation erklärt. ⟨Denn …⟩
16   oder die Frage ist unsinnig. Da aber ⟨die …⟩
22   die Frage nicht beantworten ⟨und ⟨die⟩ eine Negation
26   aber was, das wird ⟨nicht …⟩
29   da wir die Sache ohnehin schon kennen. *–im MS am linken Rand mit einer*
     vertikalen Wellenlinie markiert
31   *Im MS ein Absatz, durch Randzeichen als Bemerkung gekennzeichnet.*
31   Nun könnte man ⟨sagen …⟩

1 ♇ Das ist doch ganz klar, daß die Regeln das Wesen der Negation
widerspiegeln (da sie für ein Zeichen anderer Bedeutung nicht gelten)
Die Frage ist nur, spiegeln sie es ganz wider, oder lassen sie noch
einen Spielraum, so daß das Zeichen wovon diese Regeln gelten zwar
manches andere nicht, aber doch noch manches andere darstellen   5
könnte, daß zum mindesten nicht alles gesagt ist.

 Denn, wohlgemerkt, gesagt muß es werden können, denn sonst
ist alles gesagt.

 Hat die Sprache alles gesagt, was zu sagen war, so hat sie alles
gesagt.   10

2 / Gäbe es eine explizitere Ausdrucksweise der Negation, so müßte sie
sich doch in die andere abbilden lassen und könnte darum nicht von   97
anderer Multiplizität sein. Es sei/wäre/ denn in dem Falle, daß es ein
Gebiet, einen Komplex gäbe der immer nur im Ganzen betrachtet   15
würde, so daß wir nie über die bloße Andeutung hinausgingen. Aber
das widerspricht der Annahme einer möglichen Auseinanderlegung
(Erklärung) die ja eben in das Innere dieses Komplexes dringen
müßte.
          20

3 Die Grenze der Sprache kann ich eben in der Sprache nicht ziehen. ♇

4 Ich kann eben nicht die ganze Sprache in meine Untersuchung ♇
einbegreifen; und dann dennoch außerhalb ihr/dieser/ in der Sprache
stehen   25

5 Wenn ich die ganze Sprache in meine Untersuchung einbegreife so ♇
kann ich nicht außerhalb der Untersuchung in der Sprache Fuß fassen.

6 Wenn unser Symbolismus die ganze Sprache einbegreift dann ist kein ♇ 30
Raum mehr in ihr für eine Erklärung des Symbolismus.
 Hier haben wir die Grenze der Sprache erreicht.

              5.

7 Erinnern wir uns, daß in der Sprache nur die logische Multiplizität ♇ 35
dargestellt, daß aber alles wovon man überhaupt reden kann, muß   98
ausgesprochen werden können.

8 / D.h. Es darf nichts geben was die Sprache nur andeutet, der Gedanke \
aber ausführt. Denn der Gedanke ist selbst nur eine angewandte   40
Sprache.

---

3 spiegeln sie es ganz wider, oder lassen sie (auch …)
15 daß es ein Gebiet, einen Komplex gäbe der (ein Gebiet, einen Komplex …)
23 *Diese und die folgende Bemerkung ist im MS am linken und rechten Rand mit je*
  einer vertikalen Wellenlinie markiert.
24 und dann dennoch außerhalb ihr/dieser/ in der Sprache ⟨St…⟩
31 dann ist kein Raum mehr in ihr für ⟨k…⟩
39 D.h. ⟨es⟩ darf nichts geben was die Sprache nur andeutet,

1 / Gedanke und Sprache/Sprache und Gedanke/ verhalten sich nicht ⸜⸝
wie Signal und Ausführung des signalisierten Befehls. Denn in diesem
Falle gibt es ja noch eine ausführlichere Erklärung auf die sich das
Signal (gleichsam durch Definition) bezieht. Während im Fall Sprache
und Gedanke die ausführliche Erklärung ja selbst zur Sprache   5
gehört. So daß, wo es überhaupt eine Auseinanderlegung
/Ausbreitung/ gibt die selbst zur Sprache gehört und wo es in der
Sprache keine gibt überhaupt von keiner die Rede sein kann und also
auch nicht von einem Signal.

10

2 ⱴ Nun kommt es aber vor daß die Wortsprache zur Mitteilung nicht ∨
genügt. Wenn ich z.B. jemand eine Farbe wie ich sie mir denke
mitteilen will so muß ich ihm wenn es ein bestimmter Farbton ist ein
Muster dieser Farbe schicken. Aber auch dieses Muster ist nur   99
Bestandteil einer Sprache. (Denke an die unmöglichkeit einer   15
Zuordnung von Sprache und Wirklichkeit und vergleiche die Frage
„Sieht er wirklich dasselbe was ich sehe, wenn er das Muster
anschaut")

3 Der Gedanke ist kein geheimer – und verschwommener – Prozeß von \ 20
dem wir nur Andeutungen in der Sprache sehen, als wäre die
Negation ein Stoß und der Gedanke darauf wie ein unbestimmter
Schmerz, von diesem Stoß hervorgerufen aber gänzlich von ihm
verschieden.

25

4 (Nichts ist wichtiger als die falschen Gedanken ganz ans Licht zu   ⱴ
ziehen und absolut richtig/getreu/ |und handgreiflich| darzustellen
[wiederzugeben])

5 Nun wäre aber die Frage: wie zeigt sich das uns bekannte spezifische \⸜⸝ 30
der Negation in den Regeln die vom Negationszeichen gelten. Daß
z.B. ein gezeichneter Plan eines Weges ein Bild des Weges ist
verstehen wir ohne weiteres, wo sich der gezeichnete Strich nach links
biegt, biegt sich auch der Weg nach links etc. etc. Daß aber das
Zeichen „nicht" den Plan ausschließt sehen wir nicht. Eher noch wenn 35
wir etwas ausgeschlossenes mit einem Strich umfahren, gleichsam
abzäunen. Aber so könnte man ja das „~" als eine Tafel auffassen   100
„verbotener Weg". Aber damit verstehen wir es natürlich noch immer
nicht als Bild.

40

6 ⱴ Man denkt da leicht an die Regel daß ~p · p keinen sinnvollen Satz ∨
ergibt. Und in der W-F Notation ist die Sonderstellung dieser
Zeichenkombination besonders klar.

1 Gedanke und Sprache/Sprache und Gedanke/ – *Variante im MS durch*
Umstellungsschleife
5 Während im Fall Sprache und Gedanke die ⟨Au...⟩
15 Aber auch dieses Muster ist nur Bestandteil ⟨in⟩ einer Sprache.
15 einer Sprache. (⟨Vergleiche ...⟩
16 und vergleiche die Frage „⟨sieht⟩ er wirklich dasselbe was ich sehe
17 dasselbe was ich sehe/" ...⟩
30 \ *rechtes Randzeichen überschrieben*
41 Man denkt da ⟨etw...⟩

1 / Wie ist es aber damit:/mit diesem Gedanken:/ Wenn ~p ein Bild sein   ⩝
soll, wäre, was es bedeutet da nicht am besten dadurch darzustellen
daß das n i c h t der Fall ist was symbolisch p|, daß p der Fall ist,|
darstellt. Es ist aber klar daß so ein Symbolismus nicht arbeitet
/funktioniert/. (Das scheint mir eine wichtige Sache zu sein.)   5
    Nicht sagen, daß p der Fall ist, heißt nicht: sagen, daß p nicht der
Fall ist.

2 ⩝ Ist es nicht aber doch manchmal so, wenn man zum Beispiel sagt   ⩝
„keine Antwort ist auch eine Antwort"? Oder wenn der Arzt nicht sagt   10
daß die Krankheit gefährlich ist und man |daraus| schließt er habe
gemeint sie sei nicht gefährlich. — Oder wenn man keine Tafel
„verbotener Weg" sieht und sagt, das heißt, daß der Weg nicht
verboten ist. („was nicht verboten ist, ist erlaubt")

   15

3 Es ist keine Erklärung zu sagen (was ich einmal sagte) ein solcher   ⩝   101
negativer Symbolismus ginge schon er sei nur darum nicht zu
brauchen weil man durch ihn nicht wissen könne w a s verneint sei.
Dann ist er eben kein Symbolismus der Negation wenn er uns nicht
das nötige mitteilt. Und dann fehlt es ihm an etwas Wesentlichem.   20
    Es hat ja (auch) seinen Grund warum in gewissen Fällen der
negative Symbolismus geht, und keine Antwort auch eine Antwort ist.
In diesen Fällen ist eben die Bedeutung/der Sinn/ des Schweigens
eindeutig festgelegt/bestimmt/.

   25

4 Das hängt (natürlich) damit zusammen, daß die Wörter unserer   ⩝
Sprache die Worttypen, nicht die Schriftzüge, individueller
Wortexemplare, sind. So entspricht der Zeichenverbindung a R b
nicht als Gegensatz eine Tatsache daß „a" und „b" nicht zu beiden
Seiten von „R" stehen.   30

5 Im negativen Satz wird das Bild (der Plan) anders gebraucht als im   ⩝
positiven, dadurch daß es ausschließend, hindernd gebraucht wird.

6 Es wird eine andere Art Portrait entworfen, durch ein Bild, was zeigen   \   35
soll, wie es sich nicht verhält, als durch eins was zeigt wie es sich   102
verhält.

7 Es wäre nun die Frage, kann je ein Porträt der negativen Art das   ∨
Gleiche porträtieren, wie eins der positiven; d.h., von dem gleichen   40
Sachverhalt wahr oder falsch gemacht werden?

1 ⟨⩝⟩ *linkes Randzeichen gestrichen*
2 da –*im MS durchstrichen*
3 p –*im MS durchstrichen*
6 Nicht sagen, daß p der Fall ist, heißt nicht⟨,⟩ sagen,
9 Ist es nicht aber doch manchmal so, wenn ⟨z…⟩
12 er habe gemeint sie sei nicht gefährlich⟨?⟩
16 ⟨⩝⟩ *rechtes Randzeichen gestrichen*
26 ⟨\⟩ *rechtes Randzeichen gestrichen*
28 So entspricht ⟨dem …⟩
29 eine Tatsache daß „a" und „b" nicht ⟨rechts …⟩
35 ⟨⩝⟩ *rechtes Randzeichen gestrichen*
41 d.h., von dem gleichen Sachverhalt wahr ⟨b…⟩

1	/	Die Farbangabe daß etwas nicht rot ist, ist von anderer Art als die, daß etwas rot (oder blau) ist. D.h. sie ist nicht in demselben/dem gleichen/ Sinn eine Farbangabe.	ⱽ	
2	/	Dagegen kann die Negation eines Satzes eine Angabe gleicher Art sein wie der negierte Satz.	∨	5
3	ⱽ	Der negative Satz schließt etwas aus und nun kommt es auf das Gebiet an, in dem die Ausschließung geschieht, ob das nicht-Ausgeschlossene von der gleichen Art ist, wie das Ausgeschlossene.	∨	10
4	ⱽ	(Meine Methode besteht darin immer neue Worte, wie frische Keime /Kräfte/ in die Untersuchung zu werfen)	ⱽⱽ	
5	/	Ich kann ein Bild davon zeichnen, wie Zwei einander küssen; aber doch nicht davon, wie Zwei einander nicht küssen. (d.h. nicht ein Bild, das bloß dies darstellt.)	ⱽ	15
6		Man kann nicht das contradiktorische Negative sondern nur das conträre zeichnen (d.h. positiv darstellen)	ⱽ	103 20
7		„Sie küssen einander nicht" heißt nicht, daß davon keine/nicht die/ Rede ist, sondern es ist eben davon die Rede und wird (nur) ausgeschlossen.	ⱽ	
8		Das Küssen wird hier quasi weggeworfen. Aber könnte man den Zustand dann nicht eben so darstellen, daß eben das Küssen weggeworfen ist, also nicht da ist. Wohl, aber dann muß man den tatsächlichen Zustand etwa in einer allgemeinen Weise darstellen (wenn man nämlich einen bestimmten positiven nicht darstellen will) daß dadurch das Küssen und nur dieses ausgeschlossen ist, und dann ist es eben durch das dargestellte doch wieder bestimmt.	? ∨	25 30
9		Wenn ich sagen will „er ist nicht in diesem Kreis ○" so kann ich das freilich so darstellen, daß er irgendwo außerhalb ist, aber dann tritt der Kreis doch wieder in der Darstellung auf.	\	35
10		Es ist also klar, daß ich im negativen Satz das intakte Bild des positiven Satzes brauche.	∨	40
11		Wie aber bestimmt mich das „~", den folgenden Satz ausschließend zu verstehen? Wie zeigt es das? Es müßte sich ja also zeigen, daß p und ~p Gegensätze sind.	ⱽ	104
		6.		45
12	ⱽ	Wenn ich die ganze Sprache in meine Untersuchung einbeziehe, dann muß in ihr alles erklärt sein wonach man überhaupt fragen kann, und keine Frage nach einer Erklärung mehr übrigbleiben.	∨	

12 ⱽ *rechtes Randzeichen durchstrichen*
19 Man kann nicht das (kontradiktorische negative) sondern nur
31 ausgeschlossen ist, –*das Komma ist im MS gewellt unterstrichen*
41 *Im MS ein Absatz, durch Randzeichen als Bemerkung gekennzeichnet.*

1 ∀ In dem Zeichen ~ **k a n n** sich die Verneinung nicht zeigen/die ∨
Verneinung nicht liegen/. „nicht" ist eben nur eine Andeutung für die
Art, wie der Satz aufzufassen ist. Und die Natur des Angedeuteten
kann sich nur im Gebrauch der Verneinung/des Zeichens/ zeigen.
[.... des andeutenden Zeichens zeigen.]   5
[.... im Gebrauch der Verneinung, des andeutenden Zeichens, zeigen]

2 ∀∀ (Denke daran daß p · ~p contradictorisch, p ∨ ~p tautologisch ist.   ∨
~(~p) = p, ~(~(~p)) = ~p etc etc)
                                                                                       10
A A₁   B₁ B

3 ∀ „Ich habe das Stück von A bis B bestrichen | | | | also ist das   ∨
Stück A₁ B₁ sicher bestrichen". Hier scheinen unendlich viel Sätze aus
einem zu folgen.

Es trägt allerdings diese Folgerung den Charakter von etwas
construiertem. Als handle es sich nicht eigentlich um (einen)   15 105
Gedanken sondern um eine kompliziertere Maschine. — Als wären
diese Folgerungen vorbestimmt um bestimmte Dienste zu leisten.

4 Wir fragen uns nämlich: Wenn wir denken daß wir das ganze Stück   ∀
von A bis B bestrichen haben so scheinen wir etwas einfaches zu   20
denken und gar nicht etwas, woraus dann etwa 1000 Sätze folgen
könnten. – Nicht etwas was 1000 Sätze in sich enthielte. – Wir fühlen,
wenn diese Sätze aus dem ersten folgen dann durch eine/mittels einer/
Hypothese und nicht dadurch daß sie wirklich in ihm liegen.

Ja der erste Satz als Satz genommen hat etwas einfaches. Und   25
wenn ich recht habe darf auch nicht **e i n** Satz jener Art aus ihm folgen.

Und so ist es auch wenn z.B. vom Gesichtsraum die Rede ist.
Eine ohne Teilung gesehene weiße Fläche besteht nicht aus zwei
Hälften. Denn beschriebe man sie in der Weise zwei Teile/Hälften/
zu beschreiben, so hätte man nicht die ungeteilte Fläche beschrieben.   30

5 „Eine ungeteilt gesehene Fläche hat keine Teile."   ∀

6 Ich kann nun aber doch vorhersagen: die linke Hälfte dieser weißen   ∀
Fläche im Gesichtsfeld wird braun werden. Dabei mache ich mir ein   35 106
Bild (irgendwelcher Art) von einer geteilten Fläche deren Enden die
Enden der gesehenen repräsentieren.
(Denken wir uns eine Fläche halb weiß halb schwarz und die schwarze
Hälfte wird weiß, dann **v e r s c h w i n d e t** die Teilung.)
                                                                            40
7 Denken wir uns aber einen Maßstab an die Fläche angelegt so daß wir   \
etwa zuerst das Bild [‗‗‗‗], dann das Bild [‗|‗‗] und dann
[‗|‗|‗] vor uns hätten, dann folgt daraus daß das erste Band
durchaus weiß ist durchaus nicht daß im zweiten |und dritten| alles mit
Ausnahme der Teilstriche weiß ist.   45

8 ∨ *linkes Randzeichen überschrieben*
12 also ist das Stück A₁ B₁ sicher bestrichen". Hier ⟨scheint …⟩
22 Nicht etwas was 1000 Sätze in sich ⟨enthie…⟩
29 Denn beschriebe man sie ⟨auf die Art …⟩
29 Teile/Hälften/ *–erste Variante im MS durchstrichen*
32 „Eine ungeteilt gesehene Fläche ⟨besitzt …⟩
34 Ich kann nun aber doch vorhersagen: die ⟨eine …⟩

57

1   Die normale Auffassung vom Beispiel des Anstrichs ist dadurch
     charakterisiert, daß es gleichgültig ist ob wir uns die Striche A′ und B′
     schon vorhanden denken wenn der Stab gestrichen wird oder ob wir
     das Stück A′B′ erst später auf ihm abmessen./abtragen./ — Denken wir
     uns/Sind/ die Striche A′ und B′ schon ursprünglich vorhanden/hier/   5
     dann folgt allerdings jener zweite Satz aus dem ersten (dann ist die
     Komplexität schon in dem ersten Satz |offenbar| vorhanden) dann
     folgen aber aus dem ersten Satz nur so viele Sätze als seiner   107
     Komplexität entspricht (also nie unendlich viele)
                                                                                 10

2   Wenn ich sage „in dem Quadrat ist ein schwarzer Fleck" so ist es mir
     immer als habe ich hier wieder etwas einfaches vor mir. Als müsse ich
     nicht an verschiedene mögliche Stellungen und Größen denken. Und
     doch kann man sagen: wenn ein Fleck in dem Quadrat ist so muß er
     irgendwo und von irgend einer Gestalt sein. Nun kann aber doch auf   15
     keinen Fall davon die Rede sein, daß ich mir alle möglichen Lagen
     (etc.) eines Flecks zum voraus denke. — In dem ersten Satz scheine ich
     sie vielmehr sozusagen durch ein Sieb zu fassen so daß „Fleck
     innerhalb des Quadrats" e i n e m Eindruck zu entsprechen scheint für
     den das wo etc überhaupt noch nicht in Betracht kommt als sei es   20
     (gegen allen Anschein) etwas was mit jenem ersten Sachverhalt nur
     physikalisch nicht logisch verbunden sei.

3   (Je roher die Bilder sind die ich mir mache, desto besser.)   ⩚
                                                                                 25
4   Der Ausdruck „Sieb" kommt daher:/so in die Untersuchung:/ wenn
     ich etwa eine Landschaft ansehe, durch ein Glas das nur die
     Unterschiede von Dunkelheit und Helligkeit durchläßt, nicht aber die   108
     Farbunterschiede so kann man so ein Glas ein Sieb nennen. Denkt
     man sich nun das Quadrat durch ein Glas betrachtet das nur den   30
     Unterschied Fleck drinnen oder nicht durchließe nicht aber einen
     Unterschied der Lage des/eines/ Flecks im Quadrat so könnten wir
     auch hier von einem Sieb sprechen.
          Die Frage ist, ist s o ein Sieb denkbar?
                                                                                 35
5   Von einem Sieb aber kann hier, glaube ich, tatsächlich nicht die Rede   ⩚
     sein

                                                                     7.
6   / Wir müssen wissen was E r k l ä r u n g heißt. Es ist die ständige Gefahr,   ⸮ 40
        dieses Wort in der Logik in einem Sinn verwenden zu wollen, der von
        der Physik hergenommen ist.

7   ⩚ Es ist eine Hauptgefahr der Philosophie dieses Wort falsch zu   ⸮
        verstehen.   45

   5 Denken wir uns/Sind/ –erste Variante im MS durchstrichen
   5 vorhanden/hier/ –erste Variante im MS durchstrichen
   6 Die Parenthese ist im MS am linken Rand mit einer vertikalen Wellenlinie markiert.
   6 jener zweite Satz aus dem ersten (dann ist die ⟨Complexität⟩ …)
   7 |offenbar| –das Einfügungszeichen ist im MS gewellt unterstrichen
  11 ⟨⩚⟩ rechtes Randzeichen gestrichen
  24 die Bilder sind die ich mir mache, desto ⟨v…⟩
  26 daher:/so in die Untersuchung:/ –erste Variante im MS durchstrichen
  30 Denkt man sich nun das Quadrat ⟨mit dem K…⟩

1	/	Wenn ich sage, der Fleck liegt im Quadrat, so weiß ich – und muß	↓
		wissen – daß es verschiedene mögliche Lagen für ihn gibt. Aber auch,
		daß ich nicht eine bestimmte Zahl aller solcher Lagen nennen könnte.
		Ich weiß von vornherein nicht, wieviele Lagen „ich unterscheiden
		könnte". – Und ein Versuch darüber lehrt mich auch nicht das, was	5 109
		ich hier wissen will. Es sei denn, daß er mir Lagen zeigte die ich an
		sich als benachbarte bezeichnen müßte. Das wäre dann freilich nicht
		ein experimentelles Resultat. Und da ich jetzt jedenfalls keine
		benachbarten Lagen kenne, so verschwimmt für mich die
		Angelegenheit der Teilbarkeit im Dunkeln./Dunkel./	10

2		Das Dunkel welches über den Möglichkeiten der Lage etc herrscht, ist	↓
		die gegenwärtige logische Situation. So wie trübe Beleuchtung auch
		eine bestimmte Beleuchtung ist.
			15

3		Es kann doch nicht darauf hinauslaufen, daß zwar nicht unendlich	↓
		viele Sätze aus einem folgen können, aber |wohl| einer aus unendlich
		vielen.

4		Es ist wichtig, daß ich den Sachverhalt: der Kreis ist irgendwo im	\ 20
		Quadrat, nicht malen könnte, ohne einen bestimmten Fall zu malen,
		den ich aber hier nicht meine.

5		Ich möchte den Sachverhalt am liebsten durch einen/mit einem/	↓
		lockeren Kreis im Quadrat darstellen, oder dadurch, daß ich den	25
		Kreis sozusagen ins Quadrat werfe, ohne zu zeigen wo er hineinfällt.

6	/	Es ist da immer so als könnte man eine logische Form nicht ganz	∨ 110
		übersehen, da man nicht weiß, wieviel, oder welche, mögliche Lagen
		es für den Fleck im Viereck gibt. Anderseits weiß man es doch, denn	30
		man ist von keiner überrascht, wenn sie auftritt.

7	↓/	Aber so wäre es ja mit allem gesehenen. Wenn ich eine seltsame	\
		Blume sehe, wie ich nie eine gesehen habe, so bin ich nicht über ihre
		Möglichkeit überrascht, und doch überrascht, weil ich mir	35
		dergleichen nie vorgestellt hatte.

8	↓	Es ist als sähe man im Speziellen das Allgemeine und vergleiche das	∨
		mit dem allgemeinen Satz, ohne auf das Spezielle viel zu achten (das
		Spezielle läßt man links liegen). Und doch ist das Allgemeine an ein	40
		Spezielles gebunden.

9	↓	Es ist so als artikulierte der allgemeine Gedanke die Wirklichkeit	∨
		anders
			45

---

3 Aber auch, daß ich nicht eine bestimmte ⟨Zahle...⟩
5 Und ein Versuch darüber lehrt mich auch nicht⟨, ...⟩
6 was ich hier wissen will. –*im MS markiert nach dem Schlußpunkt ein vertikaler Strich in der Zeile den Gültigkeitsbereich des Randzeichens*
20 ⟨∨⟩ *rechtes Randzeichen gestrichen*
28 ⟨Es ...⟩ *Streichung in der folgenden Leerzeile*
33 ↓ *linkes Randzeichen durchstrichen*
38 Es ist als ⟨sage ...⟩
39 viel zu achten –*im MS ist* viel *doppelt gewellt unterstrichen*
43 Es ist so als artikulierte der allgemeine ⟨Satz⟩ die Wirklichkeit anders

1   Man könnte sagen, der Satz ist immer ein Sieb (das sondert, das eine   ⱱ
     durchläßt, das andre zurückhält) Und dann ist eben auch der
     allgemeine Satz eins.

2   Es ist hier auch etwas falsch an/nicht in Ordnung mit/ dem Begriff der   ⱱ   5   111
     bestimmten Lage

3   Bestimmt ist eine Lage, wenn sie bestimmbar ist; durch eine Angabe   ⱱ
     bestimmt ist.

                                                                                    10

4   Die bestimmte Lage im Gesichtsraum kann man nur durch graphische   ⱱ
     Bilder angeben. Und hier kommen wir in das Gebiet der Darstellung
     durch Nachahmung statt durch eine Zeichensprache. Und hier harren
     wichtige Probleme.
           Was ist das Wesentliche dessen, was wir nicht durch Worte   15
     darstellen können? — Aber fängt denn das nicht schon dort an, wo wir
     überhaupt die Vorstellung zu Hilfe nehmen müssen? Also überhaupt,
     wo z.B. von rot und blau gesprochen wird, auch wenn es sich gar
     nicht um ganz bestimmte Töne dieser Farben handelt.

                                                                                    20

5   Denn die ganz entsprechenden Fälle liegen ja auch bei dem Kreis im   ⱱ
     Quadrat vor. Ich brauche z.B. keine Zeichnung um zu verstehen, was
     es heißt, daß der Fleck in dem linken oberen Viertel des Quadrats
     liegt. (Man kann auch auf eine bestimmte Erinnerung in der
     Beschreibung anspielen. „Es schaut aus wie ein ….“)   25

6   „Wenn der Fleck da liegt, so liegt er in dem Viereck“. – – – –   ⱱ   112

7   /   In wiefern sieht der allgemeine Gedanke hier jeden besonderen Fall   ⱱ
        voraus? Ich sage: ich kann keine neue Möglichkeit durch die   30
        Erfahrung lernen.

8   ⱱ   (Das Schwere ist, das System der Grammatik zu sehen.)   ⱱ

9   /   Ich möchte sagen, in dem Satz „ein Fleck liegt im Quadrat“ ist von   ⱱ   35
        der besonderen Lage überhaupt nicht die Rede. Ich sehe dann in
        dem Bild nicht die Lage, ich sehe von ihr ab. So als wären
        etwa die Abstände von den Quadratseiten dehnbar und
        zusammenziehbar und als gelte ihre Länge nicht.

                                                                                    40

14   Darstellung durch Nachahmung statt durch eine Zeichensprache. Und hier
     harren wichtige Probleme. –im MS am linken und rechten Rand mit einer
     vertikalen Wellenlinie markiert
35   Ich möchte sagen, in dem Satz „(der Fl…)
39   und als ⟨gälte⟩ ihre Länge nicht.

1 / Wir sehen auf das Bild und sehen von den Abständen des Kreises von \
den Seiten ab. Sie gelten nicht.

„Auf die Lage schaue ich nicht; es kommt auf sie nicht an." Ich
möchte sie förmlich verschwimmen machen.

Ja, kann denn nicht der Fleck sich wirklich |im Viereck| 5
bewegen? Ist das nicht nur ein spezieller Fall von DEM im Viereck zu
sein? Dann wäre es also doch nicht so daß der Fleck an einer
bestimmten Stelle im Viereck sein muß wenn er überhaupt darin ist.   113

2 Ich will sagen daß es |mir| eine Beziehung des Flecks zum Rand zu \   10
geben scheint die unabhängig von dem Abstand ist. — Gleichsam als
gäbe es eine/bediente ich mich einer/ Geometrie in der es keinen
Abstand gibt wohl aber ein Innen und Außen. So gesehen sind
allerdings auch die Bilder [◦] und [◦] gleich.

     15

3 Wenn einer nicht verstünde was der Satz „ein Kreis ist im Quadrat"   ⱶ
sagt, so würde man es ihm etwa so erklären: es ist entweder so [◦]
oder so [◦] oder so [◦] etc, und würde so ein paar Stellungen des
Kreises zeigen. Aber natürlich darf diese Erklärung nur als das Geben   20
/[das Zeigen] das Aufzeigen/ einer Regel aufgefaßt/angesehen/ werden,
ähnlich den ersten Gliedern einer formalen Reihe.

4 (Ich glaube aber daß in meiner ganzen Auffassung von der   ⱶ
Allgemeinheit noch etwas falsch ist.)   25

5 Der Satz „der Fleck ist im Quadrat" hält gleichsam selbst den Fleck \
bloß im Quadrat, das heißt, beschränkt die Freiheit des Flecks nur auf
diese Weise und gibt ihm sonst/innerhalb des Quadrats [in dem
Quadrat]/ Freiheit. Der Satz bildet dann einen Rahmen der die   30
Freiheit des Flecks begrenzt und ihn innerhalb frei läßt, das heißt mit   114
seiner Lage nichts zu schaffen hat. — Dazu muß aber der Satz
(gleichsam eine Kiste in der der Kreis – im übrigen frei – eingesperrt
ist) die logische Natur dieses Rahmens haben und das hat er denn ich
könnte jemandem den Satz erklären und dann jene Möglichkeiten   35
auseinandersetzen/(point out)/ und zwar (ganz) unabhängig davon ob
ein solcher Satz wahr ist oder nicht also unabhängig von einer
Tatsache.

---

1   (Wie …)
3   „Auf die Lage schaue ich nicht(. Es) kommt
6   Ist das nicht nur ein spezieller Fall (vom) im Viereck zu sein?
10 |mir| –*im MS durchstrichen*
17   was der Satz „(der) Kreis ist im Quadrat"
18   so würde man es ihm ⟨vi…⟩
18   es ist entweder ⟨[ ]…⟩
22   das Geben/[das Zeigen] das Aufzeigen/ einer Regel aufgefaßt/angesehen/
     werden, ähnlich den ersten Gliedern einer formalen Reihe. –*im MS am*
     linken Rand mit einer Wellenlinie markiert; die erste Variante das Geben *ist*
     durchstrichen
30   und gibt ihm sonst/innerhalb des Quadrats [in dem Quadrat]/ Freiheit. –*im*
     MS am linken Rand mit einer gestrichene Wellenlinie markiert
38   unabhängig von einer Tatsache. –*im MS am linken Rand mit einer vertikalen*
     Wellenlinie markiert

1   Kann man aber nun sagen, daß der Satz aus unendlich vielen Sätzen
folgt? —

     D.h. daß quasi unendlich viele um ihn herum wären/stünden
[stehen]/ deren gemeinsamer Bestandteil er ist?

5

8.

2   ∅∨   (Von dem Sehen/ersten Aufscheinen/ eines Gedankens in der Ferne
bis zum völlig klaren erkennen dieses Gedankens ist es meist nicht so
weit als es zuerst scheint)
(Von dem ersten Sehen eines Gedankens in weiter Ferne bis daß er in   10
unserer unmittelbaren Nähe steht ....)

3   Daß der Satz die Wirklichkeit in einer Beziehung frei läßt heißt daß er
auf sie in dieser Beziehung |(d.h. sie auf seine Wahrheit)| k e i n e n
Einfluß nimmt. Er von ihr in dieser Beziehung nichts weiß. Der Satz   15
hält die Wirklichkeit an einer Leine und solange diese nicht
beansprucht wird da die Wirklichkeit sich innerhalb ihres Radius   115
bewegt geht es den Satz nichts an.

4   Es scheint mir alles gesagt zu sein damit, daß der Satz „der Fleck
befindet sich im Viereck" verstanden wird. Und damit, daß was aus   20
ihm folgt (und woraus er folgt) dadurch bestimmt ist daß/wie/ er
verstanden werde/wird [ist]/, n i c h t dadurch/durch den Umstand/ ob
er wahr oder falsch ist.

25

5   D.h. daraus daß er verstanden wird einen bestimmten Sinn hat
schöpfe ich die Zuversicht, daß es für ihn bestimmte eben seinen Sinn
bestimmende Regeln der Grammatik gibt und daß die
Unbestimmtheit die in ihm liegt doch einen bestimmten (seiner Natur
nach bestimmten) Spielraum definiert. — Daß seine Folgesätze, und   30
die aus denen er folgt, durch was er bedeutet, nicht durch die
Tatsachen bestimmt sind, das ist es eigentlich was ich meinte/meine/
wenn ich sage/auseinander setze/ es gäbe |darin| keine Überraschungen.

     Denn, wo es keine Überraschungen gibt, das ist die Grammatik
– das Spiel – und ein Bild ⌷ das ich etwa von einer zu erwartenden   35
Situation mache gehört zu den Z e i c h e n ; steht also unter der
Herrschaft der Grammatik.

6   Das hängt nun mit der Bedeutung der „b e s t i m m t e n L a g e" des
Flecks im Viereck zusammen. Wenn wir von einer Bestimmung durch   40   116
Messung nicht reden können dann ist das Zeichen (Bild) die
a l l e i n i g e Bestimmung und daher autonom (in gewissem Sinne)

---

   1   Sätzen –im MS durchstrichen
   7   ∅ linkes Randzeichen überschrieben
   7   ∨ rechtes Randzeichen überschrieben
   8   meist –im MS durchstrichen
  20   Es scheint mir alles gesagt zu sein⟨, ...⟩
  22   daß was aus ihm folgt (und ⟨das⟩ woraus er folgt)
  23   werde/wird [ist]/, n i c h t dadurch/durch den Umstand/ –im MS sind die
        Varianten werde und dadurch durchstrichen
  32   meinte/meine/ –erste Variante im MS durchstrichen
  34   das ist die Grammatik⟨, ⟨⟩das Spiel⟨⟩ ...⟩
  41   nicht reden können dann ist das Zeichen (Bild) ⟨das ...⟩
  42   a l l e i n i g e Bestimmung und daher autonom⟨. ...⟩

1 ⩔ Man kann dieses Bild nicht anders bestimmen als durch sich selbst. V
Darum ist es nicht vielleicht eine ungenaue Bestimmung sondern eine
exacte.

2 / Es ist natürlich nicht „Stellung des Kreises in diesem Quadrat" ein \ 5
Begriff und die besondere Stellung ein Gegenstand der unter ihn fällt.

3 / So daß Gegenstände gefunden werden/würden/ von denen man sich \
überzeugt, daß sie |auch| Stellungen des Kreises im Quadrat sind von
denen man aber früher nichts gewußt hat. 10

4 ∅∨ (Ein Gedanke nähert sich erstaunlich schnell von der großen ∅
Entfernung in der er zuerst auftaucht zur unmittelbaren Nähe in der
wir ihn deutlich gewahren/in der er deutlich vor uns steht./)

15

5 ⩔ D.h. ‚Stellung des Kreises im Quadrat' kann kein amorpher Begriff V
sein.
Ich weiß auch daß, wenn zwei Stellungen verschieden sind die
eine über, unter, rechts oder links von der andern sein muß. Daß es 117
eine Stellung in der Mitte des Quadrats gibt und eine rechts, links, etc 20
von der Mitte aber z.B. keine gesehene Stellung in der der Kreis von
der Mitte der unteren Kante nur ein 23^{stel} seines Durchmessers
entfernt ist/sei [wäre]/.

6 × Die Mittelstellung des Kreises und andere ausgezeichnete Stellungen \ 25
sind übrigens ganz analog den primären Farben in der Farbenskala.
(Dieses Gleichnis könnte man mit Vorteil fortsetzen.)

7 ∫ Wie ist es aber mit diesem Schluß: „Wenn ein diesem Kreis ⩔
gleichgroßer in das Dreieck hineingeht dann geht auch j e d e r 30
kleinere hinein."?

Ich kann nämlich noch nicht einsehn warum es nicht möglich
sein sollte daß unendlich viele Sätze nach einer Regel aus einem
folgen sollten in d e m s e l b e n S i n n e nämlich in dem ein Satz aus 35
unendlich vielen folgen kann. Obwohl etwas sagt daß es so ist aber
die Formulierung ist nicht richtig/kann nicht richtig sein/.

8 ∫ Denn wenn daraus daß der Kreis sich im Quadrat d a befindet, folgt ⩔ 40
daß er im Quadrat ist; folgt dann nicht auch daß er in jedem Quadrat 118
ist das man das erste umschließend zieht? Oder' muß ich sagen so ein
Satz folgt nur wenn ein das erste umschließendes Quadrat d a ist. So
daß nur die Möglichkeit der aus dem ersten auf diese Weise folgenden
Sätze unendlich ist aber nicht von unendlich vielen solcher Sätze 45
geredet werden kann.

8 *Die Bemerkung steht im MS nach der folgenden, durch einen Pfeil am linken Rand*
umgestellt.
9 |auch| *–im MS durchstrichen, das Einfügungszeichen ist gewellt unterstrichen*
9 daß sie |auch| Stellungen des Kreises im Quadrat sind ⟨an die ...⟩
12 ∨ *linkes Randzeichen überschrieben*
37 ein Satz aus unendlich vielen folgen kann. ⟨I...⟩
37 Obwohl etwas sagt ⟨das ...⟩
44 So daß ⟨nun⟩ die Möglichkeit

1   ∀   „Er folgt aus unendlich vielen Sätzen" würde heißen: man kann die   ∨
Reihe der Sätze aus denen er folgt ins Unendliche fortsetzen. Statt „ins
Unendliche" müßte man aber doch sagen „man kann sie unendlich
fortsetzen". Aber auch das trifft nicht ganz meine Schwierigkeit. Denn
in mir wehrt sich nicht bloß etwas dagegen daß unendlich viele Sätze   5
aus einem folgen sondern auch daß 1000 Sätze aus einem so
einfachen Satz folgen. Ich habe es hier überhaupt nicht mit der
Schwierigkeit der Auffassung des Unendlichen zu tun die wie ich
glaube leicht zu überwinden ist sondern, mit einer ganz anderen.

                                                                                     10

2   ∀   Und da ist nun allerdings klar daß aus 1000 Sätzen von der Form „der   ∨   119
Kreis ist an der Stelle im Quadrat" folgt „der Kreis ist im Quadrat";
mindestens wenn es auch nur aus einem solchen Satz folgt.
       Und andrerseits: Folgt aus „dieser Kreis hat im Quadrat Platz"
auch nur EIN Satz der Art „dieser kleinere Kreis hat darin Platz" so ist   15
nicht einzusehen warum nicht 1000 solcher Sätze aus dem einen
folgen sollen.
       Und somit ist das Problem an eine andere Stelle gerückt.

                                                                                  9.   20

3   Frägt es sich nicht, ob ich den Sinn eines Satzes ins Unendliche   ∀
verdünnen kann? Das heißt beliebig verdünnen kann.
       Man kann von Verdünnung und Conzentration des Sinnes
reden.

                                                                               25

4   ∫   Freilich kann man unendlich verdünnen (das geht ja schon mit der   ∀
Disjunktion etc.) aber/Aber/ eben nur auf diese Weise folgen beliebig
viele Sätze aus einem, und durch die bloße Verdünnung erfahren
wir nichts neues. – – –

                                                                              30

5   ∫   Können wir uns eine Sprache denken, die nur mit primären Sätzen   ∀
arbeitet, und nicht mit Hypothesen?
       (Könnte man sich etwa menschliche Wesen denken, die
Hypothesen nicht kennen, aber eine Sprache besitzen?)   120

                                                                                35

6   ∀∫   Aber heißt denn das etwas, wir bilden doch die Hypothesen nicht aus   ∨
einem neuen Erkenntnismaterial, sondern aus den Sätzen und die
Sätze ohne die Möglichkeit der Hypothesen sind so undenkbar wie
das Multiplizieren ohne die Möglichkeit des Wurzelziehens.

                                                                              40

---

3   doch –*im MS durchstrichen*
6   sondern ⟨ebenso⟩ auch daß 1000 Sätze aus einem so einfachen Satz
7   Ich habe es hier überhaupt nicht mit der ⟨Auff…⟩
8   Auffassung des Unendlichen zu tun die ⟨leicht …⟩
13   folgt „der Kreis ist im Quadrat"; mindestens ⟨m…⟩
14   ⟨Was f…⟩
14   Und andrerseits: ⟨folgt auch nur aus einem …⟩
15   der Art „dieser kleinere Kreis hat darin Platz" ⟨so können …⟩
18   Und somit ist ⟨die Schwie…⟩
33   ⟨Könnte man sich etwa ⟨M…⟩
36   ∀ *linkes Randzeichen überschrieben*
38   und die Sätze ohne die Möglichkeit der Hypothesen ⟨ist …⟩
38   sind so undenkbar wie ⟨die …⟩

1   ∀∫   Hängt das Wesen der Hypothese vom Zeitbegriff ab?/mit dem   ∨
             Zeitbegriff zusammen?/ D.h. gäbe es ohne Zeit keine Hypothesen und
             was heißt diese Frage überhaupt?

2   ∀∫   Wie drückt es sich aus, daß die Zeit zur Phänomenologie gehört nicht   ∨   5
             aber die Wahrheitsfunktionen? Und wie drückt es sich aus was wir
             fühlen, daß nämlich die Wahrheitsfunktionen fundamentaler sind als
             das Phänomenologische? Denn|, ich glaube,| nur in der Grammatik
             muß sich auch das ausdrücken.

                                                                       10

                                                                   10.

3   ∀   Daß die Hypothese dem Satz kein neues Material hinzufügt, sieht man   ∨
             auch daraus daß eine Hypothese durch den Ausdruck „es scheint"
             (oder einen ihm entsprechenden) zum Satz wird.

                                                                       15

4   ?//   Die Grammatik wenn sie in |der| Form eines Buches uns vorläge   ∨   121
             bestünde nicht aus einer Reihe |bloß| nebengeordneter Kapitel
             sondern würde eine andere Struktur zeigen.
                  Und in dieser müßte man – wenn ich recht habe – auch den
             Unterschied zwischen Phänomenologischem und   20
             Nicht-Phänomenologischem sehen. Es wäre da etwa ein Kapitel über
             die/von den/ Farben worin der Gebrauch der Farbwörter geregelt
             wäre; aber dem vergleichbar wäre nicht was über die Wörter nicht,
             oder etc (die „logischen Constanten") in der Grammatik gesagt würde.
                  Es würde z.B. aus den Regeln hervorgehn daß diese letzteren   25
             Wörter in/bei [zu]/ jedem Satz anzuwenden seien (nicht aber die
             Farbwörter). Und dieses „jedem" hätte nicht den Character einer
             erfahrungsmäßigen Allgemeinheit; sondern der inappellablen
             Allgemeinheit einer obersten Spielregel. Es scheint mir ähnlich wie
             das Schachspiel wohl ohne gewisse Figuren zu spielen (oder doch   30
             fortzusetzen) ist aber nie ohne das Schachbrett

5   ∫   Die wichtige Frage ist nur: Kann sich der Wesensunterschied zwischen   \∫∨
             „logischen und phänomenologischen Constanten" auch allein in der
             Grammatik zeigen? Ist hier nicht doch eine Theorie nötig? Etwa eine   35   122
             die zwischen zweierlei Arten von Grammatik unterscheidet? (Ich
             möchte sagen: aus den Regeln des Schachspiels ergibt sich nicht nur
             der Unterschied zwischen Rössel und Läufer sondern auch der
             Unterschied zwischen den Schachfiguren und dem Schachbrett.)
                  Und bedenke: die Theorie sollte über die Negation und die   40
             Farbe Rot etwas sagen das ihren Unterschied klar machte? Oder soll
             sie bloß sagen daß hier verschiedene Arten der Interpretation von
             Zeichen vorlägen? Das wäre dann etwas, was mit Hilfe von
             verschiedenen Indexen auszudrücken wäre und wir kämen/kommen
             [hätten]/ hier nur zu einer/[eine]/ Fortführung der Grammatik.   45

    1   ∀ *linkes Randzeichen überschrieben*
    5   ∀ *linkes Randzeichen überschrieben*
    9   nur in der Grammatik muß sich auch das ausdrücken⟨, glaube ich.⟩
    22   über die/von den/ *–zweite Variante im MS durchstrichen*
    26   in/bei [zu]/ *–im MS ist die zweite Variante* bei [zu] *links und rechts mit einer*
        vertikalen Wellenlinie markiert
    33   Die wichtige Frage ⟨hier⟩ ist nur: *–Beginn der Bemerkung im MS durchstrichen*
    41   die Farbe Rot etwas sagen ⟨was⟩ ihren Unterschied klar machte?

1 / Ich will immer zeigen daß alles was in/an/ der Logik business ist, in der \
Grammatik gesagt werden muß.

2 / Wie etwa der Fortgang eines Geschäftes aus den Geschäftsbüchern × 5
muß ganz und gar/vollständig/ herausgelesen werden können. So daß
man auf die Geschäftsbücher deutend muß sagen können: Hier! hier
muß sich alles zeigen; und was sich hier nicht zeigt gilt nicht. Denn
am Ende muß hier alles herauskommen/sich hier alles auswirken
[abspielen]/sich hier alles Wesentliche ereignen [abspielen]/.

10

3 Alles wirklich Geschäftliche – heißt das – muß sich in der Grammatik \ 123
abwickeln.

4 /∀ (Eine Modedummheit der heutigen populären Physik ist es zu sagen ∀\
daß der Raum etwa /– sagen wir –/ eines Eisenwürfels nicht wie der 15
Laie glaubt ganz oder beinahe ganz von Materie erfüllt sei sondern
daß er vielmehr beinahe leer sei da die Elektronen im Vergleich zu
ihren gegenseitigen Abständen von einander winzig klein seien. In
Wahrheit aber wäre die Ansicht des Laien natürlich gerechtfertigt
wie klein immer man die Elektronen annimmt denn dem 20
Erfülltsein des Raumes mit Materie im gewöhnlichen Sinn|, dem
erfahrungsmäßigen Erfülltsein,| entspricht in der physikalischen
Hypothese gar nicht das Erfülltsein mit Elektronenmasse sondern die
Häufigkeit der Elektronen.)

25

5 ʃ Was ich die ‚Ansicht dieses Gegenstandes von hier‘ nenne gehört auch ∀\
|noch| zur Hypothese d.h. zur Darstellung.
D.h. der Körper mit seinen verschiedenen Ansichten von den
verschiedenen Stellen des Raumes oder mit der Regel wie diese zu
konstruieren sind ist alles die Hypothese. D.h. die Hypothese ist ein 30
System von Zeichen und steht ganz, und komplett, außerhalb der 124
Erfahrung. Sie ist gleichsam ein vielflächiger Körper dessen/deren/
jede Fläche einer Erfahrung entsprechen kann. Man könnte sich auch
ein Polygon denken dessen jede Seite ein Maß wäre für gewisse

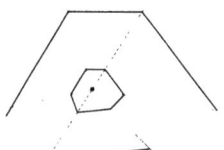 Strecken die rund um das Polygon liegen 35
und deren richtiges oder falsches Abbild
das Polygon ist.

40

1 / linkes Randzeichen durchstrichen
4 / linkes Randzeichen durchstrichen
5 muß ganz und gar/vollständig/ herausgelesen werden können. –im MS am
linken Rand mit einer vertikalen Wellenlinie markiert
9 Denn am Ende muß sich hier alles Wesentliche (ereignet …)
11 \ rechtes Randzeichen überschrieben
14 ∀ linkes Randzeichen überschrieben
14 ∀ rechtes Randzeichen überschrieben
18 gegenseitigen –im MS durchstrichen
26 ⟨×⟩ linkes Randzeichen gestrichen
26 ∀ rechtes Randzeichen überschrieben
29 Ansichten von den verschiedenen Stellen des ⟨S…⟩

1 / Das Beste Gleichnis für jede Hypothese und |selbst| ein Beispiel ist ein Körper mit seinen nach einer bestimmten Regel construirten Ansichten aus |den| verschiedenen Punkten des Raumes.

2 ∀

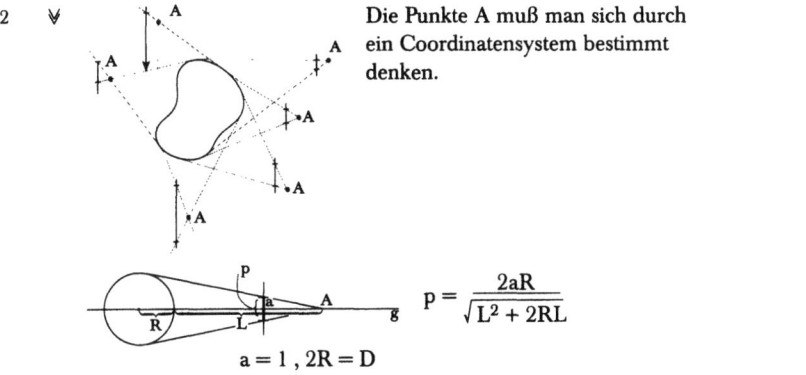

Die Punkte A muß man sich durch ein Coordinatensystem bestimmt denken.

5

10

$$p = \frac{2aR}{\sqrt{L^2 + 2RL}}$$

15

$a = 1 , 2R = D$

$p = \dfrac{D}{\sqrt{L^2 + DL}}$ ist die Ansicht des Kreises von A aus. Zu sagen in der

20

Entfernung L von A sei ein Kreis, heißt dann, die Ansicht p ändere sich, wenn man sich auf der Geraden g bewegt, der Gleichung entsprechend.

125

11.

25

3 Man weiß/denkt/ gar nicht, wie merkwürdig das 3-dimensionale Sehen ist. Wie sonderbar/seltsam/ etwa ein Bild, eine Photographie aussähe, wenn wir im Stande wären, sie als Verteilung grauer, weißer und schwarzer Flecken in einer ebenen Fläche zu sehen. Was wir sehen, würde dann ganz sinnlos wirken. Ebenso wenn wir mit einem Aug flächenhaft sehen könnten. Es ist z.B. gar nicht klar, was geschieht, wenn wir mit zwei Augen die Gegenstände/Welt/ plastischer sehen als mit einem. Denn sie wirken auch mit einem gesehen schon plastisch. Und der Unterschied zwischen Relief und Rundplastik ist auch keine richtige Analogie.

\

30

35

4 Es scheint mir daß die Hypothese nicht notwendigerweise etwas mit der Zeit zu tun haben muß, außer insofern als alle Sätze etwa zeitliches behandeln.

∀

40

1 *Im MS ein Absatz, durch Randzeichen als Bemerkung gekennzeichnet.*
1 |selbst| *–das Einfügungszeichen ist im MS gewellt unterstrichen*
2 ein Körper mit seinen ⟨verschiedenen⟩ nach einer bestimmten Regel
19 Zu sagen man sähe ⟨es …⟩
19 Zu sagen ⟨man sähe von A einen Kreis⟩, heißt dann,
21 heißt dann, die Ansicht p ⟨ändert⟩ sich,
22 auf der Geraden g bewegt, ⟨dem obigen Gesetz⟩ entsprechend.
26 weiß/denkt/ *–erste Variante im MS durchstrichen*
27 Wie sonderbar/seltsam/ etwa ein Bild, eine Photographie⟨, …⟩
29 in einer ebenen Fläche zu sehen. ⟨Was wir …⟩
32 Es ist z.B. gar nicht klar, was geschieht, wenn wir ⟨sagen …⟩
34 Denn sie wirken auch mit einem gesehen ⟨p…⟩
34 Denn sie wirken auch mit einem gesehen schon ⟨plas…⟩

1   Aber ist das wahr? Und wenn, was ist das für eine Allgemeinheit?   ∀
    Warum ist dann die Zeit in der Logik nicht fundamental wie die
    Wahrheitsfunktionen? — Ist es denn wahr daß die Zeit in alle Sätze   126
    eintritt? – Da will es mir scheinen als ob sie nur in einer bestimmten
    Gruppe von Sätzen wirklich erwähnt würde. Tritt sie überall ein wo   5
    (überhaupt) von einer Veränderung geredet wird? Und tritt sie etwa
    darum überall ein, weil jeder Sachverhalt die Möglichkeit der
    Veränderung besitzt/hat/. Tritt sie nicht darum überall ein, weil wir
    jeden Sachverhalt erwarten können? Weil also alles zukünftig der
    Fall sein, oder/und/ früher der Fall gewesen sein kann?   10
        Das heißt: jeder/Jeder/ Sachverhalt ist ein Ereignis.

2   ∀/   Nun scheint aber doch, wenn ich etwa sage „der Himmel ist blau" und   ∀×
    von allem Hypothetischen darin/daran/ absehe, die Zeit hier
    |wenigstens| nicht explizit vorzukommen.   15

3   /   „Wahr" und „Falsch"/„wahr" und „falsch"/ sind tatsächlich nur   \
    Wörter einer bestimmten Notation der Wahrheitsfunktionen.

4   ∀∫   (Wenn ein Problem lebhaft auftaucht, so ist immer schon viel   ∀ 20
    gewonnen.)

5   ∀   Ich sage „wenn ich von allem Hypothetischen absehe" denn daß die   ∨
    Zeit in der Hypothese eine Rolle spielt ist sicher aber – wie mir scheint –   127
    /– so scheint mir –/ nicht so interessant.   25

6   /   Ich glaube, ich könnte auch so fragen: Kann man tatsächlich jeden   \∀
    Satz sinnvoll ins Futurum und Perfectum setzen? (Die mathematischen
    Sätze natürlich nicht.)

    30
7   Und wenn das der Fall ist, wie kommt es, daß es uns beinahe wie eine   \∀
    Zufälligkeit erscheint, verglichen mit den Regeln über die Negation und
    Disjunktion?

13 / *linkes Randzeichen überschrieben*
13 ∀ *rechtes Randzeichen überschrieben*
13 wenn ich etwa sage⟨,⟩ „der Himmel ist blau"
15 |wenigstens| *–im MS ist auch das Einfügungszeichen gewellt unterstrichen*
20 ∫ *linkes Randzeichen überschrieben*
20 (Wenn ein Problem lebhaft ⟨auftritt⟩, so ist immer
25 – wie mir scheint –/– so scheint mir –/ *–erste Variante im MS durchstrichen*
27 ∀ *rechtes Randzeichen überschrieben*
27 Ich ⟨kann …⟩
31 ∀ *rechtes Randzeichen überschrieben*

1   Negation und Disjunktion möchten wir sagen hat mit dem Wesen des Satzes zu tun die Zeit aber nicht sondern mit seinem Inhalt.

        Wie aber kann es sich in der Grammatik zeigen daß Etwas mit dem Wesen des Satzes zusammenhängt und Etwas anderes nicht, wenn sie beide gleich allgemein sind?

        Oder sollte ich sagen die geringere Allgemeinheit wäre auf seiten der Zeit da die mathematischen Sätze negiert und disjungiert werden können aber nicht zeitlich sind. Ein Zusammenhang ist wohl da wenn auch diese Form die Sache darzustellen irreführend ist.

2   /   Es kommt mir so vor als wäre die Gegenwart wie sie in dem Satz „der Himmel ist Blau" steht keine Form der Zeit. Als ob also die Gegenwart in d i e s e m Sinne unzeitlich wäre.

3   ⌠∀   Aber es ist merkwürdig daß es i n d e r G r a m m a t i k eine wesentliche und eine unwesentliche Allgemeinheit geben sollte.

        Eine phänomenologische und eine logische. Aber wie/worin/ unterscheiden sich die von einander.

4   ∀/   Wie unterscheidet die Grammatik zwischen Satzform und Inhalt? Denn dies sollen ja grammatikalische Unterschiede sein. Wie sollte man sie beschreiben können, wenn sie die Grammatik nicht zeigt?

5   /   Was hat es mit dem Schema „Es verhält sich so und so" für eine Bewandtnis? – Hier deutet „Es verhält sich" die Satzform an und „so und so" steht für den Inhalt. –

6   /   Man könnte auch sagen das „es verhält sich" ist die Handhabe für den Angriff der Wahrheitsfunktionen.

7   ⌠∀   Meine Theorie kommt darauf hinaus, daß man die Sprache in gewisser Beziehung nicht erklären kann.

8   /⌠   „Es verhält sich" ist also nur ein Ausdruck aus einer Notation der Wahrheitsfunktionen. Ein Ausdruck, der uns zeigt welcher Teil der Grammatik hier in Funktion tritt.

---

3   Wie aber kann es sich in der Grammatik zeigen daß ⟨etwas⟩ mit
7   auf seiten der Zeit da die ⟨Mathema…⟩
8   aber nicht zeitlich sind. ⟨Daß …⟩
11   Es kommt mir so vor als wäre die Gegenwart wie ⟨ich …⟩
12   keine Form der Zeit ⟨ist …⟩
20   ⟨⌠⟩ *linkes Randzeichen gestrichen*
20   ∀ *linkes Randzeichen überschrieben*
20   Wie unterscheidet die Grammatik zwischen ⟨For…⟩
22   Wie sollte man sie beschreiben können, wenn⟨, …⟩
24   *Im MS ein Absatz, durch Randzeichen als Bemerkung gekennzeichnet.*
25   „Es verhält sich so und so" für eine Bewandtnis? *–im MS Unterstreichung durch Strichlinie, die in den Typoskripten die gewellte Unterstreichung der Manuskripte wiedergibt; die ganze Bemerkung ist diagonal durchstrichen.*
25   Hier deutet „⟨es⟩ verhält sich"
25   die Satzform ⟨und „so und so" den …⟩
28   *Im MS ein Absatz, durch Randzeichen als Bemerkung gekennzeichnet.*
31   ⌠ *linkes Randzeichen überschrieben*
34   ⌠ *linkes Randzeichen durchstrichen*

1   ×   Die Grammatik ist das Geschäftsbuch der Sprache; woraus/die   \
Geschäftsbücher aus denen/ alles zu ersehen sein muß, was nicht
Gefühle |betrifft| sondern harte Tatsachen/Facten/ (betrifft)

2   Ich will also eigentlich sagen: Es gibt nicht Grammatik und   \   5
Interpretation der Zeichen. Sondern soweit von einer Interpretation,
also von einer Erklärung der Zeichen, die Rede sein kann, soweit muß
sie die Grammatik selbst besorgen.
        Denn ich brauchte nur zu fragen: Soll die Interpretation durch
Sätze erfolgen? Und in welchem Verhältnis sollen diese Sätze zu der   10
Sprache stehen die sie schaffen?

3   ∫× Jene zweifache Art der Allgemeinheit wäre so seltsam, wie wenn von   ×
zwei Regeln eines Spiels die beide gleich ausnahmslos gelten die eine
als die Fundamentalere angesprochen würde.   15

4   ×   Als könnte man also fragen,/entscheiden,/darüber reden,/ ob der König   \   130
oder das Schachbrett für das Schachspiel wesentlicher/essentieller/
wäre. Welches von beiden das wesentlichere, welches das zufälligere
wäre.   20

5   ∀∫ Man könnte auch |so| fragen: Ist ein nicht negierbarer Satz schwerer   ∨
zu denken als ein zeitloser? — Ist es leichter das Phänomenologische
anders zu denken als das Logische?
        Oder ist das Hindernis das eine zu denken ein anderes als das   25
Hindernis das andre zu denken? Aber gibt es denn einen |für uns
zählenden| Unterschied zwischen Unsinn und Unsinn?

                                                                       12.

6   /   Wie ist das richtig in Worten wiederzugeben was ich deutlich als den   30
Unterschied zwischen inhaltlicher und formaler Logik im Satz
empfinde. (das sind noch immer nicht die richtigen Ausdrücke/ist
noch immer nicht der richtige Ausdruck/) Der Unterschied zwischen
der Logik des Inhalts und der Logik der Satzform überhaupt. Das
Eine/eine/ erscheint gleichsam bunt das Andre/andre/ matt. Das eine   35
handelt von dem was das Bild darstellt das andre ist wie der Rahmen
des Bildes ein Charakteristicum der Bildform.

  3 |betrifft| *–das Einfügungszeichen ist im MS gewellt unterstrichen*
 13   ∫ *linkes Randzeichen überschrieben*
 13   Jene zweifache Art der Allgemeinheit wäre so seltsam, wie *–im MS am*
       rechten Rand mit einer vertikalen Wellenlinie markiert
 15   *Im MS fehlt die nachfolgende Leerzeile.*
 18   wesentlicher/essentieller/ *–erste Variante im MS durchstrichen*
 19   ⟨()Welches von beiden das wesentlichere, welches das zufälligere wäre.()⟩
 22   ∀ *linkes Randzeichen überschrieben*
 30   ⟨∨⟩ *rechtes Randzeichen gestrichen*

1 / Es ist nämlich als könnte man sagen, die Zeit habe zwar mit dem   131
Wesen des Satzes nichts zu tun, dennoch aber käme die Zeit in
jedem Satz vor. Und wieder muß man fragen was ist das für eine
Allgemeinheit? Wie kann ich wissen daß die Zeit in jedem Satz
vorkommt, es sei denn daß sie zum Wesen des Satzes gehört? Ich   5
möchte darauf antworten: sie gehört zum Wesen der Wirklichkeit nicht
zum Wesen des Satzes (d.h. der Darstellung durch Sätze.)

2 Nun ist es allerdings/aber/ merkwürdig, daß die Zeit von der ich hier   \
rede nicht die im physikalischen Sinne ist. Es handelt sich hier nicht   10
um |eine| Zeitmessung. Und es ist verdächtig daß etwas was mit einer
solchen Messung nichts zu tun hat, in den Sätzen eine ähnliche Rolle
spielen soll, wie die physikalische Zeit in den Hypothesen der Physik.

3 Auch unbegreiflich ist es, daß die Zeit wenn sie zum Wesen der   ∀\ͺ 15
Wirklichkeit gehört,/im Wesen der Wirklichkeit liegen soll,/ nicht
offenbar zum Wesen des Satzes gehören soll [...., wenn das Wesen
der Wirklichkeit in ihr liegt, ...]

4 ∫ Das schaut so aus als könnten wir doch aus unserer Welt heraus, wenn   ∀ 20
auch nicht aus der Logik der Satzform so doch aus der
phänomenologischen Begrenzung.

5 Zum mindesten scheint eine Frage berechtigt: Wenn ich die   ∀\ͺ 132
Grammatik aufgeschrieben hätte und die verschiedenen Kapitel über   25
die Farbwörter etc etc der Reihe nach dastünden wie Regeln über alle
die Figuren des Schachspiels, wie wüßte ich dann daß dies nun alle
Kapitel sind? Und wenn sich nun in allen vorhandenen Kapiteln eine
gemeinsame Eigentümlichkeit findet, so haben wir es hier scheinbar mit
einer logischen Allgemeinheit aber keiner wesentlichen d.h.   30
voraussehbaren Allgemeinheit zu tun. Man kann aber doch nicht
sagen daß die Tatsache, daß das Schachspiel mit 16 Figuren gespielt
wird ihm weniger wesentlich ist, als daß es auf dem Schachbrett
gespielt wird.
                                                                       35
6 ∀∫ Es ist offenbar, daß der Charakter des zeitlichen in der Bedeutung der   ∨
Wörter „früher" „später" etc liegt. In der Reihe die so gebildet wird.
Und es frägt sich ob wir jedes Erlebnis als Glied der Reihe erleben. —
Auch die Dauer scheint mir nicht in jedes Erlebnis unmittelbar
hineinzuspielen.   40

1   ⟨∨⟩ *rechtes Randzeichen gestrichen*
9   ⟨⟩̇⟩ *rechtes Randzeichen gestrichen*
9   allerdings/aber/ *–erste Variante im MS durchstrichen*
15 ∀ *rechtes Randzeichen überschrieben*
21 der Logik der Satzform so doch aus der ⟨Phänomenologie ...⟩
24 ∀ *rechtes Randzeichen überschrieben*
24 Zum mindesten scheint eine Frage berechtigt: ⟨Angeno...⟩
36 ∀ *linkes Randzeichen überschrieben*
37 in der Bedeutung der Wörter „früher" ⟨und⟩ „später" |etc| liegt.

1   ∀   Man könnte sagen, es handle sich um die Wörter „früher" und   ∀\
„später" einerseits und „nicht" und „oder" andrerseits. Und was wir
sehen wäre, daß nicht notwendigerweise |überall| wo diese Worte   133
anwendbar sind auch jene es sein müßten.

                                                                                           5

2   Denn wie/Wie/ offenbart sich die Zeitlichkeit der Tatsachen, wie   \
drückt sie sich aus, als dadurch, daß gewisse Wendungen/Ausdrücke/ in
den/unsern/ Sätzen vorkommen müssen. D.h: wie drückt sich die
Zeitlichkeit der Tatsachen aus, als grammatisch?!

                                                                                        10

3   ∫   Die Sprache kann nicht durch eine Erklärung gelehrt werden.   ∀\

4   Da Zeit und Wahrheitsfunktionen so verschieden schmecken und da   \
sie ihr Wesen allein und ganz in der Grammatik offenbaren, so muß
die Grammatik den verschiedenen Geschmack erklären.   15

5   Das eine schmeckt nach Inhalt, das andre nach Darstellungsform.   \

6   Sie schmecken so verschieden, wie der Plan und der Strich durch den   \
Plan.   20

7   ∫   Ich glaube daß das gegenseitig sich Aufheben von   ∀
Wahrheitsfunktionen ihr w e s e n t l i c h e s Merkmal ist.

8   Aber noch eines: Es spielt doch die Wirklichkeit außerhalb des   ∀ 25
Zeichens in dem Symbol mit und denken wir daran ob nicht hier der   134
Unterschied zwischen Inhalt und Wahrheitsfunktion liegt. Denn alles
was zum Sinn gehört, gehört zum Symbol. [...... alles dessen Existenz
für den Sinn wesentlich ist, gehört zum Symbol.]

                                                                                           30

9   /   Wenn man sagt, Satz sei alles was wahr oder falsch sein könne so   \
heißt das d a s s e l b e wie: Satz ist alles was sich verneinen läßt.

10   ∫   Die Möglichkeit der Wahrheitsfunktion ist dasjenige was wir als   \
Wesen des Satzes auffassen. Die Wahrheitsfunktion ist der   35
Repräsentant der S a t z form. – – –

11   /   Ich will sagen, wenn wir von dem sprechen was der Satzform |als
solcher| wesentlich ist, so meinen wir die Wahrheitsfunktion.

                                                                                             40

---

  1 ∀ *rechtes Randzeichen überschrieben*
  1 Man könnte sagen, es 〈handelt〉 sich um die Wörter
  3 |überall| *–das Einfügungszeichen ist im MS gewellt unterstrichen*
  6 Denn wie *–im MS rot durchstrichen*
  7 wie drückt sie sich aus, als dadurch, daß gewisse 〈Ausdrücke ...〉
 11 ∀ *rechtes Randzeichen durchstrichen*
 22 das 〈gegenseitige sich〉 gegenseitig |sich| Aufheben
 29 *Im MS fehlt die nachfolgende Leerzeile.*
 31 sagt, 〈|ein|〉 Satz *–im MS ist auch das Einfügungszeichen gewellt unterstrichen*
 34 *Die Bemerkung ist im MS am linken Rand mit einer vertikalen Wellenlinie markiert
     und diagonal durchstrichen.*
 38 *Im MS ein Absatz, durch Randzeichen als Bemerkung gekennzeichnet.*
 38 Ich will sagen *–im MS durchstrichen*
 39 wesentlich ist, so meinen wir die 〈W ...〉

13

1 ∫∀/ᵣ Wenn ich sage „ich gehe jetzt dort hin", so kommt in dem Symbol ∀
manches vor was in dem Zeichen allein nicht liegt. Der Satz, wenn ich
ihn etwa, von unbekannter Hand |auf einen Zettel| geschrieben
irgendwo vorfinde, sagt gar nichts; das Wort „ich", das Wort „jetzt" 5
und „dorthin" sind allein ohne die Gegenwart der sprechenden
Person, der gegenwärtigen Situation und der im Raum gezeigten
Richtung bedeutungslos.

2 / „Jetzt", |„früher",| „hier", |„dort",| „ich", |„du", „dieses"| sind solche ∨ 10
Wörter zur Anknüpfung an die Wirklichkeit.

3 „Aber die Wirklichkeit die solcherweise/solcherart/ zum Symbol ∨ 135
gehört fällt in den Bereich/unter die Herrschaft/ der Grammatik."
15

4 ✕ Wenn ich sage daß ein Satz, der Mengenlehre etwa, in Ordnung ist \
aber eine neue Interpretation erhalten muß, so heißt das nur dieser
Teil der Mengenlehre bleibt in sich unangetastet, muß aber in eine
andere grammatische Umgebung gerückt werden.
20

5 Ich sage jemandem „geh dort hin", er hört die Worte, versteht |sie| ∀
aber nicht, da ich ihn nicht beim sprechen angeschaut habe. Das gleicht
einem Plan ohne Orientierungsregel.

6 Nun könnte man fragen: Gehört die Windrose noch zum Plan? Oder ʕ 25
vielmehr: gehört die Regel nach der die Windrose angewandt wird,
noch zum Plan? Und es ist klar daß ich diese Regel durch eine andere
Orientierungsregel ersetzen kann in der von der Windrose nicht die
Rede ist sondern statt dessen etwa von einem Weg auf dem Plan und
was ihm in der Gegend entspricht. 30

7 Statt den Worten „geh dorthin" könnte es ja auch heißen „Ludwig, ∀
geh dorthin" und dann wüßte ich etwa, wer gemeint sei. Der 136
Personenname entspricht dann der Windrose die aber auch ohne
Regel zu ihrer Anwendung nichts nutz ist. Denn „Ost" und „West" 35
bezw. „Sonne" sind Namen ganz wie jener/ein/ Personenname.

---

2 ∫∀ *linke Randzeichen überschrieben*
2 Wenn ich sage „ich gehe jetzt dort hin", ⟨W...⟩
3 so kommt in dem Symbol manches vor was ⟨aus ...⟩
4 von unbekannter Hand |auf einen Zettel| geschrieben ⟨auf...⟩
11 *Im MS fehlt die nachfolgende Leerzeile.*
13 *An- und Ausführungszeichen der Bemerkung im MS rot.*
14 fällt ⟨unter⟩ den Bereich der Grammatik."
16 daß ein Satz, der Mengenlehre ⟨–⟩ etwa ⟨–⟩ in Ordnung ist
21 Ich sage jemandem ⟨ohne ihn anzuschauen|⟩ „geh dort hin"
21 „geh ⟨f...⟩
25 ⟨∫⟩ *linkes Randzeichen gestrichen*

1 ∫Ɐ Statt dem Worte „dieses" kann also in meinen Sätzen ein Name
fungieren statt „jetzt" eine Zeitangabe, statt „dort" der Name einer
Richtung. Und es ist dann dieser Name ebenso sehr und so wenig
dem Mißverstehen ausgesetzt wie etwa das zeigen mit dem Finger, was
/welches/ ja auch gedeutet werden muß und seine eigene Deutung 5
nicht schon in sich trägt. (D.h. auch nur ein Z e i c h e n ist.)
   Und andrerseits muß sich die Zeitangabe |um Bedeutung zu
haben| auf eine vorhandene Uhr beziehen, der Personenname auf
eine vorhandene Person; oder es muß doch die Methode gegeben sein
herauszufinden ob diese Person vorhanden ist und dazu muß wieder 10
an die wirkliche Welt angeknüpft sein.

2 ∫Ɐ Aber ich sagte ja schon daß der Plan mit der Wirklichkeit durch eine
Übersetzungsregel verbunden sein müsse.

15

3 ∫Ɐ Wie ein Zeichen eben jetzt angewendet wird, so bedeutet es; man 137
kann also diese Anwendung nicht anticipieren.

4 ∫ Ich will sagen man kann zwar, z.B. durch deuten, einen Gegenstand, \Ɐ
etwa eine Uhr, in den Plan einbeziehen und damit gehört er nun 20
|etwa| als wesentlicher Bestandteil zum Plan, aber damit gehört er jetzt
zum Bild, die Deutung dieses/des/ Bildes ist aber damit nicht
vollzogen.

5 ∫Ɐ Ich sage „ich kann dieses Thema singen", ich versuche es und bleibe Ɐ 25
stecken. Konnte ich's dann singen als ich sagte ich könne es singen, so
daß ich also auf jedenfall recht hatte das zu sagen, oder hat mein
Stocken bewiesen, daß ich unrecht hatte? Das kommt drauf an, etc.
etc.

30

6 Ɐ∫ Denken wir uns nun z.B. daß ich so durch deuten eine Person in Ɐ
einen Plan einbeziehe indem ich etwa sage „Du wirst diesen Weg
gehen" und ihm einen Plan/eine Zeichnung/ einhändige. Dann spielt
jedenfalls der Betreffende eine ganz andre Rolle in dem Plan als die
Striche, Punkte etc. des Plans./der Zeichnung./ 35

7 Wenn (in einem Satz „ich will, daß Du dorthin gehst") der \
Sprechende, der Angesprochene und der Pfeil der die Richtung weist
zum Symbolismus gehören, so spielen sie in ihm jedenfalls eine ganz 138
andere Rolle, als die Wörter. 40

8 / Wenn aber die Grammatik den ganzen Symbolismus umfassen soll,
wie zeigt sich in ihr die Ergänzungsbedürftigkeit der Wörter „ich",
„du", „dieses" etc durch Gegenstände der Realität?

45

1 ∫ *linkes Randzeichen überschrieben*
14 durch eine Übersetzungsregel verbunden sein ⟨muß⟩
16 Wie ein Zeichen eben jetzt angewendet wird, so bedeutet ⟨ist ...⟩
19 \ *rechtes Randzeichen überschrieben*
25 ∫ *linkes Randzeichen überschrieben*
25 ⟨„⟩Ich sage „ich kann
25 „ich kann ⟨das⟩ Thema ⟨so und so⟩ singen",
33 Dann ⟨gehe...⟩
34 Dann spielt jedenfalls ⟨die betr...⟩
43 wie zeigt sich in ⟨ihrer ...⟩

1 / Denn, daß jener Satz ohne eine solche Ergänzung nichts sagt, muß die Grammatik sagen. Wenn sie das vollständige Geschäftsbuch der Sprache sein soll (wie ich es meine.)

2 ∫∀ᵣ/ Wenn ich z.B. sage „der Kreis hat im Viereck die Stellung ⬚o“; spielt hier die Zeichnung dieselbe Rolle, wie dort der Pfeil? Oder: Spielt im gezeichneten Plan dasjenige, was er mit dem wirklichen Weg gemeinsam hat, dieselbe Rolle, wie der Mensch dem ich ihn zur Ausführung einhändige, im Befehl?

3 ∀ᵣ/ „Die Kinder müßten, um das Rechnen der Volksschule zu verstehen große/bedeutende/ Philosophen sein, in Ermanglung dessen brauchen sie die Übung.“

4 ∫∀ Könnte ich so sagen: Das Zeichen hat verschiedenerlei mit der Wirklichkeit gemein, unter anderem, räumliche Eigenschaften, Richtungen, Farben, aber auch Körper bezw. Farbflecken.

139

5 ∀ Wie erklärt die Grammatik das Wort „jetzt“? Doch wohl durch die Regeln, die sie für seinen Gebrauch angibt. Das gleiche für das Wort „ich“.
\\ᵣ

6 ∫ Besteht hier eine Analogie mit dem über das Wort „nicht“ gesagten? Und wie unterscheiden sich die beiden Fälle?
∀

7 Die Sprache ist nicht durch Erklärung lehrbar, – wohl aber wird sie durch das Beispiel gelehrt und das ist wichtig.
∀
    Erinnern wir uns immer daran, wie das Wesen einer Formenreihe durch die Angabe/vorlegen/ einiger |ihrer| Glieder gezeigt wird.

14

8 Die Grammatik erklärt die Bedeutung der Wörter soweit sie zu erklären ist.
\
    Und zu erklären ist sie soweit, als nach ihr zu fragen ist, und nach ihr fragen kann man soweit, als sie zu erklären ist.

9 Welches ist die Bedeutung eines Wortes? Der Ausdruck „das Wort hat Bedeutung“ ist verständlich. Die Einheit des Ausdrucks ist dann „Bedeutung haben“ und die Frage „Was bedeutet es“, „welche Bedeutung hat es“, muß dann keinen Sinn haben.
∀

---

5 ∫ *linkes Randzeichen durchstrichen*
5 ∀ᵣ *linkes Randzeichen überschrieben*
9 wie der Mensch dem ich ihn zur Ausführung einhändige⟨?⟩
11 ⟨/⟩ *linkes Randzeichen gestrichen*
15 ∫ *linkes Randzeichen überschrieben*
15 Könnte ich ⟨sozu…⟩
19 ∀ *rechtes Randzeichen durchstrichen*
19 \ *rechtes Randzeichen überschrieben*
19 Wie erklärt die Grammatik das Wort ⟨„jetzt“ …⟩
20 Doch wohl durch die Regeln, die ⟨es …⟩
27 und das ist wichtig⟨!⟩

1   ⩣   Wie erklärt man die Bedeutung/den Sinn/ des Wortes „jetzt"? – denn
das ist doch was die Philosophie tun will.

2   ?ʃ/   Die Bedeutung (eines Wortes) könnte/kann/ nur das sein was wir in
der Erklärung eines Wortes erklären.

3   ʃ⩣   Man hat immer die falsche Vorstellung als handelte es sich bei der
Bedeutung eines Wortes um einen Gegenstand d.h. ein Ding, in dem
Sinn in dem das Schwert Nothung die Bedeutung des Wortes
„Nothung" war. Aber auch hier stimmt etwas nicht, denn ich kann
doch sagen „Nothung existiert nicht mehr" und ist etwa hier ‚Nothung'
bedeutungslos eben weil das Schwert nicht mehr existiert? –

4   /   Ich könnte mir denken daß einer um das Wort „jetzt" zu erklären auf
den gegenwärtigen Stand der Zeiger/Zeigerstand/ einer Uhr zeigt.
Sowie er zur Erklärung des Ausdrucks „in fünf Minuten" auf die Ziffer
der Uhr zeigen kann wo der Zeiger sich in 5 Minuten befinden wird.
Es ist klar daß dadurch nur die Uhr in unsere Zeichensprache
(hin)einbezogen wird.

5   /   Das Wort „jetzt" wirkt ja ganz anders als irgend ein anderes da es
gleichsam der Schlag eines Zeitmessers ist/wirkt gleichsam als Schlag
eines Zeitmessers/. Es gibt durch sein Ertönen eine Zeit an. Man kann
es ja auch wirklich durch ein anderes Zeitzeichen ersetzen. Wenn man
z.B. sagt: tu das wenn ich in die Hände klatsche. Das Klatschen ist
dann ein Zeitzeichen wie der Pfeil ein Richtungszeichen ist wenn ich
sage „ich gehe dort → hin".

---

1   die Bedeutung/den Sinn/ des Wortes „jetzt"⟨;⟩ – denn das
4   ?ʃ *linkes Randzeichen überschrieben*
5   (eines Wortes) könnte/kann/ nur das sein was wir in der Erklärung *–im MS*
ist die Parenthese (eines Wortes) *durchkreuzt und* könnte *rot durchstrichen; die*
gewellte Unterstreichung von Erklärung *ist ebenfalls rot*
7   ʃ *linkes Randzeichen überschrieben*
7   die falsche Vorstellung als ⟨wäre die⟩ Bedeutung eines Wortes
9   *In der Bemerkung durchgehend:* Notung
11   hier stimmt etwas nicht, denn ich kann doch sagen ⟨„das Schwert …⟩
14   ⟨ʃ⩣⟩ *linke Randzeichen überschrieben*
16   Sowie er zur ⟨A…⟩
16   auf die ⟨Ziffern⟩ der Uhr zeigen kann
23   ja ganz anders als irgend ein anderes da es gleichsam der Schlag eines
Zeitmessers ist/wirkt gleichsam als Schlag eines Zeitmessers/. *–die erste*
Variante ist im MS rot durchstrichen; die zweite Variante ist doppelt ausgeführt:
durch rote Durchstreichungen und Ersetzungen, sowie über der Zeile ausgeschrieben
23   wirkt gleichsam als Schlag eines Zeitmessers/. ⟨Ist …⟩
26   ein Zeitzeichen wie ⟨es⟩ ein Richtungszeichen ist

1 / Wenn mir z.B. der Satz den ein Anderer |gestern|/die Rede die ein \\ᵣ
Anderer gestern/ gesprochen hat mitgeteilt wird: „es geschieht
jetzt/heute/ das und das", so muß ich verstehen daß der Satz im
Augenblick wenn ich ihn höre nicht dadurch/so/ verifiziert werden
kann wie (er zu verifizieren wäre)/er zu verifizieren war/ wenn ihn 5
sein Sprecher jetzt sprechen würde./als er ursprünglich ausgesprochen
wurde./ Ähnlich, wenn ich gestern sagte/Die Grammatik sagt mir:/
„heute geschieht es", so heißt das soviel wie wenn ich heute sage
„gestern ist es geschehen"

10

2 ?/ʃ Ich muß aber zwischen dem strengen Teil der Erklärung eines Worts ⩔
unterscheiden und dem Schwefel der auf eine unbestimmte
/ungeklärte/ Art erläuternd wirkt.

3 /ʃ Wenn ich etwa von zwei kreisförmigen Flecken auf diesem Papier ⩔ 15
reden wollte etwa über die Veränderung in ihrer Farbe, dann könnte
ich die beiden A und B nennen und zum Zeichen dafür wie ich sie 142
A   ·B benenne die Namen über die Kreise schreiben. Ist es nun
⌀ ⌀ aber eine Erklärung wenn ich sage der Name bezeichnet
den Kreis der unter ihm steht? Es ist eine Erklärung, denn man 20
könnte in gewissen Fällen zweifelhaft sein ob der Name zu dem unter
ihm befindlichen oder zu einem ober ihm befindlichen/anderen/
Kreis gehört. Aber ist damit erklärt, was es heißt, daß ein Name zu
einem Kreis gehört?

25

15

4 //ᵣ Zur Grammatik gehört nur das nicht, was die Wahrheit und Falschheit
eines Satzes ausmacht. Nur darum kümmert sich die Grammatik nicht.
        Zur Grammatik/Zu ihr/ gehören alle Bedingungen des
Vergleichs des Satzes mit den Tatsachen/der Wirklichkeit/. 30
        Das heißt, alle Bedingungen des Verständnisses.
        (Alle Bedingungen des Sinnes.)

5 ⩔ʃ Statt die Namen A und B über ihre Kreise zu schreiben hätten wir
auch auf die Kreise deuten und sagen können „das ist A, das ist B" 35
und dieser Satz lautet richtiger „das heißt ‚A', das heißt ‚B'".

1 Wenn mir z.B. ⟨die Rede d…⟩
3 das und das", –Komma im MS rot
4 im Augenblick –im MS durchstrichen
4 dadurch/so/ –erste Variante im MS durchstrichen
5 (er zu verifizieren wäre)/er zu verifizieren war/ –erste Variante im MS
   durchstrichen
5 wenn ihn ⟨der …⟩
5 wenn ihn sein Sprecher jetzt ⟨gesprochen hätte. …⟩
6 /⟨damals⟩ als er ursprünglich ausgesprochen wurde./
7 Ähnlich⟨: …⟩
9 wie wenn ich heute sage „gestern ist ⟨das⟩ geschehen"
11 ?/ linkes Randzeichen überschrieben
15 / linkes Randzeichen überschrieben
27 / linkes Randzeichen überschrieben
29 Zur Grammatik/Zu ihr/ –zweite Variante im MS rot
35 auf die Kreise deuten und sagen können „das ist A⟨" …⟩

1   /   Wenn man nun sagt „der heißt Ludwig/N/", so muß uns die   143
Grammatik sagen daß diese Wortfolge keinen Sinn hat, wenn sie nicht
durch ein Zeigen/Hinweisen/ ergänzt wird.

              Die Formel „darf ich Ihnen Herrn N. vorstellen" sagt nichts
wenn man nicht wirklich jemanden vorstellt.   5

2   ?ʃ   Gehört das Vorstellen (in diesem Sinne) der Dinge wirklich zur   ⩽
Grammatik?

3   ʃ   Wenn ich in einer Gesellschaft von einem Herrn N. reden höre den   ⩽   10
ich nicht kenne, er sei mit seiner Frau auf Reisen etc etc., so sind doch
diese Sätze für mich nicht völliger Unsinn wenn mir N auch nie
vorgestellt wurde.

4   ʃ   Wenn der Kreis A schon verschwunden ist so kann man noch immer   ⩽   15
von ihm reden.

5   /   Ist nicht auch dies ein Satz: ich zeige zuerst auf einen Kreis dann auf
den anderen und sage dabei „– – – größer als – – –"? Und fungieren
da nicht eben jene Dinge/Gegenstände/ als Zeichen, die ich bei dem   20
Vorstellen/der Vorstellung/ in die Namen übersetze?

              Oder wenn ich auf zwei Menschen deute |und sage|:
„＼ gescheiter als ／".

              In diesem Sinn könnte ich auch auf die gegenwärtige
Zeigerstellung einer Uhr sagen/Punkte des Zifferblattes einer Uhr   25
zeigen auf die jetzt die Zeiger zeigen/ „er kommt ／" und meinen „er
kommt jetzt".

6   ⩽   Von den Kreisen A und B kann ich noch reden wenn sie schon nicht   144
mehr existieren – dagegen muß das Zeichen (alles was zum Zeichen   30
gehört) des Satzes den ich ausspreche existieren.

              Ich glaube daß die Zeichen „A" und „B" eine andere Bedeutung
haben wenn die Kreise zu denen sie gehörten nicht mehr existieren,
sie stehen dann für Beschreibungen und wenn dann jemand fragt was
bedeutet A? so kann ich nicht antworten „dieser Kreis" sondern muß   35
sagen: „hier war einmal ein Kreis der war der Kreis A.

              D.h. die Bedeutung von „A" und „B" ist dann eine andere als da
ich statt „A ist größer als B" sagen konnte „⌐ ist größer als ／".

  1   „der heißt Ludwig/N/", –zweite Variante im MS rot
  3   Am Ende des Absatzes markiert im MS ein vertikaler roter Strich den
       Gültigkeitsbereich des Randzeichens.
 15   Wenn der Kreis A ⟨no…⟩
 18   Ist nicht auch dies ein Satz: ich zeige zuerst auf ⟨den …⟩
 24   auf die gegenwärtige Zeigerstellung einer Uhr sagen⟨:⟩ „er kommt
 25   auf die ⟨Ziffern …⟩
 30   dagegen muß das Zeichen ⟨⟨und …⟩
 34   sie stehen dann für Beschreibungen und wenn ⟨ich fr…⟩
 35   was bedeutet A? so ⟨muß ich antworten⟩ „dieser Kreis"
 36   „hier war einmal –im MS fehlt das Ausführungszeichen
 37   D.h. die Bedeutung ⟨ist da…⟩
 37   ist dann eine andere als ⟨wenn …⟩

Da habe ich offenbar die Kreise als Teil des Symbolismus gebraucht. Denn der Satz „⌐ größer als ∕" ist nicht nur sinnlos wenn ich dabei nicht wirklich zeige, sondern auch wenn nichts/nicht etwas/ da ist worauf ich zeige.

5

1 //ᵣ Wie schaut die Erklärung eines Zeichens aus? Das müßte doch eine für die Sprache außerordentlich wichtige Form sein, sei dieser Behelf ein Satz oder nicht.

2 Denke an das Collationieren des Satzes mittels der Wirklichkeit. Hier \ᵣ 10 145 wird sie Schritt für Schritt mit dem Satz verglichen, in ihn übersetzt.

3 Denken wir uns aber eine Sprache in der ich „A ist größer als B" nicht \ nur so ausdrücke „⌐ ist größer als ∕" sondern in der ich auch statt des Wortes ‚größer‘ eine Geste mache die die Bedeutung des Wortes zeigt. 15 – Wie könnte ich nun so eine Sprache erklären? (Wie könnte ich die Zeichen so einer Sprache erklären?)

4 ∫ Ich glaube: wenn es eine Erklärung für die Bedeutung eines Wortes \ gibt, so muß diese Erklärung statt des Wortes treten können. Man 20 könnte sich ja die Wörter des Satzes „A ißt zwei Äpfel" durch zeigen erklärt denken; auf die Frage „wer ist A" zeigt man auf einen Menschen und sagt „dieser ist/heißt/ A"; auf die Frage „was ist essen" macht man es vor und sagt „das heißt essen" und das analoge für ‚zwei‘ und ‚Äpfel‘. Und nun könnte man den Satz durch eine Bilder- 25 und Gebärdensprache aussprechen. Aber hätten wir nun die Dinge statt der Zeichen gesetzt? Mit Menschen deren Sprache man nicht versteht, verständigt man sich ja manchmal durch eine solche Gebärdensprache.

30

5 /ᵣ Vergessen wir nicht: der Satz „das heißt A" samt der zeigenden 146 Gebärde, muß auch gedeutet/verstanden/ werden.
Die |bloße| Frage auf welche/worauf/ dieser Satz zur Antwort kommt kann nicht gestellt werden, wenn man das Wesen, die Methode, der Sprache nicht schon versteht. 35

6 ⱽ∫ „Das läßt sich nicht beschreiben" – – – –

7 Ich sage „das ist rot"/„das heißt ‚rot‘"/ um die Bedeutung des Wortes/das Wort/ ‚rot‘ zu erklären, aber wer erklärt mir diesen Satz 40 mit der ihn begleitenden Gebärde?

---

1 ⟨In …⟩
3 ist nicht nur sinnlos wenn ich dabei nicht wirklich ⟨zeigen …⟩
6 / *linkes Randzeichen überschrieben*
7 sei dieser ⟨Befehl nun⟩ ein Satz oder nicht.
13 in der |ich| „A ist größer als B" nicht nur so ⟨ausgedrückt⟩ „⌐ ist
19 ∫ *linkes Randzeichen durchstrichen*
22 auf die Frage „wer ist A" ⟨zeige⟩ man auf einen Menschen
24 macht man es vor und sagt „⟨so ist …⟩
25 das analoge für ‚zwei‘ und ‚Äpfel‘⟨ und …⟩
31 Vergessen wir nicht: der Satz „das heißt A" ⟨zusam…⟩
33 Die |bloße| Frage ⟨was …⟩
37 ∫ *linkes Randzeichen überschrieben*
40 die Bedeutung des Wortes/das Wort/ *–erste Variante im MS durchstrichen*

1 ∫//ᵣ Die Erklärungen müßten eigentlich lauten: „diese Farbe heißt ‚rot'",
„dieser Mensch heißt ‚Paul'", „diese Tätigkeit heißt ‚essen'" (statt „das
heißt ‚rot'", „das heißt ‚Mensch'" etc); und wenn diese Sätze einen
Sinn haben sollen so müssen die Ausdrücke ‚diese Farbe', ‚diese
Tätigkeit', etc bereits verstanden werden und könnten wie gesagt (mit   5
der zeigenden Hand) statt/anstatt/ der Namen verwendet werden

2 ∫/. Ich möchte sagen: wenn das Verstehen der Sprache ohne
fortwährendes gleichzeitiges verstehen von Erklärungen möglich ist, so
ist die Erklärung am Verstehen der Sprache nur historisch (also nur   10   147
hypothetisch, |also unwesentlich|) beteiligt. Ist die Erklärung nötig, so
ist |dann| doch nur ihr Resultat wichtig und wenn sich das nicht zur
Erklärung verhält wie ein mathematischer Satz zu seinem Beweis, so
daß es ohne die Erklärung nicht bestehen kann, so ist die Erklärung
kein wesentliches Hilfsmittel des Verständnisses.   15

3 ∫ Müßte man aber nicht eigentlich sagen: „‚rot' ↗" denn wir müssen ja   ⩔
schon wissen was für eine/welcher/ Wortart ‚rot' ist.

4 Wenn aber diese Erklärung dem Verständnis wesentlich ist, wie kann   \ᵣ   20
ich dann in Abwesenheit |der Erklärung, in Abwesenheit| von etwas
rotem das Wort ‚rot' gebrauchen und verstehen. Denn das
Verständnis muß in sich komplett sein und unabhängig davon wie es
einmal erreicht wurde.
 Denn ‚rot' kommt ebenso im Satz vor „das ist nicht rot", wie „das   25
ist rot" und warum kann man, was das Wort bedeutet, nur dort
zeigen, wo etwas die Farbe hat und nicht, wo etwas die Farbe nicht
hat?

5 ∫ Das würde dafür sprechen daß jene Erklärung |des Wortes| nur eine   ⩔   30
besondere Anwendung desselben/des Wortes/ ist. (Aber auch das
scheint nicht zu stimmen.) Oder nur eine Übersetzung aus einer
besonderen Sprache.

---

1 / *linkes Randzeichen überschrieben*
3 „das heißt ‚Mensch'" etc⟨. Und⟩ wenn diese Sätze
4 wenn diese Sätze einen Sinn haben sollen so ⟨muß …⟩
8 ∫ *linkes Randzeichen überschrieben*
9 gleichzeitiges verstehen von Erklärungen möglich ist⟨. S…⟩
11 |also unwesentlich| *–im MS ist also rot durchstrichen*
12 so ist |dann| *–Einfügung im MS rot*
13 das nicht zur Erklärung verhält wie ein ⟨mathematischer Beweis zu …⟩
21 wie kann ich dann in Abwesenheit von etwas ⟨Rotem von …⟩
22 das Wort ⟨„ …⟩
27 und warum kann man, was das Wort ⟨‚rot'⟩ bedeutet, nur dort zeigen, wo
–die Kommas sind im MS rot

1 ∫₍ᵥ⁄ᵣ Nehmen wir aber an ich sage Einem/Jemandem/ „diese
Farbenmischung von rot und gelb heißt ,orange'" (wobei ich ihm die
Farbe zeige) erhält er dann nicht durch diese Erklärung eine
Bedeutung/ein Wissen um eine Bedeutung/ mit [|sozusagen| auf den   5
Weg] die nun die Bedeutung des Wortes ,orange' ist wann immer er
es/das Wort/ braucht? Ja, – aber dem steht entgegen daß nun alle Fälle
/(Instanzen)/ |des Auftretens| von ,orange' verschwinden können und
das Wort für ihn doch seine Bedeutung behält – es muß also an der
Verbindung (zwischen Gegenstand und Wort) die durch die Erklärung   10
gemacht/bei der Erklärung geschlagen/ wurde nur das wesentlich sein,
was auch, wenn wir etwas Orangefarbenes nicht wirklich sehen,
bestehen bleibt. Das was bestehen bleibt ist, beiläufig gesprochen, eine
Vorstellung. Dasjenige was es ermöglicht, daß ich eine wirklich
gesehene Farbe, welche immer, nur mit orange vergleichen kann –   15
sagen kann, daß sie gelblicher, rötlicher etc ist als orange. Es wäre
auch möglich daß ich die Bedeutung des Wortes wiederum vergäße
(und das geschieht ja tatsächlich). Andererseits gehört aber, was
immer von der/jener/ Verbindung wesentlich ist zum Bestand des
Symbols.   20

2 ∫⁄ᵣ Ich meine also: Die Vorstellung die zum Gebrauch des Zeichens   149
n o t w e n d i g|, wesentlich,| ist, gehört zum Symbol.

3 ∫ Es gibt offenbar eine Wirklichkeit die vom Zeichen unabhängig ist das   ⱽ 25
ist die vom Satz zu beurteilende die ihn wahr oder falsch macht. Dann
aber gibt es eine (Wirklichkeit) ohne die der Satz nicht wahr oder falsch
sein (also) nicht Sinn haben kann. Diese gehört zum Satz und die
Grammatik muß von ihr reden.
                                                                        30
4 Wenn die Erklärung des Zeichens (was sie doch tut) uns die   \
Bedingung gibt, das Zeichen sinnvoll zu gebrauchen, (und tut sie das
nicht so ist sie irrelevant) so gibt sie uns erst das Symbol.

5 (Die gänzliche Unklarheit schaut oft so aus wie der Zustand als wären   ⱷ 35
alle Probleme gelöst/wenn alle Probleme gelöst sind/, da beiden die
Möglichkeit einer klaren Frage fehlt.)

---

2 ∫ᵥ *linke Randzeichen rot durchstrichen*
2 Einem/Jemandem/ *–zweite Variante im MS rot*
2 „diese ⟨Mischung⟩ von rot und gelb heißt ,orange'"
4 „diese Farbenmischung von rot und gelb heißt ,orange'" (wobei ich ihm die
Farbe zeige) erhält er dann nicht durch diese Erklärung ⟨u…⟩
6 die Bedeutung des Wortes ,orange' ist wann immer ⟨es …⟩
7 es/das Wort/ *–zweite Variante im MS rot*
11 nur das wesentlich sein, *–Komma im MS rot*
12 was auch, wenn wir ⟨oran…⟩
12 was auch, wenn wir etwas ⟨orangefarbenes⟩ nicht wirklich sehen,
13 bestehen bleibt. ⟨–⟩ Das was bestehen bleibt ist,
15 welche immer, nur *–im MS durchstrichen; nur außerdem durchkreuzt*
16 mit orange vergleichen kann – sagen kann⟨,/–/⟩ daß sie gelblicher,
22 ∫ *linkes Randzeichen überschrieben*
23 |, wesentlich,| *–das Einfügungszeichen ist im MS gewellt unterstrichen*
26 das ist die vom Satz zu beurteilende die ⟨ihr…⟩
31 *Im MS ein Absatz, durch Randzeichen als Bemerkung gekennzeichnet.*
31 (was sie doch tut) *–im MS durchstrichen*

1   ſ   Es ist sehr interessant die Allgemeinheitsnotation Russells (und Freges)   ¥ᵣ
mit der der gewöhnlichen Sprache zu vergleichen. Denn dabei zeigt es
sich, daß diese der Vernunft/diese es ist die common sense/ entspricht.

2   Unsere/Die gewöhnliche/ Sprache sagt „es gibt einen |roten|/es ist ein   5
|roter|/ Kreis in diesem Viereck" die Russellsche Notation sagt „es gibt
ein Ding/einen Gegenstand/ der ein |roter| Kreis in diesem Viereck   150
ist". Diese Ausdrucksform ist offenbar nach dem Modell gebildet: „es
gibt eine Substanz die im Dunkeln leuchtet", „es gibt einen Kreis in
diesem Viereck der rot ist". — Vielleicht ist schon der Ausdruck „es   10
gibt" irreführend „es gibt" heißt eigentlich soviel wie: „es findet sich"
oder „es gibt unter diesen Kreisen einen ....". Für gewöhnlich sagt
man ja „in diesem Viereck i s t ein Kreis".
        Wenn man also in größter/größt möglicher/ Annäherung an die
Russellsche Ausdrucksweise sagt „es gibt einen Ort in diesem Viereck   15
wo ein roter Kreis ist", so heißt das eigentlich, unter diesen Orten gibt
es einen wo etc.

                                                                      17.

3   ¥ᵣ   Der Ausdruck „in diesem Viereck gibt es einen Ort" hieße allein   20
natürlich nichts, und daß ein Kreis im Viereck |sich| an einem Ort
befindet sagt ebensowenig./natürlich auch nichts./

4   ¥ᵣ |Zu sagen| „Es gibt einen Ort im Viereck an dem sich ein Kreis
befindet" hat nur dann einen Sinn wenn es heißt: u n t e r d e n O r t e n   25
i m V i e r e c k g i b t e s e i n e n, an dem sich der Kreis befindet. Und
das setzt voraus daß man sich diese Orte als eine Klasse (Gesamtheit)
gegeben denkt. Das entspricht aber nicht der Wirklichkeit. — Und eben   151
das ist, glaube ich, der Grund warum man von vornherein bei dem
Satz „in dem Viereck ist ein Kreis" das Gefühl hat als handle es sich   30
da um eine e i n f a c h e Relation zwischen Viereck und Kreis. Was ich
früher dadurch ausdrückte (indem ich sagte) man sähe in diesem Satz
ganz von der Stellung, der Lage, ab. Und/; und/ lasse den Satz gar
nicht auf die Lage des Kreises im Viereck reagieren. Der Satz sei
gleichsam eine Kiste die den Kreis nur innerhalb ihrer Wände hält, ihn   35
aber in ihr völlig frei läßt.

  1   Es ist sehr interessant ⟨A…⟩
  5   ⟨Die g…⟩
  6   *Im MS:* es ist ein |roten| Kreis
  6   die ⟨Russells …⟩
  6   die Russellsche Notation sagt⟨:⟩ „es gibt
 13   Für gewöhnlich sagt man ⟨so …⟩
 15   „es gibt einen Ort in diesem Viereck ⟨an …⟩
 16   wo ein roter Kreis ist", so heißt das eigentlich, ⟨„…⟩
 20   „in diesem Viereck ⟨ist (oder) gibt es()⟩ einen Ort"
 25 |Zu sagen| „Es gibt einen Ort im Viereck an dem sich ein Kreis befindet"
      hat ⟨zu sagen⟩
 30   warum man von vornherein bei dem Satz ⟨„ein Kr…⟩
 33   von der Stellung, der Lage, ab⟨, und⟩ lasse den Satz
 33   den Satz ⟨ja⟩ nicht auf die Lage des Kreises

Daß man aber diese Freiheit einfach s o beschreiben kann, durch
den Ausdruck „frei in der Kiste", daß man also nicht erst die
verschiedenen Möglichkeiten der Lage in der Kiste angeben muß um
die Freiheit |die der Kreis hat| zu beschreiben, das drückt schon
/selber/ aus was mit der „Einfachheit der Relation" gemeint ist. 5

1 (Der schwierigste/schwerste/ Standpunkt in der Logik ist der des \
gesunden Menschenverstandes. Denn er verlangt zur Rechtfertigung
seiner Meinung die volle Wahrheit und hilft uns nicht durch die
geringste Conzession (oder Construktion)) 10

2 Der (richtige) Ausdruck dieser Art Allgemeinheit ist also der der \$_r$
gewöhnlichen Sprache „in dem Viereck ist ein Kreis" welcher die 152
Lage des Kreises einfach o f f e n läßt (u n e n t s c h i e d e n läßt)
(„unentschieden" ist ein richtiger Ausdruck, weil die Entscheidung 15
einfach f e h l t)

3 $\forall_b$ Aber nun frägt es sich: Wie verhalten sich die Wahrheitsfunktionen zu
dieser logischen Allgemeinheit. Denn eine Verbindung muß durch
das logische Folgen hergestellt sein/werden/. [… bestehen]. 20
D.h. es nützt uns nicht daß wir einfach eine neue Art der
Allgemeinheit annehmen, diese muß sich jetzt vor den
Wahrheitsfunktionen rechtfertigen.

4 $\lceil\forall_r$ Denn aus der Angabe der Kreis befinde sich an einer bestimmten 25
Stelle im Viereck muß f o l g e n daß er im Quadrat ist. — Das heißt
aber daß – z.B. – das logische Produkt des ersten Satzes und der
Negation des zweiten eine Contradiction sein muß. Oder (was auf
dasselbe hinausläuft) I .⊃. II muß eine Tautologie sein.
Das muß so zu Stande kommen indem die Ortsangabe es in sich 30
enthält ob der Ort außerhalb oder innerhalb des Vierecks liegt. Also
in der Geometrie des betreffenden Raumes liegt es./liegt es in der
Geometrie des betreffenden Raumes./

5 ∫ Die Vorschrift |daß| diese beiden Angaben einander widersprechen $\forall_r$ 35 153
sollen, jene Duplication eine Tautologie ergibt liefert eben die hier
entsprechende Geometrie.

7 (Der ⟨S…⟩
8 ist der des gesunden Menschenverstandes.⟨⟩) Denn er
18 *Im MS ein Absatz, durch Randzeichen als Bemerkung gekennzeichnet.*
20 sein/werden/. *–zweite Variante im MS durchstrichen*
22 eine neue Art der Allgemeinheit annehmen ⟨–⟩ diese muß
25 ∫ *linkes Randzeichen überschrieben*
26 befinde sich an einer bestimmten Stelle im ⟨Qu…⟩
33 in der Geometrie des betreffenden Raumes liegt es./liegt es in der
Geometrie des betreffenden Raumes./ *–erste Variante im MS durchstrichen*
36 einander widersprechen sollen, jene ⟨eine …⟩

1 ∫ Daß die Tautologie und Contradiction nichts sagen, geht nicht etwa aus dem W-F-Schema hervor sondern muß festgesetzt werden. Und die Schemata machen nur die Form der allgemeinen Festsetzung leicht /einfach/. [... machen nur die Festsetzung der Form leicht./einfach/]

2 ∫ Und so muß – meine ich –/– will ich sagen –/ welche Verbindungen unserer allgemeinen Sätze nichts sagen auch von uns einfach festgesetzt werden.

    Aber da ergibt sich eine Schwierigkeit. Denn wie unterscheiden wir hier Tautologie und Contradiction

3 ∫ Ist fa der besondere und fξ der allgemeine Satz so verhält es sich mit den Wahrheitsmöglichkeiten so:

fa	fξ
W	W
~~W~~	F
F	W
F	F

und aus dieser ergäbe sich freilich alles andere.

4 Wenn die Negation eine aus dem Feld der Möglichkeiten ausschließt, so läßt sie damit das übrige Feld offen (und ist insofern allgemein) Aber es kann das so geschehen als würde einer im Dunkeln/Dunkel/ aus einem Haus ausgesperrt. Er weiß dann genau wohin er nicht gehen kann, wovon er ausgeschlossen ist, sieht aber keine Möglichkeiten vor sich wohin er sich wenden könnte/soll/.

5 ∫∀ Kann man nun nicht sagen: „A ist rot" gehört zum Feld der durch „A ist nicht grün" zugelassenen Möglichkeiten. „A ist grün" ist ausgeschlossen und damit alles übrige freigegeben. In diesem ganzen übrigen Feld befindet sich auch „A ist rot".

6 ∫∀ Wie aber soll sich das symbolisch ausdrücken? – daß nämlich ‚A ist rot' außerhalb von ‚A ist grün' liegt.

    Wie zeigt es sich daß „A ist rot" in dem Gebiete von „A ist nicht grün" liegt?

    Wie anders, als daß eine Wahrheitskombination ausgeschlossen wird?

7 ∫∀ „A ist nicht grün" schließt „A ist rot" als eine/seine/ Möglichkeit ein.

2 geht nicht etwa aus dem ⟨F...⟩
4 leicht/einfach/. –erste Variante im MS durchstrichen
4 Festsetzung leicht/einfach/. ⟨[... machen es sehr leicht ...⟩
4 leicht./einfach/] –im MS steht vor der Variante eine vertikale geschweifte Klammer
6 meine ich –im MS doppelt gewellt unterstrichen
6 ⟨die Festsetzung⟩ welche ⟨Satzverbindungen ...⟩
22 es kann das so geschehen als würde einer im ⟨H...⟩
24 Er weiß dann genau wohin er nicht gehen kann, ⟨aber (...⟩
27 ∫ linkes Randzeichen überschrieben
28 zum Feld der durch „A ist nicht grün" ⟨ausgeschlossenen⟩ Möglichkeiten.
29 und damit alles übrige freigegeben. ⟨Zu ...⟩
32 ∫ linkes Randzeichen überschrieben
34 Wie zeigt es sich daß „A ist ⟨gr...⟩
39 ∫ linkes Randzeichen überschrieben
39 „A ist nicht grün" schließt „A ist rot" ⟨ein ...⟩

18

1 ∫∀ᵣ Es muß sich die Geometrie dieser Sätze zeigen (sie muß in der Sprache aufscheinen).

2 ∫ ∀ᵣ 5 155

C

A
B

(Es ist ja ein ganz analoger Fall, wie der/dem/ daß ein Fleck der im |großen Viereck| C ist aber nicht in A, in B sein kann.)

3 Daß „A ist grün" und „A ist rot" konträre Sätze sind muß sich in einer ähnlichen |(analogen)| Weise zeigen, wie, daß „A ist grün" und „A ist nicht grün" kontradiktorische Gegenteile sind. 10

4 ∫ Wie zeigt es sich denn daß „p" und „~p" complementär sind? — Nämlich so muß es sich auch zeigen, daß „A ist rot" im Complement von „A ist grün" liegt. ∀ᵣ 15

5 ∫ Das erste zeigt sich doch offenbar darin, daß p ∨ ~p tautologisch ist. Und das wieder wird dadurch klar gemacht, daß q · (p ∨ ~p) = q ist. (Und (durch) andre ähnliche Beziehungen) ∀ᵣ 20

6 ∫ Wenn man freilich an dieser Erklärung bemängelt, daß ja eben der Sinn des „·" noch nicht erklärt ist und wieder einer Erklärung bedarf, so ist – glaube ich – die Antwort, daß es eine andere Erklärung als das vollständige Aufstellen der Regeln nicht gibt. ∀ᵣ 25

Und gewiß ist der Begriff des „und" nicht weniger/ebenso/ erklärungsbedürftig als/wie/ der der Tautologie.

Und sie werden nur alle zusammen erklärt, oder auch nicht erklärt. (Grammatik ein Schachspiel) 156

30

7 ∫∀ᵣ Wer übrigens die Negation erklären will, der merkt bald, daß er nur wieder eine Negation in anderer Form vorbringt (er verwendet etwa den „Ausschluß" oder anderen Ausdruck.)

8 ∫∀ᵣ q · (a ist rot .⊃. ~(a ist grün)) = q 35

9 / Die Erklärung die man erhält wenn man nach dem Wesen des Satzes fragt: Satz sei alles was wahr oder falsch sein könne, ist nicht so ganz unrichtig. Es ist die Form der Wahrheitsfunktion (in welcher Form |(der Zeichengebung)| immer ausgedrückt/dargestellt/) die das logische Wesen des Satzes ausmacht. 40

---

2 ∫ *linkes Randzeichen überschrieben*

5 wie der/dem/ *–erste Variante im MS durchstrichen*

6 ein Fleck der ⟨in⟩ C ist aber nicht in A

31 ∫ *linkes Randzeichen überschrieben*

35 ∫ *linkes Randzeichen überschrieben*

38 was wahr oder falsch sein könne, ist ⟨so unrichtig ...⟩

39 welcher Form immer ⟨|(der Zeichengebung)|⟩ ausgedrückt/dargestellt/

40 ausgedrückt/dargestellt/ *–zweite Variante im MS durchstrichen*

40 ausgedrückt/dargestellt/⟨. ...⟩

1   Ich sagte daß in dem Satz „in dem Viereck ist ein roter Kreis" von keiner Gesamtheit der Orte an dem ein Kreis sich befinden kann, die Rede sei, so daß es zu diesem „es gibt …" kein „für alle …." gäbe. — Muß ich denn aber nicht sagen, daß aus j e d e m Satz der eine bestimmte Lage des Flecks im Viereck beschreibt der Satz „in dem Viereck ist ein roter Kreis" folgt? Ist diese/jene/ Allgemeinheit nicht das Correlat dieses Existenzialsatzes?

    5

2   In Wahrheit gibt es zu dem „in dem Viereck ist …" ein „wo immer im Viereck ein roter Kreis ist, …."." „Wenn im Viereck ein roter Kreis ist, dann …." kann man immer auch so ausdrücken „Wo immer im Viereck ein roter Kreis ist, : …."."

    157
    10

3    $(\exists x)\cdot\varphi x\,.\,\supset.\,p = (x) : \varphi x\,.\,\supset.\,p$
Aber das zeigt uns auch, wie wir das „wo immer …." aufzufassen haben. Denn auch das „wo immer …." enthält keine Beziehung /Anspielung/ auf eine Gesamtheit.

    15

4 ∫   Die Erklärung über das Zeichen „in dem Viereck ist/gibt es/ …."., es folge aus jedem Satz, der aussage, der Fleck befinde sich an einer/der und der/ bestimmten Stelle des Vierecks, ist nicht besser, als die, der Satz „in dem Viereck ist/gibt es/ …." folge aus einem Satz, wenn /sobald/ der aussage der Fleck befinde sich an der und der bestimmten Stelle etc.

    20

    25

5 ∫   Wie verhält sich dazu die Erklärung ~p folge immer daraus daß p nicht der Fall ist?

6 ∫   Ist es seltsam oder unrichtig, daß in der grammatischen Regel für die uns interessierende Allgemeinheit, diese selbst angewendet werden muß? Ist das nicht vielmehr sogar selbstverständlich?

    30

        19.   158

7   Jedenfalls ist es unbillig zu verlangen die Allgemeinheit deren Symbolismus erklärt werden soll, solle nicht in dieser Erklärung selbst vorkommen denn erklären läßt s i e sich ja ohnehin nicht und irgendwelche Begriffe müssen ja in den Syntaktischen Regeln gebraucht werden.

    35

8 /ᵣ   „Wo immer der Fleck im Viereck ist …" heißt „wenn er/solange er/ im Viereck ist …" und hier ist nur (wieder) die Freiheit (Ungebundenheit) im Viereck gemeint/gedacht/, aber keine Menge von Lagen.

    40

---

1   ∫ *linkes Randzeichen überschrieben*
3   ein Kreis sich befinden kann, die Rede sei⟨. …⟩
6˙ diese/jene/ *–erste Variante im MS durchstrichen*
7   nicht das Correlat ⟨des⟩ Existenzialsatzes?
11 „Wenn im Viereck ein roter Kreis ist, dann …."⟨,⟩ kann man
19 ist/gibt es/ *–erste Variante im MS durchstrichen*
20 jedem Satz, der ⟨Aussage⟩, der Fleck befinde sich
22 ist/gibt es/ *–erste Variante im MS durchstrichen*
37 *Im MS:* in der Syntaktischen Regeln
41 (wieder) *–im MS rot durchstrichen*
42 gemeint/gedacht/ *–zweite Variante im MS rot durchstrichen*

1 / Es besteht freilich eine logische ähnlichkeit (formelle Analogie) zwischen dieser Freiheit und der Gesamtheit von Möglichkeiten, daher gebraucht man oft in beiden Fällen die selben Worte („alle", „jeder" etc)

2 /∀ᵣ „Wo immer er ist ...." heißt, er ist an keinen Ort gebunden. Aber hier ist wieder das „keinen" zweideutig (da es bedeuten könnte: keinen von diesen ...) und man sollte etwa sagen „er ist örtlich nicht gebunden". — Die Multiplizität ist die richtige die der Satz |„in dem Viereck ist ..."| hat. Hätte er in Wirklichkeit eine größere/andere/ als die scheinbare, so müßte sich das in seiner Anwendung zeigen.

3 ∀ Wenn ich sagte, der Satz sei zusammengesetzt so meinte ich damit, der Satz/er/ könne in gewissen Sinn nicht einfach sein. Aber warum, und inwiefern kann er nicht einfach sein?

4 ∀ Wäre er einfach d.h. ein für allemal unveränderlich vorhanden, so brauchte man ihn überhaupt nicht.

5 ∀ Und zwar genau so wie ein Zeichen, das in allen Sätzen vorkäme, überflüssig ist./wäre./

6 ∫ Die Methode der Philosophie ist, auf alle Stimmen zu hören und sie alle miteinander zu versöhnen (reconcile) ∀ᵣ

7 Das Zeichen hat nur einen Zweck, wenn ich mit ihm operieren kann. ∀
   Und dann muß es in verschiedenen Zusammenhängen vorkommen können.

8 Das Wesentliche, der Sinn (d.h. Zweck), des Satzes ist ja, daß ich die einzelnen Zeichen durch eine Übersetzungsregel erklären kann, aber der Satz sich selbst erklärt. ∀

9 Die Bildung von Wortzeichen ist ja nur präliminar ∀\ᵣ
   D.h. sie ist an sich wertlos und ihr Zweck ist erst die Bildung ∀\ᵣ
   einer Kombination aus ihnen.

5 (margin)
159 (margin)
10 (margin)
15 (margin)
20 (margin)
25 (margin)
30 (margin)
35 (margin)

3 daher gebraucht man oft in beiden Fällen die selben ⟨Wörte...⟩
6 / linkes Randzeichen überschrieben
6 „Wo immer er ist ...." heißt, ⟨„⟩er ist an keinen Ort gebunden⟨"⟩
9 Die Multiplizität ist die richtige die der ⟨gewöhnliche⟩ Satz
10 größere/andere/ –erste Variante im MS durchstrichen
30 ∀ Fragezeichen im MS rot durchstrichen
30 Das Wesentliche, der Sinn (d.h. Zweck), des Satzes ⟨j...⟩
34 ∀ rechtes Randzeichen überschrieben
34 ja –im MS rot durchstrichen
35 ∀ rechtes Randzeichen überschrieben
35 Der Absatz ist im MS eine Bemerkung, durch eine rote Klammer in der Zeile der vorangehenden zugeordnet.
36 aus ihnen. –im MS rot eingekreist
36 Im MS fehlt die nachfolgende Leerzeile.

1   Denken wir uns jemand sagte „dieses Holzstückchen soll der A sein,   160
     dieses soll der B sein"; und hörte auf. So würden wir fragen: was ist es
     nun mit ihnen, warum hast Du A und B durch die Hölzer
     repräsentiert? Denn das kann doch nur die Vorbereitung dazu sein,
     daß Du etwas über sie sagen willst.   5

2   Wie gesagt: das Satzzeichen repräsentiert nicht. – Es stellt dar.

3   /   Wäre der Satz einfach, was soll ich mit ihm anfangen? Nehmen wir an
     ich wollte jemandem die Mitteilung machen: a̲. Aber damit er sie   10
     versteht, müßte ich ihm die Bedeutung von a/das Zeichen a/ erklären;
     dann wüßte er aber auch schon alles, was ich ihm mit „a" sagen
     könnte. Es muß Eines/ein Andres/ sein die Sprache zu lernen, und ein
     Anderes eine Mitteilung in der Sprache zu erhalten. Hier aber, wenn
     der Satz einfach wäre, wäre es (nur) eins./ein und dasselbe./ [… wäre es   15
     eins.] Dann bedürfte es aber doch der Sprache gar nicht.

4   /   Denn sage/gebe/ ich jemandem ein Zeichen, so versteht er es nicht.
     Es muß ihm erklärt werden. Wozu es ihm aber dann überhaupt
     geben? (Anders ist es, wenn man es zum zukünftigen Gebrauch   20
     erklärt.) [|Variante:| Denn gebe ich jemandem ein neues Zeichen,
     so ……]

                                                        7.10.   161
5   ∫   Es gibt keine Metamathematik.   25

6   /   Der Unterschied zwischen etwas Allgemeinem, das man wissen könne   \
     und dem Besonderen das man aber nicht wisse, oder zwischen der
     Beschreibung des Gegenstands die man kenne und dem Gegenstand
     den man nicht gesehen hat ist auch ein Stück das man von der
     physikalischen Beschreibung der Welt in die Logik hinüber   30
     genommen hat. Daß unsere Vernunft Fragen erkennen kann, aber
     deren Antworten nicht, gehört auch hierher.

7   /   Bemerkung/Zur Erklärung der Bedeutung:/ „lies …." . Erklärung der   \   35
     Aussprache dieser Zeichen durch die Aussprache jener/anderer/. Aber
     nicht eine Erklärung der Aussprache/des Aussprechens/ von Zeichen
     überhaupt, also der Beziehung zwischen Zeichen und Aussprache
     überhaupt.

                                       40
8   Hypothese, daß alle Menschen eigentlich nach N. gehen und nur   \
     früher oder später; und einige (die meisten) sterben ehe sie
     hinkommen. Muster einer wissenschaftlichen Hypothese.

9   ∫   „The room is 12 foot (oder 12 feet) high." Bedeutung von singular und   45
     plural in diesem Fall. (Frege Grundl. d. A.)   162

1   Denken wir uns jemand sagte(:) „dieses Holzstückchen soll der A sein,
4   durch die Hölzer repräsentiert? ⟨–⟩ Denn das
7   ∫ *linkes Randzeichen überschrieben*
10   Aber ⟨um⟩ sie ⟨zu verstehen⟩, müßte ich ihm
13   Es muß ein ⟨Anderes⟩ sein die Sprache zu lernen,
16   doch *–im MS durchstrichen*
18   ein ⟨|neues|⟩ Zeichen, *–das Einfügungszeichen ist im MS gewellt unterstrichen*
41   \ *rechtes Randzeichen rot durchstrichen*

1   ∀   Wenn wir sagen „es hat sehr lang gebraucht ...." so ziehen wir oft die
Worte in die Länge um die Länge abzubilden und umgekehrt wenn
wir sagen „es war ein kurzer Augenblick" so sprechen wir die Worte
kurz und bestimmt aus. Es würde eine sehr komische Wirkung tun
wenn wir in diesem Ausdruck die Worte nach der ersten Art ziehen
wollten.   5

2   ∀ᵣ   Es ist schwer die erste Figur nicht körperlich zu sehen, dagegen wird
es leicht wenn man sie wie Figur 2 schraffiert.   10

1   2

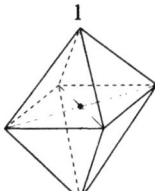 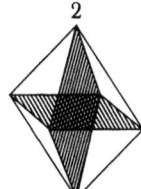

15

16

3   ∀ʃᵣ   Wenn ich sage „A hat einen grauen Hut" und ich gefragt werde „wer   20
ist A" und antworte „dieser ist der A", so mache ich damit den
Menschen A zu einem Symbol in meinem Satz oder es ist doch
m ö g l i c h , daß ich ihn zu einem Bestandteil meines Satzes mache;
aber das m u ß nicht geschehen und der Name kann für eine   163
Beschreibung stehen – die ihren Sinn behält auch wenn der   25
Gegenstand/Körper/ A zerstört wird. Das ist aber merkwürdig und
widerspricht einem Gefühl, daß wir, wenn wir den Namen A
gebrauchen, uns nicht bewußt sind einmal dessen, daß A |für| eine
Beschreibung steht, das andremal daß es nur mit dem Körper A
zusammen Bedeutung hat.   30
      Tritt dieses Problem auch auf wenn es sich z.B. um eine Farbe
handelt?

4   Wenn ich etwa sage „das Tuch ist mauve" und auf die Frage „was ist   \ᵣ
/bedeutet/ ‚mauve'" auf einen Gegenstand von dieser Farbe zeige.   35
Man könnte dabei sagen „merke dir, das ist mauve" und hat dabei
eine ganz bestimmte |Art der| Wirkung dieses Zeigens im Sinn.

5   Wenn nun der Betreffende (wie es tatsächlich oft geschieht) vergißt   \ᵣ
welche Farbe man so bezeichnet hat aber nicht vergißt daß bei einer   40
bestimmten Gelegenheit ihm die Bedeutung des Wortes „mauve"
erklärt wurde und nun fällt dieses Wort wieder und er weiß nur es ist
die Farbe von der bei jener/dieser/ Gelegenheit die Rede war, hat
nun das Wort für ihn eine andere Bedeutung als damals wie er wußte
wie mauve ausschaut? Ich glaube ja.   45 164

26   auch wenn der Gegenstand/Körper/ A zerstört wird ⟨–, …⟩
34   *Im MS fortlaufender Text, durch Randzeichen als Bemerkung gekennzeichnet.*
34   Wenn ich etwa sage „⟨dieses⟩ Tuch ist mauve"
35   ist/bedeutet/ ‚mauve' –*im MS ist die zweite Variante* bedeutet *in rot, ebenso die
einfachen Anführungszeichen von* ‚mauve'
37   eine ganz bestimmte |Art der| Wirkung dieses ⟨Zeich…⟩
43   von der bei ⟨einer⟩ Gelegenheit die Rede war,

1 / Das verhält sich aber doch ebenso wenn ich Herrn A kennen lerne
und vergesse wie er ausschaut und später von ihm reden höre. Und es
lassen sich Sätze angeben die für mich sinnlos sind wenn dem
Namen A kein visuelles Erinnerungsbild entspricht
5

18.

2 ∫∀ᵣ In einem Sinn ist das Schwert Nothung die Bedeutung des Namens
„Nothung". So zwar daß der Name seine Bedeutung verliert wenn
dieses Schwert aufhört zu existieren. In dem anderen Sinn in welchem
der Name seine Bedeutung nicht verliert, wenn auch das Ding zerstört   10
wird, hat seine Bedeutung nie von der Existenz des Dinges
abgehangen, auch nicht in dem Moment da die Erklärung gegeben
wurde: „dieses Schwert ist Nothung" denn die Erklärung behält ihren
Sinn auch wenn es sich um eine Illusion handelte und in Wirklichkeit
gar kein Schwert vorhanden war.   15
        Wenn man andrerseits das Wort „rot" durch hinweisen auf etwas
rotes erklärt, — — —

3   Ich könnte die Bedeutung von „rot" so erklären daß ich sagte: drücke   165
auf deine Augenlider, was du dann siehst ist rot.   20

4 ∫   Aber könnte ich nicht auch die falsche Erinnerung in jemandem   \ᵣ
wachrufen daß er etwas rotes gesehen habe oder überhaupt die
Vorstellung von rot ohne daß er je rot gesehen hat.
25

5   Kann ich nicht jedenfalls durch eine Beschreibung – sagen wir – ein   ∀ᵣ
Blaugrün in seine Vorstellung bringen wenn er auch noch nie eines
wirklich gesehen hat und nur etwa blau und grün?

6 ∫   Ich will sagen: Wenn es nicht wesentlich ist daß es etwas rotes gibt   ∀ᵣ 30
damit das Wort rot Bedeutung habe dann kann es nie wesentlich
gewesen sein. Die Geschichte des Erlernens einer Bedeutung kann
nie wesentlich sein

22.   35
7   Die Sprache kann nicht durch Unterrichtsbriefe gelernt werden.   \\
        (Was wir also so lernen können steht im Gegensatz zur Sprache)

---

1 Herrn *–im MS rot durchstrichen*
6 ⟨17.⟩ *Datum im MS verschrieben und korrigiert*
7 ∫ *linkes Randzeichen überschrieben*
9 In dem anderen Sinn in welchem ⟨das Wor…⟩
13 denn die⟨(se)⟩ Erklärung behält ihren Sinn
16 das Wort „rot" durch ⟨Hinweisen⟩ auf etwas rotes erklärt,
26 *Im MS ein Absatz, durch Randzeichen als Bemerkung gekennzeichnet.*
26 Kann ich nicht jedenfalls durch eine Beschreibung ⟨ein …⟩
28 und nur etwa ⟨wirk…⟩
36 \ *rechtes Randzeichen durchstrichen*
37 ⟨Was wir also |so| lernen ⟨der …⟩
37 Was wir also so lernen können steht im Gegensatz zur Sprache) *–im MS am
linken Rand mit einer vertikalen Wellenlinie markiert*

1   Wir müssen wissen daß jedes Stück altes Eisen das wir auf der Straße   ⩝   166
finden ein Schlüssel ist und daß es sich sozusagen nur darum handelt
sie in der richtigen Reihenfolge zu verwenden um alle Türen des
Hauses nacheinander aufsperren zu können.

5

2   ⩝   Was heißt es, einen Satz verstehen? Ich glaube das Verständnis was
da ist muß sich zeigen lassen und nur soweit es sich zeigen läßt ist
/existiert/ es.

Die Frage ist eigentlich nicht „was heißt es einen Satz so
verstehen wie ihn ein anderer gemeint hat" sondern „was heißt es   10
einen Satz irgendwie zu verstehen" also besser: zu deuten.

Wie würde ich zeigen daß ich das Wörterbuch als
Übersetzungsregel deute? Doch dadurch daß ich danach eine
Übersetzung ausführe.

15

3   /   Es ist etwa dies mein Wörterbuch:
a | e   und ich übersetze danach den Satz b d c a in f h g e. Nun
b | f   habe ich – im gewöhnlichen Sinne – gezeigt, daß ich den
c | g   Gebrauch des Wörterbuchs verstehe und kann sagen daß
d | h   ich auf gleiche Weise den Satz c d a b übersetzen kann   20
wenn ich will. — Wenn also der Satz c d a b ein Befehl ist den
entsprechenden Satz in der zweiten Sprache hinzuschreiben, so   167
verstehe ich diesen Befehl wie ich etwa den Befehl verstehe |||||
Schritte zu gehen wenn mir gezeigt wurde wie die entsprechenden
Befehle mit den Zahlen |, ||, |||, ||||, ausgeführt werden.   25

Man kann geradezu sagen: Ich habe dir jetzt gezeigt was f(|), f(||),
f(|||) und f(||||) heißt, jetzt wirst du verstehen was f(||||||) bedeutet.

D.h. man rechnet damit daß ihm von dem Demonstrieren der
Ausführung von f(|), f(||), etc |etwas –| quasi ein Eindruck – geblieben
ist was er nun auf f(||||||) anwenden wird.   30

4   Aber natürlich kann das nicht anders sein als wenn ich, z.B., sage „ich   ⩝
will diesen Fleck rot anstreichen", eine Vorstellung von der Farbe
habe und nun „w e i ß" wie diese Vorstellung in die Wirklichkeit zu
übersetzen ist.   35

5   Es ist das Verhältnis der/meiner/ Vorstellung zu der gegenwärtig   ⩝
gesehenen Farbe was das Verstehen der Vorstellung als eines
Zeichens möglich macht.

Ja dieses Verhältnis muß das Verständnis |ausmachen,| nicht nur   40
möglich machen.

6   /   Ja das ganze Problem ist schon darin enthalten: Was heißt es zu   168
wissen wie der Fleck aussähe, wenn er meiner Vorstellung
entspräche?   45

---

9   ⟨Die Fr...⟩ *–nach einer Leerzeile gestrichener Anfang einer Bemerkung*
16 *Im MS ein Absatz, durch Randzeichen als Bemerkung gekennzeichnet.*
17 und ich übersetze ⟨den ...⟩
24 wenn mir gezeigt wurde wie ⟨der entsprechende Befehl⟩ mit den Zahlen
30 geblieben ist was er nun auf ⟨⟨⟩f(||||||)
34 wie diese Vorstellung ⟨in diese Vorstellung⟩ in die ⟨Wirklichen⟩ zu
    übersetzen ist.
37 *Im MS ein Absatz, durch Randzeichen als Bemerkung gekennzeichnet.*

1   ∫∀   Dieses Wissen muß ganz und gar in dem liegen was wirklich gegeben
             ist.

2   ∫∀   Wäre die Vorstellung allein so könnte aus ihr keine Wirklichkeit
             konstruiert werden.   5

3   ∫∀   Es handelt sich darum daß ich die Distanz der Vorstellung von dem
             sehe was ist.

4   ∫∀   Ich muß, scheint es, eine allgemeine Übersetzungsregel in ihrer   10
             Allgemeinheit verstehen.

5   ∫×∀   Wenn wir einen einfachen Fall vor uns haben so ist es gut zu trachten
             den einmal zu verstehen; ob er sich nun als das prototyp aller Fälle
             erweisen sollte oder nicht.   15

                                                    23.

6   ∫/,   Was heißt es, eine allgemeine Regel zu verstehen?
                Man kann die Zahlen ||, ||||, ||||||, sehen ohne eine allgemeine
             Regel ihrer Bildung zu verstehen und man kann eine allgemeine   20
             Regel aus ihnen entnehmen.   169

7   Der Befehl kann ja wirklich lauten: ||, ||||, ||||||, – setze diese Reihe fort.   ∀,

8   ∫   Die Regel der Interpretation kann nicht ausgedrückt werden, weil   ∀ 25
          jeder Ausdruck einer Interpretation bedarf.

9   ∫   Das Wörterbuch ist/gibt/ die allgemeine Regel der Übersetzung. Aber   ∀
         auch das Wörterbuch muß ja |so| erst verstanden werden. Gibt es ein
         Verstehen einer allgemeinen Regel |als solcher| außer durch ihre   30
         Anwendung?

   1 ∫ *linkes Randzeichen überschrieben*
   4 ∫ *linkes Randzeichen überschrieben*
   7 ∫ *linkes Randzeichen überschrieben*
   7 Es handelt sich darum daß ich die Distanz ⟨ne…⟩
  10 ∫ *linkes Randzeichen überschrieben*
  13 ∫ *linkes Randzeichen überschrieben*
  23 *Im MS ein Absatz, durch Randzeichen als Bemerkung gekennzeichnet.*
  23 Der Befehl kann ja wirklich ⟨so⟩ lauten:
  28 ist/gibt/ *–erste Variante im MS durchstrichen*

1　∫　Wenn man sagt daß das Übersetzen von einer Zeichensprache in die　　∀
　　　andere alles ist wodurch ich mein Verstehen dokumentieren kann ja
　　　alles worin es besteht so muß man sich – glaube ich – nur gegen einen
　　　Vorwurf schützen, den, daß dann die letzte Übersetzung in die
　　　Wirklichkeit und damit der Sinn des Satzes unbestimmt bleibt.　　　　5
　　　Dasjenige was man gegen diese Auffassung einwenden möchte ist: Du
　　　sagst also daß ich solange nicht wissen kann welche Tat den Befehl
　　　befriedigt bis sie nicht getan ist. Aber das sage ich gerade n i c h t. Wir　　170
　　　fürchten daß dann der Satz mehrdeutig würde. Aber Mehrdeutigkeit
　　　ist etwas (ganz) Anderes..　　　　　　　　　　　　　　　　　　　　　10

　　　　　Eine Erwartung ist nicht mehrdeutig weil das was sie erwartet
　　　/die Entscheidung/ tatsächlich noch nicht eingetroffen ist.

2　∀　Aber wenn ich denkend Zeichen gebrauche so rede ich doch nicht nur
　　　sondern meine etwas ganz bestimmtes! Freilich etwas ganz bestimmtes　　15
　　　im Gegensatz zu dem Fall wo einer redet und nur unbestimmt weiß
　　　was die Worte bedeuten. Für beide Fälle kann man Beispiele angeben
　　　aber beide treten aus der Sprache nicht heraus.

3　∫×　Wenn ich sage ich erwarte mir hier einen roten Kreis so erwarte ich　　20
　　　doch etwas ganz bestimmtes, es kann dann doch nicht etwa ebensogut
　　　dieser blaue Kreis meine Erwartung befriedigen. Freilich nicht, aber
　　　das sagte ich auch nicht und wir sind ja damit doch nicht bis zur
　　　Entscheidung unserer Erwartung vorgeschritten/vorgedrungen/ sondern
　　　haben nur eine Übersetzung abgelehnt.　　　　　　　　　　　　　　　25

4　／　Wenn man nun fragt: Ist also die Tatsache durch die Erwartung auf ja
　　　und nein bestimmt oder nicht d.h. ist es bestimmt in welchem Sinne　　171
　　　die Erwartung durch ein Ereignis, welches immer |eintritt,|
　　　beantwortet |werden| wird, so muß man antworten: ja! Unbestimmt　　30
　　　wäre es |etwa| im Falle einer Disjunktion im Ausdruck der Erwartung.

5　　Wenn ich voraussehe wie es kommen wird, sehe ich da etwa doch　　∀
　　　nicht voraus wie es kommen wird, weil ich die Voraussicht nicht in
　　　die Wirklichkeit projizieren kann die |noch| nicht vorhanden ist? Im　　35
　　　Gegenteil die Möglichkeit meiner Voraussicht beruht gerade darauf
　　　daß die zu dieser Voraussicht gehörige Realität nicht auch die
　　　Erfüllung (oder ihr Gegenteil) der Voraussicht beinhaltet.

　　3　alles worin es besteht so muß man sich ⟨ge…⟩ ⟨nur …⟩
　11　*Der Absatz ist im MS am linken Rand mit einer vertikalen Wellenlinie markiert.*
　14　*Die Bemerkung ist am linken Rand mit einer vertikalen Wellenlinie markiert.*
　20　∫ *linkes Randzeichen überschrieben*
　20　ich erwarte mir hier einen roten Kreis so ⟨stelle⟩ ich ⟨mir…⟩
　28　d.h. ist es bestimmt in welchem Sinne ⟨ei…⟩
　30　|eintritt,| beantwortet |werden| –*im MS sind auch die Einfügungszeichen gewellt
　　　unterstrichen*
　30　welches immer |eintritt,| beantwortet |werden| wird(?) so muß man
　35　|noch| –*im MS ist auch das Einfügungszeichen gewellt unterstrichen*

1   Die scheinbare Unbestimmtheit von der ich sprach, ist e b e n s o w e n i g   \,
    vorhanden wie die, von der manche Leute reden die daher kommen
    soll daß wir nicht wissen können ob wir die gleiche Farbe sehen wenn
    wir/zwei Menschen die gleiche Farbe sehen wenn sie/ einen
    Gegenstand betrachten. Das ist Unsinn denn unter dem Sehen   5
    verschiedener Farben meinen/verstehen/ wir etwas ganz anderes und
    es gibt |in diesem Sinne| Kriterien dafür ob die Beiden in d i e s e m
    Sinn die gleiche oder verschiedene Farben sehen.

                                                           24.   10

2 ∫   Könnte ich einen Farbfleck erwarten wenn ich jetzt keine Farbe sähe?   ∀   172
    Wenn nein, dann ist das sehen einer Farbe für die Erwartung
    wesentlich. Und gehört zu ihr.

3 ∫∀ Ist es nur e i n e Art der Beschreibung eines seelischen Vorgangs zu   15
    sagen er sei die Erwartung daß hier ein roter Fleck auftreten wird oder
    ist es die interne Beschreibung dieses Vorgangs in dem Sinn in
    welchem der Satz „ein roter Fleck tritt dort auf" die interne
    Beschreibung der Erfüllung jener Erwartung ist? Ich glaube, –
    offenbar das Letztere.   20

4 ∫v/ Der Ausdruck der Erwartung ist die Erwartung.

5 ∫/   „Meine Erwartung ist so gemacht, daß, was immer kommt mit ihr
    übereinstimmen muß oder nicht"   25

                                                           25.

6 ∫∀ Zum Beweis dessen daß man wirklich weiß was man mit dem Satz
    „ich erwarte mir hier einen roten Fleck" meint, sagt man etwa: freilich
    weiß ich was ich mir erwarte, ich sehe den Fleck jetzt deutlich vor mir!   30

7 ∫   Wenn ich gehe so enthält der einzelne Schritt nicht das Ziel wohin   ∀\   173
    mich das Gehen bringen wird.

8 ∫   Komme ich an's Ziel so war jeder/der/ Schritt ein Schritt zu diesem   \ 35
    Ziel.

    4 ob zwei ⟨Lebewesen⟩ die gleiche Farbe sehen wenn sie einen Gegenstand
    4 wir die gleiche Farbe sehen wenn wir/zwei Menschen die gleiche Farbe
       sehen wenn sie/ –*erste Variante im MS durchstrichen*
    8 in d i e s e m Sinn –*im MS durchstrichen*
    15 ∫ *linkes Randzeichen überschrieben*
    22 ∫v *linke Randzeichen durchstrichen*
    24 ∫ *linkes Randzeichen durchstrichen*
    28 ∫ *linkes Randzeichen überschrieben*
    32 ∀ *rechtes Randzeichen durchstrichen*
    35 *Die Bemerkung steht im MS nach der folgenden, durch Pfeile am linken und rechten*
       Rand und einer Klammer am linken Rand umgestellt.
    35 Komme ich an's Ziel so war jeder/der/ Schritt ein Schritt ⟨zum …⟩

1 ∫ Ich mache Versuche mich, oder meinen Hörer, in's Wasser fallen zu   ∀
lassen und ihn dann herauszuziehn um so eine Rettung zu
demonstrieren. Aber es geht nicht sehr elegant: einmal gelingt es mir
nicht recht ihn ins Wasser zu werfen und ich wälze ihn auf der Erde
herum ohne ihn ins Wasser zu bringen, und dann wieder habe ich ihn   5
ins Wasser geworfen aber ich bringe ihn nicht mehr heraus und er ist
in |der| Gefahr zu ertrinken.

2 ∫ Wie kann man etwas abbilden was nicht da ist!?   ∀
    (Offenbar liegt hier eine Zweideutigkeit in den Worten „etwas"   10
und „da ist/sein/".)

3 In dem Faktum des Verstehens muß das Verstehen (was immer es ist)   \
seinen Ausdruck finden.
    In dem Vorgang des Verstehens (welcher immer der sei) muß   15
das Verstehen ausgedrückt sein.

4 ∫ Man ist (durch falsche Grammatik) versucht zu fragen: wie denkt man   \   174
den Satz p, wie erwartet man daß das und das eintreffen wird (wie
macht man das). Und in dieser falschen Frage liegt wohl die ganze   20
Schwierigkeit in nuce enthalten.

5 ∀ Der falsche Vergleich besteht hier darin daß wir uns die Sache wie
einen Mechanismus denken/vorstellen/ dessen Äußeres wir kennen
dessen inneres Arbeiten uns aber |noch| verborgen ist.   25

6 φ∀ Es ist eine Haupttätigkeit der Philosophie vor falschen Vergleichen zu
warnen. Vor (den) falschen Vergleichen/Gleichnissen/ zu warnen die
unserer Ausdrucksweise – ohne daß wir uns dessen ganz bewußt
sind – zugrunde liegen.   30
    Ich glaube unsere Methode ähnelt hier der der Psychoanalyse
die auch unbewußtes bewußt und dadurch unschädlich machen will
und ich glaube daß diese Ähnlichkeit keine rein äußerliche ist.

7 / Das Etwas was wir erwarten scheint/erscheint/ uns immer wie/als/   35
der Mensch der etwa zur Tür herein kommen soll nicht wie die
Tatsache/der Umstand/das Ereignis/ daß er kommen soll.

8 ∫∀ Die Bedeutung eines Zeichens ist das ganze Symbol zu dem das   175
Zeichen gehört. Oder man könnte sagen sie ist der Platz im   40
grammatischen Raum an dem es steht.

9 ∫ In irgend einem Sinne kann man sagen: Ein Satz/Zeichen/ hat nur im   \
System einer Sprache Sinn.
         45

24 einen Mechanismus denken/vorstellen/ dessen (au…)
25 |noch| –im MS ist auch das Einfügungszeichen gewellt unterstrichen
27 φ linkes Randzeichen überschrieben
35 Das (etwas) was wir erwarten
39 ∫ linkes Randzeichen überschrieben
41 sie ist der Platz im grammatischen (Raume) an dem es steht.

1 ∫ Wenn ich einen Befehl gebe so muß ich in der selben Sprache auch ⱽ
die/eine/ Tat beschreiben können, die dem Befehl zuwiderläuft.

26.

2 Wenn jemand den Befehl der in dem Plan ⱽ 5

ausgedrückt ist v e r s t e h t so muß er auch den Befehl
verstehen.
    Das heißt es ist unmöglich |nur| e i n e n Satz einer Sprache zu
verstehen.   10

3 |D.h.| Ein Satz kann nur als Teil eines Systems verstanden werden. \

4 Kann man sagen: Verstehen was der Satz sagt „hier wird ein roter \
Kreis erscheinen", heißt, den gegenwärtigen Zustand in d i e s e l b e   15
Sprache übersetzen können (den gegenwärtigen Zustand in der
g l e i c h e n Sprache beschreiben können)

5 / Man kann einen Satz nicht losgelöst von einer Sprache verstehen.   176
                                                                     20
6 ∫ⱽ „In der gleichen Sprache ausdrücken" heißt mit dem gleichen
Maßstab messen.

7 ∫ⱽ Wir können nur innerhalb der Sprache vergleichen.
                                                                     25
8 ∫ⱽ Ist es so: denken heißt anwenden des Planes [Denken ist eine
Anwendung des Planes] Aber die Anwendung kann nicht im Plan
liegen.

9 / G e d a n k e n l e s e n kann nur darin bestehen daß wir Zeichen   30
interpretieren also einfach lesen (nur vielleicht a n d e r e Zeichen)
Oder aber es besteht darin daß einem wenn man des Anderen Hand
hält (oder in andrer Art mit ihm in Contact steht) Gedanken kommen
die durch nachträgliches Fragen als die Gedanken auch des Anderen
erkannt werden. Aber da handelt es sich überhaupt um kein Lesen   35
sondern es wäre nur die H y p o t h e s e erlaubt daß zwei Leute unter
gewissen Umständen das gleiche dächten.

10 Da das Denken ein symbolischer Vorgang ist so kann es uns |ganz| ⱽ 177
gleich sein wo sich dieser Vorgang abspielt, wenn seine symbolischen   40
Eigenschaften, wenn also das was seinen Zweck ausmacht, gewahrt
bleibt. (Wenn wir uns nicht für die psychologische Seite gewisser
dieser Vorgänge interessieren)

1 so muß ich in der selben Sprache auch ⟨das …⟩
2 Tat beschreiben können, ⟨eine …⟩
14 Verstehen was der Satz ⟨heißt⟩ „hier wird ein roter Kreis erscheinen"
21 ∫ *linkes Randzeichen überschrieben*
24 ∫ *linkes Randzeichen überschrieben*
24 *Die Bemerkung ist am linken Rand mit zwei vertikalen Strichen markiert.*
26 ∫ *linkes Randzeichen überschrieben*
30 G e d a n k e n l e s e n kann nur darin bestehen daß ⟨wie …⟩
40 wo sich dieser Vorgang abspielt, ⟨wenn wir uns …⟩

1   Ist das Denken ein augenblicklicher Vorgang oder |etwa [vielleicht]| \
     ein andauernder Zustand wovon die Worte|, der Satz,| nur eine
     ungeschickte Wiedergabe sind (so daß man etwa sagen könnte, wie
     von dem Eindruck einer Landschaft: Worte können das gar nicht
     wiedergeben)? Der Gedanke braucht so lange wie sein Ausdruck.   5
     Weil der Ausdruck der Gedanke ist.

                                                                  27.

2   ∫ Ein Symbol verstehen heißt seine Multiplizität verstehen. Die   ⍓
        Multiplizität seiner Anwendung verstehen. (?)   10

                                                                  28.

3   Ich habe einmal gelesen daß ein Franzose/französischer Politiker/   \
     |- ich glaube M. Briand -| gesagt habe, die französische Sprache sei
     dadurch ausgezeichnet, daß in ihr die Wörter (im Satz) in der   15
     Reihenfolge stehen, /in der Ordnung folgen,/ wie man wirklich denkt.
     — Das ist ein sehr bedeutungsvoller Ausspruch, obwohl völliger   178
     Unsinn. Es bezeichnet nämlich eine bestimmte Auffassung – – –

4   ∫⍓ Wenn Bauern miteinander streiten weil der eine dem anderen für die   20
         Kühe die er von ihm gekauft hat zuwenig Geld gegeben hat und
         dieser Streit kommt vor den Richter und wird entschieden, so kann es
         offenbar dabei nicht drauf ankommen was für eine Vorstellung der
         Eine oder der Andere beim hören des Wortes Kuh (gehabt) hat.
         Sondern es wird dabei sozusagen mit Worten gerechnet und auch die   25
         Anwendung des Resultats ist eine |exacte| Übersetzung der Sprache in
         eine Handlung (etwa das aufzählen von Geldstücken.)

5   / Wenn die Logiker die psychologischen Operationen beschreiben die
        sie für das Denken und die interpretation von Sätzen halten so ist es   30
        immer ein Wunder daß/wie/ bei so vaguen Vorgängen etwas so
        bestimmtes wie ein Urteil soll herauskommen können.

6   ⍓ Eine allgemeine Regel verstehen heißt sie in irgend einem Fall
        a n w e n d e n. (nicht „anwenden können“)   35   179
            Wenn ich z.B. mein Verständnis für einen erwartenden Satz
        dadurch ausdrücke, daß ich den gegenwärtigen Zustand in der
        gleichen Sprache beschreibe so ist das die Anwendung der
        allgemeinen Regel in e i n e m Fall.
                                                                  40

7   ∫ Aber hier möchte ich immer sagen: die Anwendung der allgemeinen   ⍓
        Regel ist nicht genügend sondern diese Regel muß darin irgendwie
        betont werden. — Aber das ist falsch.

---

2 |, der Satz,| –das Einfügungszeichen ist im MS gewellt unterstrichen
4   wie von dem Eindruck (etwa) einer Landschaft
14 Im MS: M. Brian
18 – – – Nachtrag in der folgenden Leerzeile
20 ∫ linkes Randzeichen überschrieben
20 Wenn Bauern (darüber) streiten (daß eine Kuh des einen …)
23 was für eine Vorstellung der (eine beim …)
25 auch –die gewellte Unterstreichung ist im MS mit einem Fragezeichen markiert
31 daß/wie/ –erste Variante im MS durchstrichen

1   Ist nicht das Verstehen also Anwenden-können eines Satzes auf einer   ∀
       Stufe mit dem Schachspielen-können. In dem Sinne in dem ich mich
       nicht irren kann wenn ich gefragt werde „kannst du Schach spielen"
       und ich antworte „ja", in diesem Sinne muß ich die Regeln im Geiste
       durchfliegen und sie also irgendwie anwenden; denn in jedem   5
       anderen Sinne kann ich mich doch irren und plötzlich daraufkommen
       daß ich die Regeln für eine Figur vergessen habe und nicht sagen
       kann „ich konnte Schachspielen als ich sagte daß ich es könne etc".

2   ∀   Ist aber nicht dadurch der Sinn des Satzes wieder problematisch   10   180
       geworden?

3   ∀   Oder darf ich sagen: Der Sinn des Satzes ist e b e n sowenig
       problematisch wie die Regeln der Grammatik.

                                                             15

4   ∀∫   Man würde sagen: Ich verstehe die Übersetzungsregel meint: ich
       k a n n sie anwenden, wenn keine äußeren Hindernisse
       entgegenstehen.

          „Ich verstehe die Übersetzungsregel $\begin{array}{|c|c|} \hline a & d \\ b & e \\ c & f \\ \hline \end{array}$ " scheint mir auf genau   20

       derselben Stufe zu stehn wie die Aussage „ich kann Schachspielen".
          Könnte ich ohne bei dieser Aussage an die Regeln über die
       Bewegung des Turmes gedacht zu haben, und wenn ich nun (beim
       Versuch) fände daß ich sie vergessen habe, könnte ich nun sagen „ich   25
       konnte Schachspielen wie du mich gefragt hast und nur jetzt kann ich
       es nicht"?

5   ∀∫   Kann ich w i s s e n daß ich die Regeln weiß, wenn ich sie nicht
       durchfliege? Kann ich wissen daß ich eine Regel wußte als ich gefragt   30
       wurde ob ich sie wisse, wenn ich sie mir damals nicht tatsächlich ins   181
       Gedächtnis gerufen habe? Ich glaube gewiß nein.

6   ∫   Kann ich mich darin nicht irren, wenn ich sage „ich kann   ∀
       multiplizieren (wenn ich mir dabei nicht die Multiplication irgendwie   35
       vorführe [vor den Geist stelle] und wie verhält es sich dann mit dem
       Wurzelziehen worüber ich nicht sicher bin und vielleicht, wenn ich es
       versuche finde daß ich es noch kann oder auch nicht?

                                                           29.   40

7   Niemand würde fragen ob die Multiplication zweier Zahlen (etwa   \
       nach der gewöhnlichen Art durchgeführt) gleichläuft mit dem
       Gedanken. Weil jeder die Multiplication als ein Instrument ansieht.
       Während man den Gedanken nicht als |ein| Instrument ansieht.

                                                            45

---

   7   daß ich die Regeln für eine Figur vergessen habe und ⟨kann …⟩
   8   nicht sagen kann „ich ⟨habe …⟩
  10   nicht −*im MS durchstrichen*
  16   ∀ *linkes Randzeichen überschrieben*
  29   ∀ *linkes Randzeichen überschrieben*
  30   Kann ich wissen daß ich eine Regel ⟨wußte …⟩
  34   „ich kann −*im MS fehlt das Ausführungszeichen*
  35   (wenn ich −*im MS fehlt die Schlußklammer*
  42   nach der gewöhnlichen Art durchgeführt) gleichläuft ⟨mit …⟩

| 1 | ∫ | Man unterscheidet zwischen dem bloßen Lesen eines Befehls und dem Lesen des Befehls mit Verständnis. | ∀ | |
| | | Bei diesem Lesen oder Sehen des Planes geht also noch etwas anderes vor sich. Und zwar wird es – so scheint es mir – von einer Übersetzung begleitet. Oder ist das falsch und soll ich sagen: ich werde nur gewahr daß es ein Plan ist nach dem ich gehen soll, das heißt, ich werde nur des ganzen Symbols gewahr – während im ersten Fall bloß des Zeichens. | 5 | 182 |

1 ∫ Man unterscheidet zwischen dem bloßen Lesen eines Befehls und
   dem Lesen des Befehls mit Verständnis.   ∀
          Bei diesem Lesen oder Sehen des Planes geht also noch etwas
   anderes vor sich. Und zwar wird es – so scheint es mir – von einer
   Übersetzung begleitet. Oder ist das falsch und soll ich sagen: ich   5 182
   werde nur gewahr daß es ein Plan ist nach dem ich gehen soll, das
   heißt, ich werde nur des ganzen Symbols gewahr – während im ersten
   Fall bloß des Zeichens.

2 ?/∫∀̶ᵣ Die Auffassung des Satzes also des Verstehens und des Gedankens   10
   muß |gewiß| die Möglichkeit des Kalküls rechtfertigen. Und der Kalkül
   vollzieht sich in der Zeit und ist – sozusagen – ausgebreitet.

3 / Ist das Verstehen eines Satzes dem Verstehen eines Schachzuges als
   solchen nicht analog. Wer das Schachspiel gar nicht kennt und sieht   15
   jemand einen Zug machen, der wird ihn nicht verstehen d.h. nicht als
   Zug eines Spieles verstehen. Und es ist etwas anderes dem Zug/Spiel/
   mit Verständnis zu folgen/sehen/, als ihn bloß zu sehen.

4 ∀∫ Kann man sagen ich sehe den Zug im Schachraum?   20

5 /ᵦ Was ist es aber dann was uns immer das Gefühl gibt, daß das
   Verstehen eines Satzes das Verstehen von etwas außerhalb ihm
   liegendem ist und nicht von der Welt außerhalb des Zeichens wie sie
   eben ist, sondern von der Welt wie sie das Zeichen – gleichsam –   25 183
   wünscht.

6 Von der Welt als Teil des ganzen Spieles (von dem wir nur e i n e n   ∀ᵣ
   Zug s e h e n)
                                                                         30

7 ∫ Wie kann ich mir vornehmen einer allgemeinen Regel zu folgen.   ∀ᵣ\ᵣ
  ∫   Nicht nur soweit als ich die Regel ausdrücken kann?

8 Das hängt (alles) damit zusammen, daß man nicht fragen kann: „ist das   ∀ᵣ
   wirklich die Farbe die Du sonst rot genannt hast." Es sei denn man   35
   fragt „ist das die Farbe die Du erwartet hast und nicht vielmehr d a s"!
   Jeder Unterschied muß sich als Unterschied in e i n e r Sprache
   ausdrücken.

 4 – so scheint es mir – *Die Parenthese ist im MS am linken Rand mit einer vertikalen Wellenlinie markiert.*
 5 soll ich sagen⟨,⟩ ich werde nur gewahr daß es ein Plan ist
 5 ⟨ich werde⟩ nur ⟨gewahr⟩ daß es ein Plan ist
 10 ?/∫ *linke Randzeichen überschrieben*
 11 |gewiß| *–im MS ist auch das Einfügungszeichen gewellt unterstrichen*
 12 Und der Kalkül vollzieht sich in der Zeit und ⟨ich …⟩
 14 Ist das Verstehen eines Satzes dem Verstehen eines ⟨Z…⟩
 20 ∀ *linkes Randzeichen überschrieben*
 23 von etwas außerhalb ihm ⟨liegendes⟩ ist
 31 ∀ᵣ *rechtes Randzeichen rot durchstrichen*
 31 *Der Absatz ist im MS eine Bemerkung, durch eine rote Klammer in der Leerzeile der vorangehenden zugeordnet.*
 34 daß man nicht fragen kann⟨,⟩ „ist das wirklich die Farbe

1 ∫ Ich kann mir vornehmen e i n e r Regel zu folgen und nicht einer anderen. Dann müssen beide ausgedrückt sein.

2 ∫ Nur was kontrollierbar ist kann sich in der Sprache ausdrücken.

3 Man kann freilich dem Gedächtnis durch eine Notiz nachhelfen aber die Deutung der Notiz kann man sich nicht aufheben.

4 ⩝ Von Verschiedenheit kann man nur (dann) reden, wenn ein Vergleich möglich ist. Und der ist nur in e i n e r Sprache möglich und zwei Sprachen müssen erst in einander übersetzt sein, (auf gleichen Nenner gebracht) ehe ein Vergleich von Ausdrücken möglich ist, dann findet er aber eben in e i n e r Sprache statt.

30.

5 ⩝ In der Sprache kann man von e i n e m reden nur im Gegensatz zu etwas a n d e r e m.

6 ⁄ᵣ Die Regeln des Schachspiels unterscheiden das Schachspiel von einem Spiel das in der selben Sprache andere Regeln hat. [… von einem/jedem/ Spiel mit anderen Regeln in derselben Sprache]

7 ⁄ᵣ Jeder Satz einer Sprache hat nur Sinn im Gegensatz zu anderen Wortzusammenstellungen derselben Sprache.

8 ∫⩝ Wir könnten uns zwei Schachspieler denken die, da sie kein Gedächtnis haben, die Regeln des Spiels geschrieben vor sich hätten und sich bei jedem Zuge nach den geschriebenen/aufgeschriebenen/ Regeln richteten.

9 ∫ Um einen Plan zu verstehen muß man in gewissem Sinne erst das allgemeine Prinzip der Plandarstellung verstehen und man versteht den Plan im Gegensatz zu anderen die nicht gelten.
Wenn ich das nun sage bezieht es sich auf den |momentanen| Geisteszustand des betreffenden, der den Plan auffaßt? Doch gewiß nicht — er geht doch nicht alle anderen Möglichkeiten des Planes/der Darstellung/ durch sowenig wie der Schachspieler etwa fortwährend die Regeln des Schachspiels rekapituliert (und täte er's so müßte er einmal die eine dann die andre sich vorsagen nicht aber alle auf einmal)

10 Man könnte so fragen: Ist Schachspielenkönnen ein andauernder – quasi amorpher – Geisteszustand, etwa wie Zahnschmerzen?

11 Das Verständnis der Sprache – quasi des Spiels – scheint wie ein Hintergrund auf dem der einzelne Satz erst Bedeutung gewinnt

---

6 Man kann ⟨s…⟩
16 In der Sprache kann man von e i n e m reden nur im Gegensatz ⟨v…⟩
20 von einem Spiel das in ⟨derselben⟩ Sprache andere Regeln hat.
26 ∫ *linkes Randzeichen überschrieben*
26 Wir könnten uns zwei Schachspieler denken die, ⟨das …⟩
34 |momentanen| *–im MS ist auch das Einfügungszeichen gewellt unterstrichen*
37 des Planes/der Darstellung/ *–erste Variante im MS durchstrichen*
38 die Regeln des Schachspiels rekapituliert (und täte ⟨erst …⟩

1 /ᵣ Die allgemeine Regel erst enthüllt den Freiheitsgrad, die
Beweglichkeit des Mechanismus. Das Bild des Mechanismus in einer
seiner Stellungen enthält hievon nichts.

2 /ᵣ Soll ich nun sagen der Freiheitsgrad des Mechanismus kann sich nur   5
mit der Zeit enthüllen? Aber wie kann ich dann je wissen daß er
gewisse Bewegungen n i c h t machen kann, (und daß er gewisse
Bewegungen machen kann die er gerade noch nicht gemacht hat)
Darauf ist doch die Antwort: Der Freiheitsgrad des Mechanismus
kann doch b e s c h r i e b e n werden. Wohl, aber dann ist eben nichts   10
mehr gegeben als was diese Beschreibung gibt. (Die doch selber nur
eine Stellung eines Mechanismus ist!)

3 /ᵣ Das Verständnis als eine D i s p o s i t i o n der Seele oder des Gehirns
geht uns nichts an.   15

4 /ᵣ Der Ausdruck des Verständnisses der Schachregeln ist doch gewiß das   187
Hersagen dieser Regeln in irgend einer Form. Aber das ist doch nur
ein Ausdruck der Kenntnis d i e s e r Regeln im Gegensatz zu anderen
– falschen – die in dieser Sprache hätten hergesagt werden können.   20

5 ∫ Aber man könnte/kann/ fragen: ist denn das Verständnis nicht etwas   \⸝ᵣ
anderes als der Ausdruck des Verständnisses? Ist es nicht so, daß der
Ausdruck des Verständnis eben ein unvollkommener Ausdruck ist?
Das heißt doch wohl ein Ausdruck der wesentlich etwas ausläßt was   25
unausdrückbar ist. Denn sonst könnte ich ja eben einen besseren
finden. Also wäre der Ausdruck ein vollkommener A u s d r u c k. – – –

6 ∫ Ein Mechanismus offenbart seinen Zweck nach und nach, so wie er   ⸜ᵣ
ein um das andere mal gebraucht wird. Und so muß es auch mit   30
einem Satz, mit dem Ausdruck eines Gedankens gehen.

7 ∫ Wozu denn überhaupt diese ganze Untersuchung, was interessiert   ⸜ᵣ
mich denn der Gedanke, das Denken etc, warum ist mir dieser   188
Vorgang nicht ganz gleichgültig? Inwiefern ist er mir interessanter als   35
Zahnschmerzen (oder ein anderer seelischer Vorgang)?

  1   Die allgemeine Regel erst ⟨enthä…⟩
  3   Das Bild des Mechanismus in einer seiner ⟨p…⟩
  14 Das Verständnis als eine D i s p o s i t i o n ⟨des …⟩
  20 im Gegensatz zu anderen – falschen – ⟨Regeln⟩ die
  26 Denn ⟨so k…⟩
  30 wie er ein um das andere mal gebraucht wird. –im MS am linken Rand mit
      einer vertikalen Wellenlinie markiert
  34 denn –im MS zweifach gewellt unterstrichen
  36 (oder ⟨sonst⟩ ein anderer seelischer Vorgang)?

1 ∫ꙶ Wenn man übrigens das Wort seelisch, wie ich soeben, gebraucht so
darum weil man sich das Denken notwendig als eine Reihe von
Fantasiebildern vorstellt. Wie aber wenn man diese Fantasiebilder
durch Wahrnehmungen ersetzt (das Wort „rot", wo es notwendig ist
durch das Vorzeigen eines roten Gegenstandes begleitet),   5
Fantasiebilder sind unserem Denken nicht wesentlich/unwesentlich/.

2 ∫ꙶ Welche Beziehung hat die Vorstellung von einer Photographie die ich
heute gesehen habe zu der Photographie (dem Gesichtsbild der
Photographie) Ist sie ihr ähnlich? Vorausgesetzt daß sie genau mit   10
der Wirklichkeit übereinstimmt (was eben bei einer Vorstellung
„Übereinstimmen mit der Wirklichkeit" heißt) —

3 /ᵣ Ich sage: Genau so habe ich mir's vorgestellt. Und jemand antwortet
etwa „das ist Unmöglich denn das eine war eine Vorstellung und das   15
andere ist keine und hast Du etwa deine Vorstellung für Wirklichkeit
gehalten?

4   „Das ist das Rot das ich meinte". „Wie konntest Du es meinen, es war   ꙶ   189
ja (früher) gar nicht da."   20
      „Ja, ich wollte daß Du das tust". Wie konntest Du es wollen da
es ja noch gar nicht getan war.

5 ⌀ (Der Ausdruck „Nicht-….ische – – – –" bezeichnet eine/steht für eine/   ꙶ
Denkbewegung die mit der Konstruktion einer Nicht-Euklidischen
Geometrie anfing und damals eine Tat war, verdienstlich und   25
bedeutend/folgenreich/, heute aber bei den Mathematikern noch
immer Mode |und beliebt| ist obwohl die Arbeit die diese
Denkbewegung leisten sollte, längst getan ist.)

                                                                          30
6   Kann man den Vorgang des Vorbeiziehenlassens von Vorstellungen   \ᵣ
beim Denken durch einen anderen etwa das Schreiben von Zeichen
(oder sonst einen) ersetzen der den gleichen Dienst tut, so ist der Zug
der Vorstellungen für uns damit gleichgültig geworden. Uns
interessiert am Gedanken nur die Anwendung/der Gebrauch/.   35

---

1 ∫ *linkes Randzeichen überschrieben*
3 als eine Reihe von Fantasiebildern vorstellt. *–im MS am linken Rand mit einer*
   vertikalen Wellenlinie markiert
5 durch das Vorzeigen eines roten ⟨Fleckes …⟩
8 ∫ *linkes Randzeichen überschrieben*
14 *Im MS fortlaufender Text, durch Randzeichen als Bemerkung gekennzeichnet.*
15 „das ist *–im MS fehlt das Ausführungszeichen*
15 „das ist ⟨unmöglich⟩ denn das eine war eine Vorstellung
21 „Ja, ich wollte daß ⟨da…⟩
27 bedeutend/folgenreich/, heute aber ⟨noch immer Mode ist …⟩
28 obwohl die Arbeit die diese ⟨Be…⟩
33 etwa das Schreiben von Zeichen (oder sonst einen) ⟨ersetzt …⟩
35 Uns interessiert am Gedanken ⟨nur …⟩

1 Wenn wir sagen meine Vorstellung von diesem Bild war der ⚥ᵣ
   Wirklichkeit ähnlich, so meinen wir daß sie in gewisser Beziehung mit   190
   der Wirklichkeit übereingestimmt hat in anderer nicht, aber so daß
   auch eine völlige Übereinstimmung denkbar wäre (wobei aber die
   Vorstellung noch immer die Vorstellung bliebe)   5

2 ⌠⚥ᵣ Heißt das nun daß ich mir z.B. diese Farbe vorgestellt habe, indem ich
       eine |ganz| bestimmte Übersetzungsregel angewendet habe? Und kann
       ich diese Übersetzungsregel die Projectionsart ändern wenn ich will?
                                                                              10

3 ⌠⚥ᵣ Kann man sagen daß die Vorstellung, das was etwa beim
       Aussprechen eines Satzes vor sich geht, nur dann ein Gedanke ist,
       wenn sie angewandt wird [... nur ein Gedanke ist insofern sie
       angewandt wird] Wie ein Mechanismus nur wenn er arbeitet als solcher
       /Mechanismus/ auftritt/funktioniert/.   15
       Aber wir nennen auch eine stehende Uhr, eine Uhr.

                                                                      31.

4 /ᵣ∫ Bei einem Onomatopoetischen Wort gehört der Klang mit zum
       Symbol. Es ist als schriebe man das Wort „rot" mit roter das Wort   20
       „grün" mit grüner Tinte.

5 /ᵣ Wie wird ein Plan gebraucht,/?/ |denn| das ist die einzige Frage die
      uns hier angeht und deren Beantwortung zeigen kann worin das
      Verständnis/Verstehen/ des Planes besteht, soweit es für uns Interesse 25
      hat.

                                                              1.11.   191

6 / Man kann manchen Satz nur im Zusammenhang mit anderen   \ᵣ
      verstehen. Wenn ich z.B. |etwa in einer Novelle| lese: „Nachdem er   30
      das gesagt hatte, verließ er sie, wie am vorigen Tag". Wenn man mich
      fragt ob ich diesen Satz verstehe, wäre es nicht leicht darauf zu
      antworten. Es ist ein deutscher Satz und insofern verstehe ich ihn. Ich
      wüßte wie man diesen Satz etwa gebrauchen k ö n n t e, ich könnte
      selbst einen Zusammenhang für ihn erfinden. Und doch verstehe ich   35
      ihn nicht s o wie ich ihn verstünde wenn ich das Buch bis dorthin
      gelesen hätte

---

2   so meinen wir daß sie in gewisser Beziehung ⟨über…⟩
7   ∫ *linkes Randzeichen überschrieben*
7   Heißt das nun daß ich ⟨diese …⟩
11 ∫ *linkes Randzeichen überschrieben*
11 daß |die Vorstellung,| das was etwa beim Aussprechen eines Satzes vor sich
    geht, nur dann ein Gedanke ist, wenn ⟨es⟩ angewandt wird [... nur ein
    Gedanke ist insofern ⟨es⟩ angewandt wird]
15 auftritt/funktioniert/ *–erste Variante im MS durchstrichen*
20 als schriebe man das Wort „rot" mit roter ⟨Tinte …⟩
23 gebraucht,/?/ *–das Fragezeichen ist im MS gewellt unterstrichen*
31 Wenn ⟨ich …⟩

1 / Die Philosophischen Probleme sind wie die Kassenschlösser die durch　\r
einstellen eines bestimmten Wortes oder einer bestimmten Zahl
geöffnet werden, so daß keine Gewalt das Tor öffnen kann ehe gerade
dieses Wort getroffen ist und ist es getroffen, jedes Kind sie öffnen
kann. [... und ist es getroffen, keinerlei Anstrengung nötig ist es zu　5
öffnen.]

2　Wenn ich gefragt würde „kannst Du das Alphabet hersagen", so　\r
würde ich antworten, ja. „Bist Du sicher", „ja". Wenn ich nun aber im
Hersagen stecken bliebe und nicht weiter wüßte, so könnte ich nicht　10　192
sagen: „als ich sagte ‚ich kann es hersagen' da konnte ich es hersagen,
nur jetzt geht es nicht. — Nun gibt es aber doch einen Fall in dem ich
sagen würde „ja, als ich es sagte, da konnte ich es auch hersagen" und
zwar dann wenn ich es mir damals ‚im Geiste' hergesagt hätte. Ich
würde dies auch als Beweis angeben. Das heißt aber daß das　15
Hersagen im Geiste die Fähigkeit zum wirklichen Hersagen — so wie
wir hier das Wort Fähigkeit verstehen —, enthält. (Es kann nicht sein
daß dieses Hersagen im Geiste nur ein Symptom des wirklichen
Hersagenkönnens ist denn sonst wäre die Annahme dieser Fähigkeit
wieder nur eine Hypothese) Anderseits erstreckt sich die Fähigkeit die　20
mit dem Hersagen im Geiste bewiesen ist nicht auf das tatsächliche
Hervorbringen der Laute beim eigentlichen Hersagen. D.h. wenn mir
dabei die Zunge oder der Atem versagen würde könnte ich nicht
sagen auch das hätte ich damals können. Das heißt — glaube ich — ich
habe doch nur die Fähigkeit dazu/dessen/ bewiesen, was ich　25
tatsächlich getan habe.

　　Etwas tun können hat ja eben jenen Schattenhaften Character,
d.h. es erscheint wie/als/ ein Schatten des wirklichen/tatsächlichen/　193
Tuns gerade wie der Sinn des Satzes als Schatten seiner Verification
erscheint, oder das Verständnis des Befehles als Schatten seiner　30
Ausführung. Der Befehl „wirft, gleichsam, seinen Schatten schon
voraus", oder im Befehl wirft die Tat ihren Schatten voraus. — Dieser
Schatten aber, was immer er sein mag, ist, was er ist, und nicht das
Ereignis.
Er ist in sich selbst abgeschlossen und weist nicht weiter als er selbst　35
reicht.

3　so daß keine Gewalt das Tor öffnen kann ehe gerade ⟨j...⟩
11　„als ich sagte –im MS fehlt das Ausführungszeichen
14　wenn ich es mir damals ‚im Geiste' hergesagt hätte. ⟨A...⟩
15　Ich würde ⟨das⟩ auch als Beweis angeben.
16　Das heißt aber daß das Hersagen im Geiste ⟨das wirkli...⟩
17　– so wie wir hier das Wort Fähigkeit ⟨– ...⟩
18　im Geiste ⟨wieder⟩ nur ein Symptom ⟨des wirklichen ...⟩
24　könnte ich nicht sagen auch das hätte ich damals ⟨gek...⟩
27　⟨Es t...⟩

1 / Die Idee daß eine Sprache eine Wortfolge haben kann, die der
       Reihenfolge des Denken entspricht, im Gegensatz zu einer anderen
       Sprache, rührt von der Auffassung her daß das Denken vom Ausdruck
       des Gedankens getrennt vorgeht. Also ein wesentlich anderer
       Vorgang ist. Nach dieser Auffassung könnte man nun freilich sagen: 5
       Die wesentlichen Eigenschaften des Negationszeichens offenbaren sich
       freilich erst |nach und nach| im Gebrauch, aber ich denke die
       Negation auf einmal. Das Zeichen ‚nicht‘ ist ja nur ein Hinweis auf
       den Gedanken ‚nicht‘. Es stößt mich nur daß ich das rechte denke. (Es
       ist nur Signal)   10 194

2 ∀ᵣ Ja, wenn man einem Philosophie lehrt so kommt man sich genau so
       vor wie einer der an den Stellgriffen eines Kassenschlosses
       herumprobiert, bis |vielleicht| endlich a l l e Bedingungen beisammen
       sind, daß die Tür aufgeht.   15

3 ∫/ᵣ Was ich oben gesagt |habe| kommt aber so heraus wie: Etwas können,
       heißt etwas a n d e r e s tun/Eine Sache können, heißt eine andere tun/.
       Aber welche Beziehung muß zwischen den beiden bestehen?
                                                                              20

4 ∫∀ᵣ Was heißt es ‚einen Satz p verstehen‘, ist die gleiche Frage wie: was
       macht den Gedanken daß p der Fall ist zu dem Gedanken der gerade
       dadurch befriedigt wird daß p der Fall ist. Das heißt: was ist die
       Beziehung – – –
                                                                              25

5 ∫//ᵣ Wenn man fragt: was macht den Schatten dieses Ereignisses gerade
       zum Schatten d i e s e s Ereignisses oder was macht diesen Schatten
       zum Schatten dieses Ereignisses so könnte/kann/ man etwa
       Ähnlichkeiten des Schattens und des Ereignisses angeben die die
       beiden verbinden. Aber im Fall Gedanken und Tatsache geht das   30
       nicht. Denn die Tatsache macht nur das zur Verification des
       Gedankens, daß man sie als solche aufgefaßt hat, daß man den   195
       Gedanken in die Tat|sache| übersetzt hat. Denn ehe sie geschehen ist
       konnte man den Gedanken ja nicht in sie übersetzen.
                                                                              35

6 ∫ Und übersetzt man den Gedanken oder vielmehr den Ausdruck des   \ᵣ
       Gedankens in die Tat dann reicht der Ausdruck plus der
       Projectionsmethode d.i. der Gedanke allerdings bis zur Tatsache heran
       und berührt sie wie der Maßstab den Gegenstand.
                                                                              40

7 ∫ Understanding a symbol means to know/knowing/ how it works.   ∀ᵣ

  5 Nach dieser Auffassung könnte man ⟨f…⟩
  7 |nach und nach| –das Einfügungszeichen ist im MS gewellt unterstrichen
  8 ist ja nur ein Hinweis ⟨E…⟩
  13 wie einer der an den Stellgriffen eines Kassenschlosses⟨, …⟩
  17 ∫ linkes Randzeichen überschrieben
  21 ∫ linkes Randzeichen überschrieben
  28 zum Schatten dieses Ereignisses so könnte/kann/ man ⟨s…⟩
  33 Denn ehe sie geschehen ist ⟨könnte⟩ man den Gedanken
  37 dann reicht der Ausdruck plus der ⟨Übersetzungs…⟩
  39 und berührt sie wie der Maßstab den ⟨zu messenden⟩ Gegenstand.

1 ʃ Das Denken scheint in gewissem/einem/ Sinne weiter zu reichen als ⱽᵣ
jeder beschreibbare Vorgang der nicht die Wahrheit des Gedankens
beinhaltet. Aber das was eben weiter reicht ist das Projizieren

2 Wahr und Falsch verhalten sich nicht wie Rechts und Links. ⱽᵣ 5

3 Man könnte sich ein negatives Portrait denken d.i. ein Bild was/das/ \?ᵣ
darstellen soll wie Herr A. nicht ausschaut. (das also ein schlechtes 196
Portrait ist wenn es A ähnlich sieht.)

10

2.

4 ʃⱽᵣ Eine Sprache die ich nicht verstehe ist keine Sprache.
        Angenommen nun ich hörte einen chinesischen Satz der mir also
nichts sagt und ich wollte ihm Sinn geben (irgend einen) Ich wollte
ihn etwa sagen lassen daß ich einen gewissen Weg gehn soll. Könnte 15
ich nun erstens einfach so verfahren daß ich sage, diese Lautfolge soll
nun das sagen? Nein, denn die Frage wäre gleich: wie drückt diese
Lautfolge das aus. Und die Antwort darauf muß nicht sein daß ich ein
chinesisches Wort in ein deutsches übersetze sondern ich muß nur
den Bereich der Möglichkeiten der deutschen Satzbildung in den der 20
anderen Satzbildung übersetzen.

5 /ᵣ „Wie weißt Du, daß Du einen roten Fleck erwartest?" — aber
ebensogut könnte man fragen: „wie weißt Du daß das ein roter Fleck
ist?" 25

/ᵣ   Wie weißt Du daß was Du getan hast wirklich war das Alphabet
im Geist hersagen? — Aber wie weißt Du daß was Du hersagst nun
wirklich das Alphabet ist?

6 Das ist natürlich die gleiche Frage wie: Woher weißt Du daß was Du \ᵣ 30 197
rot nennst wirklich dasselbe ist was der andre so nennt. Und die eine
Frage ist ebenso unsinnig wie die andere.

7 / Von einem Wiedererkennen sollte man eigentlich nur reden, wo es \ᵣ
außer dem Wiedererkennen noch ein Criterium dafür gibt daß ich es 35
richtig wiedererkannt habe.

8 / Ein Mensch/Einer/ dem man eine Photographie des A zeigt und |den \ᵣ
man| fragt findest Du nicht daß ihm die Photographie sehr ähnlich
sieht könnte sagen. Keine Spur, sie ist gar nicht ähnlich: das Papier ist 40
viereckig und ganz dünn und er nicht .... .

---

3 Aber das was eben weiter reicht ist ⟨der Vorgang des ...⟩
8 d.i. ein Bild was/das/ darstellen soll wie Herr ⟨N.⟩ nicht ausschaut.
12 ʃ *linkes Randzeichen überschrieben*
23 „Wie weißt Du, daß Du ⟨rot er...⟩
26 *Der Absatz ist im MS eine Bemerkung, durch eine Klammer in der Zeile der
vorangehenden zugeordnet.*
26 wirklich |war| das Alphabet im Geist hersagen ⟨war⟩?
32 ebenso unsinnig wie die ⟨andre ...⟩
39 sehr −*im MS durchstrichen*

1   ∫   Zu dem Vorigen: „Wie weißt Du daß was Du jetzt hersagst das ist was   ⱽ,
          Du früher im Geist hergesagt hast?" − „Es ist das", heißt einfach: ich
          projiziere es in das |Symbol| das ich früher hervorgebracht habe.

2   ∫   (Ich glaube Bergson hat auf etwas ähnliches hingewiesen.)   ⱽ,   5

3   ∫   Vergleichst Du es etwa und sagst: „ja das ist es, das hat die richtige   ⱽ,
          Ähnlichkeit mit dem Symbol"? Aber welches ist die richtige
          Ähnlichkeit? Hätte ich mir die früher schon vorgesetzt und wie weiß   198
          ich daß es nun die ist? Wie konnte ich mir früher vornehmen, wie ich   10
          |später| vergleichen würde da ja das Object? des Vergleichs? noch gar
          nicht da war?

4   ∫/,ⱽ,   Das ist auch der Punkt wo Russells kausale Theorie des Symbols
          abzutun ist.   15

5   /,   Denn wenn/Wenn/ ich sage das Symbol ist das was diesen Effect
          hervorruft so fragt es sich eben wie ich von diesem Effekt reden kann,
          wenn er (noch) gar nicht da ist. Und wie ich weiß daß es d e r ist d e n
          i c h g e m e i n t h a b e, wenn er kommt/eintritt/.   20

6   /,   Es ist darum keine Erklärung, zu sagen: sehr einfach wir vergleichen
          die Tatsache mit unserem Erinnerungsbild, weil vergleichen eine
          bestimmte Vergleichsmethode voraussetzt die nicht gegeben ist.
          25

7   ∫ⱽ,   Es wäre richtiger von einem Erkennen oder A n erkennen der
          Tatsache als der erwarteten statt von einem Wi e d e r e rkennen zu
          reden.

8   ∫ⱽ,   Für das Wiedererkennen nämlich kann man Gründe angeben, für das   30
          Anerkennen aber nicht.

9   Wir sagen „ein langer, langer Weg" aber nicht „ein kurzer, kurzer   ⱽ,   199
          Weg".
          35
                                                                    3.
10   ∫   Hat mir je jemand die Vorstellung der blauen Farbe gezeigt und   \
          gesagt daß sie das ist?

---

2 „Es ist das", –Anführungszeichen und Komma im MS rot
3 ich projiziere es in das ⟨was⟩ ich früher hervorgebracht habe.
14 /,ⱽ, linke Randzeichen überschrieben
17 Im MS fortlaufender Text, durch Randzeichen als Bemerkung gekennzeichnet.
17 Denn wenn/Wenn/ –zweite Variante im MS rot
18 so ⟨frägt⟩ es sich eben wie ich von diesem Effekt reden kann,
18 eben –im MS durchstrichen, Streichung durch Unterpunkten wieder aufgehoben
22 sehr einfach wir vergleichen ⟨A…⟩
26 ∫ linkes Randzeichen überschrieben
30 ∫ linkes Randzeichen überschrieben

1   /∫   Das Fregesche Behauptungszeichen ist am Platze wenn es nichts   \
weiter bezeichnen soll als den Anfang des Satzes. Man könnte sagen
„den Anfang der Behauptung", im Gegensatz zu den Sätzen die in der
Behauptung vorkommen können. Das Behauptungszeichen dient
dann (genau) demselben Zweck wie der Schlußpunkt des   5
vorhergehenden Satzes; oder etwa der große Anfangsbuchstabe.

2   ∫   „Ich denke p" hat dann mit „⊢ p" eben nur „p" gemein.   \

                                                              4.   10

3   Die Denkbewegung die hier nötig ist, ist wieder die typische   Ⱶ
Bewegung der Relativitätstheorie.
          − Wenn ich sage: So arbeitet die Sprache eben, – – –

4   Mechanismus ist wesentlich das dessen Funktionieren man   Ⱶ   15
beschreiben kann, das man erklären kann. Also kann man die
Sprache nicht mit einem Mechanismus vergleichen. Ein   200
Mechanismus ist die Sprache nur vom psychologischen oder/und/
physiologischen Standpunkt (aus) betrachtet. Als Erregerin der Nerven
und des Gehirns etc.   20

5   /ᵣ   Im gewöhnlichen Leben, wenn ich jemandem einen Befehl gebe so ist
es mir ganz genug ihm Zeichen zu geben. Und ich würde nie
sagen: das sind ja nur Worte, und ich muß hinter die Worte dringen
ebenso wenn ich jemanden etwas gefragt hätte und er gibt mir eine
Antwort (also Zeichen) bin ich zufrieden – das war gerade was ich   25
erwartete – und wende nicht ein: das ist ja eine bloße Antwort. Es ist
klar daß nichts anderes erwartet werden konnte und daß die Antwort
den Gebrauch der Sprache voraussetze, wie alles was zu sagen ist.

                                                                                        30

1   ∅ᵣ   Ich lese in Renan Peuple d'Israel: „La naissance, la maladie, la mort, le délire, la catalepsie, le sommeil, les rêves frappaient infiniment, et, même aujourd'hui, il n'est donné qu'à un petit nombre de voir clairement que ces phénomènes ont leurs causes dans notre organisation." Im Gegenteil es besteht gar kein Grund sich über diese Dinge zu wundern; weil sie so alltäglich sind. Wenn sich der primitive Mensch über sie wundern muß, wievielmehr der Hund und der Affe. Oder nimmt man an daß die Menschen quasi plötzlich aufgewacht sind und diese Dinge die schon immer da waren plötzlich bemerkten und begreiflicherweise erstaunt waren? – Ja, etwas ähnliches könnte man sogar annehmen; aber nicht daß sie diese Dinge zum erstenmal wahrnahmen sondern daß sie plötzlich anfingen sich über sie zu wundern. Das aber hat wieder nichts mit ihrer Primitivität zu tun. Es sei denn daß man es primitiv nennt sich nicht über die Dinge zu wundern, dann aber sind gerade die heutigen Menschen und Renan selbst primitiv wenn er glaubt die Erklärung der Wissenschaft könne das Staunen heben.

Als ob der Blitz heute alltäglicher oder weniger staunenswert wäre als vor 2000 Jahren.

Zum Staunen muß der Mensch – und vielleicht Völker – aufwachen. Die Wissenschaft ist ein Mittel um ihn wieder einzuschläfern

(margin: 5, 201, 10, 15, 20)

2   D.h. einfach es ist falsch zu sagen: Natürlich, diese primitiven Völker mußten alle Phänomene anstaunen. Vielleicht aber richtig diese Völker, haben alle Dinge ihrer Umgebung angestaunt. – Daß sie sie anstaunen mußten ist ein primitiver Aberglaube. (Wie der, daß sie sich vor allen Naturkräften fürchten mußten und wir uns |natürlich| nicht fürchten müssen/brauchen/) Aber die Erfahrung mag lehren, daß gewisse primitive Stämme sehr zur Furcht vor den Naturphänomenen neigen. – Es ist aber nicht ausgeschlossen daß hochzivilisierte Völker wieder zu eben dieser Furcht neigen werden und ihre Zivilisation und die wissenschaftliche Kenntnis wird/kann/ sie nicht davor schützen. Freilich ist es wahr, daß der Geist in dem die Wissenschaft heute betrieben wird mit einer solchen Furcht nicht vereinbar ist)

(margin: ∅ᵣ 25, 202, 30, 35)

3   ∅ᵣ   Wenn Renan vom bon sens précoce der semitischen Rassen spricht (eine Idee die mir vor langer Zeit schon vorgeschwebt ist/hat/) so ist das das Undichterische, unmittelbar auf's Konkrete gehende. Das was meine Philosophie charakterisiert/bezeichnet/.

Die Dinge liegen unmittelbar da vor unsern Augen/vor uns/, kein Schleier über ihnen. — Hier trennen sich Religion und Kunst.

(margin: 40, 45)

2 *Im MS:* People d'Israel
2 *Ernest Renan, Histoire du peuple d'Israël, 1. Band, Paris 1887, S. 28.*
5 *Im MS:* ont leur
10 die schon immer da waren ⟨nun zum ersten Mal⟩ plötzlich bemerkten
14 Das aber hat wieder nichts mit ihrer ⟨p…⟩
30 wir uns |natürlich| nicht fürchten ⟨mu…⟩
30 wir uns |natürlich| nicht fürchten müssen/brauchen/⟨.⟩
37 vereinbar ist) *–die Schlußklammer hat im MS keine eigene Öffnungsklammer*
42 charakterisiert/bezeichnet/ *–erste Variante im MS durchstrichen*

1   /ᵣ   Die Analyse eines Satzes ist nur durch Definitionen möglich dadurch
aber werden wir nur von einem |Satz| Zeichen zu einem anderen
zurückgeführt. Wenn man also fragt was hat die Erwartung mit der sie
erfüllenden Tatsache gemein so muß es etwas sein was sich in einem
Ausdruck der Erwartung zeigt; denn ist es etwas was in diesem   5
Ausdruck nicht enthalten ist sondern von der Erwartung ausgesagt
wird/werden muß/, so muß also von der Erfüllung dieses selbe gelten
und dann erwarte ich eben nicht nur das was in dem sogenannten
Ausdruck der Erwartung gesagt ist sondern noch etwas anderes. Denn
konnte ich jene Aussage von dem Erwarteten machen dann hatte es   10
auch Sinn die entgegengesetzte zu machen und dann wäre es möglich
daß das eintrifft was der Ausdruck der Erwartung sagt und die
Erwartung doch nicht erfüllt wäre. Dann aber war der Ausdruck der
Erwartung nicht vollständig.

15

2   Was immer ich über die Erfüllung der Erwartung sagen mag, was sie   \ᵣ
zur Erfüllung dieser Erwartung machen soll, zählt sich zur Erwartung,
ändert den A u s d r u c k der Erwartung. D.h. der Ausdruck der
Erwartung ist der v o l l s t ä n d i g e Ausdruck der Erwartung. Und
nichts kann außer ihm über die Erwartung gesagt werden was ihr   20
logisch wesentlich ist (nur psychologisches und physiologisches). Ich
hätte sagen sollen „was ihr wesentlich ist" – – –

3   /ᵣ   Ich kann nichts von einem Gedanken aussagen was ihn genauer
beschreibt als sein Ausdruck.   25

6.

4   /   Zu sagen „ja die Demonstration dieses euklidischen Satzes mit Zirkel
und Lineal überzeugt mich schon in diesem Fall, aber wie weiß ich
daß er auch in allen anderen Fällen stimmt" ist ganz ebenso als wollte   30
man sagen: Ja, jetzt um 4 Uhr stimmt der Satz aber wie weiß ich ob er
zu jeder andren Zeit stimmt. Wer das sagte zeigte damit daß er die
Demonstration|, ihr Wesen,| ganz falsch verstanden hat.
      Er hat sie etwa als Experiment verstanden und dann ist allerdings
der zweite Einwand (so) gültig, wie der erste.   35

ı   Definitionen –*gewellte Unterstreichung im MS rot*
ₐ   Ausdruck der Erwartung zeigt; denn ist ⟨et…⟩
ₐ   Ausdruck der Erwartung zeigt; denn ist es etwas was ⟨sich …⟩
₇   ausgesagt wird/werden muß/, so muß also ⟨die …⟩
₁₉ ist der v o l l s t ä n d i g e Ausdruck der Erwartung ⟨und⟩ nichts

1 ⩗ Zu einem Vorwort:
Dieses Buch ist für diejenigen/die/ geschrieben, welche/die/ dem
Geist in dem es geschrieben ist/seinem Geist/ freundlich
gegenüberstehn. Dieser Geist ist, glaube ich, ein anderer als der der   205
großen/des Stromes der/ europäischen und amerikanischen Zivilisation.   5
Dieser/Der/ Geist dessen Ausdruck/dieser Zivilisation/ die |moderne|
Industrie, Architektur, Musik|, der Faschismus und Socialismus| der
Jetztzeit/unserer Zeit/ ist, ist ein dem Verfasser fremder und
unsympathischer Geist/ist dem Verfasser fremd und unsympathisch/.
Dies ist kein Werturteil. Nicht als ob ich nicht wüßte daß/er glaubte   10
daß/ was sich heute als Architektur ausgibt nicht Architektur ist und
nicht/Architektur wäre und nicht/ als ob er dem was moderne Musik
heißt (ohne ihre Sprache zu verstehen) nicht das größte Mißtrauen
entgegenbrächte/nicht das größte Mißtrauen entgegenbrächte (ohne
ihre Sprache zu verstehen)/, aber das Verschwinden der Künste   15
rechtfertigt kein absprechendes Urteil über eine Menschheit. Denn
echte und starke Naturen wenden sich eben in dieser Zeit von dem
Gebiet der Künste ab und anderen Dingen zu und der Wert des
Einzelnen kommt irgendwie zum Ausdruck. In einem Zeitalter das der
Strom einer Kultur durchfließt. Freilich nicht wie zur Zeit einer   20
Großen Kultur. Die Kultur ist gleichsam eine große Organisation die
jedem der zu ihr gehört seinen Platz anweist an dem er im Geist des
Ganzen arbeiten kann und seine Kraft kann mit gewissem Recht an
seinem Erfolg im Sinne des Ganzen gemessen werden. Zur Zeit der
Unkultur aber zersplittern sich die Kräfte und die Kraft des Einzelnen   25
wird durch entgegengesetzte Kräfte und Reibungswiderstände
verbraucht und kommt nicht in der Länge des durchlaufenen Weges   206
zum Ausdruck sondern vielleicht nur in der Wärme die er beim
überwinden der Reibungswiderstände erzeugt hat. Aber Energie
bleibt Energie und wenn so das Schauspiel das dieses Zeitalter bietet   30
auch nicht das des Werdens eines großen Kulturwerkes ist in dem die
Besten dem gleichen großen Ziele zuarbeiten sondern das wenig
imposante Schauspiel einer Menge deren Beste nur privaten Zielen
nachstreben so dürfen wir nicht vergessen, daß es auf das Schauspiel
nicht ankommt.   35
    Ist es mir so klar daß das Verschwinden einer Kultur nicht das
Verschwinden menschlichen Wertes bedeutet sondern bloß gewisser
Ausdrucksmittel dieses Werts so bleibt dennoch die Tatsache bestehen
daß ich dem Strom der Europäischen Zivilisation ohne Sympathie
zusehe, ohne Verständnis für die Ziele wenn sie welche hat. Ich   40
schreibe also eigentlich für Freunde welche in Winkeln der Welt
verstreut sind.

2   welche/die/ −erste Variante im MS durchstrichen
4   Die ganze Manuskriptseite 205 ist im MS am linken Rand mit einer vertikalen
    Wellenlinie markiert.
6   Dieser/Der/ −erste Variante im MS durchstrichen
6 |moderne| −im MS durchstrichen
7   Industrie, Architektur ⟨und⟩ Musik
15 aber ⟨auch⟩ das Verschwinden der Künste rechtfertigt
19 zum Ausdruck. In einem Zeitalter ⟨in dem …⟩
20 In einem Zeitalter das der Strom einer Kultur durchfließt. −im MS
    durchstrichen
39 so bleibt dennoch die Tatsache bestehen daß ich ⟨dieser …⟩
40 ohne Verständnis ⟨der⟩ Ziele wenn sie welche hat.

1   ⩔ᵣ Ob ich von dem typischen westlichen Wissenschaftler verstanden oder geschätzt werde ist mir gleichgültig weil er den Geist in dem ich schreibe doch nicht versteht.

2   Unsere Zivilisation ist durch das Wort Fortschritt charakterisiert. Der   ℚᵣ 5 207
     Fortschritt ist ihre Form nicht eine ihrer Eigenschaften daß sie fortschreitet. Sie ist typisch aufbauend. Ihre Fähigkeit ist es ein immer komplizierteres Gebilde zu konstruieren. Und auch die Klarheit dient |doch| nur wieder diesem Zweck und ist nicht Selbstzweck.
         Mir dagegen ist die Klarheit die Durchsichtigkeit Selbstzweck   10
         Es interessiert mich nicht ein Gebäude aufzuführen sondern die Grundlagen der möglichen Gebäude durchsichtig vor mir zu haben.
         Mein Ziel ist also ein anderes als das der Wissenschaftler und meine Denkbewegung von der ihrigen verschieden.

                                                                                15

3   ⁊ Jeder Satz den ich schreibe meint immer schon das Ganze |also immer   ℚᵣ⩔ᵣ
     wieder dasselbe| und es sind quasi/gleichsam/ nur Ansichten eines Gegenstandes unter verschiedenen Winkeln betrachtet.

4   / Ich könnte sagen: Wenn der Ort zu dem ich gelangen will nur auf   ℚᵣ 20
     einer Leiter zu ersteigen wäre, ich gäbe es auf dahin zu gelangen. Denn dort wo ich wirklich hin muß, dort muß ich eigentlich schon sein.
         Was auf einer Leiter erreichbar ist interessiert mich nicht.   208
                                                             25

5   ∅ᵣ Die eine Bewegung reiht einen Gedanken an den andern, die andere zielt immer wieder nach dem selben Ort.

6   ∅ᵣ Die eine Bewegung baut und nimmt Stein auf Stein (in die Hand) /ergreift einen Stein um den andern/, die andere greift immer wieder   30
     nach dem Selben.

6 Der Fortschritt ist ⟨nicht …⟩
7 Ihre ⟨| | tä…⟩ –*leergebliebenes Einfügungszeichen im MS*
14 und meine Denkbewegung von der ihrigen ⟨V…⟩
16 ⩔ᵣ *rechtes Randzeichen überschrieben*
17 und es sind quasi/gleichsam/ nur ⟨v…⟩
18 Ansichten eines Gegenstandes ⟨von …⟩
29 Die eine Bewegung baut ⟨die andere⟩ und

1 ∅ᵣ Die Gefahr eines langen Vorworts ist die daß der Geist eines Buches sich in diesem zeigen muß und nicht beschrieben werden kann. Denn ist ein Buch nur für wenige geschrieben so wird sich das eben dadurch zeigen daß nur wenige es verstehen. Das Buch muß automatisch die Scheidung derer bewirken die es verstehen und die es nicht verstehen. Auch das Vorwort ist eben für solche /die/ geschrieben, die das Buch verstehen.

Es hat keinen Sinn jemandem etwas zu sagen was er nicht versteht, auch wenn man hinzusetzt daß er es nicht verstehen kann. (Das geschieht so oft mit einem Menschen den man liebt)

Willst Du nicht daß gewisse Menschen in ein Zimmer gehen so hänge ein Schloß vor wozu sie keinen Schlüssel haben. Aber es ist sinnlos darüber mit ihnen zu reden, außer Du willst doch daß sie das Zimmer von außen bewundern!

Anständigerweise hänge ein Schloß vor die Türe das nur die anzieht /nur denen auffällt/ die es öffnen können und den andern nicht auffällt.

Aber es ist richtig zu sagen daß das Buch meiner Meinung nach mit der fortschreitenden Europäischen und Amerikanischen Zivilisation nichts zu tun hat.

Daß diese Zivilisation vielleicht die notwendige Umgebung dieses Geistes ist aber daß sie verschiedene Ziele haben.

Alles rituelle (quasi Hohepriesterliche) ist streng zu vermeiden weil es sofort fault [… weil es unmittelbar/gleich/ in Fäulnis übergeht].

Ein Kuss ist freilich auch ein Ritus und er fault nicht; aber eben nur soviel Ritus ist erlaubt als so echt ist wie ein Kuss.

2 Es ist eine große Versuchung den Geist explicit machen zu wollen. ∅ᵣ

3 Ausdruck und Beschreibung des Gedankens. ∅ᵣ

4 ∅ᵣ Analogie des Gleichheitszeichens in der Mathematik und des Zeichens „∴" beim Übergang von einem Satz zu einem anderen einer Schlußkette.

5 Der Gedanke ist durch seinen Ausdruck vollständig beschrieben. Eine Beschreibung die außerhalb des Ausdrucks des Gedankens liegt geht uns nichts an da sie zur Psychologie oder Physiologie gehört.

---

17 die es öffnen können und ⟨denen⟩ nicht auffällt ⟨die …⟩
27 nur soviel Ritus ist erlaubt als ⟨|eben|⟩ so echt ist wie ein Kuss.
37 *Die Bemerkung ist am linken Rand mit einer vertikalen Wellenlinie markiert.*
38 Eine Beschreibung die ⟨nicht im⟩ Ausdruck des Gedankens ⟨enthalt…⟩
39 da sie ⟨den Gedanken psychologisch⟩ oder ⟨physiologisch …⟩

1   ø,ᵥ   Denken heißt Sätze gebrauchen aber der Gebrauch der Sätze ist in
jeder Erklärung vorausgesetzt. Das Einzige was man an der Sprache
erklären kann ist ihre Struktur (die Grammatik). Denn die
Anwendung entzieht sich unserer Erklärung. Es sei denn ihre
Anwendung zum Hervorbringen gewisser Wirkungen also ihre   5
kausalen Beziehungen. Aber diese interessieren den Psychologen, uns
nicht. Insofern haben Ogden und Richards mit ihrer kausalen Ansicht
recht nur daß sie den anderen Aspekt nicht sehen.

                                                            8.   10

2   /ᵣ   Der Sündenbock auf den man seine Sünde legt und der damit in die
Wüste hinausläuft ist ein falsches Bild wie alle, die philosophische
Irrtümer verursachen./wie die falschen Bilder der Philosophie./ Man
könnte sagen die Philosophie reinige das Denken von einer (falschen)   211
/irreführenden/ Mythologie (Paul Ernst Vorwort zu den Grimmschen   15
Märchen)

3   Dieses Buch ist für die geschrieben die dem Geist in dem es   ø,ᵣ
geschrieben/erzeugt/gemeint/ ist freundlich gegenüberstehen. Dieser
Geist ist ein anderer als der des großen Stromes der europäischen und   20
amerikanischen Zivilisation. Dieser äußert sich in einem Fortschritt,
im Bauen immer größerer und komplizierterer Strukturen jener
|andere| in einem Streben nach Klarheit und Durchsichtigkeit jeder
möglichen Struktur/welcher Struktur immer/. Dieser will die Peripherie
jener das Zentrum der Kugel erfassen. [Dieser will die Welt an   25
der/ihrer/ Peripherie jener an ihrem Zentrum erfassen] Daher reiht
dieser einen Stein an den andern, oder steigt von einer Stufe zur
anderen während jener bleibt wo er ist und immer wieder dasselbe zu
erfassen trachtet.

                                                                   30

4   Dieses Buch ist für solche geschrieben die seinem Geist freundlich   ø,ᵣ
gegenüberstehen. Dieser Geist ist ein anderer als der des großen
Stromes der europäischen und amerikanischen Zivilisation in dem wir
alle stehen.

                                                                     35

5   [... Dieser will die Welt durch ihre Peripherie – in ihrer   ø,ᵣ
Mannigfaltigkeit – erfassen, jener in ihrem Zentrum – ihrem Wesen.
Daher reiht dieser ein Gebilde an das andere, steigt quasi von Stufe zu
Stufe immer weiter, während jener dort bleibt wo er ist und immer   212
dasselbe erfassen will.   40

---

  1 *ø,ᵣ linkes Randzeichen überschrieben*
  7 haben Ogden und Richards mit ihrer kausalen (Theorie) recht
23 |andere| *–das Einfügungszeichen ist im MS gewellt unterstrichen*
32 Dieser Geist ist ein anderer als der (gr...)
33 und amerikanischen (Kultur) in dem wir alle stehen.
36 [... Dieser *–im MS fehlt die Schlußklammer*

1 ∅ᵣ Ich möchte sagen „dies Buch sei zur Ehre Gottes geschrieben", aber
       das wäre |heute| eine Schurkerei d.h. es würde nicht richtig verstanden
       werden. Es heißt es ist in gutem Willen geschrieben und soweit es
       nicht mit gutem Willen also aus Eitelkeit etc geschrieben ist, soweit
       möchte der Verfasser es verurteilt wissen. Er kann es nicht weiter von   5
       diesen Ingredienzien reinigen als er selbst davon rein ist.

2 ∅ᵣ Wo man an die Grenze seiner eigenen Anständigkeit stößt dort
       entsteht quasi ein Wirbel der Gedanken, (und) ein endloser Regress:
       Man mag s a g e n was man will, es führt einen nicht weiter.   10

3 ∅ᵣ Dies Buch übergebe ich |allen| denen, die dem Geist in dem es
       gemeint ist freundlich gegenüberstehen.

4 ∅ᵣ In meinem früheren Buch ist die Lösung der Probleme noch viel zu   15
       wenig hausbacken dargestellt es hat noch zu sehr den Anschein als
       wären Entdeckungen notwendig um unsere Probleme zu lösen und es
       ist alles noch zu wenig die Form von grammatischen
       Selbstverständlichkeiten in gewöhnlicher Sprache/Ausdrucksweise/   213
       gebracht. Es schaut alles noch zu sehr nach Entdeckungen aus.   20

                                                                         9.

5   Wir verwechseln das Wort „grün" mit dem Satz „a ist grün". (Daher   ∀̶ᵣ
       auch unsere Schwierigkeit es im Satz „a ist nicht grün" zu erklären)
       [Das ist auch eine jener Selbstverständlichkeiten] Wie wir in den   25
       Schwierigkeiten die ‚Zahnschmerzen' betreffend das Wort
       „Zahnschmerzen" verwechseln mit dem Satz „ich habe
       Zahnschmerzen". Das heißt wir glauben daß was erst in diesem Satz
       ausgedrückt ist schon in dem W o r t liegt.

                                                                         30

6   Wir fragen: Was ist ein Gedanke, welcher Art muß etwas sein um die   \?ᵣ
       Funktion des Gedankens verrichten zu können. Und diese Frage ist
       ganz analog der: Was ist, oder wie funktioniert, eine Nähmaschine.
       „Wie macht sie das?"
          Aber die Antwort könnte sein: Schau den Stich an; alles was der   35
       Nähmaschine w e s e n t l i c h ist, ist in ihm zu sehen; alles andere kann
       so oder anders sein.

7   Wir fragen wie muß der Gedanke beschaffen sein um seine Funktion   \ᵣ
       zu verrichten/Bestimmung zu erfüllen/; aber was ist denn seine Funktion?   40
       Wenn sie nicht in ihm selbst liegt (d.h. wenn sie nicht ist zu sein was   214
       er ist) so liegt sie in seiner W i r k u n g aber die interessiert uns nicht.

---

  3 ⟨Das⟩ heißt es ist in gutem Willen geschrieben
  4 in gutem Willen geschrieben und soweit es nicht mit ⟨ge…⟩
  6 rein –im MS durchstrichen
  9 ein endloser Regress: ⟨man⟩ mag s a g e n was
 12 |allen| –das Einfügungszeichen ist im MS gewellt unterstrichen
 24 [⟨das⟩ ist auch eine jener Selbstverständlichkeiten]
 25 Wie wir ⟨auch⟩ in den Schwierigkeiten die ⟨f…⟩
 33 diese Frage ist ganz analog der: ⟨Wie muß etwas sein um die F…⟩
 33 Was ist, oder wie funktioniert, –Kommas im MS rot
 39 ⟨∀̶ᵣ⟩ rechtes Randzeichen rot gestrichen

1 /, Welcher Art muß die Bewegung der nähenden Hand und Nadel sein
damit dieser Stich herauskommt? – Alles kann man ändern – d.h. ist
unwesentlich – außer das was dem Stich selbst wesentlich ist. Das was
der Stich mit jener ganzen Vorrichtung gemein haben muß.

5

2 /, Die l o g i s c h e Erklärung der Nähmaschine könnte also nichts tun als
den Stich beschreiben. Und zwar das Geometrische an ihm, während
alles andere als unwesentlich dargestellt wird.

10.   10

3 ∀, Von der Sprache kann man kein Gleichnis machen, nur ein Beispiel
geben.

4 ∀, Ehe das Kombinationsschloß nicht auf die richtige Kombination
eingestellt ist kann keine Kraft die Türe öffnen und ist die richtige   15
Kombination eingestellt so b r a u c h t es keine Kraft sie zu öffnen. Es
ist schwer für solche Menschen sich daran zu gewöhnen die |es| immer
mit Türen zu tun gehabt haben die sich durch Kraftanstrengung (und   215
im Verhältnis zur angewandten Kraft) öffnen lassen.
[… die sich durch Kraftanstrengung öffnen lassen und im Verhältnis   20
zur angewandten Kraft.]

5 „Wie arbeitet der Gedanke, wie bedient er sich seines Ausdrucks?",   \,
das ist/klingt/ analog der Frage: „wie arbeitet der Webstuhl, wie
bedient er sich der Karten?".   25

6 Daraus daß wir das Eine mit den Worten beschreiben „ich glaube,   ∀,
daß p" das Andere mit den Worten „p" [„es ist wahr daß p"] sollen
wir eben lernen wie die Worte im Satz p gebraucht sind. Es ist klar
daß die beiden Sätze/Behauptungen/ ganz verschiedene Tatsachen   30
beschreiben. Die Frage ist werden in beiden Fällen diese Worte in
einer anderen Weise gebraucht? So als wäre etwa im zweiten Fall nur
von den Worten die Rede und gehörte der Satz p in
Anführungszeichen. Aber das ist offenbar nicht der Fall.

35

7 Das Gefühl ist daß mit dem Satz „ich glaube daß p |der Fall ist|" der   \,
Vorgang des Glaubens nicht beschrieben sei. (daß vom Webstuhl nur
die Karten gegeben seien und alles Übrige bloß angedeutet ist) Daß   216
man die Beschreibung „ich glaube p" durch die Beschreibung eines
Mechanismus ersetzen könnte worin dann p d.h. jetzt die Wortfolge   40
von p wie die Karten im Webstuhl nur als e i n Bestandteil
vorkommen würden. Aber hier ist der Irrtum: Was immer diese
Beschreibung enthielte wäre für uns wertlos außer eben der Satz p
mit s e i n e r GRAMMATIK. Sie ist der eigentliche Mechanismus in dem
/welchem/ er eingebettet liegt.   45

---

2 damit dieser Stich herauskommt? – Alles ⟨ist …⟩
7 den Stich beschreiben. –*im MS markiert nach dem Schlußpunkt ein vertikaler*
roter Strich in der Zeile den Gültigkeitsbereich des Randzeichens
15 Kombination eingestellt ist kann keine Kraft ⟨es⟩ öffnen
18 die sich durch Kraftanstrengung ⟨öffn…⟩
32 werden in beiden Fällen diese Worte in einer ⟨A…⟩
36 *Im MS ein Absatz, durch Randzeichen als Bemerkung gekennzeichnet.*
38 (daß vom Webstuhl nur die Karten gegeben seien und ⟨da…⟩
40 d.h. jetzt die Wortfolge ⟨„⟩p⟨"⟩ wie die Karten im Webstuhl

1 ?⸝ Man hat vielleicht das Gefühl: es kann doch nicht im Satz „ich glaube
daß p" das ‚p' dasselbe bedeute wie in der Behauptung „p" weil ja in
der Tatsache des Glaubens daß p die Tatsache daß p nicht enthalten
ist. Aber ‚p' ist ja auch im ersten Satz zusammengesetzt und nicht ein
Name.   5

2 ⱽ⸝ Was heißt der Satz: „N hat nie gelebt".

3 ⸝⸝ Man hat das Gefühl daß ich mich im Satz „ich erwarte daß er kommt"
der Worte „er kommt" in anderer Weise bediene als in der   10
Behauptung „er kommt". — Aber wäre es so so könnte ich nie wissen
ob die Tatsache jene Erwartung befriedigt.   217

4 Nun könnte man aber fragen: Wie schaut das aus wenn er kommt? —   \⸝
„Es geht die Tür auf und ein Mann tritt herein der ….". Und wie   15
schaut das aus, wenn ich erwarte daß er kommt? — „Ich gehe auf und
ab, sehe auf die Uhr ….". — Aber der eine Vorgang hat ja mit dem
anderen nicht die geringste Ähnlichkeit! Wie kann man dann die
selben Worte zu ihrer Beschreibung gebrauchen? Aber auf und
abgehen könnte ich ja auch ohne zu erwarten daß er kommen werde,   20
auf die Uhr sehen auch etc. das ist also nicht das Charakteristische des
Erwartens daß er kommt. Das Characteristische aber ist mir eben
durch diese Worte gegeben. Und „er" heißt dasselbe wie in der
Behauptung „er kommt" und „kommt" heißt dasselbe wie in der
Behauptung und ihre Zusammenstellung bedeutet nichts anderes.   25

5 Natürlich muß die Erwartung mit der Tatsache etwas gemein haben.   ⱽ⸝
Aber das ist ja auch dadurch ausgedrückt daß die Sprache beide mit
den gleichen Worten beschreibt. Und das zeigt nur daß die Worte für   218
etwas anderes stehen als man gewöhnlich meint. Nämlich nur für eine   30
Multiplizität. Denn etwas anderes hat der Vorgang der Erwartung mit
der Tatsache wirklich nicht gemein.

6 ⱽ⸝ Die Worte sind die Eckpunkte bestimmter Strukturen.

                                                                                        35
                                                                          11.

7 ⸝⸝ „Die Vorstellung die mit dem Wort rot verbunden ist, ist gewiß die
welche der Tatsache entspricht daß etwas rot ist, nicht die die der
Tatsache entspricht daß etwas blau also n i c h t r o t ist. Statt der
Worterklärung „das‿ ist rot" sollte ich sagen „so sieht es aus wenn   40
etwas rot ist".
Ja, die Vorstellung rot ist die Vorstellung daß etwas rot ist. Und darauf
beruht jene Verwechslung von Wort und Satz von der ich früher
sprach."
                                                                                        45

2   wie in der Behauptung „p" weil ja in ⟨dem …⟩
4   ‚p' ⟨besteht⟩ ja auch im ersten Satz ⟨aus …⟩
9   Man hat das Gefühl daß ⟨ich s…⟩
12 so könnte ich nie wissen ob die Tatsache ⟨d…⟩
19 zu ihrer Beschreibung gebrauchen? Aber ⟨das A…⟩
23 ist mir eben durch diese Worte gegeben. ⟨Unte…⟩
25 und ihre Zusammenstellung ⟨heißt …⟩
27 *Im MS ein Absatz, durch Randzeichen als Bemerkung gekennzeichnet.*
37 *An- und Ausführungszeichen am Anfang und Ende der Bemerkung im MS rot.*
40 Statt der Worterklärung „das‿ ist rot" sollte ⟨ich sagen u…⟩

1 Ich nehme oft die Gräben der Philosophie im Anlauf und Sprung.
Wenn dann aber jemand kommt und sagt: wir haben diesen
Übergang nicht verstanden, mach uns ihn noch einmal ganz langsam   219
vor — .

2 Der Vorgang des Denkens zeichnet die Wirklichkeit nach [Der
Vorgang des Denkens ist ein Nachzeichnen der Wirklichkeit.]

3 Die Kopie aber die der Vorgang des Denkens von der Wirklichkeit
macht, hat nur Bedeutung d.h. ist nur dadurch keine unmaßgebliche   10
Zuordnung/maßgeblich/, daß sie ein Teil eines Systems ist. Ich will
sagen: nur dadurch verpflichtet sie zu etwas. Hat sie weitere
Konsequenzen.

4 Die Zuordnung des Satzes zur Wirklichkeit hört nur dann auf   15
willkürlich zu sein (ist nur dann eine Beschreibung) wenn der Satz
einem Sprachsystem angehört.

5 Daß das Wort kein Satz ist, daß der Satz – wie ich sagte –
zusammengesetzt sein muß, heißt nichts anderes als daß der Satz Teil   20
eines grammatischen Systems (Mechanismus) sein muß.

6 Ich kann einen Zustand, eine Tatsache, wohl in einer ganz neuen von
mir erfundenen Sprache beschreiben, d.h. ihm eine von mir noch nie   220
gehörte Lautverbindung zuordnen, aber diese Lautverbindung oder   25
Verbindung von neuen Worten ist nur dann ein Satz wenn sie in
einem System gedacht ist und im Gegensatz zu anderen Sätzen
desselben Systems.

7 Ist es aber nicht ein schiefer Ausdruck „den Satz in einem System   30
sehen"? – Kann es eine andere Bedeutung haben als die, die Stellung
⊙⤻—⊐ des Mechanismus als eine, eines Systems/in einem
System/ von Stellungen sehen? Ich glaube nicht.

8 „Mit welchem Recht nenne ich die Farbe dieses Flecks ‚rot'?"   35

2 Wenn ⟨mir ...⟩
2 jemand kommt und sagt: wir haben diesen ⟨Spr...⟩
15 Die Zuordnung des Satzes zur Wirklichkeit ⟨⟨Beschreibung⟩⟩ hört nur
16 hört nur dann auf willkürlich zu sein ⟨⟨eine B...⟩
16 (ist nur dann eine Beschreibung) ⟨wenn⟩ der Satz
16 (ist nur dann eine Beschreibung) wenn ⟨daß ...⟩
24 von mir erfundenen Sprache beschreiben, d.h. ihm ⟨einen ...⟩
27 wenn sie in einem System gedacht ist und ⟨zu ...⟩
30 aber *–im MS rot durchstrichen*
32 des Mechanismus als ⟨Stellun...⟩

1   Ɐ.   Man könnte sagen daß die Beweglichkeit, die Bewegungsfreiheit, eines
Mechanismus, wie des obigen, durch eine a l l g e m e i n e Gleichung
ausgedrückt wird x = f(y), die einzusetzenden Werte sind Zahlen (und
es genügt anzunehmen daß es Kardinalzahlen sind) und die Zahlen
sind uns durch ihr Bildungsgesetz gegeben. Aber sind wir dadurch   5
weitergekommen? Warum sollte der Begriff des „Und-so-weiter" nicht
gleich auf die Zeichnung des Mechanismus angewandt werden? Etwa
auf die möglichen Stellungen des Kurbelzapfens im Kreis?   221
       Ja habe ich nicht wirklich nur die Zeichnung des
Mechanismus in die Gleichung übersetzt?   10

                                                      12.

2   Was heißt es ein Gesetz in einer Reihe von Erscheinungen   \ᵣ
wahrnehmen?

                                                       15

3   Der Ausdruck einer allgemeinen Regel ist auch ein Zeichen das in   Ɐᵣ
einem Kalkül gebraucht werden muß (nur anders als andere Zeichen)

4   Die Grammatik besteht aus solchen allgemeinen Regeln. Und es ist   Ɐᵣ
nichts? zwischen dem Ausdruck einer solchen Regel/dieser Regeln/   20
und dem Resultat ihrer Anwendung.

5   Was geschieht wenn wir die allgemeine Regel die eine Reihe von   Ɐᵣ
Fällen beherrscht herausfinden und ausdrücken [anschreiben]? Wenn
ich etwa die Fälle $\frac{1}{1}$, $\frac{2}{4}$, $\frac{3}{9}$ sehe und sage die Regel sei $\frac{n}{n^2}$ 25
       Wenn ich aber nun von einer/der/ allgemeinen Regel gebrauch
mache, wie kommt sie in diesem Gebrauch vor? Wenn ich z.B.
a a c b nach der Regel a | d in d d f e übersetze —
                              b | e
                              c | f   30
In welcher Weise mache ich von dem Zeichen der allgemeinen Regel   222
gebrauch. Da ist es klar daß dieses Zeichen (wieder) nicht magisch
wirkt oder wie ein medizinisches Mittel; sondern es hat nur Sinn im
Gegensatz zu anderen Zeichen desselben Systems etwa a | r.
                                        b | s   35
                                        c | t
Das muß sich auch zeigen wenn ich mir z.B. etwas notiere und mit
Zeichen die gewöhnlich nicht in Gebrauch sind. Ich wollte mir etwa
rasch die Zahl der männlichen und weiblichen Hörer im Zimmer
notieren und machte dazu für jeden Mann ein Kreuz für jede Frau   40
einen Strich ins Notizbuch; auch diese Notiz ist eine solche |nur| in
einem System, das ich mir geschwind für mich zurechtgelegt habe.

6   Warum sollte der Begriff des „Und-so-weiter" nicht ⟨auch⟩ gleich
7   gleich auf die Zeichnung des Mechanismus ⟨angewendet⟩ werden?
8   werden? Etwa auf die ⟨Stell...⟩
9   Ja habe ich nicht wirklich nur die Zeichnung ⟨m...⟩
16   ⟨Das Zeichen ...⟩
20   Und es ist nichts? –*Fragezeichen im MS am Seitenrand blau angedeutet*

1   Ⓥᵣ Auch jede Erklärung die ich gebe (welcher Art immer) ist eben eine
Erklärung die sagt daß es so ist im Gegensatz zu einem anderen Fall,
daß es s o ist (und nicht anders). Dieses so muß eben in einem Raum
von anderen Möglichkeiten sein./gesehen werden./ Es ist der Fall des
Zeigens an einen Ort, wenn man etwa sagt „hier ist ein roter Fleck".   5
Dieses Zeigen zeigt an einen Ort im Gegensatz zu anderen Orten oder
richtiger im Gegensatz zum übrigen Raum. Der Hinweis durch das
Zeigen muß als ein Fall in einem System von Hinweisen, oder des   223
Hinweisens, verstanden werden.

        Aber kann ich ein System als solches verstehen ohne mich in   10
ihm zu bewegen? Andrerseits aber erschöpft doch keine Bewegung
die Möglichkeiten des Systems? Brauche ich also wirklich eine
Bewegung um das System zu verstehen. Es ist der analoge Fall der
Erklärung eines |formalen| Gesetzes durch die Aufzählung einiger
Glieder einer Reihe etwa 1, 8, 27, 64,   15

2   Natürlich das Zeichen eines Systems bezeichnet es nur im Gegensatz   \ᵣ
zu anderen Systemen und setzt selbst ein System voraus. (Interne
Relation die nur besteht wenn ihre Glieder da sind)

    20

                     13.

3   ∫ Ich überlege mir, der Wievielte heute ist und sage mir in Gedanken   Ⓥᵣ
vor: „Montag der 10ᵗᵉ Dienstag der 11ᵗᵉ Mittwoch der 12ᵗᵉ Donnerstag
der 13ᵗᵉ"; und/. Und/ schreibe die ‚13'. Bei „Montag der 10ᵗᵉ"
schwebt(e) mir vor eine Einladung die ich zu diesem Tag hatte,   25
weswegen/und derentwegen/ ich mir dieses Datum gemerkt hatte.

4   Das Denken |als Ganzes| und seine Anwendung geht sozusagen   \ᵣ
automatisch vor sich. — Wieviele Zwischenstufen ich auch zwischen
den Gedanken und die Anwendung setze, immer folgt eine   30 224
Zwischenstufe der nächsten – und die Anwendung der letzten – ohne
Zwischenglied. Und hier haben wir den gleichen Fall, wie wenn wir
zwischen Entschluß und Tat |durch Zwischenglieder| vermitteln
wollen.

    35

5   / Die Verbindung unseres Hauptproblems mit dem epistemologischen
Problem des Wollens ist mir schon früher einmal aufgefallen. Wenn in
der Psychologie ein solches hartnäckiges Problem auftritt so ist es nie
eine Frage nach der tatsächlichen Erfahrung (eine solche ist immer
viel gutmütiger) sondern ein logisches, also eigentlich grammatisches   40
Problem.

6   ⸮/ Warum die grammatischen Probleme so hart und scheinbar
unausrottbar sind — weil sie mit den ältesten Denkgewohnheiten d.h.
mit den ältesten Bildern, die in unsere Sprache selbst geprägt sind,   45
zusammenhängen.

    6 Dieses Zeigen zeigt an einen Ort im Gegensatz ⟨A…⟩
   11 Andrerseits aber erschöpft doch keine Bewegung ⟨das …⟩
   13 um das System zu verstehen. ⟨D…⟩
   14 der Erklärung eines |formalen| Gesetzes durch ⟨eine …⟩
   17 Natürlich das Zeichen eines ⟨Sat…⟩
   31 immer folgt eine Zwischenstufe der ⟨anderen …⟩
   31 *Im MS:* der der nächsten
   37 mir schon früher einmal ⟨eing…⟩

1 / Ich habe eine bestimmte Vorstellung, und dann kommt jemand zur Tür herein. Aber warum nenne ich nun die Vorstellung die ich hatte „die Vorstellung daß dieser Mensch zur Tür herein kommen werde"? Aber so verwenden wir die Sprache eben.

2 / Jede für uns relevante Beschreibung der Erwartung ist |zugleich| eine Beschreibung des Erwarteten.

3 / Aber, wird man sagen, daß ich die Sprache so verwende ist nicht genug sondern ich muß berechtigt sein, sie so zu verwenden. — Aber die Verwendung der Sprache läßt sich nicht rechtfertigen. Denn rechtfertigen, hieße sie durch Sätze rechtfertigen.

4 / Woher dann aber das Bedürfnis nach Rechtfertigung? die Unbefriedigung?
Es ist jedenfalls das s e l b e Mißverständnis unserer Sprachlogik, das uns fühlen macht/das Gefühl gibt/, daß p ∨ ~p doch |noch| etwas sagt daß es nicht den ganzen logischen Raum erfüllt, oder wenn, daß man doch diesen Raum abgrenzen kann gegen etwas außer ihm. Ja das Wort „den ganzen" im vorigen Satz enthält schon dasselbe Mißverständnis.

5 Ich nenne Es nicht so/So/ w e i l es gewisse Eigenschaften hat. Außer wenn man statt dem So diese Eigenschaften nennen kann (wenn das So durch sie definiert ist). Ja wie ich Etwas nenne ist ganz gleichgültig (weil willkürlich). Maßgebend/Bedeutend/ ist nur daß ich um den gleichen Bestandteil zu charakterisieren das g l e i c h e Wort gebrauche.

6 /ᵣ Und hier ist glaube ich ein Hauptanlaß/anstoß/ zum Mißverständnis daß das „Vorkommen von rot" in zwei Tatbeständen |als „gemeinsamer Bestandteil"| zwei ganz verschiedene Bedeutungen/einen doppelten Sinn/ hat/zweierlei ganz verschiedenes bedeuten kann/. In dem einen Fall heißt es daß sowohl da wie dort etwas r o t ist – d.h. die Eigenschaft rot hat. In dem anderen handelt es sich nicht um eine Gemeinsamkeit der Farbe (die ja durch eine Farbangabe ausgedrückt würde).

225

226

1 Der Absatz ist im MS am linken Rand mit einem vertikalen Strich markiert.
2 die Vorstellung die(,) |ich hatte „die Vorstellung| daß dieser Mensch
6 Jede für uns relevante Beschreibung ⟨des …⟩
6 |zugleich| –im MS ist auch das Einfügungszeichen gewellt unterstrichen
9 daß ich die Sprache so verwende ist ⟨doch⟩ nicht genug
11 ich muß berechtigt sein, sie so zu verwenden. — Aber die ⟨S…⟩
17 |noch| –das Einfügungszeichen ist im MS gewellt unterstrichen
23 ᵥ rechtes Randzeichen durchstrichen
23 w e i l es gewisse Eigenschaften hat(, …). ⟨Denn …⟩
26 wie ich Etwas nenne ist ganz gleichgültig (weil willkürlich). ⟨Nur …⟩
26 Maßgebend/Bedeutend/ –erste Variante im MS durchstrichen
30 daß das „Vorkommen von rot" in zwei Tatbeständen ⟨einen …⟩
34 etwas r o t ist – d.h. die Eigenschaft ⟨hat …⟩
34 rot hat. ⟨Im …⟩
34 In dem anderen ⟨Fall⟩ handelt es sich nicht um
36 (die ja durch eine Farbangabe ausgedrückt würde) ⟨sondern …⟩

1 /ᵣ Diese Gemeinsamkeit ist eben die Harmonie zwischen Welt
/Wirklichkeit/ und Gedanken die nicht zu beschreiben ist.

2 ∀ᵣ Kann man sagen: Der Mechanismus muß funktionieren, wenn man
ihn braucht. Der Freiheitsgrad muß sich erst dann äußern, und   5
natürlich äußert er sich dann nur in e i n e m᛫ bestimmten/besonderen/
Falle. So aber muß sich der Freiheitsgrad einer grammatischen
Konstruktion nur in dem Falle der Anwendung zeigen.

3 Könnte man auch sagen: Wir verwenden die Worte zwar in   ∀ᵣ 10 227
Übereinstimmung mit den grammatischen Regeln aber nicht im
fortwährenden Hinblick auf diese Regeln. Also überhaupt nicht
wesentlich im Hinblick auf die Regeln (die Regeln sind natürlich
irgendwelche Sätze)

15

4 Wenn man einen Satz braucht, so muß er schon irgendwie   \
f u n k t i o n i e r e n. Das heißt man gebraucht ihn nicht um einer
Tatsache einen Lärm beizuordnen.

5 D.h. der Gedanke muß schon eine Bewegung des Mechanismus   ∀ᵣ 20
darstellen, nicht einfach eine seiner Lagen.

6 Der Gedanke kann kein beliebiger Vorgang sein. Wie könnte sonst   ∀ᵣ
über eine Beschreibung ein Streit entbrennen?

25

7 Jemand sagt „diese Blume hat vier Blätter"; ich sehe hin und sage „ja".   ∀ᵣ\ᵣ
Um die Angabe mit der Wirklichkeit zu vergleichen, mußte ich die
Blätter zählen, meine Aufmerksamkeit in b e s t i m m t e r Weise auf sie
richten. Und darin bestand das Deuten des Satzes entsprechend den
grammatischen Regeln. Ich mußte die Wirklichkeit artikulieren um sie   30
mit dem Satz zu vergleichen. Dieses Artikulieren kommt im
Kollationieren der Wirklichkeit mit dem Satz |sehr klar| zum Ausdruck.   228

14.

8 ∀ᵣ Das was Einen sagen macht daß reden nicht denken sein kann, ist,   35
daß das Reden als etwas willkürliches empfunden ist, das Denken
nicht. Und darin ist natürlich eine Wahrheit. Nur daß das Reden auf
keiner anderen Stufe steht als irgend ein anderer Vorgang der als
Symbol verwendet wird.

40

9 ∀ᵣ Solange eine Zuordnung zu nichts verpflichtet/(commit)/ ist sie nicht
symbolisch.

10 ∀ᵣ Sind nicht die Worte wie Papiergeld, das nur zwischen zwei
wirklichen Werten vermittelt?   45

11 ∀ᵣ Aber, I feel I have committed myself, wenn ich sage „ich wünsche
hier etwas Braunes".

---

10 Könnte man auch sagen: ⟨Wie …⟩
16 Wenn man ⟨irgendwie⟩ einen Satz braucht,
26 *∀ᵣ rechtes Randzeichen rot durchstrichen*
32 *|sehr klar| –im MS ist auch das Einfügungszeichen gewellt unterstrichen*

1   ⚡ᵣ   Ist es so? Indem ich die Wirklichkeit beschreibe mache ich bereits von
den Regeln der Grammatik gebrauch (oder handle gemäß diesen
/solchen/ Regeln). Eben weil ich die Wirklichkeit um sie zu
beschreiben bereits artikuliert sehen muß. – Ich habe Die
Wirklichkeit bereits in gewisser Weise in den Satz übersetzt und   5
also den Gebrauch der Sprache bereits fixiert und bin so also,
gleichsam, eine Verpflichtung eingegangen.

2   Aber auch wenn mich jemand fragt „ist dort ein brauner Fleck" und   ⚡ᵣ 229
ich antworte „nein, ein blauer Fleck" so war ich bereits verpflichtet so   10
zu sagen. Es war keine willkürliche Zuordnung von Worten zu dem
was ich sah.

3   Es wäre doch nicht einen Tatbestand porträtieren wenn ich etwa   \ᵣ
beliebige Striche auf das Papier kritzelte und sagte „es gibt gewiß eine   15
Projectionsmethode die diesen Tatbestand in diese Zeichnung
projiziert.

4   Ja auch hier (beim Porträtieren)/Abbilden/ fühle ich mich schon beim   \ᵣ
ersten Strich verpflichtet – d.h. er ist nicht willkürlich. Jedenfalls aber   20
fängt das B i l d erst dort an wo die Verpflichtung anfängt.

5   Heißt, einer Regel folgen, einer ausgedrückten (ausgesprochenen)   ⚡ᵣ
Regel folgen?
  25

6   Wenn ich absichtlich eine gewisse Form nachzeichne so hat der   \ᵣ
Vorgang des Kopierens – ich meine der ganze seelische Vorgang –
mit der Wirklichkeit an einer bestimmten Stelle diese Form gemein.   230
Sie ist eine Facette des Vorgangs des Kopierens. Eine Facette die an
dem kopierten Gegenstand anliegt und sich dort mit ihm deckt.   30

7   ⚡   Ich kann wenn ich die Figur ⟋⟍ kopiere und |etwa| bei der oberen
horizontalen Linie anfange meinen Bleistift von ihr in verschiedener
Weise leiten lassen. Ich kann etwa trachten diese Linie ihrer Länge
nach wiederzugeben – oder nicht. Dann wird im einen Fall mein   35
Bleistift plötzlich angehalten werden (von dem Modell) und wenn ich
übers Ziel schieße so wird eine andere |bestimmte| Reaktion eintreten
die dem tatsächlichen Anhalten hier äquivalent ist. Im andern Fall
wenn der Maßstab der Wiedergabe gleichgültig ist wird mein Bleistift
auch anhalten aber die begleitenden seelischen Erscheinungen werden   40
verschieden sein. Ich könnte sagen der Körper des gesamten
Vorgangs des Kopierens liegt mit einer bestimmten seiner Facetten an
der Vorlage an.

8   ⚡   Und es hat ja auch der Satz der das Kopieren beschreibt eine Facette   45
gemeinsam mit dem Satz der die Vorlage beschreibt.   231

₁₅ „es gibt gewiß – *im MS fehlt das Ausführungszeichen*
₁₆ die diesen Tatbestand in diese ⟨Striche⟩ projiziert.
₂₆ eine gewisse Form nachzeichne so ⟨ist die abgezeichnete Form…⟩
₂₉ Sie ist eine Facette des ⟨seelischen⟩ Vorgangs des Kopierens.
₂₉ *Im MS durchgehend:* Fassette *bzw.* Fassetten
₄₁ Ich könnte sagen der Körper ⟨der …⟩
₄₂ liegt mit einer bestimmten seiner ⟨Fal…⟩

1   Man könnte dann sagen: Wenn auch mein Bleistift die Vorlage nicht   \\,
trifft, die Absicht trifft sie immer.

2   So könnte ich sagen der Körper des Beschreibens wenn ich   \\,
|z.B./etwa/| sage „hier ist ein brauner/roter/ Kreis" liegt mit einer   5
seiner Facetten an dem Beschriebenen an. Dadurch daß ich mit diesen
Worten die Tatsache porträtiert, nachgezeichnet, habe. D.h. die
Handlung dieses Nachzeichnens liegt mit einer ganz bestimmten
ihrer Facetten an der Vorlage. (Hat diese Facette mit der Vorlage
gemein – oder auch die Vorlage bildet diese Facette)   10

3   Die Regel nach der ich die Vorlage kopiert habe wäre in gewissem   ⩔
Sinne eine Beschreibung des Körpers dieses Kopierens. Denn sie
würde beschreiben w i e ich meinen Bleistift von der Vorlage
leiten lassen. Sie wäre gleichsam eine nachträgliche Beschreibung des   15
Mechanismus der zwischen Vorlage und Bild eingeschaltet ist. Und
würde die weiteren Bewegungsmöglichkeiten dieses Mechanismus
beschreiben.

4 ⩔ Porträtiert man aber auch etwas/Bildet man aber auch etwas nach/   20 232
wenn man eine Erwartung ausdrückt!?

                                                                            15.

5 /, Der Satz „ich erwarte mir hier einen roten Fleck" bildet offenbar
etwas von dem gegenwärtigen Zustand und noch etwas anderes ab.   25

6 ?/, Wie wenn ich eine Erinnerung beschreibe? – Ist es nicht
w e s e n t l i c h anders als wenn ich eine Erwartung beschreibe?

7 ⩔, Die Beschreibung der Erwartung ist in einem Sinne eine negative   30
Beschreibung der Gegenwart.
      Denn wenn ich mir erwarte daß hier ein roter Fleck erscheinen
werde so heißt das |jedenfalls|, daß jetzt keiner da ist.
      Ich könnte sagen: was in dieser Beschreibung die Zukunft
beschreibt ist ihr Verhältnis zu der Beschreibung der Gegenwart in   35
derselben Sprache. Oder: ist ihr |besonderes| Verhältnis zur
Gegenwart.

  1 ⟨⩔⟩ *linkes Randzeichen gestrichen*
  1 \ *rechtes Randzeichen überschrieben*
  4 \ *rechtes Randzeichen überschrieben*
  4 |z.B./etwa/| *–erste Variante im MS durchstrichen*
 10 oder auch die Vorlage bildet ⟨eine⟩ Facette)
 30 Die ⟨Erwar…⟩
 30 Die Beschreibung der Erwartung ist in ⟨gewis…⟩
 32 daß hier ein roter Fleck erscheinen ⟨wir…⟩
 33 daß hier ein roter Fleck erscheinen werde so heißt das⟨, …⟩
 34 Ich könnte sagen⟨, d…⟩

1 Wie aber wenn ich sage: „Stell' Dir ein Zimmer vor ....." und nun
beschreibe ich ein Zimmer und einen Vorgang darin. Ein solcher Satz
hat zu einer Behauptung dasselbe Verhältnis wie ein Bild im
allgemeinen zu einem Portrait. Wenn ich nun etwa ein holländisches 233
Genrebild ansehe so halte ich die gemalten Menschen darin nicht für 5
wirkliche Menschen, andererseits ist ihre Ähnlichkeit mit Menschen
für das Verständnis des Bildes wesentlich.

2 Ein Vexierbild ist ein ausgezeichnetes Beispiel für die verschiedenen
Weisen wie wir ein uns vorliegendes Bild sehen können. 10

3 Heißt „sich rot vorstellen", sich vorstellen daß etwas (etwa ein Teil
meines Gesichtsfeldes) rot ist? Und/Oder/ gibt es zwei verschiedene
Vorstellungen: die eine daß ein Teil des Gesichtsfelds (oder das
Ganze) rot ist; die andre: die Vorstellung der Farbe rot; also die 15
Vorstellung dessen was dem Wort rot entspricht nicht dessen was
einem Satz entspricht, der das Wort (rot) enthält? Und wenn es so
etwas gäbe, wie verhielte sich die eine dieser Vorstellungen zur
anderen?
20

4 Ich kann die/jene/ Beschreibung eines Zimmers in eine Zeichnung
übersetzen. Und das ist ihr wesentlich.

5 Ich kann mir nach einer Beschreibung (d.h. einer Beschreibung 234
folgend) eine Vorstellung machen. Dann übersetze ich offenbar die
Beschreibung in die Vorstellung ebenso wie ich die Wirklichkeit in die 25
Beschreibung übertragen konnte.

6 Von Noten spielen.
30

7 Das Signal gibt im Gegensatz zu seiner Erklärung nicht die volle
Multiplizität der Tatsache. Die Erklärung aber kann nicht mehr geben
als diese Multiplizität.

8 Ich zeige Jemandem die Noten eines Musikstückes und sage „kannst 35
Du das lesen". Er durchfliegt es und sagt „ja". Er hat beim
Durchfliegen irgend etwas getan, vielleicht Bewegungen seines
Kehlkopfs gemacht oder gewisse Muskeln innerviert und zwar hat er
die Notenschrift in ein anderes System von Innervierungen oder
Bewegungen übersetzt. 40

---

1 „Stell' ⟨dir⟩ ein Zimmer vor ....."
9 *Im MS:* Fexierbild
9 Ein Vexierbild ist ein ausgezeichnetes Beispiel ⟨dafür ...⟩
13 Und/Oder/ *–erste Variante im MS durchstrichen*
14 die eine daß ein Teil ⟨(oder das Ganze ...⟩
15 des Gesichtsfelds (oder das Ganze) rot ist; die andre: ⟨da...⟩
21 ⟨Ⱳᵣ⟩ *rechtes Randzeichen rot gestrichen*
21 die/jene/ *–erste Variante im MS durchstrichen*
22 *Im MS fehlt die nachfolgende Leerzeile.*
35 Ⱳ *linkes Randzeichen überschrieben*
37 Er hat beim Durchfliegen irgend ⟨eine Tätigkeit ...⟩

1   ∀ſ₋   Die Regel nach welcher ich übersetze zeigt sich in meiner/im Resultat
meiner/ Übersetzung plus/zusammen mit/und/ den Reaktionen der
Unbefriedigung wo ich nach der Regel falsch übersetzt habe.   235

2   In wiefern setzt/hat/ das Verständnis einer Sprache, soweit es durch   ∀   5
das Übersetzen in eine andere Sprache (durch das Nachzeichnen
dieser Sprache) gezeigt ist, andere Sätze derselben Sprache also
grammatische Regeln voraus./zur Voraussetzung./

3   Man könnte das auch so sagen: Ist in dem Vorgang der Übersetzung   ∀\₋ 10
eines Satzes schon die allgemeine Regel der Übersetzung der
Sprache dieses Satzes unzweideutig enthalten. (Ist das nicht so als
würde man fragen: ist in dieser Bewegung des Mechanismus schon
seine ganze Wirkungsweise unzweideutig ausgedrückt?)

                                                               15

4   Denken wir uns den einfachen Fall daß jemand die Strecke ├────┤   ∀
absichtlich im Maßstab 1:1 kopiert. Ist dann in dem Vorgang des
Kopierens (nicht) schon das Verständnis des Nachzeichnens irgend
einer Strecke im Maßstab 1:1 enthalten? D.h. ist die Weise in der
mein Bleistift von der Strecke geführt wird (nicht) eben dieses   20
allgemeine Gesetz? Mein Stift wurde von mir quasi ganz   236
voraussetzungslos gehalten und nur von der Länge der Vorlage
geführt [beeinflußt]

5   ∀   Ich würde dann sagen: Wäre die Vorlage länger gewesen so wäre ich   25
mit meinem Bleistift noch weiter gefahren und wenn kürzer weniger
weit. Aber war |quasi| der Geist der sich hierin ausspricht schon im
Nachziehen des einen Strichs enthalten.

---

    1   ∀ *linkes Randzeichen überschrieben*
    10   ∀ *rechtes Randzeichen überschrieben*
    10   ⟨Enthält der⟩ Vorgang der Übersetzung eines Satzes schon die
         allgemeine Regel der Übersetzung der Sprache dieses Satzes ⟨in ...⟩
    17   Ist dann in dem Vorgang des ⟨p...⟩
    18   (nicht) –*Klammern und Durchstreichung im MS rot*
    20   (nicht) –*Klammern und Durchstreichung im MS rot*
    23   und nur von der Länge der Vorlage geführt ⟨⟨⟩beeinflußt⟨⟩⟩

1   Ich kann mir vornehmen: Ich gehe solange bis ich ihn finde (ich will
etwa einen Menschen auf einer Straße treffen.) Und nun gehe ich die
Straße entlang und treffe ihn an einem bestimmten Punkt und bleibe
stehen. War in dem Vorgang des Gehens, oder irgend einem anderen
gleichzeitigen, die Befolgung der allgemeinen Regel die ich mir   5
vorgesetzt hatte enthalten. Oder war der Vorgang nur i n
Übereinstimmung mit dieser Regel aber auch mit anderen
entgegengesetzten Regeln?

     Aber wenn ich mir die allgemeine Regel vorgenommen hatte,
/vornehmen konnte,/ so war schon in dem Festhalten dieses   10
Vorsatzes dasjenige enthalten was das Gehen zu einer Befolgung eben   237
der einen allgemeinen Regel machte.

     In dem Vorsatz wird die Länge der Strecke absichtlich offen
gelassen. Das wollte ich früher mit dem Wort „voraussetzungslos"
andeuten.   15

2   Das kann aber nur heißen: Es ist ein Unterschied zwischen einem
Vorsatz und einem anderen. Ich hätte mir auch vornehmen können
einen km zu gehen und das war zufällig die Weglänge, die ich gehen
mußte um jenen Menschen zu treffen. (Hier erklärt sich auch das   20
Wort „Grund")

3   Muß nun dieses Vornehmen darin bestehen daß ich v o r der
Ausführung meiner Handlung einen Satz, den Vorsatz, ausspreche?
     25

4   Ich könnte z.B. eine Linie so ziehen wollen daß sie parallel
     a   mit der Linie a wird die |etwa| übrigens eine Parabel ist.
     Aber ich will keine Parabel ziehen sondern ziehe sie nur
     incidentell wenn ich parallel zu a fahre. Ich hätte aber auch
|können| eine Parabel ziehen wollen die dann zufällig mit a parallel   30
geworden wäre. Der gesamte Vorgang wäre aber in jedem der beiden
Fälle ein andrer gewesen.

     16.   238

5   Unsere Sprache macht immer wieder neue Knoten in's Denken. Und   35
die Philosophie wird nicht fertig |damit|, sie aufzulösen.

6   Beabsichtigen ist ein menschlicher psychischer Vorgang.

7   a   Ich gebe jemanden den Befehl von A eine   40
     b   Linie parallel zu a zu ziehen. Er versucht
     A |(beabsichtigt)| es zu tun, aber mit dem Erfolg daß
die Linie parallel zu b wird. War nun der Vorgang des Kopierens
derselbe als hätte er beabsichtigt parallel zu b zu ziehen und seine
Absicht ausgeführt? Ich glaube offenbar, nein. Er hat sich von der   45
Linie a führen lassen.

---

  2   Und nun gehe ich ⟨etwa⟩ die Straße entlang
13   In ⟨j…⟩
14   Das wollte ich früher mit dem Wort ⟨„Vo…⟩
17   \‚ *rechtes Randzeichen durchstrichen*
19   und das war zufällig ⟨der Weg den⟩ ich gehen mußte

1 /ᵣ Wenn das allgemeine Gesetz der Abbildung sich in der Tätigkeit/dem Vorgang/ des Abbildens ausdrückt dann muß es in einem Zug dieser Tätigkeit liegen und das allgemeine Gesetz ein |notwendiger| Teil der Beschreibung des Vorgangs sein.

2 /ᵣ D.h. Das allgemeine Gesetz der Abbildung muß ein Teil der besonderen Beschreibung dieses Vorgangs der Abbildung sein.

3 ⩓ Wenn ich meinen Bleistift von dieser Linie (der Vorlage) leiten lasse so ist das als schaltete ich einen bestimmten Mechanismus ein zwischen die Linie und meine Hand. Und dieser Mechanismus ist ein Ausdruck der allgemeinen Regel der Abbildung.

4 Die Allgemeinheit muß darin bestehen daß man etwas offen läßt. Und dieses Offenlassen ist darin ausgedrückt daß ich sage: Ich lasse meinen Bleistift nur von der Linie leiten, wie immer sie geht, gehe ich ihr nach.

5 Die Frage ist nun: wenn ich (nun) auf diese Weise eine Vorlage nachgezeichnet habe ist es dann möglich den Vorgang des Nachzeichnens wie er war auch nach einer anderen allgemeinen Regel richtig zu beschreiben. Oder kann ich so eine Beschreibung zurückweisen/ablehnen/ mit den Worten: „nein, ich habe mich wirklich nur von dieser (allgemeinen) Regel leiten lassen (und nicht von jener anderen die |in diesem Falle| allerdings auch dasselbe Resultat ergeben hätte)".

6 Denken wir uns wir schalteten tatsächlich zwischen Vorlage und Stift eine Kopiermaschine ein (denn schließlich sind wir ja auch |eine| Kopiermaschine). Hier könnte nun von Absicht nicht die Rede sein und was immer die Kopiermaschine hervorbringt ist die Kopie. Wo ist nun hier die Intention? Sie drückt sich so aus: Wenn z.B. alle Stangen der Maschine steif bleiben so nenne ich das Erzeugnis der Maschine eine richtige Kopie. Biegt sich aber eine Stange dann besteht die Kopie aus dem Erzeugnis plus einer Korrektur die der Biegung entspricht.

7 ⩔ᵣ Ich sagte: Wenn ich mich von einer Vorlage/Linie/ leiten lasse so ist das wie wenn ich einen Mechanismus zwischen mich und die Vorlage/Linie/ einschaltete. Aber wie, wenn dieser Mechanismus nicht funktioniert? Ja, das heißt hier nichts; denn funktioniert er nicht so wird der Fehler des Funktionierens als Korrektur zu dem Erzeugnis /Resultat/ gerechnet.

---

15 ist darin ausgedrückt daß ich sage: Ich ⟨laß …⟩
20 eine Vorlage nachgezeichnet habe ist es dann ⟨an…⟩
22 richtig zu beschreiben. Oder ⟨könn…⟩
28 \?ᵣ *rechtes Randzeichen überschrieben*
29 zwischen Vorlage und Stift eine Kopiermaschine ein⟨. …⟩
34 Biegt sich aber eine Stange dann ⟨muß ich …⟩

1 /_r_ Nein ein wirklicher Mechanismus ist nicht der Ausdruck einer
allgemeinen Regel, auch dann nicht wenn seine Bewegungen
erfahrungsgemäß mit einer bestimmten Regel übereinstimmen. Es sei
denn daß ich den Fall des Nicht-Funktionierens dadurch ausschalte,
daß ich bestimme: wie immer er sich bewegt ist, der Definition nach,   5
der Regel gemäß.

2 Die Intention ist eine Betrachtungsform (oder Norm) nach der   241
Betrachtet wird, was immer geschieht. Es ist als drückte ich die
gemessene Länge aller Menschen dadurch aus daß ich sagte sie seien   10
6 fuß hoch + oder − einer bestimmten Größe.

3 Nehmen wir in unserem psychischen Apparat einen Zeiger an dessen
Ausschlag die Abweichung der Tätigkeit von der Intention anzeigt,
dann ist eben zum feststellen der Intention nicht nur auf das Resultat   15
/den Erfolg/ zu sehen sondern zugleich auf den Zeiger (der die
Korrektur angibt). Befolgt etwa das Resultat eine Regel so ist noch zu
schauen ob der Zeiger dabei nicht ausgeschlagen hat und nur dann ist
diese Regel ein Ausdruck der Intention.

20

4 Kopiermaschine.
Wieder: Worin besteht es ein Gesetz zu erkennen. Es
gibt doch tatsächlich diesen Vorgang. Ich zeige jemand die
Reihe $2x$, $4x^2$, $6x^4$, $8x^8$, und er sagt „ja, jetzt weiß ich weiter,
ich sehe das Gesetz". (Vielleicht hat er nach den zwei ersten   25
Gliedern ein anderes Gesetz vermutet und war erstaunt, als   242
ich das dritte Glied hinschrieb; dann sah er ein neues Gesetz.)
Ein allgemeines Gesetz sehen heißt, daß in dem was man sieht in
irgend einem Sinne etwas offen gelassen ist.

30

5 Unsere Frage kann dann so gestellt werden: Ist ein Unterschied
zwischen zwei/den/ Fällen wenn ich die Glieder $2x$, $4x^2$ einmal als
Glieder der Reihe $2nx^n$ ein andermal als Glieder der Reihe $2n \cdot x^{(2n-1)}$
hinschreibe? Offenbar ist da ein Unterschied.   35

6 Muß nicht die geschriebene allgemeine Regel ein B i l d des Vorgangs
sein wenn ich etwas nach dieser Regel tue?!

17.

7 Wie kann mich das Wort „rot" im Satz führen, oder ich zu diesem   40
Wort geführt werden?

8 Ich glaube, es war der Hauptgedanke (oder doch e i n e r) meines
Buches daß man auch durch das Wort „rot" oder das was an ihnen
drum und dran ist g e f ü h r t werden muß.   45

---

1 wirklicher *–gewellte Unterstreichung und Durchstreichung im MS rot*
5 dadurch ausschalte, daß ich bestimme: ⟨Was immer …⟩
6 *Im MS fehlt die nachfolgende Leerzeile.*
9 Es ist als drückte ich die ⟨Länge …⟩
10 Es ist als drückte ich die gemessene Länge aller Menschen ⟨durch …⟩
24 und er sagt „ja, jetzt weiß ich weiter" …⟩
26 ein anderes Gesetz vermutet und war ⟨ü…⟩
34 Offenbar ist ⟨h…⟩
43 ⟨Es⟩ war der Hauptgedanke

1   ∀ᵣ   Erklärung der Vorzeichen in der Notenschrift. Muß nicht in ihr   243
jene Multiplizität nachgeholt werden die dem Zeichen fehlt, die es
zum Signal macht? Das Wort Rot ist bloß ein S i g n a l. Aber ein Signal
wozu. Wo muß das ausgedrückt sein, wenn nicht in seiner Erklärung?
(So sind die musikalischen Vorzeichen Signale.)   5

2   Man könnte sich denken daß die Bedeutung von ,rot' in einem Archiv   \ᵣ
gleich dem Urmeter in Form eines Täfelchens von der betreffenden
Farbe festgelegt wäre. (Auch im Fall des Urmeters muß
e t w a s /Etwas/ 1 m lang sein.)   10

3   Wie könnte man ein Signal je verstehen, ja, wie sich etwas selbst   ∀ᵣ
darunter denken und wie sollte es in exacter Weise gebraucht werden
der Gegenstand eines Streites sein können wenn es keine Erklärung
dafür gebe, kein Kriterium daß es d a s meint. Soweit darüber geredet   15
(gestritten) werden kann, soweit muß es sich auch entscheiden lassen.

4   Kann man sich auch ein Ur-Nicht denken, wie man sich ein Ur-Rot   ∀
denken kann?
        Hätten Russell und Frege die Farbe Rot behandelt, sie hätten   20
sich genötigt gesehen dem Buch ein genaues Muster beizugeben   244
dessen was sie unter ,rot' verstehen.

                                                  18.

5   ∀   Andrerseits kann doch dieses Ur-Rot nicht nötig sein da wir   25
tatsächlich einen Satz worin das Wort ,rot' vorkommt ohne das
Muster verstehen. Es wäre das etwa dem Fall vergleichbar wenn man
unter einem Meter das Meter des Augenmaßes verstünde
(Wohlgemerkt: das Meter des Augenmaßes ist nicht ein ungenaues
Meter sondern etwas a n d e r e s als das physikalische Meter)   30

6   ∀   Angenommen nun aber die Sprache gebrauchte tatsächlich statt des
Wortes ,Rot' ein rotes Täfelchen auf das man zeigt; diese
Ausdrucksweise wäre jedenfalls möglich. Und auch das bedeutet
etwas. — Die Frage ist aber: hilft diese Ausdrucksweise uns mehr im   35
Verständnis dessen was gemeint ist und wenn, inwiefern/wodurch/.
Denn da wir auch die Wortausdrucksweise verstehen so muß dann
außer dem Wort noch das vorhanden sein was das Muster vor dem
Wort allein voraus hatte.
        Denn: mehr als verständlich kann eine Ausdrucksweise nicht sein   40   245
und Fleißaufgaben gibt es hier nicht. Beide Ausdrucksweisen müssen
einander ganz äquivalent sein nur daß, was hier im sichtbaren Zeichen
liegt, dort woanders liegen kann.

25   Andrerseits kann doch ⟨al…⟩
34   wäre jedenfalls möglich. ⟨()Und auch das bedeutet etwas.
38   das vorhanden sein was ⟨die Ausdrucksweise mit Hilfe des Musters⟩ dem
41   und Fleißaufgaben gibt es ⟨n…⟩
42   nur daß, was hier im sichtbaren ⟨v…⟩

1   Wenn ich nun mein rotes Täfelchen nicht bei der Hand hätte und   ⩔ᵣ
zeigte statt darauf auf etwas anderes rotes; und wie wenn ich nun
gerade das Rote dazu nähme wovon ich sagen will daß es rot ist?
Wenn ich also etwa auf einen Apfel zeigte und sagte „D a s ist s o“?
Oder: „H i e r ist d i e s e Farbe“   5
       Warum sagt das nun nichts? Weil es stimmt was immer der Fall
ist. Weil ich nicht fragen kann: „im Gegensatz zu − ?“
       Das ist natürlich der gleiche Fall wie die Antwort „Ich bin's“ auf
die Frage „Wer ist da?“.
                                                10

2   Aber es hat Sinn zu sagen: Hier ist die Farbe die ich meine.   ⩔ᵣ

3   Ebensowenig Sinn aber wie zu sagen „hier ist diese Farbe“ hat es zu   ⩔ᵣ
sagen „ich nenne diese Farbe hier ‚rot‘ und hier ist rot“.
                                                15

4   Auf die Aussage/Angabe/ „diese Farbe ist hier“ wäre die Antwort: ⩔ᵣ
„würdest du das nicht in j e d e m F a l l sagen?“ Und das zeigt daß hier   246
der Raum fehlt in dem die Aussage gemacht werden muß um Sinn zu
haben.
                                                20

                                                    23.

5   Wenn ich vergessen habe welche Farbe „rot“ bedeutet so kann ich
nicht wissen ob „rötlichgrün“ einen Sinn hat.

6 /ᵣ   Wenn die Philosophen ein Wort gebrauchen und nach seiner   25
Bedeutung forschen muß man sich immer fragen wird denn dieses
Wort in der Sprache die es geschaffen hat/für die es geschaffen ist/ je
tatsächlich so gebraucht?
       Man wird dann meistens finden daß es nicht so ist und das Wort
gegen seine normale/entgegen seiner normalen/ Grammatik   30
gebraucht wird. („Wissen“, „sein“, „Ding“)

7 ⩔ᵣ   „Ich würde diese Farbe (jederzeit) wiedererkennen, ich erinnere mich
noch genau an sie.“ Als würde hier das sich an sie erinnern als
Bürgschaft für die Möglichkeit des Erkennens genommen. Und das   35
scheint ja auch nur natürlich, ja selbstverständlich. Merkwürdigerweise
sträubt sich jetzt etwas in mir gegen die althergebrachte Ansicht. Und
zwar ist es das Erinnerungsbild was mir Schwierigkeiten macht.   247
       „Würdest Du Deinen Bruder wiedererkennen wenn er jetzt zur
Tür hereinträte?“ − „gewiß“. Aber wie kann ich dessen gewiß sein?   40
Und wenn ich ihn nun nicht erkenne wenn er wirklich eintritt, kann
ich dann sagen: Ja, als ich es sagte, hätte ich ihn auch erkannt? Der
Fall des Nichtwiedererkennens den ich hier meine wäre der, daß einer
zur Türe hereinkäme und ich sagen müßte „ich weiß nicht ob das
mein Bruder ist“ (denn wenn ich sagte „nein, so schaut er nicht aus“   45
so wäre das ja auch ein Wiedererkennen)
       Es hätte im Fall des Nichtwiedererkennens das Wort gleichsam
seine Bedeutung verloren.

21 ⟨24.⟩ *Datum im MS verschrieben und korrigiert*
26 und nach seiner Bedeutung ⟨fragen⟩ muß man sich immer
33 *Die Bemerkung ist am linken Rand mit einer vertikalen Wellenlinie markiert.*
33 (jederzeit) –*im MS durchstrichen*
43 Der Fall des Nichtwiedererkennens ⟨w…⟩
45 (denn wenn ich sagte ⟨„ich …⟩

1   „Ich weiß wie dieses Wort zu gebrauchen ist". Was heißt das? Wie kann es niedergelegt werden, wie ein Wort zu gebrauchen ist? Etwa das Wort „rot". –

2   Vielleicht ist die eigentliche Schwierigkeit die (die zwar Manchem beinahe närrisch erscheinen mag): daß ich das Wort „rot" erkläre indem ich auf etwas rotes zeige und sage „das ist rot" während doch dieses rote später meinem Blick entschwindet. Und nun scheinbar e t w a s A n d e r e s an seine Stelle tritt (Die Erinnerung oder wie man es heißen mag).

3 /   „Also s o wird dieses Wort gebraucht!" Aber wie bewahre ich denn dieses s o in der Erinnerung?

4 ∫⩝ᵣ   Das Wort „rot" wird via das Erinnerungsbild gebraucht.

24.

5 /ᵣ   Die Erklärung eines Zeichens muß natürlich jede Meinungsverschiedenheit im Bezug auf seine Bedeutung beseitigen können. D.h. sie muß alle Gegensätze der Bedeutung zum Ausdruck bringen. Und nun ist die Frage ist dann noch eine Frage zu entscheiden?

6 ⩝   Jede Erklärung eines Zeichens kann für das Zeichen (an seiner Statt) substituiert werden.

7 v/   Die Erklärung des Symbols muß die ganze Verantwortung für seine Anwendung tragen.

8   Jede Streitfrage kann entschieden werden, – aber mehr ist auch nicht nötig.

9   Wo eine Meinungsverschiedenheit über die Bedeutung eines Wortes möglich ist muß die Erklärung sie beseitigen/(settle)/entscheiden/.

10 /   Man könnte das Wesen der Sprache an einem System von Signalen erklären.

11 /   z.B. a, b, c, d bedeuten Bewegungen und zwar a = ⌈, b = ⌊, c = ⊢⊣, d = ⊢⊣, also z.B. b c c b d a heißt ⌊⎯⎯ etc Nun, ist der Satz

„b c c b d a" nicht ähnlich jenem Linienzug? Offenbar ja, in gewisser Weise. (Ist es nicht genau die Ähnlichkeit einer Photographie und des photographierten Gegenstandes?)

12   Ist nur die Wahl zwischen vier Bewegungen so genügen 4 Signale.

13   Wenn die Erklärung nur Zeichen für Zeichen setzt, wozu ist sie dann überhaupt nötig? – Sie ist nur nötig wo sie die Multiplizität erhöht.

15 ∫ *linkes Randzeichen überschrieben*
27 (⩝) *linkes Randzeichen gestrichen*
33 (\\) *rechtes Randzeichen gestrichen*
36 Man könnte das Wesen der Sprache ⟨vielle…⟩
48 Wenn die Erklärung nur Zeichen für Zeichen setzt, ⟨z…⟩

1   ⱽ   „Sich nach etwas richten". Ist dasselbe wie sich von etwas leiten lassen.   250

2   /   Kann man etwas in einem wesentlich anderen Sinne „o f f e n l a s s e n"
als man eine Klammer leer läßt?   5

3   /   Ich lasse mich von der Sprache (der Vorlage) führen aber dazu muß ich
ihr die Zügel in gewisser Weise in die Hand geben. Und dann erst
kann sie mich führen.   10

4   ⱽ   Die gedruckte Note zwingt auch nicht den Finger auf die Taste zu
drücken. Das Notenbild zwingt mich nicht mich in dieser (oder irgend
/überhaupt/ einer) Weise von ihm führen zu lassen. Habe ich mich
entschlossen mich auf diese Weise von ihm führen zu lassen, dann
führt es mich nun zu diesen und diesen Bewegungen   15

5   ⱽ   Aber das sieht so aus als müsse dem Vorgang/Akt/ der Übersetzung,
der Abbildung ein besonderer a l l g e m e i n e r Entschluß vorhergehen
(der Entschluß, mich auf diese Weise leiten zu lassen)   20

6   ʃ   Ich übergebe mich der Regel./der Vorlage./   ⱽ   251

7   ʃ   Ich lasse meine Handlung von der Vorlage bestimmen, wenn ich z.B.
nach Noten spiele   ⱽ   25

8   /   Wir werden nicht durch die Noten/das Notenbild/ dazu geführt
überhaupt Klavierzuspielen sondern s o zu spielen (wie wir es tun).   \

9   /   D.h. wir werden nicht durch das System von Signalen dazu gebracht   \   30
uns ihm zu übergeben sondern wir übergeben/überlassen/ uns ihm
und werden dann |ihm| entsprechend geführt.

10   So übergeben wir uns auch der Sprache.   \
    35

11   ⁷/   „Welchen Ton wirst Du spielen?" — „Ich werde mich danach richten,   \
welche Note dort steht".

12   Mein Gedanke ist daß aus dem einzelnen Fall des   \
Sich-nach-etwas-richtens die sogenannte allgemeine Regel muß   40
abgelesen werden können.
    Diese allgemeine Regel ist also nicht etwa eine Hypothese, die
durch mehr Einzelfälle mit größerer Sicherheit zu bestimmen ist,
sondern im Gegenteil muß man schon von einem zweiten Einzelfall   252
sagen können daß er nicht nach der selben Regel gebildet ist/wurde/   45
wie der erste.

---

2   Ist dasselbe wie sich von etwas ⟨füh…⟩

7   von der Sprache (der Vorlage) führen aber dazu muß ich ⟨mich …⟩

17   Vorgang/Akt/ –erste Variante im MS durchstrichen

18   der Abbildung ein besonderer a l l g e m e i n e r Entschluß vorhergehen⟨. …⟩

27   *Die Bemerkung ist am linken Rand mit einem vertikalen Strich markiert.*

27   Wir werden nicht durch die Noten/das Notenbild/ ⟨überhaupt …⟩

32 |ihm| –*das Einfügungszeichen ist im MS gewellt unterstrichen*

39   daß aus dem einzelnen Fall des ⟨sich nach etwas Richtens⟩ die

1 ∀ Wie man sich bei dem Orakel durch Abzählen der Knöpfe des
Rockes oder der Blätter eines Gänseblümchens von der Zahl dieser
Blätter leiten läßt

2 ∀ Ich sagte schon früher, wenn dies so ist, so muß in dem Prozess etwas   5
offen gelassen werden. So muß ich in der Absicht mich nach dem
Blumenorakel zu richten es offen lassen wie viele Blätter die Blume
tatsächlich haben wird. Der Ausdruck dieser Absicht lautet auch:
„Wieviel Blätter immer die Blume haben mag, .../etc/".
                                                                                              10

3 ∀ Kann nun dieses offen-lassen von anderer Art sein als das welches wir
vor uns haben wenn wir etwa einen Ball gegen eine Wand werfen und
dieser Wurf es offen läßt wann der Ball zurückkommen wird weil das
von der Entfernung der Wand abhängt die in dem Wurf nicht
präjudiziert/gegeben/ ist? Oder, ist es nicht dasselbe offenlassen das uns   15
vorliegt wenn die Druckerpresse es offen läßt welcher Text beim   · 253
Drucken herauskommen wird weil in ihr nicht präjudiziert ist welcher
Satz in sie gelegt werden wird?

4 Es handelt sich in allen diesen Fällen darum einen vorbestimmten   ∀ᵣ 20
Bestandteil des Satzes als Argument und daher alles Übrige als
Funktion zu betrachten.

5 Denn das Hypothetische „wenn, die Wand weiter weg gewesen wäre,   ∀ᵣ
so ..." hilft uns nicht. „Wenn die Note auf der nächsten Linie   25
gestanden hätte, so ....". Ich könnte antworten: „Was dann geschehen
wäre weiß ich nicht, oder, wenn ich es weiß dann eben nur durch das,
was mir jetzt vorliegt". Denn dieses „wenn die Note auf der anderen
Linie gestanden hätte" kann ja nichts ausdrücken als eben die
allgemeine Regel/ist ja nur der Ausdruck der allgemeinen ..../ die ich   30
aber aus dem gegenwärtigen Fall ersehen muß, wenn ich sie ersehen
kann. – Anders ist es, wenn dieses „wenn ...." der Ausdruck einer
Hypothese ist und dann eben durch die Erfahrung erst bestätigt oder
widerlegt werden soll.
                                                                                              35
6 ∀ Ist ein leeres Blatt Papier in irgend einem Sinne allgemein — weil es   254
uns Gelegenheit bietet was immer wir wollen darauf zu schreiben? [Ist
ein Blatt Papier auf dem nichts geschrieben steht in irgend einem
Sinne .....]
        Ist eine leere Schachtel allgemein? –   40

7 ∀ Aber wenn ich die allgemeine Regel aus dem besonderen Fall/diesem
Fall/ ablesen/herauslesen/ kann, kann ich mehr als den Ausdruck
der allgemeinen Regel herauslesen?

                                                                                              45

5 so muß in ⟨den ...⟩
11 Kann nun dieses offen-lassen ⟨a...⟩
20 *Im MS:* Es handelt sich in allen diesen Fällen einen
25 „wenn, die Wand weiter weg gewesen wäre, so ..." ⟨nützt ...⟩
25 „Wenn die Note ⟨in⟩ der nächsten Linie gestanden hätte,
29 „wenn die Note auf der anderen Linie gestanden hätte" ⟨ka...⟩
32 wenn ich sie ersehen kann. — Anders ist es⟨ natür ...⟩
36 Ist ein |leeres| Blatt Papier ⟨auf dem nichts ...⟩
39 ⟨I...⟩ *Absatz als fortlaufender Text begonnen*
42 Aber wenn ich die allgemeine Regel aus ⟨dies...⟩

1 /ᵣ Wenn ich eine Anzahl Striche auf einem Blatt Papier abzähle, so lasse
        ich mich von ihrer Anzahl leiten.

            Und hier haben wir, im Dezimalsystem, und wo etwa weniger als
        10 Striche vorhanden sind |noch dazu| den Fall daß wir zu strukturell
        unzusammenhängenden Zeichen, den Wörtern 1, 2, 3, 4, 5 etc   5
        g e l e i t e t werden.
        Aber haben wir es da nicht mit einer falschen Verwendung der
        Analogie des Führens zu tun?

2 ᵥᵣ Daß ich einen Vorsatz fassen kann, wissen wir. Ich kann sagen: „ich   10
        werde diese Striche zählen". Und das ist ein allgemeiner Vorsatz weil
        in ihm offen gelassen ist wieviele Striche tatsächlich vorhanden sind.   255
        Wenn nun dieser Ausdruck des Vorsatzes etwas heißt dann ist es nicht
        unbegreiflich daß auch in der Handlung (des Zählens etwa) alles schon
        liegen kann was in jenem/diesem/ Vorsatz liegt.   15

            Ich könnte sagen dieser Vorsatz – welcher Art er immer sein
        mag – beherrscht in irgend einem Sinn die Handlung

3   Wie aber wenn ein mechanischer Zähler (eine Maschine) etwas zählt   ᵥᵣ
        (etwa die Anzahl der km die ein Wagen zurücklegt/etwa die Touren   20
        einer Maschine/) Er läßt sich dann auch leiten und wo ist hier die
        allgemeine Regel? Wenn sie im Mechanismus zum Ausdruck kommt
        so ist es nur die Allgemeinheit der leeren Schachtel. Wenn wir das so
        genau wissen, was immer die Maschine sein mag, wie kann dann die
        Allgemeinheit eines Denkprozesses eine andre sein?   25

4   In einer Maschine gibt es das was man einen verstellbaren Anschlag   ᵥᵣ
        nennt; nach ihm richtet sich die Länge der Bewegung eines
        Maschinenteiles.
            Da ist es immer wieder, als ob zwar nicht in der Maschine selbst   30 256
        die Allgemeinheit liegen könnte aber in der A u f f a s s u n g der
        Maschine.
            Und wieder nicht in der Auffassung durch einen Menschen,
        (einer Tätigkeit eines Menschen) sondern in einem Zeichensystem. Als
        ob die A u f f a s s u n g nur niedergelegt sein konnte in der Grammatik   35
        eines Zeichensystems.

  1 Wenn ich eine Anzahl Striche auf einem Blatt Papier ⟨– etwa –⟩ abzähle,
  2 so lasse ich mich von ⟨der …⟩
  3 Und hier haben wir ⟨–⟩ im Dezimalsystem ⟨–⟩ und wo
  4 |noch dazu| *–im MS ist auch das Einfügungszeichen gewellt unterstrichen*
  8 Aber haben wir es da nicht mit einer falschen Verwendung der Analogie
     des Führens zu tun? *–Nachtrag in der Leerzeile*
 19 etwas zählt ⟨–⟩ etwa die Anzahl der km die ein Wagen zurücklegt ⟨–⟩
 23 die Allgemeinheit der leeren Schachtel. Wenn ⟨ich …⟩
 27 In ⟨der …⟩

1   ⱽᵣ   Ich singe oder spiele ein Stück nach Noten; plötzlich komme ich an
ein # und nun interpretiere ich das als den Befehl (oder – was auf
dasselbe hinausläuft – erinnere mich daß das der Befehl ist) einen
Halbton höher zu singen. Es ist nicht, daß der Anblick des # mich
dazu bringt einen Halbton höher zu singen, in magischer Weise oder   5
wie eine Droge. Was geschieht kann man vielmehr so ausdrücken daß
ich handle als richte ich mich nach einer allgemeinen Regel die
bestimmt einen Halbton höher zu singen wo immer ein # vor einer
Note steht. Und zwar auch dann wenn mir diese allgemeine Regel
nicht von Anfang an bekannt war und ich mich erst beim Anblick   10   257
des # dazu entschieden habe sie zu adoptieren. Ich konnte sie ja
gerade dann selbst erfinden und mir vorsetzen und etwa schon bei der
nächsten Gelegenheit d.h. beim nächsten # die Regel aufgeben und
etwa eine andere festlegen. Aber eben auch dann – will ich sagen –
hätte ich beim ersten # nach einer allgemeinen Regel gehandelt.   15

                                                           27.

2   Es ist ja auch so: Wenn ich den Befehl – etwa das Notenbild – als Bild   \ᵣ
der Ausführung auffasse so ist das Auftreten des # natürlich/jedenfalls/
kein Bild der Tätigkeit die ich in Befolgung des # ausführe, sondern   20
bildhaft wird das Auftreten des # erst dadurch daß, wo immer es
auftritt ich diese selbe Tätigkeit wiederhole.

3   Aber natürlich ist auch diese Wiederholung selbst nicht wesentlich,   ⱽᵣ
denn es könnte ja das # nur ein mal vorkommen und müßte dann   25
doch ebenso wirken wie wenn es zwei- oder 1000 mal vorkäme. Es ist
hier wieder die Möglichkeit nicht die Wirklichkeit des Vorkommens
um die es sich handelt.

4   ⱽᵣ   Es handelt sich wieder um das Vorkommen des # in einem Raum.   30   258
Denn auch das Nicht-auftreten des # muß dann Bedeutung haben.
D.h. es muß Bedeutung haben solange dieses System von Regeln
überhaupt gilt.

5   ⱽᵣ   Man könnte auch so sagen: In einer Sprache kommt keine   35
Willkürlichkeit vor. Jedes Gesetz ist ein allgemeines Gesetz. Wäre das
Wesentliche an den Zeichen daß sie mich durch irgendwelche Kräfte
zu diesem und jenem veranlassen so brauchte es gar kein System zu
geben.
      Man könnte darauf freilich antworten: Die Sprache ist eben eine   40
bestimmte Art von Drogen die durch Verabredung (Vereinbarung)
wirken.
      Wir aber interessieren uns nur für das Wesen der Verabredung
/Vereinbarung/, nicht für ihre erfahrungsmäßigen Folgen. Wir
interessieren uns für nichts, was auch anders sein könnte.   45

     1   spiele ein Stück nach Noten; plötzlich ⟨kommt …⟩
     4   Es ist nicht, daß ⟨das # …⟩
     9   Und zwar ⟨ist das⟩ auch dann wenn mir diese allgemeine Regel
   18   ⟨ⱽᵣ⟩ *rechtes Randzeichen rot gestrichen*
   18   Es ist ja auch so: *–im MS rot durchstrichen*
   21   erst *–gewellte Unterstreichung im MS rot*
   26   Es ⟨handelt sich⟩ hier wieder die Möglichkeit
   27   wieder die Möglichkeit nicht die Wirklichkeit ⟨um …⟩
   28   *Im MS fehlt die nachfolgende Leerzeile.*

1   Wer sich nach einem Zeichen richtet, handelt in Befolgung einer
allgemeinen Regel.

     Und das kann nicht heißen daß er handelt wie er handelt und
die/eine/ allgemeine Regel (quasi) von fern zuschaut.

259
5

2   Und hier droht wieder ein Mißverständnis: Es scheint als wäre jetzt
wieder ein Mechanismus zu erforschen wie man eine Nähmaschine
erforscht wenn/indem/ man sie öffnet (und das Ineinandergreifen der
Teile) untersucht. Aber darum kann es sich natürlich nicht handeln,
denn sonst hätte man ja nur wieder etwas Hypothetisches/eine
Hypothese/ gewonnen.

10

3   Es müßte also das allgemeine Gesetz in meiner Handlung bewußt
ausgesprochen liegen.

     Es ist aber doch gar kein Zweifel, daß wir auf Zeichen sehr oft
rein automatisch reagieren. Etwa wenn ein geübter Notenleser etwas
vom Blatt spielt. Er reagiert dann auf die Zeichen wie eine Maschine.
(Wir sind hier offenbar in einem Gebiet, das uns eigentlich nichts
angeht) Wie aber wenn der Klavierspieler danebengreift? –

15
20

4   Es ist nur die Absicht die an das Modell heranreicht. Und das ist
dadurch ausgedrückt, daß der Ausdruck der Absicht die Beschreibung
des Modells und den Ausdruck der Projectionsregel enthält. Was ich
tatsächlich spiele ist gleichgültig; die Erfahrung wird es lehren und die
Beschreibung des gespielten muß nichts mit der Beschreibung des
Notenbildes gemein haben. Wenn ich dagegen meine Absicht
beschreiben will so muß es heißen daß ich dieses Notenbild auf die
Weise in Tönen abzubilden beabsichtige. Und nur das kann der
Ausdruck dafür sein daß die Absicht an die Vorlage heranreicht und
eine allgemeine Regel enthält.

260
25
30

5   Von der Vorlage geführt werden heißt nichts anderes als die Absicht
haben die Vorlage auf diese Weise abzubilden. Die einzige
Beschreibung dieser Absicht ist ihr Ausdruck

35

6   Das allgemeine Gesetz von dem ich hier rede, darf keine Hypothese
/nicht hypothetisch/ sein weil es feststehen muß und ein
hypothetisches Gesetz durch keine Reihe von Erfahrungen endgültig
festgestellt werden kann/könnte/.

40

---

1   ∨, *linkes Randzeichen überschrieben*
29   Und nur das kann der Ausdruck dafür sein daß ⟨das ...⟩
37   *Im MS:* sein weil feststehen muß

28

1   /r   Wenn ich einen Apparat machte der nach Noten spielen könnte der
also auf das Notenbild (die zurückgeworfenen Lichtstrahlen) in der
Weise reagierte, daß er |– etwa –| die entsprechenden Tasten einer
Klaviatur drückte (ein „Pianola" ist ja wesentlich |von| dieser Art) und
wenn dieser Apparat bis jetzt immer klaglos funktioniert hätte, so
wäre doch weder er noch sein Funktionieren der Ausdruck einer
allgemeinen Regel. Ferner, dieses Funktionieren ist, wie immer er
funktioniert, an sich weder richtig noch falsch d.h. weder der
Notenvorlage entsprechend noch |ihr| nichtentsprechend. Kein
Mechanismus, welcher Art immer, kann eine solche Regel etablieren.
Man kann nur sagen: der Mechanismus arbeitet bis jetzt dieser Regel
gemäß (was natürlich heißt daß er auch anderen Regeln ge mäß
arbeitet). Das Funktionieren des Apparates bis zum gegenwärtigen
Zeitpunkt würde gewisse Regeln zu seiner Beschreibung ausschließen
aber nie eine Regel eindeutig bestimmen.

261

5

10

15

2   Das Wort „geistiger/seelischer/ |(psychischer)| Vorgang", „mental
process" ist an vieler Verwirrung schuld. Wenn wir sagen der
Gedanke, die Intention sind psychische Vorgänge so stellen wir uns
darunter etwas ähnliches |oder analoges| vor wie unter dem Wort
chemischer Vorgang oder physiologischer Vorgang. – Und soweit das
richtig ist haben wir mit dem Gedanken |und der Intention| nichts zu
tun.

\r

20

262

25

3   /r,\r   Gebrauchen w i r das Wort „Gedanke", „Intention" nicht in ähnlicher
Weise wie man das Wort „geometrische Gerade", „geometrischer
Körper" gebraucht was zum Mißverständnis führt als gäbe es außer
der wirklichen Geraden (etwa der Kante eines festen Körpers) noch
eine andere quasi ätherische Gerade. Im übrigen ist aber die
Ausdrucksweise „geometrische Gerade" oft vorteilhaft, wenn man nur
ihre Grammatik kennt und so wäre es auch mit dem Wort „Gedanke"
etc.

30

4   \r,/r   Die Intention, wie ich das Wort verstehe, ist nicht eine psychische
Maschine die |das| leisten kann, was eine aus Holz und Eisen nicht
leisten kann. Sondern ich brauche das Wort überhaupt nicht zur
Bezeichnung einer Art von Mechanismus. Ist es die Fo r m eines
Mechanismus? Das Verhältnis eines bestimmten Vorgangs zur
S p r a c h e.

35

40

---

5 |von| –das Einfügungszeichen ist im MS gewellt unterstrichen
8   Ferner, dieses Funktionieren ist, wie immer er ⟨an …⟩
9   funktioniert, an sich weder richtig noch falsch d.h. weder ⟨den …⟩
12   Man kann nur sagen: ⟨dies…⟩
13   der Mechanismus arbeitet bis jetzt dieser Regel gemäß⟨.⟩
20   die Intention sind psychische Vorgänge so stellen wir uns ⟨dabei …⟩
22   oder physiologischer Vorgang⟨.⟩ Und soweit das richtig
26   /r linkes Randzeichen überschrieben
28   das Wort „geometrische Gerade", „geometrischer Körper" ⟨be…⟩
28   gebraucht ⟨als gäbe …⟩
30   Im übrigen ist aber ⟨der …⟩
32   wenn man nur ihre Grammatik ⟨ge…⟩
35   \r linkes Randzeichen überschrieben
35   ist nicht ⟨etwa⟩ eine psychische Maschine die |das| leisten kann,

1   Ⱶ_r   Wenn ich in Wirklichkeit eine Form nachzeichne, so werde ich sie vielleicht zum Teil automatisch kopieren; d.h. das Resultat meines automatischen Handelns wird in Übereinstimmung mit meiner Intention sein. Ja ich könnte die Kopie auch schon fertig vorfinden und alles was nötig wäre, wäre die Kopie als Kopie in Bezug auf eine bestimmte Projectionsregel zu interpretieren. Das müßte etwa durch eine Überprüfung der Übereinstimmung geschehen.

2   Die Intention setzt einen Maßstab/stellt einen Maßstab auf/, (sets a standard) wonach nun die Tatsache beurteilt werden kann.

3   „So soll diese Maschine funktionieren"

4   „Wenn man kopiert d.h. überhaupt abbildet, sich von einer Vorlage leiten läßt so ist das Charakteristische daran daß nur die Vorlage mir bewußt wird dagegen nicht die Projektionsart. Ich bin mir bewußt daß mich die Vorlage einmal so einmal so lenkt aber das Wie dieser Übertragung nehme ich sozusagen hin; ich bemerke es |weiter| nicht. Und zwar weil ich es nicht mit einem Anderen vergleiche. Ich befolge die Projektionsregel aber ich drücke sie nicht aus und sie fällt sozusagen aus der Betrachtung heraus weil sie mit nichts verglichen wird. Wenn ich sie beschreibe so setzt das voraus, daß ich sie mit anderen Regeln vergleiche"

5   „Ja in gewissem Sinne ist alles was beim nachbilden der Vorlage geschieht daß diese Vorlage an uns vorüberzieht und wir sie besser oder weniger gut treffen. D.h. es ist das Ende der Kopiermaschine das unserer Vorlage entlangläuft was wir beobachten, die ganze übrige Maschine nehmen wir als gegeben hin. Wir merken sozusagen nur was sich ändert nicht was gleichbleibt. Der Abbildungsweise haben wir durch eine Einstellung |die gleichbleibt| (ein für alle mal) Rechnung getragen. — Und was wir spüren ist nur das Modell."

6   „Darum, wenn wir falsch nach Noten singen oder spielen – so verschieden diese Abbildung der Art nach von ihrem Vorbild ist – fühlen wir es als einen Verstoß gegen das Modell."

7   „Die ganze Verbindung zwischen Ton und Note muß gegeben sein. Ihre Verbindung muß fühlbar sein. Das aber was diesen Ton mit dieser Note verbindet ist die allgemeine Regel. — Das was es macht, daß ich einen Ton als Verstoß gegen diese Note empfinden kann. Das heißt natürlich daß etwas vom Ton bis zur Note reichen muß denn wie könnte der Ton sonst gegen sie verstoßen? gleichsam gegen sie stoßen? Die Verbindung ist offenbar dadurch ausgedrückt daß ich aus der Stellung der Note die Lage des Tons muß berechnen, erhalten, können."

---

14 *An- und Ausführungszeichen der folgenden vier Bemerkungen im MS rot.*
30 nur was sich ändert nicht was ⟨sich …⟩
30 gleichbleibt. ⟨Die Proje…⟩
31 |die gleichbleibt| –*das Einfügungszeichen ist im MS gewellt unterstrichen*
40 Das aber was diesen Ton mit dieser Note ⟨b…⟩
43 wie könnte der Ton sonst gegen sie verstoßen⟨?/ gl…⟩

1   Wie, wenn ich die Richtigkeit einer Abbildung kontrollieren will, etwa   ∀,∀
die Reihe 1, 4, 9, 16 nach der Regel $y = x^2$. Hier verwende ich
natürlich auch eine Interpretation der allgemeinen Regel aber diese
Interpretation fällt aus meiner Kontrolle heraus.

                                                           5

                                                                  29.

2   „Wenn ich mich bei der Construction der Reihe 1, 2, 5, 26, 677, nach   \
der Regel $a_n = a_{n-1}^2 + 1$ richte so muß ich natürlich dabei diese Regel
deuten.

        Man könnte glauben daß es das Entstehungsgesetz der Reihe   10
ausdrückt daß ich 677 tatsächlich dadurch erhalten habe, daß ich
$(26 \times 26) + 1$ gerechnet habe; aber das ist nicht wahr denn es handelt   266
sich darum daß diese 26 die 26 des vorhergehenden Gliedes ist. Ich
mußte mich nach diesem Glied r i c h t e n (und nicht zufällig die
Rechnung mit 26 ausführen).“   15

3   Ich könnte sagen das erste Glied 1 macht das nächste auf eine Weise   ∀
zu 2, und 2 macht das nächste Glied auf die selbe Weise zu 5
        Das was von 2 zu 5 r e i c h t ist die Regel.

                                                                     20

4   ∀,   „Nach der Regel sollte dieser Punkt hier sein“ − „Aber wie weißt Du   ∀
daß, nach der Regel dieser Punkt hier sein sollte?“ Diese Frage heißt
irgendwie nichts. −

5   /   „Es ist unendlich wichtig daß ich eine/die/ Projectionsregel verstehen   25
(sehen) kann, ohne sie in einer allgemeinen Notation vor mir zu
haben. Ich kann aus der Reihe $\frac{1}{1}\ \frac{2}{4}\ \frac{3}{9}\ \frac{4}{16}$ eine allgemeine Regel
entnehmen − freilich auch beliebig viele andere a b e r d o c h a u c h
e i n e bestimmte und das heißt daß für mich diese Reihe irgendwie   30
der Ausdruck dieser einen Regel war.“

   1   ∀ *rechtes Randzeichen überschrieben*
   1   wenn ich die Richtigkeit einer Abbildung kontrollieren will⟨?⟩
   7   *An- und Ausführungszeichen der Bemerkung im MS rot.*
  13   es handelt sich darum daß diese 26 die 26 des ⟨vorg.   ⟩
  14   Ich mußte mich nach diesem Glied r i c h t e n⟨.⟩
  15   nicht zufällig die Rechnung mit 26 ausführen⟨. ...⟩
  17   ⟨Man⟩ könnte sagen das erste Glied 1 macht
  18   das nächste auf eine Weise zu 2, ⟨das nächste ...⟩
  25   *An- und Ausführungszeichen der Bemerkung im MS rot.*
  25   unendlich −*im MS rot durchstrichen*

1 Das was ich in jener Reihe sehe ist etwas wie $\frac{\Omega}{()^2}$. Nun ist der Einwand ＼ᵜᵣ 267
gegen eine solche Erklärung der daß der Freiheitsgrad eines
Mechanismus aus der Betrachtung des Mechanismus nicht hervorgeht
daß also z.B. die Zeichnung einer Kreuzkopfführung

nichts darüber aussagt wie der Mechanismus   5
tatsächlich funktionieren wird. Wenn wir in dieser
Zeichnung bereits die Angabe des Freiheitsgrades sehen so geschieht
es darum weil wir sie als Ausdruck einer |bestimmten| Regel auffassen.
Aber das Schema $\frac{\Omega}{()^2}$ ist eben nicht die Darstellung eines
Mechanismus.   10

2 Es ist übrigens klar, daß man nicht versucht wäre die Regel durch $\frac{\Omega}{()^2}$ ＼ᵜᵣ
auszudrücken, wenn dies nicht eine wirkliche Darstellung der
Sachlage wäre.
   15

3 Das was ich bezeichnen will, ist doch etwas was $\frac{1}{1}$, $\frac{2}{4}$, $\frac{3}{9}$, $\frac{4}{16}$ ＼
gemeinsam haben. Aber das was sie gemeinsam haben kann ich
unmöglich abgesondert von der Reihe hinschreiben. Es handelt sich ja
hier nicht um einen Bestandteil. Wohl aber kann ich die Regel in der   268
Reihe wahrnehmen.   20

4 ᵜᵣ Der Ausdruck der Regel, obwohl er natürlich ein Bild der
Anwendung der Regel sein muß, kann doch in der Anwendung selbst
nicht vorkommen oder vielmehr wenn er in der Anwendung der
Regel enthalten ist so ist eben die Art wie er enthalten ist bezeichnend   25
und der Ausdruck isoliert kann die Art dieses Vorkommens nicht
zeigen.

5 ᵜ Kann ich sagen: die Absicht sieht in der Abbildung diese Regel
befolgt oder nicht befolgt.   30

6 ᵜ Es wäre dann so als unterstriche die Intention eine gewisse Funktion,
einen gewissen Zug der Beschreibung. Etwa als schriebe man jedes
Subject eines Satzes mit roter Tinte um dadurch das Prädicat als
Funktion hervorzuheben.   35

7 ᵜ Die Intention ist nichts als ein Maßstab den wir an das was geschieht
anlegen und nach dem wir es beschreiben.

1 ＼ *rechtes Randzeichen überschrieben*
1 ⟨Was …⟩ *Bemerkung als Absatz der vorangehenden Bemerkung begonnen.*
3 der Freiheitsgrad eines Mechanismus aus ⟨dem Mechanismus …⟩
9 Aber das Schema $\frac{\Omega}{()^2}$ ist eben nicht die ⟨Zei…⟩
12 ＼ *rechtes Randzeichen überschrieben*
16 Das was ich bezeichnen will ist⟨, …⟩
17 gemeinsam haben. –*im MS Zeilenende ohne Schlußpunkt*
20 Wohl aber kann ich die Regel in der Reihe wahrnehmen. –*im MS durchstrichen*
24 selbst nicht vorkommen oder vielmehr wenn er ⟨vorko…⟩
26 kann die Art dieses Vorkommens nicht ⟨en…⟩
32 Es ⟨ist⟩ dann so als unterstriche die Intention eine gewisse Funktion
38 nach dem wir es beschreiben. –*im MS am linken Rand mit einer vertikalen Wellenlinie markiert*

1 Wenn wir z.B. ein Musikstück von Noten lesen so beurteilen wir das ∀
Ergebnis nach der Intention die Noten in bestimmter Weise zu
übersetzen. Dieses Urteil reagiert in gewisser Weise auf das was sich
in der Beschreibung des Ergebnisses als Übereinstimmung oder
Abweichung von der Beabsichtigten Übertragung darstellt. 5

2 Wenn es etwa meine Absicht wäre die Ziffern 1, 2, 3, 4, 5 durch ihre ∀
Quadrate abzubilden und das Resultat wäre
1, 5, 9, 15, 27 so könnte ich dieses Resultat zunächst schreiben
1, 4^{+1}, 9, 16^{-1}, 25^{+2} und meine Reaktion auf das Ergebnis wäre 10
etwa: $0, +1, 0, -1, +2$

3 Wir können wohl eine Maschine zur Illustration der Koordination \
zweier Vorgänge, der Abbildung des einen in den andern verwenden,
aber nur die Maschine wie sie funktionieren soll, also die 15
Maschine in ganz bestimmter Weise als Ausdruck aufgefaßt, also als
Teil der Sprache.

4 Nur in diesem Sinne bildet z.B. das Pianola die |Loch-|Schrift auf dem \
Streifen in das Musikstückes ab./den Verlauf des Musikstückes ab./ 20
Oder der Musterwebstuhl die Sprache der gelochten Karten in das 270
Muster des gewebten Stoffes.

30.
5 / Unter dem Verstehen verstehe ich ein Correlat zur/der/ Erklärung, 25
nicht zu einer – etwa medizinischen – Beeinflussung.
Unter Mißverständnis meine ich also wesentlich etwas was sich
durch Erklärung beseitigen läßt. Eine andere Nichtübereinstimmung
nenne ich nicht Mißverständnis)

30
6 ∀ Die Absicht, der Vorlage zu folgen hat die Vorlage im Auge.

2.12.
7 / Es ist unsinnig zu sagen „ich sehe die Dinge/diesen Gegenstand/ im
Gesichtsraum". Im Gegensatz wozu? Ist es denkbar daß ich sie/ihn/ 35
höre oder daß ein anderer sie/ihn/ sieht?

8 / Darum kann ich auch nicht sagen daß der Gegenstand in meinem
Gesichtsraum die Ursache |dessen| ist, daß ich ihn sehe.
(Darum ist es auch Unsinn zu sagen aus dem Urnebel haben sich 40
die Sonnen, Planeten, die einfachsten Lebewesen und endlich ein
Wesen entwickelt was so organisiert ist daß es all diese Dinge sehen
und über sie Betrachtungen anstellen kann. Es sei denn, daß man 271
|unter| diesen Betrachtungen die rein physikalischen Äußerungen im
Sinne des Behaviourism versteht. In diesem Sinne kann man auch von 45
einer photographischen Kamera sagen daß sie etwas wahrnehme)

16 wie sie funktionieren soll, also die Maschine ⟨als …⟩
25 Unter dem Verstehen verstehe ich –im MS am linken Rand mit einer vertikalen
Wellenlinie markiert
29 Mißverständnis().)) –im MS fehlt die Öffnungsklammer
31 Die Absicht, –das Komma ist im MS gewellt unterstrichen
33 ⟨1.⟩12.
43 Es ⟨seis⟩ denn,

1   Im Gesichtsraum gibt es nichts was wesentlich Subjekt wäre. Und   ⱱ
     ebenso in meinen Zahnschmerzen nichts was man den Besitzer dieser
     Schmerzen nennen könnte.

2   Wenn man gefragt würde: was ist der Unterschied zwischen einem   \   5
     Ton und einer Farbe und die Antwort wäre „Töne hören wir dagegen
     Farben sehen wir" so ist das nur eine durch Erfahrung gerechtfertigte
     Hypothese, wenn es überhaupt einen Sinn haben soll das zu sagen.
     Und dann/in diesem Sinn/ ist es denkbar, daß ich einmal Töne mit
     den Augen wahrnehmen also sehen werde, und Farben hören. Das   10
     Wesentliche der Töne und Farben ist offenbar in der Grammatik der
     Wörter für Töne und Farben gezeigt.

     Fortsetzung Bd VI

                                                                           15

 1 Im Gesichtsraum ⟨ist ...⟩
 1 Im Gesichtsraum gibt es nichts ⟨das ...⟩
 1 Im Gesichtsraum gibt es nichts was wesentlich ⟨Sy...⟩
 6 Unterschied zwischen einem Ton und einer Farbe ⟨und so wäre ...⟩
 9 dann/in diesem Sinn/ –erste Variante im MS durchstrichen
12 Fortsetzung Bd VI *Hinweis nach der Rückkehr aus den Weihnachtsferien in Wien,*
    am 29.1.1931, wo Wittgenstein den Text im dort angelegten Band VI fortgesetzt
    hatte. Die verbleibenden Seiten 272–300 aus dem Band V bilden einen Einschub in
    den Band VI, auf der Seite 31.

VI.

Philosophische Bemerkungen

1　　/　Alles was ich in der Sprache tun kann ist e t w a s sagen: das e i n e sagen.
(Das eine sagen im Raume dessen was ich hätte sagen können.)

2　　∫?/　Man könnte das auch so ausdrücken/sagen/: Die Sprache　　　　　5
arbeitet /works/wirkt/ relativ und nicht absolut.

3　　/　Wenn ein Satz nicht e i n e mögliche Bildung unter anderen wäre, so
hätte er keine Funktion.
　　　　　　　　　　　　　　　　　　　　　　　　　　　　　10

4　　/　D.h.: wenn ein Satz nicht das Resultat/Ergebnis/ einer Entscheidung
wäre, hätte er nichts zu sagen.

5　　/　Der Beweis der Widerspruchsfreiheit der Axiome auf/über/ den die
Mathematiker heute so einen Sums machen. Ich habe das Gefühl: wenn　　15
in den Axiomen eines Systems ein Widerspruch wäre so wäre das gar
nicht so ein großes Unglück. Nichts leichter als ihn zu beseitigen.

6　　?∫　Ein Satz kann eben nur,/:/ eines sagen (an e i n e n Ort des Raumes
deuten).　　　　　　　　　　　　　　　　　　　　　　　20

　　　　　　　　　　　　　　　　　　　　　　　　　　11.

·7　　∫　Das Erste was wir vom Gedanken aussagen möchten ist, er sei eine
Tätigkeit.
　　　　Ein Vergleich der sich uns sofort aufdrängt ist der mit der　　　　25
Verdauung.
　　　　Dann sagen wir, daß uns der Prozess, welcher Art er auch sein
mag nicht als typisch menschlicher oder organischer (oder als Vorgang　　　2
in einem Lebewesen) interessiert
　　　　Er interessiert uns nicht als spezifisch physiologischer und auch　　30
nicht als spezifisch psychologischer (Vorgang).

8　　∫　Das Nächste ist der Vergleich mit dem Chemiker den die Vorgänge im
menschlichen Darm auch nicht als solche interessieren sondern als
chemische Vorgänge die ebensogut in einer Proberöhre stattfinden　　　35
können.

1　*Manuskriptband am 10.12.1930 in Wien begonnen*

5　*?/ Randzeichen überschrieben*

14　auf/über/ *–erste Variante im MS durchstrichen*

15　heute so einen Sums machen. Ich habe das Gefühl: wenn ⟨im ...⟩

19　Ein Satz kann eben nur,/:/ *–Komma und Doppelpunkt sind im MS gewellt
unterstrichen*

29　(oder als Vorgang in einem Lebewesen) ⟨interessieren ...⟩

1 / Wir sagen: Für uns gibt es nicht wesentlich äußere und innere Vorgänge
(Jeder Vorgang ist in gewissem Sinne ein äußerer Vorgang)
Wir werden das Denken untersuchen von dem Standpunkt, daß es
auch von einer Maschine ausgeführt werden könnte.
Aber hier befinden wir uns in einer gänzlich falschen 5
Betrachtungsweise. Wir sehen das Denken für einen Vorgang wie das
Schreiben an oder das Weben als wäre es das Erzeugen eines Produkts,
des Gedankens, wie das Weben das Erzeugen eines Stoffes etc. Und
dann läßt sich natürlich sagen daß dieser Vorgang der Erzeugung im
Wesentlichen sich auch maschinell muß deuten lassen. 10
Aber hier ist unsere Auffassung ganz falsch. Das Denken 3
interessiert uns nur sofern es uns unmittelbar bewußt (bekannt)
/gegeben/ ist. Es ist ein Vorgang nur im unmittelbar Gegebenen.

2 / Von einem Product und Etwas das es hervorbringt ist für uns überhaupt 15
keine Rede

3 ʔʃ Weder der Organismus noch die Maschine ist ein Vergleichsobject.
Denn uns interessiert nichts was wir noch nicht wissen.

20

4 / Schon die Bezeichnung Tätigkeit für's Denken ist in einer Weise
irreführend. Wir sagen: das Reden ist eine Tätigkeit unseres Mundes.
Denn wir sehen dabei unseren Mund sich bewegen und fühlen es etc.
In diesem/demselben/ Sinne kann man nicht sagen das Denken sei eine
Tätigkeit unseres Gehirns. 25

5 / Und kann man sagen das Denken sei eine Tätigkeit des Mundes oder
des Kehlkopfs oder der Hände (etwa wenn wir schreibend denken)?

6 / Zu sagen Denken sei eben eine Tätigkeit des Geistes wie Sprechen des 30
Mundes ist eine Travestie |der Wahrheit|.

7 / Wir gebrauchen eben ein Bild, wenn wir von der Tätigkeit des Geistes 4
reden.

35

8 ʔʃ Das Denken ist nicht mit dem Arbeiten eines Mechanismus zu
vergleichen den wir von außen sehen in dessen Inneres wir aber blicken
müssen um seine Tätigkeit zu verstehen.

9 / Das Denken ist nicht mit der Tätigkeit eines Mechanismus zu 40
vergleichen die wir von außen sehen/der wir von außen zuschauen/
deren Inneres wir aber sehen müßten/müssen/ um sie zu verstehen.

1 Wir sagen: ⟨für⟩ uns gibt es nicht wesentlich äußere
3 Wir werden das Denken untersuchen ⟨als ob es …⟩
10 *Im MS:* im Wesentlichen auch maschinell muß deuten lassen.
21 Schon die Bezeichnung Tätigkeit für's Denken ist ⟨e…⟩
23 Denn wir sehen dabei unseren Mund sich bewegen ⟨et…⟩
27 Und kann man sagen das ⟨T…⟩
28 Tätigkeit des Mundes oder des Kehlkopfs oder der Hände⟨? …⟩
30 Zu sagen ⟨denken⟩ sei eben eine Tätigkeit des Geistes
31 |der Wahrheit| *–das Einfügungszeichen ist im MS gewellt unterstrichen*
36 ⟨De…⟩

1 ?∫ Das Denken ist nicht die Tätigkeit eines Mechanismus, der wir von außen zusehen deren Inneres aber erforscht werden muß.

2 ?∫ Das Denken ist nicht mit der Tätigkeit eines Mechanismus zu vergleichen den wir von außen sehen in dessen Inneres wir aber eindringen müssen.

3 Denn was uns am Denken nicht bewußt wäre, gehörte nicht dazu.

4 / Im Denken wird nicht etwas in einem abgeschlossenen Raum verdaut.

5 ∫ Das Denken ist ganz dem Zeichnen von Bildern zu vergleichen

6 / Man kann aber auch sagen: Das Denken ist (wesentlich) mit keinem Vorgang zu vergleichen und was wie ein Vergleichsobject scheint ist in Wirklichkeit ein Beispiel./Spezialfall./

12.

7 ∫ Die Deutung eines Bildes nach der Wirklichkeit ist schon eine Anwendung des Bildes.

8 ∫ Die Anwendung des Bildes besteht immer in einer Übersetzung.

9 / Der Vorgang der Übersetzung – etwa des Spielens nach Noten – wird durch die Worte beschrieben: Er, der Übersetzende, richtet sich nach den Noten.
        Ist das nun die eigentliche, rein sachliche Beschreibung des Vorgangs oder ist in sie schon ein Bild (Gleichnis) hineingetragen (gleichsam ein Anthropomorphismus)?

10 / Er richtet sich nach den Noten heißt vor allem nicht, daß er „richtig" spielt. Wohl aber beschreibt es seine Absicht.

11 / Zu sagen „Er hat die Absicht d i e s e s Stück zu spielen" (wobei man auf die Noten zeigt) hat gar keinen Sinn wenn nicht eine Projectionsregel vorausgesetzt ist. Denn sonst ist jede Folge von Tönen oder keine d i e s e s Stück.

12 ∫ Ich lese in Lessing: (über die Bibel) „Setzt hierzu noch die Einkleidung und den Stil ...... , durchaus voll Tautologien, aber solchen, die den Scharfsinn üben, indem sie bald etwas anderes zu sagen scheinen, und doch das nämliche sagen, bald das nämliche zu sagen scheinen, und im Grunde etwas anderes bedeuten oder bedeuten können: ..."

---

1 Das Denken ist nicht die Tätigkeit ⟨einer ...⟩
8 Denn was uns ⟨e...⟩
15 Das Denken ist (wesentlich) mit keinem Vorgang ⟨v...⟩
15 und was wie ein Vergleichsobject scheint ⟨in ...⟩
25 wird durch die Worte beschrieben: Er⟨ ()der Übersetzende,
28 oder ist in sie schon ein Bild (Gleichnis) hineingetragen⟨.⟩
36 eine Projectionsregel vorausgesetzt ist⟨, denn⟩ sonst ist jede Folge
36 Denn sonst ist jede ⟨T...⟩
39 *Lessing: „Die Erziehung des Menschengeschlechts", §48 und §49*
40 ...... ⟨bald plan und einfältig, bald poetisch⟩, durchaus voll Tautologien,

149

1 ?/∅   Bedenke die merkwürdige Projektionsweise durch die die Zeichnung
         in ein menschliches Gesicht projiziert wird.

2 ∫   Wer liest, macht das was er tut/liest/abliest/ abhängig von dem was   5
         dasteht. Aber die/diese/ Abhängigkeit kann nur durch eine Regel
         ausgedrückt werden.

3 /   Was hätte übrigens eine/die/ allgemeine Regel überhaupt
         auszudrücken, wenn nicht das/das nicht/?   10

4 /   Soweit er was er tut nicht von dem abhängig macht was da steht, |soweit|
         liest er nicht; wenn auch das was da steht ihn zu dem veranlaßt
         /veranlassen mag/ was er tut.

                                                                                             15

5 /   Der Vorsatz muß so sein daß sein Ausdruck es möglich macht zu
         überprüfen ob er ausgeführt wurde. [… ob die Absicht erreicht wurde.]
            Es muß sich also die richtige Ausführung aus der Vorlage und dem
         Ausdruck des Vorsatzes ableiten |(quasi berechnen)| lassen

                                                                                            20

6 /   Wenn ich etwas beschreibe, so muß ich die Beschreibung von dem   7
         Zubeschreibenden herunterlesen. [Wenn ich etwas beschreibe und die
         Beschreibung von dem Zubeschreibenden nicht herunterlese so ist es
         keine Beschreibung.]

                                                                                      25

7 ?∫∫   Wenn ich die Beschreibung nicht von der Tatsache ablese so ist sie eine
         ihr willkürlich zugeordnete Lautverbindung [… so ist sie ein ihr
         willkürlich zugeordneter Komplex/zugeordnetes Gebilde/]

8 ?/   Wenn man sagt die Sinnesdaten seien „privat", niemand anderer könne   30
         meine Sinnesdaten sehen, hören, fühlen, und meint damit nicht eine
         Tatsache unserer/der/ Erfahrung/Erfahrungstatsache/, so müßte es/das/
         ein philosophischer Satz sein. Den gibt es aber nicht und was gemeint
         ist drückt sich darin aus, daß eine Person in die Beschreibung von
         Sinnesdaten nicht eintritt.   35

9 /   Denn, k a n n ein anderer meine Zahnschmerzen nicht haben, so kann
         i c h sie – in diesem Sinne – auch nicht haben.

10 /   In dem Sinne in welchem es nicht erlaubt ist zu sagen der Andere habe   40
         diese Schmerzen, ist es auch nicht erlaubt zu sagen ich hätte/habe/ sie.

11 /   Was wesentlich privat ist, oder scheint, hat keinen Besitzer.

---

1 *?/ Randzeichen überschrieben*
5 *Die Bemerkung ist am linken Rand mit einem vertikalen Strich markiert.*
6 die/diese/ *-zweite Variante im MS durchstrichen*
10 wenn nicht das/das nicht/? *-das Fragezeichen ist im MS gewellt unterstrichen*
12 |soweit| *-im MS ist auch das Einfügungszeichen gewellt unterstrichen*
13 ihn |zu dem| veranlaßt ⟨zu tun⟩ was er tut.
26 *?∫ Randzeichen überschrieben*
26 *Im MS:* Tatsache ablese so ist sie |eine| ihr
41 zu sagen der Andere habe diese Schmerzen, ⟨in de…⟩

1 / Was soll es heißen: Er hat di es e Schmerzen? außer er hat sol ch e Schmerzen: d.h. von solcher Stärke, Art etc. aber |nur| in dem Sinn kann auch ich diese Schmerzen haben

2 Das heißt die Subject-Object-Form ist darauf nicht anwendbar. 5 8

3 / Die Subject-Object-Form bezieht sich auf den Leib und die Dinge um ihn, die auf ihn wirken.

13. 10

4 / Es scheint ein Einwand gegen die Beschreibung des unmittelbar Erfahrenen zu sein: „für wen beschreibe ich's?" Aber wie wenn ich es abzeichne? Und die Beschreibung muß immer ein nachzeichnen sein.
Und soweit (überhaupt) eine Person für das Verstehen in Betracht kommt, steht die meine und die des anderen auf einer Stufe. Es ist doch 15 hier ebenso wie mit den Zahnschmerzen.

5 / Beschreiben ist nachbilden und ich muß es nicht notwendigerweise f ü r irgendjemand nachbilden.
20

6 / Wenn ich mich mit der Sprache dem Andern verständlich mache, so muß es sich hier um ein Verstehen im Sinne des behaviourism handeln. Daß er mich verstanden hat ist eine Hypothese, wie, daß ich ihn verstanden habe.
25

7 / In die nicht-hypothetische/der nicht-hypothetischen/ Beschreibung des Gesehenen, Gehörten – diese Wörter bezeichnen hier grammatische Formen – tritt das Ich nicht auf, es ist hier von Subject und Object nicht die Rede.
30

1 *Die Bemerkung ist eine Einfügung am unteren und rechten Rand der Manuskriptseite.*
2 aber |nur| in dem ⟨Sinne⟩ kann ⟨i...⟩
7 Die Subject-Object-Form bezieht sich auf ⟨unseren⟩ Leib
11 gegen die Beschreibung ⟨der unmittelbar erfahrenen ...⟩
15 *Im MS:* kommt steht, die meine
21 dem Andern verständlich mache, so ⟨da...⟩
22 muß es sich hier um ein Verstehen im Sinne des ⟨Behaviourism⟩ handeln.
26 die nicht-hypothetische/der nicht-hypothetischen/ *–erste Variante im MS durchstrichen*

151

1 / „Für wen würde ich meine unmittelbare Erfahrung beschreiben? Nicht
für mich, denn ich habe sie ja; und nicht für jemand andern, denn der
könnte sie nie aus der Beschreibung entnehmen?" — Er kann sie so
viel/sehr/ und so wenig aus der Beschreibung entnehmen wie aus
einem gemalten Bild. Die Vereinbarungen über die Sprache sind doch 5
mit Hilfe von gemalten Bildern (oder was diesen gleichkommt)
getroffen worden. Und, unserer gewöhnlichen Ausdrucksweise nach,
entnimmt er doch aus einem gemalten Bild etwas. Und zu fragen ob er
dasselbe entnimmt was wir sehen ist ja Unsinn; ebensolcher Unsinn wie
die Frage ob mich mein Gedächtnis nicht täuscht wenn es mir sagt daß 10
das die Farbe ist die ich vor einer Minute an diesem Bild gesehen habe.

2 / Es ist eben irreführend zu sagen „das Gedächtnis sagt mir daß dies die
selbe Farbe ist etc." Sofern es mir etwas sagt, kann es mich auch
täuschen (d.h. etwas falsches sagen). 15
Wenn ich die unmittelbar gegebene Vergangenheit beschreibe so
beschreibe ich mein Gedächtnis und nicht etwas was dieses Gedächtnis
anzeigt. (Wofür dieses Gedächtnis ein Symptom wäre.)

3 / Und „Gedächtnis" bezeichnet hier – wie früher „Gesicht" und „Gehör" 20
– auch nicht ein psychisches Vermögen, sondern einen bestimmten Teil 10
der logischen Struktur unserer Welt.

4 ʃ Wenn ich nicht recht weiß wie ein Buch anfangen so kommt das daher
daß noch etwas unklar ist. Denn ich möchte mit dem der Philosophie 25
gegebenen, den geschriebenen und gesprochenen Sätzen, |quasi| den
Büchern anfangen
Und hier begegnet man der Schwierigkeit des „Alles fließt". Und
mit ihr ist vielleicht überhaupt anzufangen.
30

5 ʃ Handelt die Mathematik von Zeichen/Schriftzeichen/? Ebensowenig
wie das Schachspiel von Holzfiguren handelt

6 / Wenn wir von dem Sinn mathematischer Sätze reden oder wovon sie
handeln so gebrauchen wir ein falsches Bild. Es ist nämlich hier auch so 35
als ob unwesentliche, willkürliche Zeichen das Wesentliche, eben den
Sinn, mit einander gemein hätten/gemeinsam haben/.

1 „Für wen ⟨beschreibe ich …⟩
2 Nicht für mich, denn ich habe sie ja; und nicht für ⟨ein…⟩
4 viel/sehr/ –zweite Variante im MS durchstrichen
5 entnehmen wie aus einem gemalten Bild. ⟨Und aus …⟩
7 Und ⟨–⟩ unserer gewöhnlichen Ausdrucksweise nach ⟨–⟩ entnimmt er
11 wenn es mir sagt daß das die Farbe ist die ich ⟨schon ge…⟩
14 „das Gedächtnis sagt mir daß dies die selbe Farbe ist(" …⟩
14 Sofern es mir etwas sagt, kann es mich ⟨t…⟩
25 daß noch etwas unklar ist. Denn ich möchte mit dem ⟨ge…⟩
34 Wenn wir ⟨|hier| davon reden …⟩
36 als ob ⟨|an sich|⟩ unwesentliche, –im MS ist auch das Einfügungszeichen gewellt
unterstrichen

16

1   ∫/   Weil die Mathematik ein Kalkül ist und daher wesentlich von nichts
         handelt, gibt es keine Metamathematik

2   /   Man kann nur immer Unwesentliches ausdrücken.
             Wenn ich z.B. die Philosophie mit dem Satz beginnen wollte daß
         wir eine Sprache zur Darstellung der Tatsachen gebrauchen so wäre
         dies wieder unwesentlich, das Wesentliche aber daß eine solche Sprache
         gebraucht werden k a n n, kann nicht gesagt werden.

3   /   Irgend etwas sagt mir: eigentlich dürfte ein Widerspruch in den
         Axiomen eines Systems nicht schaden, als bis er offenbar wird. Man
         denkt sich einen versteckten Widerspruch wie eine versteckte Krankheit
         die schadet obwohl (und vielleicht gerade deshalb weil) sie sich uns
         nicht deutlich zeigt. Zwei Spielregeln aber die einander in einem/für
         einen/ bestimmten Fall widersprechen sind vollkommen in der
         Ordnung bis dieser Fall eintritt und dann erst wird es nötig durch eine
         weitere Regel zwischen ihnen zu entscheiden.

                                                              17.
4   /   Auch die Logik ist keine Metamathematik, d.h. auch Operationen des
         logischen Kalküls können/das Arbeiten mit dem logischen Kalkül kann/
         keine |wesentlichen| Wahrheiten ü b e r die Mathematik zu Tage
         fördern. Siehe hierzu das „Entscheidungsproblem" und ähnliches in der
         modernen mathematischen Logik.

5   /   Kein Kalkül kann ein philosophisches Problem entscheiden.

                                                              25.
6   ∅   Wer seiner Zeit nur voraus ist, den holt sie einmal ein.

                                                              27.
7   /   Der Kalkül kann uns nicht prinzipielle Aufschlüsse über die Mathematik
         geben.

8   /   Es kann daher/darum/ auch keine „führenden Probleme" der
         mathematischen Logik geben, denn das wären solche deren Lösung uns
         endlich das Recht geben würde/berechtigen würde/ Arithmetik zu
         treiben wie wir es tun.

9   /   Und dazu können wir nicht auf den Glücksfall der Lösung eines
         mathematischen Problems warten.

1   ⟨15.⟩ *Datum vom 16.12.1930 im MS verschrieben und korrigiert*
2   ∫ *Randzeichen durchstrichen*
7   daß wir ⟨hier⟩ eine Sprache zur Darstellung der Tatsachen gebrauchen
12   eines Systems nicht schaden, als bis ⟨es⟩ offenbar wird.
14   die schadet obwohl (und vielleicht gerade deshalb weil) ⟨man ...⟩
16   die einander in einem/für einen/ bestimmten ⟨Falle⟩ widersprechen
21   Auch die Logik ist keine Metamathematik⟨;⟩ d.h. auch

1 ∅ Die Musik scheint manchem eine primitive Kunst zu sein mit ihren
wenigen Tönen und Rhythmen. Aber einfach ist nur ihre Oberfläche
[ihr Vordergrund] während der Körper der die Deutung dieses
manifesten Inhalts ermöglicht die ganze unendliche Komplexität besitzt   5
die wir in dem Äußeren der anderen Künste angedeutet finden und die
die Musik verschweigt. Sie ist in gewissem Sinne die raffinierteste aller
Künste.

                                                   16.   10

2 ∅ Es gibt Probleme an die ich nie herankomme, die nicht in meiner Linie
oder in meiner Welt liegen. Probleme der Abendländischen
Gedankenwelt an die Beethoven (und vielleicht teilweise Goethe)
herangekommen ist und mit denen er gerungen hat die aber kein
Philosoph je angegangen hat (vielleicht ist Nietzsche an ihnen   15
vorbeigekommen)

    Und vielleicht sind sie für die abendländische Philosophie verloren   13
d.h. es wird niemand da sein der den Fortgang dieser Kultur als Epos
empfindet also beschreiben kann. Oder richtiger sie ist eben kein Epos
mehr oder doch nur für den der sie von außen betrachtet und vielleicht   20
hat dies Beethoven vorschauend getan (wie Spengler einmal andeutet)
Man könnte sagen die Zivilisation muß ihren Epiker voraushaben. Wie
man den eigenen Tod nur voraussehen und vorausschauend
beschreiben nicht als Gleichzeitiger von ihm berichten kann. Man
könnte also sagen: Wenn Du das Epos einer ganzen Kultur geschrieben   25
/beschrieben/ sehen willst so mußt Du es unter den Werken der
Größten dieser Kultur also zu einer Zeit suchen in der das Ende dieser
Kultur nur hat v o r a u s gesehen werden können, denn später ist
niemand mehr da es zu beschreiben. Und so ist es also kein Wunder
wenn es nur in der dunklen Sprache der Voraussicht/Vorausahnung/   30
geschrieben ist und für die Wenigsten verständlich.

3 ∅ Ich aber komme zu diesen Problemen überhaupt nicht. Wenn ich „have
done with the world" so habe ich eine amorphe (durchsichtige) Masse
geschaffen und die Welt mit ihrer ganzen Vielfältigkeit bleibt wie eine
uninteressante Gerümpelkammer links liegen.   35   14

    Oder vielleicht richtiger: das ganze Resultat der |ganzen| Arbeit ist
das Linksliegenlassen der Welt. (Das In-die-Rumpelkammer-werfen der
ganzen Welt)

                                                   40

1 12.⟨2.⟩31
19 dieser Kultur als Epos empfindet ⟨und⟩ beschreiben kann.
26 geschrieben/beschrieben/ sehen willst so mußt Du es ⟨s...⟩
29 werden können, denn später ist niemand mehr da ⟨um⟩ es zu beschreiben
35 und die Welt mit ihrer ganzen ⟨Komplexität⟩ bleibt wie eine
37 Oder vielleicht richtiger⟨,⟩ das ganze Resultat
38 das Linksliegenlassen der Welt. (Das ⟨in ...⟩

1 /∅ Eine Tragik gibt es in dieser Welt (der meinen) nicht und damit all das
       Unendliche nicht was eben die Tragik (als sein Resultat/Ergebnis/)
       hervorbringt
              Es ist sozusagen alles in dem Ether/Weltether/ löslich; es gibt
       keine Härten.   5
              Das heißt die Härte und der Konflikt wird nicht zu etwas
       Herrlichem/zu nichts Herrlichem/ sondern zu einem Fehler.

2 ∅ Der Konflikt löst sich etwa wie die Spannung einer Feder in einem
       Mechanismus den man schmilzt (oder in Salpetersäure auflöst). In   10
       dieser/einer/ Lösung gibt es keine Spannungen mehr.

3 /∅ Das meiste was sich mir als Ahnungsvolle Gedankenform zeigt kann ich
       gar nicht ausdrücken und meine Ausdruckskraft erlahmt vielleicht
       immer mehr und mehr.   15

                                                                              17.
4 /   Das Verständnis eines Satzes kann nur die Bedingung dafür sein daß
       wir ihn anwenden können. D.h. es kann nichts sein als diese Bedingung   15
       und es muß die Bedingung der Anwendung sein.   20

5 ?/∫ Wer das Symbol versteht kann nicht mehr kennen/erfassen/ als das
       Symbol, denn mehr ist nicht da.

6 /   Alles was zum Verständnis des Symbols nötig ist enthält es und was es   25
       nicht enthält ist für die Sache überhaupt belanglos.
              Also muß die Kenntnis des Symbols nicht nur ausreichend sein
       sondern keine Kenntnis außerdem auch nur eine Hilfe, sondern – wie
       gesagt – ganz belanglos.
                                                                              30
7 /   Das Verständnis eines Befehls kann nur die Bedingung dessen sein daß
       ich ihn ausführen kann. Nicht mehr und nicht weniger.

8 ?/ Wenn mir das Verstehen des Befehles bei der Ausführung nicht hilft,
       dann interessiert es mich überhaupt nicht.   35

9 ∫   Das Verstehen des Befehles könnte etwa ein Spiel der Vorstellungen
       sein, es fragt sich aber ist es zur Behandlung des Befehls wesentlich oder
       nicht?
                                                                              40

 1   / *Randzeichen überschrieben*
 1   Eine Tragik gibt es in dieser Welt ⟨– in⟩ der meinen ⟨–⟩ nicht
 2   sein –*im MS durchstrichen*
 10 in einem Mechanismus den man schmilzt⟨, ⟩oder
 13 / *Randzeichen überschrieben*
 22 ?/ *Randzeichen überschrieben*

1   ſ   Wenn z.B. der Befehl gelautet hätte, ich solle aus dem Zimmer gehen,   16
so könnte man glauben der Befehl sei befolgt wenn ich, etwa zur
festgesetzten Stunde, das Zimmer verließe. Aber das hätte ja auch „rein
mechanisch" nicht dem Befehl folgend geschehen können. Es wäre auch
nicht genug daß etwa der Befehl/das Hören des Befehls/ auf irgend eine   5
Weise die Ursache davon wäre daß ich das Zimmer verließ. Der Befehl
wurde vielmehr nur dann befolgt wenn ich die Befolgung von ihm
abgelesen habe. Dazu ist etwa nötig daß ich auf die Uhr sehe und auf
die Zeit warte bis der Befehl auszuführen ist (oder vielmehr gehört eben
auch das schon zur Ausführung oder doch zur Reaktion auf den Befehl)   10
      In Wirklichkeit wird es sich so vollziehen daß ich auf die Uhr sehe
dann an etwas anderes denke dann wieder auf die Uhr sehe u.s.w.
Was ist also wesentlich? Daß ich es einmal merke ob ich die Zeit
eingehalten habe oder nicht. D.h. es muß mir einmal die
Übereinstimmung oder Nicht-Übereinstimmung meiner Handlung mit   15
dem Befehl zu Bewußtsein kommen. Wenn (d.h. gerade wenn) das
geschieht, dann verstehe ich den Befehl.

2   Nocheinmal: **Das Verständnis ist eine Bedingung des Befolgens.** Nun,   17
was für eine Bedingung der Befolgung gibt es denn?   20
      Das Verstehen soll ja das Erfassen des Befehls als solchen sein. Das
Erleben des Befehls als Befehl, ohne das ist er für mich |ja| noch gar
kein Befehl. Und ist er es, dann habe ich ihn auch verstanden. Das
Verstehen des Befehls muß das Erfassen des Zeichens mit dem sein was
das Zeichen zum Zeichen eines Befehls macht   25

3   /   Einen Satz verstehen heißt eine Sprache verstehen.

4   /   Von einem Verständnis das herbeizuführen wir wesentlich kein Mittel
haben, können wir nicht reden.   30

                                                 18.

5   /ſ   Wenn wir meinen daß der Gedanke die Tatsache gleichsam in
schattenhafter Weise anticipiert so geschieht das eben deshalb weil es der
Gedanke ist. Das heißt weil sein Ausdruck die Beschreibung seiner   35
Verification enthält.

6   /   Der Philosoph trachtet das erlösende Wort zu finden; das ist das Wort
das uns endlich erlaubt das zu fassen was bis jetzt immer, ungreifbar,
unser Bewußtsein belastet hat.   40

---

1   ſ *Randzeichen durchstrichen*
5   daß etwa der Befehl/das Hören des Befehls/ ⟨d…⟩
6   die Ursache davon wäre daß ich das Zimmer ⟨verlassen habe⟩.
12   daß ich auf die Uhr sehe dann an ⟨das …⟩
21   Das Verstehen soll ja das Erfassen des Befehls als ⟨solcher⟩ sein.
23   noch gar kein Befehl. Und ist er⟨, …⟩
25   *Im MS nicht entzifferte Streichung in der Leerzeile*
29   *Im MS:* das |herbeizuführen| wir wesentlich kein Mittel haben,
33   / *Randzeichen überschrieben*
33   Wenn wir ⟨S…⟩
34   so geschieht das eben deshalb weil es ⟨das …⟩

1 /∫∅ (Es ist wie wenn man ein Haar auf der Zunge liegen hat; man spürt es
aber kann es nicht erfassen/ergreifen/ und darum nicht los werden.)

2 ∅ Der Philosoph liefert uns das Wort womit ich/man/ die Sache
ausdrücken und unschädlich machen kann.

3 ∅ Wenn ich sage daß mein Buch nur für einen kleinen Kreis von
Menschen bestimmt ist (wenn man das einen Kreis nennen kann) so
will ich damit nicht sagen daß dieser Kreis |meiner Auffassung nach| die
Elite der Menschheit ist, aber er ist der Kreis an den/es sind die
Menschen an die/ ich mich wende (nicht weil sie besser oder schlechter
sind als die andern sondern) weil sie mein Kulturkreis sind, gleichsam
die Menschen meines Vaterlandes im Gegensatz zu den Anderen die
mir f r e m d sind.

22.

4 / Kein psychologischer Vorgang kann besser symbolisieren als Zeichen
die auf dem Papier stehen.

/ Der psychologische Vorgang kann auch nicht mehr leisten als die
Schriftzeichen auf dem Papier.

?/ Denn immer wieder ist man in der Versuchung einen
symbolischen Vorgang durch einen besonderen psychischen Vorgang
erklären zu wollen, als ob die Psyche in dieser Sache viel mehr tun
könnte, als das Zeichen.

5 / Es mißleitet uns da die falsche Analogie mit einem Mechanismus der
mit anderen Mitteln arbeitet und daher eine besondere Bewegung
erklären kann. Wie wenn wir sagen: diese Bewegung kann nicht durch
den Eingriff von Zahnrädern allein erklärt werden.

6 / Hierher gehört irgendwie: daß es nicht selbstverständlich ist, daß sich
das Zeichen durch seine Erklärung e r s e t z e n läßt. Sondern eine
merkwürdige, wichtige Einsicht in das Wesen d i e s e r (Art von)
Erklärung.

7 / Die Beschreibung des Psychischen müßte sich ja doch wieder als
Symbol verwenden lassen.

8 / Wenn wir die Disposition ein Zeichen „a a d d d c b a" mittels der
Regel a |→" zu übersetzen eben durch a |→" ausdrücken dann kann

```
    b | ↑              b | ↑
    c | ←              c | ←
   „d | ↓             „d | ↓
```

in jener Disposition auch nicht wesentlich mehr liegen als in dem
Zeichenausdruck für die Regel.

---

1 /∫ *Randzeichen überschrieben*
13 Menschen meines Vaterlandes im Gegensatz zu den ⟨anderen …⟩
16 ⟨21.⟩ *Datum im MS verschrieben und korrigiert*
19 *Die folgenden zwei Absätze sind im MS Bemerkungen, durch Klammern am linken Rand der vorangehenden Bemerkung zugeordnet.*
21 Denn immer wieder ist man in der Versuchung einen ⟨S…⟩
32 das Zeichen durch seine Erklärung e r s e t z e n läßt⟨, sondern⟩ eine

1 / Das heißt diese Disposition unterscheidet sich etwa von der den Satz

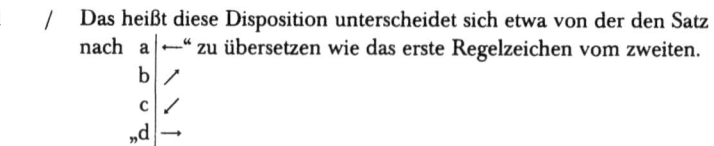

nach a |←" zu übersetzen wie das erste Regelzeichen vom zweiten.
b | ↗
c | ↙
„d | → 5

2 ∫ Wenn ich den Satz a a d d d b c nach a | → in ⌐→⌐ übertrage,

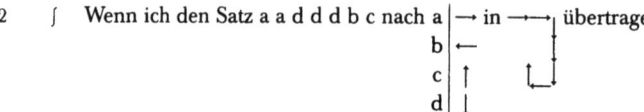

b | ←
c | ↑
d | ↓ 10

so richte ich mich nach der Regel im selben Sinn wie wenn ich 20
1 2 3 4 nach x...x² in
1 4 9 16 übertrage

3 / Im speziellen Fall kommt natürlich die Regel nicht mit Betonung ihrer 15
Allgemeinheit vor wie in f(a) nicht f(x) als etwas Allgemeines
vorkommt.

4 ?/ Wenn ich nun wie oben übertrage so liegt die Art der Übertragung in
der Art wie ich zu dem Resultat der Übertragung gekommen bin. Es ist 20
ja unleugbar daß ich auf verschiedene Weisen von 1, 2, 3, 4 zu
1, 4, 9, 16 kommen kann und mehr kann ich nicht behaupten.
Wenn ich nun einen Sachverhalt in Worten beschreibe, etwa die
Gestalt und Farbe eines Flecks, so schaue ich allerdings dazu auf keine
Rechnungsregel/Übertragungsregel/ wohl aber erhalte ich doch die 25
Worte der Beschreibung in einer ganz bestimmten Weise, verschieden
von der, einfach irgend welche Laute auszustoßen, oder auch mich auf
assoziativem Wege zu solchen Lauten führen zu lassen. Beschreibe ich
z.B. einen Fleck mit gewissen Worten so ist es ja denkbar daß ich dazu
Worte gebrauche die ich noch nie gehört und nie gebraucht habe. Es 30
wäre wenigstens der Fall denkbar daß meine Umgebung (die etwa
ständig bei mir sei) diese Worte nie gehört hat und mich also auch nicht 21
versteht daß ich mir aber (wie sich die Leute ausdrücken würden)
einbilde, die Dinge hießen so. Dann habe ich eben damit eine Sprache
erfunden. Denn wie ich es verstehe heißen die Dinge so wenn ich mir 35
einbilde daß sie so heißen

5 / Einen Satz verstehen heißt eine Sprache verstehen; einen Satz sprechen
heißt eine Sprache sprechen.
40
23.
6 ∫ „Verstehst Du das Wort ‚Tisch'?" – „Ja." – „Was heißt es?" – |(mit einer
Gebärde)| „So eine Sache" – „Verstehst Du das Zeichen ‚So eine
Sache'?" „Ja" – „Was bedeutet es?" –
45
7 ∫ Die Projectionsmethode ist die Art und Weise wie wir 1, 4, 9 von 1, 2, 3
ableiten, oder ⌐→⌐ von a a b b c
⌐

2 zu übersetzen wie das ⟨Zeic...⟩
12 wie wenn ich 1 2 3 4 nach ⟨$\frac{x}{x^2}$ in⟩ 1 4 9 16
19 Wenn ich nun wie oben übertrage so liegt die ⟨Über...⟩
19 Art der Übertragung ⟨an ...⟩
44 „So eine Sache'?" „Ja" – „Was bedeutet ⟨sie⟩?" –

1   ʃ   Es ist eben ein Unterschied, ob ich von dem einen Zeichen irgendwie
         beeinflußt das andere hinschreibe, oder es von dem ersten/anderen/
         ablese.

2   ʃ   Und die Kausale Beeinflussung ist ja kein bewußter Vorgang.   5

3   Wenn ich mich aber nun ärgere w e i l jemand zur Türe hereinkommt,
         kann ich mich hier im Nexus irren oder erlebe ich ihn wie den Ärger.
           In einem gewissen Sinne kann ich mich ärgern/irren/ denn ich
         kann mir sagen „ich weiß nicht, warum mich sein Kommen heute so   10   22
         ärgert". Das heißt über die Ursache meines Ärgers läßt sich streiten. —
         Anderseits nicht darüber daß der Gedanke an sein Kommen – wie man
         sagt – unlustbetont ist.

4   Wie aber in dem Fall: Ich sehe den Menschen und der Haß gegen ihn   15
         lodert bei seinem Anblick |in mir| gegen ihn auf — Könnte man fragen:
         wie weiß ich daß ich i h n hasse, daß e r die Ursache meines Hasses ist.
         Und wie weiß ich daß sein Anblick diesen Haß neu erweckt? Auf die
         erste Frage: „ich hasse ihn" heißt nicht „ich hasse und er ist die Ursache
         meines Hasses". Sondern er beziehungsweise sein Gesichtsbild - etc. –   20
         kommt in meinem Haß vor ist ein Bestandteil meines Hasses. (Auch
         hier tut's die Vertretung nicht, denn was garantiert mir dafür daß das
         Vertretene existiert) Im zweiten Fall kommt eben unmittelbar seine/des
         Menschen/ Erscheinung in meinem Haß vor oder, wenn nicht, dann ist
         seine Erscheinung wirklich nur die hypothetische Ursache meines   25
         Gefühls und ich kann mich darin irren daß sie es ist die das Gefühl
         hervorruft.

5   Ganz ebenso muß es sich auch mit dem Handeln n a c h einem
         Zeichenausdruck verhalten. Der Zeichenausdruck muß in diesem   30
         Vorgang involviert sein während er nicht involviert ist, wenn er |bloß|
         die Ursache meines Handelns ist.   23

6   ʃ   [Ich weiß daß, was ich hier seit vielen Wochen schreibe schlecht ist;
         aber ich schreibe es in der Hoffnung daß besseres wieder nachkommen   35
         möge. Kommt nichts besseres nach, nun so hat es eben der Schluß sein
         sollen.]

7   Und so ist es auch: aus ihm leite ich mein Handeln ab.

                                                   40

8   /   Wenn ich nun sage ich leite mein Handeln aus dem Zeichenausdruck
         a u f e i n e g e w i s s e Weise ab so kann diese Weise im tatsächlichen
         Vorgang nur so enthalten sein wie eben eine Funktion $f(x)$ in $f(a)$

---

8   kann ich mich hier im Nexus irren oder ⟨ist er mir …⟩
9   ärgern/irren/ –erste Variante im MS durchstrichen
10   denn ich kann ⟨mich fragen⟩ „ich weiß nicht, warum mich
16   lodert bei seinem Anblick |in mir| gegen ihn auf⟨.⟩ Könnte man fragen:
17   wie weiß ich daß ich i h n hasse, daß e r ⟨der …⟩
19   „ich hasse ihn" heißt nicht⟨:⟩ „ich hasse und er ist die Ursache

1 / Wenn der Satz „ich hasse ihn" so aufgefaßt wird: ich hasse und er ist die
Ursache; dann ist die Frage möglich „bist Du sicher daß Du ihn haßt
ist es nicht vielleicht ein anderer oder etwas Anderes" und das ist
offenbarer Unsinn.

5

2 / Übrigens ist der einzige Beweis daß eine Analyse falsch ist, daß sie zu
offenbarem Unsinn führt d.h. zu einem Ausdruck der offenbar gegen
die Grammatik verstößt die der normalen/gegebenen/ |Art der|
Anwendung entspricht.

10

3 / Wenn ich an ihn denke: welche Bedingungen müssen erfüllt sein daß
das der Fall ist? Welche nicht-hypothetischen Bedingungen? Wenn ich   24
ihn – z.B. – erwarte: muß er jetzt existieren, muß ich ein
Erinnerungsbild von ihm haben? Muß ich ihn einmal gesehen haben?
Und in welchem Sinne. Was immer nicht der Fall sein muß, schalten   15
wir aus und was der Fall sein muß macht die Existenz des Gedankens
aus.

24.

4 / Wenn ich eine Lautreihe hervorbringe und nun sage ich habe diesen   20
Satz gelesen so kann kein Zweifel darüber bestehen ob ich wirklich
diesen Satz gelesen habe oder ob meine Lautreihe anderswie verursacht
wurde. D.h. daß ich diesen Satz gelesen habe sagt gar nichts über die
Ursache der Entstehung der Lautreihe aus.

25

5 / Es kann nie essentiell für uns sein daß ein Phänomen in der Seele sich
abspielt und nicht auf dem Papier für den Andern sichtbar.

1 Wenn der Satz „ich hasse ⟨A …⟩
2 die Ursache; dann ist die Frage möglich(:) „bist Du sicher
8 d.h. zu einem Ausdruck der offenbar gegen die Grammatik ⟨st…⟩
12 welche Bedingungen müssen erfüllt sein daß das ⟨wahr …⟩
14 muß ich ein Erinnerungsbild ⟨an ihn …⟩
14 muß ich ein Erinnerungsbild ⟨vom …⟩
15 Was immer nicht der Fall ⟨gewesen⟩ sein muß, schalten wir
22 diesen Satz gelesen habe oder ob meine Lautreihe ⟨ander…⟩
23 D.h. daß ich ⟨den⟩ Satz gelesen habe sagt gar nichts über die Ursache

/ Man kann sagen daß, ob ich lese oder nur Laute hervorbringe während ein Text vor meinen Augen ist sich nicht durch die Beobachtung von außen entscheiden läßt. Aber das Lesen kann nicht wesentlich eine i n n e r e Angelegenheit sein. Das Ableiten der Übersetzung von Zeichen, wenn es überhaupt ein Vorgang ist, muß auch ein sichtbarer Vorgang sein können. Man muß also z.B. auch den Vorgang dafür nehmen/ansehen/ können der sich auf dem Papier abspielt wenn die Glieder der Reihe 1, 4, 9, 16 (als Übersetzungen von 1, 2, 3, 4) durch die Gleichungen $1 \times 1 = 1$, $2 \times 2 = 4$, $3 \times 3 = 9$ etc ausgerechnet erscheinen.

$$
\begin{array}{cccc}
1 & 2 & 3 & 4 \\
\times & \times & \times & \times \\
1 & 2 & 3 & 4 \\
\| & \| & \| & \| \\
1 & 4 & 9 & 16
\end{array}
$$

Man könnte dann vom Standpunkt des Behaviourism sagen: Wenn ein Mensch das hinschreibt dann hat er die untere Reihe durch Rechnung gewonnen, schreibt er aber bloß die untere Reihe an dann nicht.

Schriebe er aber nun

$$
\begin{array}{cccc}
1 & 2 & 3 & 4 \\
\times & \times & \times & \times \\
1 & 2 & 3 & 4 \\
\| & \| & \| & \| \\
1 & 5 & 9 & 20
\end{array}
$$

so würden wir sagen, er hat falsch gerechnet weil 2×2 nicht 5 ist etc.

2   / Man könnte natürlich ebensogut schreiben

$$
\begin{array}{ccccc}
x & 1 & 2 & 3 & 4 \\
x^2 & 1 & 4 & 9 & 16
\end{array}
$$

und diese Darstellung ist ganz gleichwertig mit der ersten oder überhaupt jeder andern, wenn eine Regel festgesetzt ist die sie von einer anderen Darstellung unterscheidet.

3   / Das Gefühl welches man bei jeder solchen Darstellung hat, daß sie roh (unbeholfen) ist, leitet irre denn wir sind dann versucht nach einer „besseren" Darstellung zu suchen. Die gibt es aber gar nicht. Eine ist so gut wie die andere, solange die Multiplizität die richtige ist; d.h., solange jedem Unterschied im Dargestellten ein Unterschied in der Darstellung entspricht.

4   / Und nun kann aber auch der Gedanke als psychischer Prozess nicht mehr tun als dieses „rohe" Zeichen.

7 den Vorgang dafür nehmen/ansehen/ können der sich auf dem ⟨S…⟩
12 Man könnte dann vom Standpunkt des Behaviourism sagen⟨, …⟩
16 Schriebe er aber nun ⟨die Reihe⟩
31 dann –*im MS durchstrichen*

1 / Man kann nicht fragen: Welcher Art sind die geistigen Vorgänge daß
      sie wahr und falsch sein können was die außergeistigen nicht können.
      Denn wenn es die „geistigen" können so müssen's auch die anderen
      können; und umgekehrt.

          Denn können es die geistigen/seelischen/ Vorgänge so muß es auch   5
      ihre Beschreibung können. Denn in ihrer Beschreibung muß es sich
      zeigen wie es möglich ist

                                                                          25.

2 / Wenn man sagt der Gedanke sei eine seelische Tätigkeit oder eine   10
      Tätigkeit des Geistes so denkt man an den Geist als ein trübes
      gasförmiges Wesen in dem manches geschehen kann das außerhalb   27
      nicht geschehen kann. Und von dem man manches erwarten muß/kann/
      das sonst nicht möglich ist.
          Es handelt gleichsam die Lehre von Gedanken vom organischen   15
      Teil im Gegensatz zum anorganischen des Zeichens.

3 / Es ist gleichsam der Gedanke der organische Teil des Symbols das
      Zeichen der anorganische. Und jener organische Teil kann Dinge leisten
      die der anorganische nicht könnte.   20

4   Als geschähe hinter dem Ausdruck noch etwas Wesentliches was sich
      nicht ausdrücken läßt/nicht durch den Ausdruck ersetzen läßt/ – auf das
      sich etwa nur hinweisen läßt – was in dieser Wolke (dem Geist)
      geschieht und den Gedanken erst zum Gedanken macht. Wir denken   25
      hier an einen Vorgang analog dem Vorgang der Verdauung und die
      Idee ist daß im inneren des Körpers andere chemische Veränderungen
      vor sich gehen als wir sie außen produzieren können, daß der
      organische Teil der Verdauung einen anderen Chemismus hat als was
      wir außen mit den Nahrungsmitteln vornehmen könnten.   30

5   Oder: Als bestünde gleichsam der Gedanke aus einem anorganischen
      Teil (dem Zeichen) und einem organischen, etwa der Interpretation, die
      wesentlich geistig wäre.

                                                                          35

   1 Man kann nicht fragen: ⟨Was für eine⟩ Art
   2 was die ⟨anderen⟩ außergeistigen nicht können.
   3 Denn wenn es die „geistigen" ⟨Sinne⟩ können so müssen's auch
   4 so müssen's auch die anderen können⟨. ...⟩
   5 *Der Absatz ist im MS eine Bemerkung, durch eine Klammer am linken Rand der*
      vorangehenden zugeordnet.
   7 *Im MS nicht entzifferte Streichung in der Leerzeile*
   10 Wenn man sagt der Gedanke sei eine ⟨S...⟩
   10 seelische Tätigkeit ⟨so denkt man an ...⟩
   13 Und von dem man manches erwarten muß/kann/ ⟨⟨kann⟩ das sonst
   15 Es ⟨ist⟩ gleichsam die Lehre von Gedanken vom organischen Teil
   18 Es ist gleichsam der Gedanke der organische Teil des ⟨Ge...⟩
   19 das Zeichen der anorganische. ⟨In dieser ...⟩
   25 zum Gedanken macht. ⟨Wie...⟩
   26 Wir denken hier an ⟨das Denken⟩ analog dem Vorgang der Verdauung
   33 und einem organischen ⟨⟨⟩etwa der Interpretation⟨⟩⟩ die wesentlich

1 / Man kann natürlich nicht sagen: Der Satz ist, was wahr oder falsch ist.
      (Als würde dadurch noch etwas ausgeschlossen.)

2 / Die Intention soweit sie uns etwas angeht kann nichts wesentlich   5
      psychisches sein.

3 / Da uns eine Maschinerie des Geistes nichts angeht so müssen/müßten/
      wir uns auch einen Maschinenmensch konstruieren können der alles
      muß leisten können/leisten könnte/, was für uns wesentlich ist.   10

4 ∫ Immer wieder möchte man nach dem Zweck des Denkens fragen:
      Wozu denkt man überhaupt, wozu diese Tätigkeit. Aber was für eine
      Antwort will man darauf erhalten?
          Wir fühlen daß das Denken nur als Instrument Wert haben kann   15

5 ∫ $-\lfloor + \rceil + \lfloor - \rceil$ also $_0 \underline{||}_0$ Ein Schema der Überlegung. Wir
      ziehen was uns gegeben ist in betracht
      und kommen zu einem Resultat
                                                                                20
                                                        27.

6 ∫ Von einem Bild zu sagen es ist das Bild dieses Vorgangs ändert das
      Bild.

7 ∫ Das Bild muß endlich |ganz?| für sich selbst sprechen.   25

8 / Ein Zeichen ist doch immer für ein lebendes Wesen da also muß das   29
      etwas dem Zeichen Wesentliches sein. Gewiss: auch ein Sessel ist immer
      nur für einen Menschen da aber er läßt sich beschreiben ohne daß wir
      von seinem Zweck redeten. Das Zeichen hat nur einen Zweck in der   30
      menschlichen Gesellschaft aber dieser Zweck kümmert uns gar nicht.
          Ja am Schluß sagen wir überhaupt keine Eigenschaften von den
      Zeichen aus – denn diese interessieren uns nicht – sondern nur die
      (allgemeinen) Regeln ihres Gebrauchs. Wer das Schachspiel beschreibt,
      gibt weder Eigenschaften der Schachfiguren an noch redet er vom   35
      Nutzen und Gebrauch des Schachspiels.

9   Wäre der Gedanke sozusagen eine Privatbelustigung und hätte nichts
      mit der Außenwelt zu tun so wäre er für uns ohne jedes Interesse (wie
      etwa die Gefühle bei einer Magenverstimmung) Was wir wissen wollen   40
      ist: Was hat der Gedanke mit dem zu tun was außer dem Gedanken
      vorfällt. Denn seine Bedeutung ich meine seine Wichtigkeit bezieht er ja
      nur daher.
          Was hat das was ich denke mit dem zu tun was der Fall ist.
                                                                                45

2 / Im MS Markierung über dem Randzeichen: L
2 was wahr oder falsch ist ⟨(als⟩ würde dadurch noch etwas
8 müssen/müßten/ –zweite Variante im MS durchstrichen
10 muß leisten können/leisten könnte/ –zweite Variante im MS durchstrichen
25 |ganz?| –im MS durchstrichen, das Einfügungszeichen ist gewellt unterstrichen
29 aber er läßt sich beschreiben ohne ⟨auf …⟩
29 aber er läßt sich beschreiben ohne daß wir ⟨auf seinen …⟩
30 von seinem Zweck ⟨reden⟩.
39 und hätte nichts mit der Außenwelt zu tun so wäre er ⟨h…⟩
42 seine Bedeutung ich meine seine Wichtigkeit bezieht er ⟨zu…⟩

1 ∫ Wenn ich A kenne und weiß daß B sein Sohn ist so weiß ich damit
nicht wie B ausschaut. So hilft mir keine äußere Relation [Beziehung der
Repräsentation] die Sache zu kennen, wenn mir ihr Vertreter gegeben
ist

2 ∫ Der Gedanke ist von dem was ihn wahrmacht verschieden, und
verschiedener, als eben nicht Dasselbe, kann er nicht sein.

3 ∫ Er hängt nur dadurch/dann/ mit einem anderen Vorgang zusammen,
wenn er angewendet wird, d.i, wenn er übertragen wird.

4 ∫ Kann man sagen, die Worte des Satzes (oder die Bestandteile des
Gedankens) vertreten nur während der Übertragung/des Übertragens/?

5 / Das was den Gedanken wahr macht, kann nicht vorausbestimmt sein,
weil es eben sonst da/der Fall/ wäre. „Aber es ist vorausbestimmt, wie
es ist/sich verhält/, wenn der Gedanke wahr ist." Aber mehr brauchte es
doch nicht, eben die Tatsache, die Verification, zu geben. Dieses „der
Satz sagt/zeigt/, was der Fall ist, wenn er wahr ist," sagt eben nichts,
denn p zeigt eben daß p der Fall ist wenn etc. D.h. auf die Frage „was
wäre/ist/ denn der Fall wenn …?" könnte nur p zur Antwort kommen.
Das ist also eine bloße Tautologie.

6 ∫ Die Schwierigkeit liegt im Begriff des Bestimmens.

7 Was der Satz eigentlich bestimmen müßte, wäre quasi, daß p oder ~p
der Fall sein muß, aber das ist nur scheinbar eine Bestimmung, in
Wirklichkeit bestimmt es aber gar nichts.

FORTSETZUNG IM V. BAND

16 Das was den Gedanken wahr macht, kann nicht vorausbestimmt sein, *–der
erste Halbsatz der Bemerkung ist im MS am linken Rand mit einer offenen Klammer
und der Anmerkung:* Aufz. markiert

27 Was der Satz eigentlich (bestimmt, …)

28 bestimmen müßte, wäre quasi, daß p oder ~p der Fall (ist …)

29 *Nach der Rückkehr aus Österreich am 29.1.1931 werden in Cambridge die
Aufzeichnungen auf der Seite 272 des Manuskriptbandes Bemerkungen V
fortgesetzt, bis zum Ende des Bandes auf der Seite 300. Danach, ab dem 3.2.1931,
werden die Einträge im Band VI, in unmittelbarem Anschluß an die vorangehende
Bemerkung, auf der Seite 31 fortgeführt.*

1   Und wenn ich sagte, daß er die Wahrheit auf ja und nein festlegt, so
heißt das, daß er nichts festlegt, ⟨oder⟩ nichts was sich sagen läßt.

2   /   Ich sagte, der Satz wäre wie ein Maßstab an die Wirklichkeit angelegt: 5
Aber der Maßstab ist, wie alle richtigen Gleichnisse des Satzes, ein
spezieller Fall des Satzes. Und auch er bestimmt nichts, solange man nicht
mit ihm mißt. Aber Messen ist Vergleichen (und muß heißen
Übersetzen).

                 10

3   ∫?∫   Der Maßstab ist auch ein Bild, aber er muß als Bild aufgefaßt werden.

4   /   Man möchte sagen: Lege den Maßstab an einen Körper an; er sagt
nicht, daß der Körper so lang ist. Vielmehr ist er an sich gleichsam tot
und leistet nichts von dem was der Gedanke leistet. Es ist, als hätten wir   15
uns eingebildet, das Wesentliche am lebenden Menschen sei/ist/ die
äußere Gestalt/Form/ und hätten nun eine Holzpuppe/einen
Holzblock/ von dieser Gestalt hergestellt und sähen mit Enttäuschung
den toten Klotz, der auch keine Ähnlichkeit mit dem Leben hat.

                 20

5   ∫   Ich sage jemandem: „Geh ruf den Peter". – Wie soll er wissen was ich   273
meine? Es muß ihm erklärt worden sein. Aber doch nur wieder mit
Zeichen. Er folgt nun dieser Erklärung.

6   /   Wenn das Verstehen eine notwendige Vorbereitung des Folgens war, so   25
muß es dem Zeichen etwas hinzugefügt haben; aber etwas was
jedenfalls nicht die Ausführung war.

7   /   Kann man denn, und in welchem Sinne kann man, aus dem Zeichen
plus dem Verständnis (also der Interpretation) die Ausführung ableiten,   30
ehe sie geschieht? Alles was man ableitet ist doch nur eine Beschreibung
der Ausführung und auch diese Beschreibung war erst da, nachdem
man s i e abgeleitet hatte.

8   /   Die A u s f ü h r u n g des Befehls leiten wir von diesem erst ab, wenn wir   35
ihn ausführen.

2   wenn ich sagte, daß |er| die Wahrheit auf ja und nein ⟨festgelegt …⟩
3   daß er nichts ⟨be…⟩
3   daß er nichts festlegt, ⟨oder⟩ nichts was sich sagen ⟨s…⟩
11   ∫?/ *Randzeichen überschrieben*
13   an einen Körper an; *–das Semikolon ist im MS gewellt unterstrichen*
13   Lege den Maßstab an einen Körper an; er sagt ⟨nichts …⟩
14   *Im MS:* Vielmehr ist er an sich gleichsam tod
19   ⟨Ich …⟩ *Absatzanfang in der Leerzeile gestrichen*
35   leiten wir von diesem erst ab, wenn wir ⟨den Befehl …⟩
36   ihn ausführen⟨, was wir …⟩

165

1   Nun könnte man aber fragen: Warum nenne ich gerade die eine   274
     Übertragung des Symbols die Ausführung und nicht auch die anderen
     Übertragungen. Nun, man könnte auch eine der andern Übertragungen
     als Ausführung des Befehls auffassen und wenn der Befehlende dies
     nicht für die gewünschte Übertragung hält so muß er dem Befehl eine   5
     weitere Erklärung beifügen also den Befehl selbst verändern und
     erweitern.

2 / Alles was man im voraus weiß, ist, daß, was immer man von diesem
     Befehl ableiten wird, von ihm abgeleitet sein wird.   10

3 ∫ „Aber ich verstehe doch schon vor der Ausführung, was ich zu machen
     habe". – gewiss. Und zwar was ist es denn?

4   Wenn ich sage „der Satz bestimmt doch schon im vorhinein/im voraus/   15
     was ihn wahr machen wird": Gewiss der Satz ‚p‘ bestimmt, daß p der
     Fall sein muß, um ihn wahr zu machen, das ist aber auch alles, was man
     darüber sagen kann.

5 / Wenn gesagt würde, daß der, der den Befehl erhält, eben außer den   20   275
     Worten Vorstellungen erhält, die der Ausführung des Befehls ähnlich
     sind, (während es die Worte nicht seien) so gehe ich noch weiter und
     nehme an, daß der Befehl dadurch gegeben wird, daß wir den Andern
     die Bewegungen die er etwa in 5 Minuten ausführen soll, jetzt durch
     mechanische Beeinflussung (führen seiner Hand etc) ausführen machen;   25
     und näher kann ich doch wohl der Ausführung des Befehls im
     Ausdruck des Befehls nicht kommen. Dann haben wir die Ähnlichkeit
     der Vorstellung durch eine viel größere |Ähnlichkeit| ersetzt. Und der
     Weg vom Symbol zur Wirklichkeit scheint hier/nun/ sehr verkürzt zu
     sein. (Ebenso könnte ich, um zu beschreiben, in welcher Stellung ich   30
     mich bei der und der Gelegenheit befunden habe, diese Stellung
     einnehmen)
         Es ist damit auch gezeigt, daß das Vorkommen von
     Phantasiebildern, [sogenannten Vorstellungen] für den Gedanken ganz
     unwesentlich ist.   35
         [Es ist damit auch das Unwesentliche der Phantasiebilder für den
     Gedanken gezeigt]

6   (Man muß mit manchem Problem erst vertraut werden, dadurch daß   276
     man zu unzähligen Malen daran anläuft. Man lernt dann den   40
     Geschmack des Problems kennen.)

7 / Ich stoße hier an die Einmaligkeit einer Tatsache und das hängt mit
     dem Sinn des Satzes „alles fließt" zusammen.

                                                                            45

    1 Nun könnte man aber fragen: Warum nenne ⟨ge…⟩
    2 die Ausführung und nicht auch die anderen⟨. …⟩
    3 Übertragungen. Nun, man könnte auch ⟨die …⟩
    7 selbst ⟨ausf…⟩ verändern und erweitern. –im MS am linken Rand mit zwei
       vertikalen Wellenlinien markiert
   16 im vorhinein/im voraus/ was ihn wahr machen wird"⟨; …⟩
   22 (während es die Worte nicht ⟨sind⟩) so gehe ich noch weiter
   28 |Ähnlichkeit| –das Einfügungszeichen ist im MS gewellt unterstrichen
   33 Es ist damit auch gezeigt, daß das Vorkommen⟨, …⟩

1 / Wenn einer den Befehl mißversteht und eine Übertragung die wir nur
als Bild der Ausführung auffassen für die Ausführung selbst hält so
entspräche doch seine Übertragung auch einem Befehl unserer Sprache
und zwar einem der dem Unseren sehr ähnlich sähe. Der Befehl etwa
eine bestimmte Bewegung auszuführen und der Befehl diese Bewegung
nur zu zeichnen, haben eben die Beschreibung dieser Bewegung |mit
einander| gemein. Aber sie unterscheiden sich auch voneinander und
nur dadurch kann der eine das eine der andere das andere befehlen.

2 ∫/ Der Befehl kann die Ausführung nur insofern bestimmen als man sie
von ihm ableiten kann. –

3 Nur das kann es heißen ‚daß er sie bestimmt‘, daß man sie von ihm
ableiten kann.

4 Der Befehl $\begin{smallmatrix}x&1&2&3&4\\x^2&&&\end{smallmatrix}$ kommt uns unvollständig vor. Es scheint uns als
wäre nur etwas/etwas nur/ angedeutet was nicht ausgesprochen ist.

5 Angedeutet aber ist etwas nur insofern als ein System nicht ausdrücklich
|oder unvollkommen| festgelegt ist.
  Wir möchten sagen, es sei uns unvollkommen angedeutet was wir
zu tun hätten/haben//oder/ das Zeichen suggeriere nur undeutlich, was
wir zu machen/tun/ hätten. Es sei etwa in dem Sinn undeutlich wie eine
Tafel mit der Aufschrift „Links gehen" deutlicher wird wenn zugleich
ein Pfeil die Richtung zeigt. [Es sei etwa in dem Sinn undeutlich
/undeutlich in dem Sinn/ in welchem wir der Deutlichkeit halber
Zeichen ausführlicher geben]

6 Aber für uns ist der Befehl deutlich der unzweideutig ist; und einen
deutlicheren gibt es nicht.

7 Eindeutig aber kann er nur werden, dadurch daß in dem
|Befehl-|System [System von Befehlen] eine Unterscheidung gemacht
wird die wenn sie fehlt eben die Zweideutigkeit hervorruft (wenn also
das System die richtige Mannigfaltigkeit erhält)

8 |Ich könnte auch sagen| Es scheint uns als ob, wenn wir den Befehl
($\begin{smallmatrix}x&1&2&3\\x^2&&&\end{smallmatrix}$ z.B.) verstehen wir etwas hinzufügen was die Lücke füllt. So daß
wir dem der (uns) sagt „aber Du verstehst ihn ja" antworten können: ja,
aber nur weil ich noch etwas hinzufüge: die Deutung nämlich.

5 277

15

20

25

278

30

35

40

---

7 *Im MS:* dieser |mit einander| Bewegung –*das Einfügungszeichen ist gewellt
  unterstrichen*
10 ∫ *Randzeichen durchstrichen*
21 *Im MS nicht entzifferte Streichung, unvollständige Buchstabe*
22 was wir zu tun hätten/haben/ –*im MS durchstrichen*
23 machen/tun/ –*erste Variante im MS durchstrichen*
25 die Richtung zeigt. [Es sei ⟨etwas …⟩
32 Eindeutig aber kann er nur werden, ⟨daß ich …⟩
34 eine Unterscheidung gemacht wird ⟨⟨also …⟩
35 ⟨wenn also das System die richtige ⟨Multiplizität⟩ erhält⟩
38 wenn wir den Befehl ($\begin{smallmatrix}x&1&2&3\\x^2&&&\end{smallmatrix}$ ⟨–⟩ z.B. ⟨–⟩⟩ verstehen

| 1 | Nun müßte man allerdings darauf sagen: Aber was veranlaßt Dich denn zu gerade d e r Deutung? Ist es der Befehl, dann war er ja schon eindeutig, da er nur diese Deutung befahl. Oder hast Du die Deutung willkürlich hinzugefügt –, dann hast Du ja auch den Befehl nicht verstanden sondern erst das was Du aus ihm (auf eigene Faust) gemacht hast. | 5 |

| 2 | / | (Meine Methode ist in gewissem Sinne eine psychologische.) | 279 |

| 3 | ∫ | Was heißt es die Handlung aus dem Befehl ableiten außer eben sie ausführen; denn wie kann mir die Handlung sonst gegeben sein es sei denn durch eine Beschreibung. Dann aber leite ich nur eine Beschreibung von einer anderen ab. | 10 |

| 4 | / | Wissen was der Satz besagt kann nur heißen: die Frage beantworten können „was besagt er?". | 15 |

| 5 | / | Den Sinn eines Satzes verstehen/kennen/ kann nur heißen: die Frage |„was ist sein Sinn"| beantworten können. | |

| 6 | / | Denn ist hier „Sinn-haben" intransitiv gebraucht so daß man also nicht d e n Sinn eines Satzes von dem eines anderen Satzes unterscheiden kann, dann ist das Sinnhaben eine den Gebrauch des Satzes begleitende Angelegenheit die uns nicht interessiert. | 20 |

| 7 | | Wenn ich aber sage: Ich leite meine Handlung von dem Befehl ab mit Hilfe einer Regel, so hat das nur dann Sinn, wenn ich fragen kann: Mit Hilfe w e l c h e r Regel? Und auf diese Frage muß ein Ausdruck der Regel zur Antwort kommen. (Denn es kann sich hier natürlich wieder nur um e i n e Regel im Gegensatz zu einer anderen handeln) | 280 |

| 8 | / | Wie aber kommt die Regel in dem Handeln nach der Regel vor? | |

| 9 | / | Nicht unbedingt so, – daß meine Handlung der Regel entspricht. Aber ein Teil des ganzen Vorgangs der Ableitung muß der Regel entsprechen: es muß unsere Absicht sein der Regel zu folgen. – Und man könnte sagen daß das eben darin besteht daß unsere Absicht der Regel folgt. | 35 |

| 10 | / | Wie ist aber der Zusammenhang des Gebrauchs der Sprache und der Regeln der Grammatik/grammatischen Regeln/? Soll ich sagen die Regeln der Grammatik seien die Regeln nach denen (d.h. in Übereinstimmung mit welchen) das Sprechen einer Gruppe von Menschen tatsächlich/erfahrungsgemäß/ vor sich geht. | 40 / 281 |

26 Ich leite meine Handlung ⟨vom ...⟩
42 die Regeln nach denen –*im MS am linken Rand mit einer vertikalen Wellenlinie markiert*
42 die Regeln der Grammatik seien die Regeln nach denen ⟨sich ...⟩
43 (d.h. in Übereinstimmung mit welchen) das Sprechen ⟨de...⟩

1 / Heißt ‚den Regeln der Grammatik folgen', in irgend einem Sinne während des Sprechens an diese Regeln denken? Nein. — Heißt es, bestimmten Regeln immer gemäß reden/sprechen/? Nein. — Es heißt Regeln folgen. — Aber das tut doch jeder der irgend etwas macht;/:/ 5 denn eine Regel wird es schon geben der das entspricht was er tut.

2 Man möchte sagen: „man muß nur etwas mit dem m e i n e n was man sagt, dann ist alles Wesentliche gegeben". Und ich betrachte also ‚etwas meinen' und ‚einer Regel folgen' als gleichbedeutend/synonym/. 10

3 ∫ Kann ich sagen: Wenn ich etwas m e i n e so habe ich meine Worte nach einer gewissen Regel gewählt?

4 ∫ Oder so? Wenn ich etwas meine so habe ich Etwas porträtiert, also/d.i./ 15 nach einer Regel dargestellt.

5 Ist die Grammatik nur die Beschreibung der tatsächlichen Handhabung der Sprache? So daß ihre Sätze eigentlich wie Sätze einer 282 Naturwissenschaft aufgefaßt werden könnten? Das ist aber dann nicht 20 die descriptive Wissenschaft des Denkens, sondern des Sprechens.

6 / Es könnten ja auch die Regeln des Schachspiels als Sätze aus der Naturgeschichte des Menschen aufgefaßt werden (Wie die Spiele der Tiere in naturgeschichtlichen Büchern beschrieben werden.) 25

7 „Ich meine aber doch mit diesen Worten etwas". Gewiß: im Gegensatz zu dem Falle wo ich nichts meine, wo ich etwa Silben ihres (angenehmen oder) komischen Klangs wegen aneinanderreihe. 30

8 ∫ D.h. Einen Satz sinnvoll aussprechen ist ein anderer Vorgang als etwa zu singen la la la.

9 / Ich will eigentlich sagen, daß „ich meine etwas mit dem Wort" nur heißt: ich unterscheide doch diesen Fall von dem des sinnlosen Plapperns etc. 35 Und das ist zugegeben. Aber es ist damit noch keine besondere Theorie des Meinens gegeben.

10 / Und so geht es in allen solchen Fällen. Wenn etwa jemand sagt: „aber 283 ich meine doch wirklich, daß der Andere Zahnschmerzen hat; nicht daß 40 er sich bloß so benimmt". Immer muß man antworten: „gewiß" und zugeben, daß auch wir diese Unterscheidung machen müssen [… daß diese Unterscheidung besteht.]

---

1 30.⟨2.⟩31.
5 jeder der irgend etwas macht;/:/ *–das Semikolon ist im MS gewellt unterstrichen*
9 „man muß nur etwas mit dem m e i n e n was man sagt("…)
10 gleichbedeutend/synonym/ *–erste Variante im MS durchstrichen*
15 so habe ich ⟨etwas⟩ porträtiert,
18 *Die Bemerkung ist am linken Rand mit einer vertikalen Wellenlinie markiert.*
41 Immer muß man antworten: ⟨Gewiß. …⟩

1 / Der Vorgang ‚einer Regel folgen' muß durch eine Regel beschrieben werden.

    Man könnte sagen, er heißt so, weil er durch eine Regel beschrieben werden muß.

2 ∫ Oder auch so: Man könnte aus jedem sinnvollen Satz eine Grammatik ableiten.

3 / Aus dem Vorgang der Übertragung von 1, 2, 3, 4 in 1, 4, 9, 16 muß ich eine Regel entnehmen können. – Was heißt das? Doch, daß ich einen Ausdruck einer Regel aus dem Vorgang muß ableiten können; d.h. e i n e n Ausdruck im Gegensatz zu einem anderen.

    D.h. daß ich in einem S y s t e m von Regeln eine als die passende werde/muß/ auswählen können.

4 / Wenn ich z.B. sage: „ich glaube, daß er kommen wird" – woher nehme ich diese Worte. Warum wähle ich s i e. Ist etwas vor diesem Ausdruck /diesen Worten/ da, das ich abbilde.

5 / Ich bin mir zwar nicht grammatischer Regeln explicite bewußt, wenn ich die Sprache gebrauche aber ich bin mir bewußt, die Sprache nicht ad hoc zu erfinden. Und erfände ich sie so wäre sie nichts nütze, wenn ich mich nach den erfundenen Regeln nicht wieder richten wollte.

6 / D.h. die Sprache funktioniert als Sprache nur durch die Regeln nach denen wir uns in ihrem Gebrauch richten. (Wie das Spiel nur durch Regeln als Spiel funktioniert.)

7 / Und zwar, ob ich zu mir oder Andern rede. Denn auch mir teile ich nichts mit, wenn ich Lautgruppen ad hoc mit irgend welchen Facten associiere.

8 / Ich muß, wenn ich zu mir rede, schon auf einem gegebenen /bestehenden/ Sprachklavier spielen.

9 / Wenn ich ein Wort in der Sprache gebrauche, so ist es entweder, weil ich es als einen bereits bekannten Ton anschlagen will, oder indem ich festsetzen will, daß ich das Wort in Hinkunft so gebrauchen werde. [.... anschlagen, oder aber festsetzen will, daß ich ....][.... anschlagen, oder: festsetzen will ....]

31.

10 / ‚Ich verstehe diese Worte' (die ich etwa zu mir selbst sage) ‚ich meine etwas damit', ‚sie haben einen Sinn' muß immer dasselbe heißen, wie: ‚sie sind nicht ad hoc erfundene Laute sondern Zeichen aus einem System'

---

  1 ‚einer Regel folgen' *–die Anführungszeichen sind im MS gewellt unterstrichen*

 13 *Der Absatz ist im MS eine Bemerkung, durch eine Klammer am linken Rand der vorangehenden zugeordnet.*

 17 Ist ⟨es ...⟩

 33 Ich muß, wenn ich ⟨zu ...⟩

 38 daß ich das Wort in Hinkunft so gebrauchen werde. ⟨[.... daß ...⟩

1 / Etwa, wie die Teilstriche auf einem Maßstab nur solche sind, wenn sie ein System bilden.

2 / Wir verwenden die Sprache nur ihrer Konsequenz wegen.

5

3 / Man kann sagen: „so wie ich das Wort ‚Liebe‘ hier gebrauche, kann ich nicht davon sagen ....

4 / Das Verstehen dessen was der Andere sagt kann nur als das befolgen einer von vornherein/im vorhinein/ gegebenen Regel beschrieben werden.

286

10

5 / Denn wenn wir einen Befehl befolgen so deuten wir die Worte nicht willkürlich.

D.h. wieder, wir müssen die Unterscheidung anerkennen zwischen dem „Befolgen eines Befehls“ und einem „willkürlichen Zuordnen einer Handlung“.

15

6 / Und die Rechtfertigung einer Handlungsweise als Befolgung eines Befehls wäre immer: „so habe ich's gelernt“ [„so habe ich die Sprache gelernt“]

20

7 / Wie aber funktioniert so eine Rechtfertigung: „Man hat mir gesagt, das sei ein Sessel“ oder „.... das sei rot“ etc. Oder auch man hat mir gesagt, wenn es heißt ‚tu p und q‘ so soll ich's so machen (wobei ich die Tätigkeit vormache)

Das sind aufklärbare Mißverständnisse. „Ist das eine Orange? ich dachte das sei eine.“

25

8 Kann man sagen: „Ist das rot? ich dachte das sei ein Sessel.“

287

9 Aber kann man sich nicht einbilden (wenn man etwa nicht deutsch kann) ‚rot‘ heiße laut (d.h. werde so gebraucht wie in Wirklichkeit ‚laut‘ gebraucht wird). Wie wäre aber die Aufklärung dieses Mißverständnisses? Etwa so: „rot ist eine Farbe, keine Tonstärke“? — Eine solche Erklärung könnte man natürlich geben, aber sie wäre nur dem verständlich der sich bereits ganz in der Grammatik auskennt.

30

35

10 / Der Satz „Ist das rot? ich dachte das sei ein Sessel“ hat nur Sinn wenn das Wort „das“ beide Male im gleichen Sinn gebraucht wird und dann muß ich entweder ‚rot‘ als Substantiv oder „|ein| Sessel“ als Adjectiv auffassen.

40

11 / Die Rechtfertigung kann nur verstanden werden wenn sie in einer Sprache gegeben wird, die unabhängig von dem Mißverständnis besteht.

45

---

6 „so wie ich das Wort –*im MS fehlt das Ausführungszeichen*
6 Man kann sagen: „so wie ich das Wort ‚⟨lieben⟩‘ hier gebrauche,
10 von vornherein/im vorhinein/ –*erste Variante im MS durchstrichen*
16 und einem „willkürlichen Zuordnen einer Handlung“⟨ zu...⟩
22 Oder auch man hat mir gesagt, ⟨mir gesa...⟩
25 *Der Absatz ist im MS eine Bemerkung, durch eine Klammer am linken Rand der vorangehenden zugeordnet.*
30 Aber kann man sich nicht einbilden⟨, ⟩wenn man etwa
33 Wie wäre aber die Aufklärung dieses Mißverständnisses? Etwa so⟨? ...⟩
38 und dann ⟨kann⟩ ich entweder ‚rot‘ als Substantiv

1   Man kann ein Mißverständnis nur aufklären wenn die Aufklärung
verstanden wird

2   In der Erklärung „das ist ein Sessel nicht das" müssen die beiden
Wörter „das" und die dazugehörigen Gebärden verstanden werden und
sind dann vollwertige Zeichen. Die Erklärung kann dann auch so
gegeben werden: „das heißt ‚Sessel', nicht das" und dies ist ein Satz,
wie etwa „der Sessel ist blau, nicht rot". — Aber freilich wird hier nicht
die Sprache erklärt sondern eine Sprache (mit Hilfe einer vorhandenen
andern).

3   ⌀   [Ich könnte als Motto meines Buches wählen: Ein Narr kann mehr
fragen, als zehn Weise beantworten können. Eigentlich müßte es hier
heißen „zehn Gescheite".]

4   /   Ist es so: Grammatik hat nur die Sprache als in der Zeit ausgedehntes
Phänomen.

5   /   Aber der Satz ist doch etwas in Raum oder Zeit, oder in Raum und Zeit
Ausgedehntes.

6   /   Das Aussprechen eines Satzes wäre kein Porträtieren wenn ich meine
Worte nicht aus einem System wählte, so daß man sagen kann, ich
wähle sie im Gegensatz zu anderen.
    Aber die Worte wenn sie nicht in einem grammatischen System
stehen sind ja alle gleichwertig und also wäre es dann ganz gleichgültig
welche ich wählte ja – man könnte sagen – als Worte würden sie sich
⟨dann⟩ voneinander gar nicht unterscheiden.
    Man muß die Worte wählen wie [in demselben Sinne wie] man die
Striche wählt mit denen man einen Körper abbildet.

1.2.

7   /   Wer die Notenschrift lernt, lernt nicht alle Musikstücke, sondern die
Noten und Regeln und nur dadurch ist ihm die Notenschrift nütze

8   /   Aber nicht vielleicht weil sie nur dann ökonomisch ist, sondern weil sie
sonst keine Schrift ist.

9   ∫   (Die Regel hat die selbe Allgemeinheit wie eine Hypothese.)

10   Wenn man den/einen/ Hund gelehrt hat, den Zeichenverbindungen
von a, b, c, d zu folgen (wobei a = →, b = ↓, c = ←, d = ↑), so mag er
das mechanisch tun, aber wenn ich nun wissen will, welches Zeichen ich
ihm geben muß um ihn den Linienzug ⌐‾⌐ laufen zu lassen, so muß

ich das Zeichen von dem Linienzug nach der Regel ableiten.

289

290

---

9 |(|mit Hilfe einer vorhandenen andern⟨.⟩|)|
43   aber⟨,⟩ wenn – *das gestrichene Komma ist im MS gewellt unterstrichen*
47   laufen zu lassen, so muß ich das Zeichen ⟨vom …⟩

1 / Die Aufschreibung der Regel nützt mir nur, insofern sie mich an diese
Regel im Gegensatz zu anderen erinnert, – verhindert, daß ich etwa
denke a heiße/bedeute/ ↓, etc.

2 / Wenn ich sage, ich folge einer Regel, so muß darauf die Frage Sinn   5
haben: Welcher/Was für einer/ Regel? Und die Antwort ist der
Ausdruck einer Regel (wie der Obigen). Mehr aber kann darauf nicht
/unmöglich/ zur Antwort kommen und also kann auch die Frage nach
weiter nichts fragen, als dieser Ausdruck beantwortet.
　　　　Woher aber die Unbefriedigung? Was ist es das wir sagen möchten   10
was/und/ sich nicht sagen läßt?

3 / Wenn ich, den Regeln folgend statt „→" „a" schreibe, so ist es als wäre
hier eine Kausalität im Spiel die nicht hypothetisch, sondern
unmittelbar erlebt wäre. (Natürlich ist nichts dergleichen der Fall)   15   291

4 / Eines ist klar, daß, wenn ich der Regel (richtig) gefolgt bin, das Resultat
zu der Vorlage und dem Ausdruck der Regel/und der Regel/ in einer
internen Relation/Beziehung/ stehen wird, die ich nicht anders
ausdrücken kann, als durch die Wiedergabe jener |drei| Komplexe, weil   20
(so sonderbar das klingt) durch diese/in dieser/ Wiedergabe allein
schon alles bestimmt ist.

5 / „Die interne Relation sehen" kann natürlich auch nichts anderes heißen,
als die Komplexe sehen, die in ihr stehen. Vielleicht wendet man ein,   25
daß man die Komplexe auch sehen kann ohne daß einem die interne
Relation auffällt/die interne Relation zu bemerken/. Aber dann sieht
man eben etwas Anderes als was man sieht ,wenn sie einem auffällt
/man sie bemerkt/'. Aber sie, die einem auffällt, kann nur etwas sein
was sich beschreiben läßt und die interne Relation läßt sich nur durch   30
die Beschreibung der Komplexe zeigen/beschreiben/.

6 / (Immer wieder die Gedankenbewegung die z.B. Freud macht wenn er
auf den Einwand ob was wir als Traum erzählen wirklich geträumt wurde,   292
sagt, er werde den manifesten Traum das nennen was nach dem   35
Erwachen als solcher erzählt wird.)

7 / Wenn ich sage beim Nachbilden/Abbilden/ einer Vorlage richte ich
mich nach ihr gemäß einer Regel, so will ich sagen: im Gegensatz zu
dem Fall, wenn ich mich nicht nach einer Vorlage einer Regel gemäß   40
richte. Dann kann dieses Merkmal des Abbildens nur ein äußeres sein,
wie jedes andere, was einen Vorgang von einem anderen unterscheidet.

---

3 heiße/bedeute/ *–erste Variante im MS durchstrichen*
6 Welcher/Was für einer/ *–zweite Variante im MS durchstrichen*
10 *Der Absatz ist im MS eine Bemerkung, durch eine Klammer am linken Rand der*
　　vorangehenden zugeordnet.
18 das Resultat zu der Vorlage und der Regel ⟨und der Regel⟩ in einer
19 in einer internen ⟨Beziehung ...⟩
26 daß man die Komplexe auch sehen kann ohne ⟨die ...⟩
30 was sich beschreiben läßt⟨,⟩ und die interne Relation
34 auf den Einwand ob was wir als Traum erzählen wirklich geträumt wurde,
　　–im MS durchstrichen
42 dieses Merkmal des Abbildens nur ein äußeres sein, wie jedes ⟨al...⟩

1 / Eigentlich sind die Worte „gemäß einer Regel" überflüssig. Alles liegt in den Worten „sich nach der/einer/ Vorlage richten". Die Regel beschreibt nur e i n e Art des Sich-Richtens im Gegensatz zu einer andern. – Die Worte sind überflüssig, weil man sich nur einer Regel gemäß nach etwas richten kann.

2 / Das heißt, das Abbilden kann sich von einem andern Vorgang auch nur so unterscheiden wie eben ein Vorgang vom andern und das heißt daß dieser Unterschied nicht logische Bedeutung haben kann.

3 / So wie ich früher einmal gesagt habe: Die Intention kann auch nur ein Phänomen wie jedes andere sein, wenn ich überhaupt von ihr reden darf.

4 / Das Wählen der Striche beim Abbilden einer Vorlage ist also allerdings ein anderer Vorgang als etwa das bloße Zeichnen dieser Striche, wenn ich mich „nicht nach der Vorlage richte", aber der Unterschied ist ein äußerer, beschreibbarer wie der Unterschied zwischen den Zeichengruppen 2, 4, 6, 8, und x 2, 4, 6, 8, und steht mit
$$4, 16, 36, 64, \qquad x^2 \quad 4, 16, 36, 64,$$
diesem Unterschied auf gleicher/einer/ Stufe.

5 / Und so steht es also auch mit dem Wählen der Worte, wenn ich etwas mit Worten beschreibe: dieser Vorgang unterscheidet sich von dem des willkürlichen Zuordnens von Worten, aber eben nur |äußerlich| wie sich die beiden Zeichen im vorigen Satze unterscheiden.

6 Nicht nur sind wir uns beim Sprechen/Gebrauch der Sprache/ der grammatischen Regeln nicht bewußt, sondern wären wir es so würde es nicht helfen, nichts deutlicher machen.

7 / Sich der Regeln bewußt sein kann doch nur heißen einen Ausdruck der Regel vor uns haben

8 / Was, in der Logik, nicht nötig ist, h i l f t auch nicht [... ist auch nicht hilfreich/von Nutzen/]
        Was nicht nötig ist, ist überflüssig.

9 / Ja, wären wir uns immer der grammatischen Regeln beim Sprechen bewußt, so würde das meinem Fall nicht auf die Beine helfen.

10 / Die gesamte Sprache kann nicht mißverstanden werden. Denn sonst gäbe es zu diesem Mißverständnis wesentlich keine Erklärung /Aufklärung/

11 / Das heißt eben die ganze Sprache muß für sich selbst sprechen.

---

23 auch mit dem Wählen der Worte, wenn ich ⟨eine ...⟩
25 |äußerlich| –im MS ist auch das Einfügungszeichen gewellt unterstrichen
40 so würde das meinem Fall nicht auf die Beine helfen. –im MS am linken Rand mit einer vertikalen Wellenlinie markiert

1 / Warum wir ein Wort – und nicht ein anderes – an dieser Stelle
gebrauchen, erfahren wir wenn wir jemand fragen: warum gebrauchst
Du hier das Wort A. Die Antwort wird sein: das und das heißt A. Und
das ist eine Regel der Grammatik die die Position des Wortes in der
Sprache bestimmt. Und (zum Zeichen daß es sich hier wirklich um
Grammatik handelt) wenn A das Wort „und" gewesen wäre so könnte
man weiter nichts tun als die Regeln für „und" angeben.

295

5

2 Eine Erklärung „d a s ist rot" oder „d a s ist süß" gehören/gehört/ auch
zur Grammatik (denn sie erklären nur Zeichen durch Zeichen) Und was
uns außer dem Wort „rot" durch diese Erklärung noch bleibt ist nicht in
dem Sinne willkürlich wie das Laut- oder Schriftbild „rot". Denn die
Vorstellung eines roten und eines grünen Flecks bilden ein System,
während die bloßen Wörter rot und grün keines bilden.(?)

10

15

3 / Was hat die Vorstellung meines Spaziergangs mit diesem/dem/
(Spaziergang) gemein? Eben das was dadurch ausgedrückt ist daß ich das
eine meinen Spaziergang das andere die Vorstellung von ihm nenne.

4 / Was heißt es wenn man sagt: „ich kann mir das Gegenteil |davon| nicht
vorstellen" oder „wie wäre es denn, wenn's anders wäre"; z.B. wenn
jemand gesagt hat daß meine Vorstellungen privat seien oder daß nur
ich selbst wissen kann ob ich Schmerz empfinde und dergl..

20 296

5 / Wenn ich mir nicht vorstellen kann wie es anders wäre so kann ich mir
auch nicht vorstellen wie es so sein kann.
„Ich kann mir nicht vorstellen" heißt |nämlich| hier nicht was es im
Satz „ich kann mir keinen Totenkopf vorstellen" heißt. Ich will damit
nicht auf eine mangelnde Vorstellungskraft deuten.

25

30

6 / Die Vorstellung liefert uns hier die Sprache die jedenfalls die richtige
Multiplizität hat. Die Sprache mit der einfacheren Grammatik

7 / Die Rechtfertigung auf die Frage „warum gebrauchst Du hier das Wort
blau?": „weil diese Farbe „blau" heißt", entspricht genau der Antwort
auf die Frage „warum liest Du hier |(den Laut)| ‚a'": „weil das Zeichen ‚a'
/als a-Laut/ gelesen wird". In beiden Fällen berufe ich mich auf eine
Regel.

35

1   ∫   Wozu beschreibe ich denn etwas? (denn daraus soll ja das Wesen der Sprache hervorgehen) Und das scheint sich ja in dem Fall des Hundes, den ich durch Zeichen lenken will, leicht zeigen zu lassen.

5

2   ∫/   Worin besteht das Vorgehn nach einer Regel? – Kann man das fragen? – Es heißt doch wohl, daß man den allgemeinen Befehl der in der Regel liegt befolgt.

    /   Ich gehe nach einer Regel vor heißt: ich gehe so vor, daß das, was herauskommt ...... Daß das was herauskommt dieser Regel genügt.   10

    /   Nach der Regel vorgehn heißt s o vorgehn, und das so muß die Regel enthalten.

3   ∫   Die allgemeine Regel ist selbst ein Befehl; wie kann sie dann dazu dienen das Wesen des Befehls zu erklären?   15

4   ∫   Ich kann natürlich in dem Fall den ich oben erwähnt habe, ganz leicht beschreiben was ich zu tun habe und warum.

5   /   Wenn die Regel heißt „wo Du ein ⌐ siehst, schreib ein ‚c‘“, so ist damit gegeben, was ich tun soll, soweit es überhaupt gegeben sein kann.

6   /   Denn mehr bestimmt, als durch eine genaue Beschreibung, kann etwas nicht sein. Denn bestimmen kann nur h e i ß e n es beschreiben. Und das   25 ist sehr wichtig.

    /   Denn dies scheint die einfache Antwort auf unsere langen Schwierigkeiten zu sein.

7   /   Alle Schwierigkeit der Philosophie kann nur auf Mißverständnissen   30 beruhen. Eine Entdeckung ist nie nötig, kann nie nötig sein sie aufzulösen. Es ist ein Mißverständnis und kann nur als solches aufgelöst werden. D.h. ohne Gewalt. Denn die Türe geht auf und es ist alles |an ihr| in Ordnung, Du mußt nur das Schloß verstehen und in der r i c h t i g e n Weise bewegen.   35

1 ⟨3.⟩2.

2 ∫ *Im MS Markierung über dem Randzeichen:* L

3 Und das scheint sich ja ⟨durch ...⟩

4 in dem Fall des Hundes, den ⟨wir ...⟩

6 ∫ *Randzeichen durchstrichen*

8 *Die folgenden zwei Absätze sind im MS Bemerkungen, durch Klammern am linken Rand der vorangehenden Bemerkung zugeordnet.*

17 Ich kann natürlich in dem Fall ⟨des Hundes ...⟩

17 *Im MS:* ganz leicht zu beschreiben

26 *Der Absatz ist im MS eine Bemerkung, durch eine Klammer am linken Rand der vorangehenden zugeordnet.*

30 Alle ⟨Schwierigkeiten ...⟩

34 es ist alles |an ihr| –*das Einfügungszeichen ist im MS gewellt unterstrichen*

1 / Dann ist eine Handlung nicht bestimmt, wenn die Beschreibung noch etwas offen läßt/gelassen hat/ (so, daß man sagen kann „ich weiß noch nicht ob ....") was also die/eine/ Beschreibung bestimmen kann. Ist die Beschreibung vollständig, so ist die Handlung bestimmt. Und d.h., es kann der Beschreibung nur e i n e Handlung entsprechen (nur so können wir das Wort/diesen Ausdruck/ gebrauchen)

2 ∫ (Erinnern wir uns an die Argumentation über „Zahnschmerzen".)

3 / Hier ist auch der Zusammenhang mit der Frage: „sieht der Andere wirklich dieselbe Farbe, wenn er blau sieht, wie ich?" Freilich, er sieht blau! Das ist ja eben dieselbe Farbe. — D.h. die Frage ob er |als| blau dieselbe Farbe sieht ist unsinnig, wenn angenommen ist, daß wir das Recht haben, was er sieht und ich sehe als blau zu bezeichnen. Läßt sich im gewöhnlichen Sinne – d.h. nach der gewöhnlichen Methode – konstatieren, daß er nicht die selbe Farbe sieht, so kann ich nicht sagen, daß wir beide blau sehen. Und läßt es sich konstatieren, daß wir beide blau sehen, dann „sehen wir beide die gleiche Farbe" denn dieser Satz hat ja nur auf diese Proben Bezug.

4 Und so/analog/ verhält es sich mit der Frage: „ist das was ich jetzt ‚gelb' nenne gewiß die gleiche Farbe, die ich früher ‚gelb' genannt habe?" — Gewiß, denn es ist ja gelb. — Aber woher weißt Du das? — Weil ich mich dran erinnere. — Aber kann die Erinnerung nicht täuschen? — Nein. Nicht, wenn ihr Datum gerade das ist wonach ich mich richte. (Übrigens weiß ich nicht ob es noch Sinn hat zu sagen „weil ich mich dran erinnere"; könnte ich nicht ebenso gut antworten „weil ich's weiß"?)
 Es gibt keinen Test dafür daß d a s blau ist. (d.h. daß ich d i e s e Farbe blau nenne)

5 / Wir fragen: „Wie kann der Satz einen Sachverhalt bestimmen?" Aber hat es denn Sinn zu sagen: „Der Satz bestimmt einen Sachverhalt"?

6 / Ist das nicht der Sinn des Gleichnisses von der Nähmaschine: Wenn es sich um die kausale Erklärung des Mechanismus handelt, hat die Frage „wie macht die Nähmaschine das" einen Sinn. Ist das aber nicht was gemeint ist, dann liegt die Antwort in der Beschreibung desjenigen w a s sie macht/des Das was sie macht/.

31

7 ∫ Es ist ungemein schwer die Idee gänzlich los zu werden, daß die Erklärung Verborgenes beleuchten soll.

8 / Der Solipsismus könnte durch die Tatsache widerlegt werden, daß das Wort „ich" in der Grammatik keine zentrale Stellung hat, sondern ein Wort ist wie jedes andre Wort.

21 Und so/analog/ verhält es sich mit der ⟨Farbe ...⟩

25 Nicht, wenn ihr Datum gerade das ist wonach ich mich richte. *–im MS am linken und rechten Rand mit einer Wellenlinie markiert*

38 *Die letzte Seite vom Band V schließt mit dem unvollständigen Satz:* Ist das aber nicht was gemeint ist, *darunter folgt die Anweisung:* Fortsetzung im VI. Band. *Der Text wird im Band VI auf S. 31 unter dem Hinweis* Fortsetzung aus dem V. Band *fortgeführt:* ist, dann liegt die Antwort in der Beschreibung *–das Datum vom 3.2.1931 wird im Band VI wiederholt.*

1   /   Gäbe es in der Welt wesentlich Subjekt und Objekt dann müßte das
          Wort ‚ich' in einer einzigartigen Weise den anderen Worten
          entgegengestellt sein.

2   /   Wie im Gesichtsraum so gibt es in der Sprache kein metaphysisches   5
          Subject.

3   /   Die Worte „sicher sein daß" kann man nur von einer Hypothese
          gebrauchen. Es heißt nichts zu sagen „ich bin sicher daß ich
          Zahnschmerzen habe" außer in einem Sinn in dem es doch möglich ist   10
          zu zweifeln ob ich Zahnschmerzen habe/es Zahnschmerzen sind/
              Kann ich denn aber nicht sagen: Ich bin sicher daß ich bald ein
          Licht sehen werde? (Oder: „daß ich bald Zahnschmerzen kriegen   32
          werde") Und doch war etwas Wahres an der obigen Bemerkung.
                                                                                     15
4   Was heißt es, sicher zu sein, daß man Zahnschmerzen haben wird.
          (Kann man nicht sicher sein, dann erlaubt es die Grammatik nicht das
          Wort in dieser Verbindung zu gebrauchen.
          .

                                                                        4.2.   20
5   /   Man kann von einem Satz (im engeren Sinne) nicht sagen daß die
          Wahrheit eines anderen ihn bestätigt – ohne ihn zu beweisen.

6   ?/ʃ Man sagt: „Wenn ich sage daß ich einen Sessel dort sehe so sage ich
          mehr als ich sicher weiß". Und nun heißt es meistens: „Aber e i n e s   25
          weiß ich doch sicher". Wenn man aber nun sagen will was das ist, so
          kommt man in eine gewisse Verlegenheit.

7   ?/   „Ich sehe etwas B r a u n e s, – das ist sicher"; damit will man eigentlich
          sagen, daß die braune Farbe gesehen und nicht vielleicht auch   30
          nur/bloß/ vermutet ist (wie etwa in dem Fall wo ich es/sie/ aus
          gewissen anderen Anzeichen schließe/entnehme/vermute/ [.... und nicht
          vielleicht auch bloß aus anderen Anzeichen vermutet ist.] Und man sagt
          ja auch einfach: „Etwas Braunes s e h e ich".

                                                                                     35
8   /   Wenn mir gesagt wird: „Sieh in dieses Fernrohr und zeichne mir auf,
          was Du siehst", so ist was ich zeichne der Ausdruck eines Satzes, nicht
          einer Hypothese.

9   ∅   (Es ist schwer in der Philosophie nichts hinzuzudichten und n u r die   40   33
          Wahrheit zu sagen.)

5   in der Sprache kein metaphysisches ⟨Sy...⟩
8   Die Worte „sicher sein daß"⟨, ...⟩
8   Die Worte „sicher sein daß" kann man nur ⟨in ...⟩
17 (Kann man nicht sicher sein, –im MS fehlt die Schlußklammer
17 (Kann man nicht sicher sein, ⟨daß ...⟩
22 eines anderen ihn bestätigt – ohne ihn zu beweisen⟨ – ...⟩
24 ?/ Randzeichen überschrieben
25 daß ich einen Sessel dort sehe so sage ich mehr als ⟨dessen ...⟩
37 so ist⟨,⟩ was ich zeichne⟨,⟩ der Ausdruck eines Satzes,

1   Ist es nicht klar daß es nur am Mangel von entsprechenden
Übereinkommen liegt, wenn ich das was ich – z.B. – zeichnerisch
darstellen nicht durch Worte/mit Worten/ wiedergeben kann?

2   Wenn ich sage „hier steht ein Kessel" so ist damit – wie man sagt –
„mehr" gemeint als die Beschreibung dessen was ich wahrnehme. Und
das kann nur heißen daß dieser Satz nicht wahr sein muß auch wenn die
Beschreibung des Gesehenen stimmt. Unter welchen Umständen werde
ich nun sagen daß jener Satz nicht wahr war? Offenbar: wenn gewisse
andere Sätze nicht wahr sind die in dem ersten mit beinhaltet waren.
Aber es ist nicht so als ob nun der erste ein logisches Produkt gewesen
wäre.

3   Wenn man fragt „Wie macht der Gedanke/Satz/ das, daß er darstellt?"
So könnte die Antwort sein: „Weißt Du es denn (wirklich) nicht? Du
siehst es doch wenn Du denkst/ihn benützt/." Es ist ja nichts verborgen.

4   Wie macht der Satz das? — Weißt Du es denn nicht? Es ist ja nichts
versteckt.

5   Daß alles fließt scheint uns am Ausdruck der Wahrheit zu hindern,
denn es ist, als ob wir sie nicht auffassen könnten da sie uns entgleitet.

6   Aber es hindert uns eben nicht am Ausdruck. — Was es heißt, etwas
entfliehendes in der Beschreibung festhalten zu wollen, wissen wir. Das
geschieht etwa, wenn wir das eine vergessen, während wir das andere
beschreiben wollen. Aber darum handelt es sich doch hier nicht. Und
so ist der Ausdruck/das Wort/ „entfliehen" anzuwenden.

7   Wir führen die Wörter von ihrer metaphysischen wieder auf ihre
richtige Verwendung in der Sprache zurück.

8   Der Mann, der sagte, man könne nicht zweimal in den gleichen Fluß
steigen, sagte etwas falsches; man kann zweimal in den gleichen Fluß
steigen.

9   Und so sieht die Lösung aller philosophischen Schwierigkeiten aus. Ihre
Antworten müssen wenn sie richtig sind hausbacken und gewöhnlich sein.
Aber man muß sie nur im richtigen Geist anschauen, dann macht das
nichts.

10   Aber auf die Antwort „Du weißt ja, wie es der Satz macht, es ist ja
nichts verborgen" möchte man sagen: „ja, aber es fließt alles so rasch
vorüber und ich möchte es gleichsam breiter auseinandergelegt sehen".

11   Aber auch hier irren wir uns. Denn es geschieht dabei auch nichts was
uns durch die Geschwindigkeit entgeht.

2   was ich – z.B. – zeichnerisch ⟨darstelle/darstellen kann/⟩ nicht
5   Wenn ich sage „hier steht ein Kessel" so ⟨meine ich da…⟩
10 wenn gewisse andere Sätze nicht wahr sind die ⟨d…⟩
14 „Wie macht der Gedanke/Satz/ das, daß er darstellt(" …⟩
18 Wie macht der Satz das? — Weißt Du es ⟨nicht …⟩
33 *Herakleitos: H. Diels, Die Fragmente der Vorsokratiker Fr. 91*
38 *Im MS:* Ihre antworten müssen

1   Warum können wir uns keine Maschine mit einem Gedächtnis denken?
     Es wurde oft gesagt daß das Gedächtnis darin besteht daß Ereignisse
     Spuren hinterlassen in denen nun gewisse Vorgänge vor sich gehen
     müßten. Wie wenn also Wasser sich ein Bett macht und das folgende   5
     Wasser in diesem Bett fließen muß; der eine Vorgang fährt für den
     nächsten das Gleise aus/fährt das Gleise aus, das den andern führt/.
     Geschieht dies nun aber in einer Maschine, wie es wirklich geschieht, so
     sagt niemand, die Maschine habe Gedächtnis oder habe sich den einen
     Vorgang gemerkt.   10

2   Nun ist das aber ganz so wie wenn man sagt, eine Maschine kann nicht
     denken, oder kann keine Schmerzen haben. Und hier kommt es drauf
     an was man darunter versteht „Schmerzen zu haben". Es ist klar daß ich
     mir eine Maschine denken kann die sich genau so benimmt (in allen   15
     Details) wie ein Mensch der Schmerzen hat. Oder vielmehr: ich kann
     den Andern eine Maschine nennen die Schmerzen hat, D.h: den andern
     Körper. Und ebenso natürlich meinen Körper. Dagegen hat das
     Phänomen der Schmerzen wie es auftritt, wenn ‚ich Schmerzen habe'
     mit meinem Körper d.h. mit den Erfahrungen die ich |als Existenz   20
     meines Körpers| zusammenfasse gar nichts zu tun. (Ich kann
     Zahnschmerzen haben ohne Zähne.) Und hier hat nun die Maschine
     gar keinen Platz. – Es ist klar, die Maschine kann nur einen
     physikalischen Körper ersetzen. Und in dem Sinne wie man von einem
     solchen sagen kann er „habe" Schmerzen kann man es auch von einer   25
     Maschine sagen. Oder, wieder, die Körper von denen wir sagen sie
     hätten Schmerzen, können wir mit Maschinen vergleichen und auch
     Maschinen nennen.

3   Und ganz ebenso verhält es sich mit dem Denken und dem Gedächtnis.   30

4   Es ist uns – wie gesagt – als ginge es uns mit dem Gedanken so, wie mit
     einer Landschaft die wir gesehen haben und beschreiben sollen aber wir
     erinnern uns |ihrer| nicht genau genug um sie in allen ihren
     Zusammenhängen beschreiben zu können.   35
         So, glauben wir, können wir das Denken nachträglich nicht
     beschreiben weil uns alle die vielen schwachen/matteren/feineren/
     Vorgänge dann verloren gegangen sind.

5   Diese feinen Verhäkelungen möchten wir sozusagen unter der Lupe   40
     sehen

---

17 eine Maschine nennen die Schmerzen hat(–)D.h: den andern
21 die ich |als Existenz meines Körpers| ⟨dann⟩ zusammenfasse
26 Oder, wieder, die Körper ⟨die wir ...⟩
30 Und ganz ebenso verhält es sich mit dem ⟨Danken⟩ und dem Gedächtnis.
37 schwachen/matteren/feineren/ *–die ersten zwei Varianten sind im MS durchstrichen*
40 *Im MS:* sozusagen unter der Luppe

1   ∅   (Einen unausgebrüteten Gedanken muß man zart behandeln um ihn am
        Leben zu erhalten. Man darf von ihm noch nichts verlangen und muß
        ihn im weichen Medium der fortwährenden Unsicherheit betten. Ist er
        flügge dann verläßt er dieses Nest von selbst.)
                                                                                    5

2   ∫   Alles Wesentliche über den Gedanken ist damit gesagt, daß der   37
        Gedanke daß p der Fall ist nicht die Tatsache ist daß p der Fall ist. Daß
        der Gedanke eine a n d e r e Tatsache ist.
              Ferner, daß der Gedanke, das vollständige Symbol, Teil eines
        Systems von Symbolen/|symbolischen| Systems/, einer Sprache, ist.   10

3   ∫   Wie verhält es sich damit, daß der Gedanke nicht mißverstanden (oder
        verstanden) werden kann?

4   /   Wie Frege in Cantors angebliche Definition von „größer", „kleiner",   15
        „+", „–" etc statt dieser Zeichen neue Wörter einsetzte um zu zeigen
        daß keine wirkliche Definition vorliege, ebenso könnte man in der
        ganzen Mathematik statt der geläufigen Wörter insbesondere statt des
        Wortes „unendlich" und verwandter Ausdrücke/und seiner
        Verwandten/ ganz neue bisher bedeutungslose Ausdrücke setzen um zu   20
        sehen was der Kalkül mit diesen Zeichen wirklich leistet und was er
        nicht leistet. Wenn die Meinung verbreitet wäre, daß das Schachspiel
        uns einen Aufschluß über Könige und Türme gebe so würde ich
        vorschlagen den Figuren neue Formen und andere Namen zu geben um
        die Einsicht zu erleichtern/zu demonstrieren/, daß alles zum Schachspiel   25
        Gehörige in seinen/den/ Regeln liegen muß.

5   /   Dem der sagt „aber es steht doch wirklich ein Tisch hier" muß man
        antworten: „freilich steht ein wirklicher Tisch hier, – im Gegensatz zu   38
        einem nachgemachten".   30
              Wenn er aber nun weiterginge und sagte, die Vorstellungen seien
        n u r Bilder der Dinge, so müßte ich (ihm) widersprechen und sagen daß
        der Vergleich der Vorstellung mit einem Bilde des Körpers gänzlich
        irreführend sei da es für ein Bild wesentlich sei daß es mit seinem
        Gegenstand verglichen werden kann.   35

---

   1   (Einen ⟨unausgebrüteten⟩ Gedanken muß man zart behandeln
   2   muß man zart behandeln um ihn am Leben zu erhalten.⟨⟩ ...⟩
   3   im weichen Medium der fortwährenden Unsicherheit betten.⟨⟩ ...⟩
  10 |symbolischen| –das Einfügungszeichen ist im MS gewellt unterstrichen
  12   daß der Gedanke nicht mißverstanden ⟨– ...⟩
  15   in Cantors angebliche Definition von „größer", „kleiner", ⟨plus ...⟩
  17   statt dieser Zeichen neue Wörter einsetzte um zu zeigen daß ⟨es ...⟩
  18   insbesondere statt ⟨der Wörter⟩ „unendlich"
  20   und verwandter Ausdrücke/und seiner Verwandten/ –erste Variante im MS
       durchstrichen
  23   daß das Schachspiel uns einen Aufschluß über ⟨Könige ...⟩
  23   daß das Schachspiel uns einen Aufschluß über ⟨Kon...⟩
  23   Könige und Türme ⟨b...⟩
  24   so würde ich vorschlagen den Figuren ⟨auch⟩ neue Formen
  31   Wenn er aber nun weiterginge und sagte⟨:⟩ die Vorstellungen seien
  32   so müßte ich (ihm) widersprechen und sagen daß ⟨das ...⟩
  34   da es für ein Bild wesentlich sei daß es mit ⟨dem ...⟩

1 / Wenn aber Einer sagt: „die Vorstellungen sind das einzig Wirkliche", so muß ich sagen daß ich hier das Wort/Prädikat/ „wirklich" nicht verstehe und nicht weiß was für eine Eigenschaft man damit eigentlich den Vorstellungen zuspricht und – etwa – den Körpern abspricht. Ich kann ja nicht begreifen wie man mit Sinn – ob wahr oder falsch – eine ⁵ Eigenschaft Vorstellungen und physikalischen Körpern zuschreiben kann.

2 / Wenn man sagt daß alles fließt, so fühlen wir daß wir gehindert sind das Eigentliche, die eigentliche Realität festzuhalten. Der Vorgang auf der ¹⁰ Leinwand entschlüpft uns eben weil er ein Vorgang ist. Aber wir beschreiben doch etwas; – und ist das ein anderer Vorgang? Die Beschreibung steht doch offenbar gerade mit dem Bild auf der Leinwand in Zusammenhang. Es muß dem Gefühl unserer Ohnmacht ein falsches Bild zugrunde liegen. Denn was wir beschreiben wollen ¹⁵ 39 können das können wir beschreiben.

3 / Ist nicht dieses falsche Bild das eines Bilderstreifens der so geschwind vorbeiläuft daß wir keine Zeit haben ein Bild aufzufassen.
²⁰

4 / Wir würden nämlich in diesem Fall geneigt sein dem Bilde nachzulaufen. Aber dazu gibt es ja im Ablauf eines Vorgangs nichts analoges.

5 ⅂/ Wenn das Wort daß man nicht zweimal in den gleichen Fluß steigen ²⁵ kann (nur) heißt/bedeutet/ daß inzwischen ein anderes/andres/ Wasser an die Stelle des alten getreten/gekommen/ ist, so kann man aber zweimal den gleichen grünen Fleck sehen und es ist hier nichts was dem Verfließen des Wassers analog wäre.
³⁰

6 /ʃ/ Das Gleichnis vom Fluß/Fließen/ der Zeit ist natürlich irreführend und muß uns, wenn wir daran festhalten in Verlegenheiten führen/bringen /landen/.

6. ³⁵

7 / Daß etwas „in unserem Geist"/Die Wendung „daß etwas in unserem Geist"/ vor sich geht soll, glaube ich, andeuten, daß es im physikalischen Raum nicht lokalisierbar ist. Von unseren Magenschmerzen sagt man nicht daß sie in unserem Geist vor sich gehen obwohl der physikalische Magen ja nicht der Ort der Schmerzen ⁴⁰ (in einem primären Sinn)/der |unmittelbare| Ort der Schmerzen/ ist.

¹⁵ ein falsches Bild zugrunde liegen⟨, …⟩
¹⁵ Denn was wir beschreiben ⟨könn…⟩
²⁷ getreten/gekommen/ *–erste Variante im MS durchstrichen*
²⁸ so kann man aber zweimal den gleichen ⟨grauen⟩ Fleck sehen
²⁹ *Im MS:* dem Verfließen des Wasser analog wäre.
³¹ / *Randzeichen durchstrichen*
³⁷ vor sich geht soll⟨ –⟩ glaube ich⟨ –⟩ andeuten,
³⁸ *Der letzte Satz der Bemerkung ist im MS am linken Rand mit einer vertikalen Wellenlinie markiert.*
³⁸ unseren *–im MS durchstrichen*
⁴⁰ obwohl der physikalische Magen ⟨z…⟩
⁴¹ der Ort der Schmerzen (in einem primären Sinn)/der |unmittelbare| Ort der Schmerzen/ *–erste Variante im MS durchstrichen*

1　∫　Wenn man frägt wo das Denken vor sich geht so muß man vielleicht　　40
antworten: im Gesichtsraum, im Raum gewisser kinästhetischer
Empfindungen.

2　∫　Das ist aber falsch denn die Angabe des Raumes ist keine Ortsangabe　　5
(Die Angabe des Raumes ist im letzten Grunde die Angabe einer
Geometrie)

3　?/　„Das Denken geht im Kopf vor sich" heißt eigentlich nichts anderes, als,
unser Kopf hat etwas mit dem Denken zu tun. Man sagt freilich auch:　　10
„ich denke mit der Feder auf dem Papier" und diese Ortsangabe ist
mindestens so gut wie die erste.

4　/　Wenn wir fragen „wo geht das Denken vor sich" so ist dahinter immer
die Vorstellung eines maschinellen Prozesses der in einem　　15
geschlossenen Raum vor sich geht sehr ähnlich wie der Vorgang in der
Rechenmaschine.

5　/　Wenn „einen Satz verstehen" heißt in gewissem Sinn nach ihm handeln,
dann kann das Verstehen nicht die Bedingung dafür sein, daß wir nach　　20
ihm handeln.

6　/　Das Verstehen einer Beschreibung kann man, glaube ich, mit dem
Zeichnen eines Bildes nach dieser Beschreibung vergleichen. (Und hier
ist wieder das Gleichnis ein besonderer Fall dessen wofür es ein　　25
Gleichnis ist) Und es würde/wird/ auch in vielen Fällen als der Beweis
des Verständnisses aufgefaßt.

7　/　Was heißt es, ein gemaltes Bild zu verstehen?　　41
　　　　Auch da gibt es Verständnis und Nichtverstehen.　　30
　/　　Und auch hier kann verstehen und nichtverstehen verschiedenerlei
heißen. − Wir können uns ein Bild denken das eine Anordnung von
Gegenständen im 3-dimensionalen Raum darstellen soll, aber wir sind
für einen Teil des Bildes unfähig Körper im Raum darin zu sehen
sondern sehen nur die gemalte Bildfläche. Wir können dann sagen wir　　35
verstehen diese Teile des Bildes nicht. Es kann sein daß die räumlichen
Gegenstände die dargestellt sind uns bekannt d.h. Formen sind die wir
aus der Anschauung von Körpern her kennen, es können aber auch
Formen auf dem Bild dargestellt sein die wir noch nie gesehen haben.
Und da gibt es wieder den Fall wo etwas |− z.B. −| wie ein Vogel　　40
aussieht nur nicht wie einer dessen Art ich kenne oder aber wo ein
räumliches Gebilde dargestellt ist desgleichen ich noch nie gesehen
habe. Auch in diesen letzten Fällen/diesem letzten Fall/ kann man von
einem Nichtverstehen des Bildes reden aber in einem anderen Sinne als
im ersten Fall.　　45

16　einem geschlossenen Raum vor sich geht ⟨sehr ähnlich⟩ wie der Vorgang
25　hier ist wieder das Gleichnis ein besonderer Fall dessen ⟨was es ...⟩
31　*Der Absatz ist im MS eine Bemerkung, durch eine Klammer am linken Rand der
vorangehenden zugeordnet.*
37　die dargestellt sind uns bekannt ⟨sind⟩ d.h. Formen sind

1 / Man könnte – analog früheren Erklärungen – sagen: Das Bild verstehen heißt, im Stande sein es plastisch nachzubilden.

Aber was heißt „im Stande sein"? Wenn es nicht heißt das Bild tatsächlich so nachzubilden so ist eben diese Nachbildung für das Verständnis nicht nötig und was wesentlich ist muß das Andere sein was mich sagen macht ich sei im Stande das Bild plastisch darzustellen.

2 / Aber noch etwas: Angenommen das Bild stellte Menschen dar wäre aber klein und die Menschen darauf etwa einen Zoll lang. Angenommen nun es gäbe Menschen die diese Länge hätten so würden wir sie in dem Bild erkennen und es würde uns nun einen ganz anderen Eindruck machen obwohl doch die Illusion der dreidimensionalen Gegenstände ganz dieselbe wäre. Und doch ist dieser /der tatsächliche/ Eindruck wie er da ist unabhängig davon daß ich tatsächlich einmal Menschen in der gewöhnlichen Größe und nie Zwerge gesehen habe wenn auch dies die Ursache dieses/des/ Eindrucks ist.

3 / Dieses Sehen der gemalten Menschen als Menschen (im Gegensatz etwa zu Zwergen) ist ganz analog dem/ebenso wie das/ Sehen des Bildes/der Zeichnung/ als 3-dimensionales Gebilde [... ganz analog dem Sehen der Malerei als Gruppierung 3-dimensionaler Gebilde] Wir können hier nicht sagen wir sehen immer dasselbe und fassen es |nachträglich| einmal als das und einmal als jenes/als das eine und einmal als das andere/ auf sondern wir sehen jedesmal etwas Anderes.

4 . Und so auch wenn wir einen Satz mit Verständnis und ohne Verständnis lesen. (Erinnere Dich daran wie es ist wenn man einen Satz mit falscher Betonung liest, ihn daher nicht versteht und endlich/nun/ darauf kommt wie er zu lesen ist)

5 / Ich verstehe dieses Bild genau, ich könnte es in Ton kneten. – Ich verstehe diese Beschreibung genau ich könnte eine Zeichnung nach ihr machen.

6 / Das Verständnis des Bildes hat es nur mit dem Bild zu tun. Das Verständnis des Satzes nur mit dem Satz.

7 / Das Satzzeichen verstehen heißt durch dieses ein Datum zu erhalten das, da es nicht der dargestellte Sachverhalt ist, noch der Satz genannt werden kann.

42

5

10

15

20

25

43

30

35

40

.

5 und was wesentlich ist muß das ⟨e...⟩
10 Angenommen nun es gäbe Menschen die ⟨nur⟩ diese Länge hätten
14 dieser/der tatsächliche/ –*erste Variante im MS durchstrichen*
16 dieses/des/ –*erste Variante im MS durchstrichen*
19 Dieses ⟨sehen⟩ der gemalten Menschen als Menschen
21 des Bildes/der Zeichnung/ als ⟨als⟩ 3-dimensionales Gebilde
25 sondern wir sehen jedesmal etwas ⟨anderes⟩.
30 darauf kommt wie er zu lesen ist⟨.⟩
32 Ich ⟨ke...⟩
39 ⟨Der ...⟩

1 / Wenn uns die ostensive/hinweisende/ Definition Verständnis mitteilt, dann muß hinfort beim hören des erklärten Worts etwas anderes geschehen als vorher. (Wenn wir es im Satz hören.)

7. 5

2 ∫ Wie vermittelt die (hinweisende) Definition Verständnis der Sprache?

3 / Ich sage „wähle alle blauen Kugeln aus"; er aber weiss nicht was „blau" heißt. Nun zeige ich und sage „das ist blau". Nun versteht er mich und kann meinem Befehl folgen.

Ich setze ihn in Stand dem Befehl zu folgen. Was geschieht nun aber, wenn er in Zukunft diesen Befehl hört? Ist es nötig daß er sich jener Erklärung d.h. des einmaligen Ereignisses jener Erklärung erinnert? Ist es nötig daß das Vorstellungsbild des Blauen Gegenstands oder eines blauen Gegenstands vor seine Seele tritt? Alles das scheint nicht nötig zu sein obwohl es möglicherweise geschieht. Und doch hat das Wort „blau" jetzt einen anderen Aspect für ihn als da es ihm noch nicht erklärt war. Es gewinnt gleichsam Tiefe. Er sieht jetzt etwas anderes darin.(?)

4 ∫ Er kann dem Befehl folgen heißt nicht daß er ihm folgt/er folgt ihm/, es heißt also etwas anderes; und – ich möchte sagen – die nächste Verwandtschaft die zwei Fakten mit einander haben können ist daß der eine ein Bild des andern ist.

5 ∫ Oder: Es nützt auch nichts wenn „Folgen können" Bestandteile mit „Folgen" gemein hat; denn irgendwo fängt die Verschiedenheit an.

6 Man könnte |es| aber (gleichsam)/in gewissen Fällen geradezu/ als Bedingung des Verstehens setzen daß man den Sinn des Satzes muß zeichnen können. — Wenn ich aber frage: Woher weißt Du, daß Du den Sinn zeichnen kannst? (außer es heißt daß Du ihn gezeichnet hast)

7 ∫ Also, würde man sagen, wird ein Erlebnis „das Zeichnen" genannt, ein anderes „das Erlebnis zeichnen zu können". – Aber so ist es nicht.

Vielmehr besteht das „|Es| Zeichnen können" in dem Verstehen (dessen) was es heißt „es zu zeichnen".

8 / Denken wir an das Verstehen einer Bildergeschichte.

Hier wird übrigens das Kriterium des Verstehens darin gesehen daß wir die Geschichte nach den Bildern in Worten erzählen können.

---

6 Wie vermittelt die (hinweisende) Definition ⟨das⟩ Verständnis
9 Nun |zeige ich| sage ⟨ich⟩ „das ist blau"
10 und kann ⟨meinen Befehl befolgen⟩.
18 als da es ihm noch nicht erklärt war. ⟨(...)⟩
21 ⟨Es ...⟩
26 Oder: Es nützt auch nichts ⟨daß ...⟩
29 |es| –das Einfügungszeichen ist im MS gewellt unterstrichen
29 (gleichsam)/in gewissen Fällen geradezu/ –erste Variante im MS durchstrichen
30 als Bedingung des Verstehens setzen daß ⟨ein M...⟩

1   ∫   Sehen wir uns auch an, was es heißt eine Partitur zu verstehen. Hier
|allerdings| scheint es daß, wer sie mit Verständnis liest sie hierbei schon
übersetzt indem er das Musikstück etwa vor sich hinsummt oder
entsprechende Bewegungen des Kehlkopfs macht.

5

2   /   Welche Wirkung hatte nun die hinweisende Erklärung? Hatte sie
sozusagen nur eine automatische Wirkung? Das heißt aber wird sie nun
immer wieder benötigt oder hatte sie eine ursächliche Wirkung wie
etwa eine Impfung die uns ein für allemal oder doch bis auf weiteres
geändert hat.

10

3   Ist es nicht so, daß, soweit die Definition uns ein für allemal Verständnis
gegeben hat, sie unsere Sprache geändert hat und daher nur als   46
Geschichte unseres Verständnisses in Betracht kommt, – oder: für uns
darum n i c h t in Betracht kommt. [… und daher nur in der/als/   15
Geschichte unseres Verständnisses, logisch aber nicht in Betracht
kommt.]

4   /   Die Definition kommt für uns nur dort in Betracht wo sie wieder
gebraucht wird.   20

5   ?/∫   Die Definition wirkt so daß/in der Weise:/ wenn ich den Satz höre „der
Himmel war rot" und frage „was ist ‚rot'" und man zeigt mir zur
Antwort auf ein rotes Papier und ich verstehe diese Erklärung, hätte ich
den Satz verstehen müssen wenn statt des Wortes „rot" auf das Papier᎐   25
gezeigt worden wäre.

6   ∫   Ich kann mir denken daß ein geübter Kontrapunktiker eine Partitur
|z.B. einer Fuge| liest ohne sich Klangbilder zu machen und etwa aus
dem Ansehen der Noten allein einen Genuß bezieht; ganz analog dem   30
den wir beim lesen einer Beschreibung haben ohne daß wir uns hiebei
die Beschreibung in ein Gesichtsbild übersetzen. Es ist aber auch kein
Zweifel daß der Musiker wenn er die Partitur anschaut etwas anderes
sieht als etwa ich wenn ich sie ansehe.

35

7   ∫   Wenn wir (eine Beschreibung) lesen so steht uns die Anordnung der Worte
/die Ordnung der Wörter/ (in der Beschreibung) zur Verfügung und   47
was für Dispositionen, Bilder etc diese hervorrufen. Sonst nichts. Daraus
muß sich das Verständnis rekrutieren.

40

8   ∫   Ich könnte bildlich sagen: ich finde in meinem Geist das Wort rot als
Etiquette eines roten Vorstellungsbildes (vor). (Bergson)

2   Hier |allerdings| scheint es ⟨allerdin…⟩
8   oder hatte sie eine ⟨U…⟩
22   ?/ *Randzeichen durchstrichen*
22   so daß/in der Weise:/ –*erste Variante im MS durchstrichen*
24   und man zeigt mir zur Antwort auf ein rotes Papier ⟨ich …⟩
24 |hätte| ich den Satz ⟨⟨hätte⟩⟩ verstehen müssen wenn ⟨er⟩ statt
31   ganz analog dem den wir beim lesen ⟨vo…⟩
36   (eine Beschreibung) –*im MS durchstrichen*
37   (in der Beschreibung) –*im MS durchstrichen*
37   was |für Dispositionen, Bilder etc| diese ⟨in uns⟩ hervorrufen.

1 / Wenn ich die Zeichen „~" und „·" verstehe, so kann ich p/q durch
~p · ~q = p/q Def. erklären. Aber ich kann nun im gebrauch der Form
ξ/η so weit kommen daß ich um sie zu verstehen die Übersetzung in
~ξ · ~η nicht mehr vornehmen muß und dann ist die Definition obsolet
geworden und damit gezeigt daß sie von vornherein nicht unbedingt   5
nötig gewesen wäre; denn alles was nötig war, war die grammatischen
Regeln für ξ/η zu kennen.

2 ∫ Ist das nun nicht auch in dem Falle ähnlich wo wir das Wort „blau"
durch den Hinweis „das ist blau" erklärten? D.h. brauchen wir da nicht   10
(auch) nur in ganz bestimmten Fällen [für ganz bestimmte Übergänge]
die ostensive Definition während im Übrigen die Regeln genügen die
für das Wort „blau" gelten?

3 / Eine Erklärung kann nicht in die Ferne wirken. Ich meine: sie wirkt nur   15
wo sie angewandt wird. Wenn sie außerdem noch eine „Wirkung" hat,
dann nicht als Erklärung.

4 / Das Verstehen des Satzes kann nicht |wesentlich| in dem Abbilden in
eine andre Sprache liegen. Es handelt sich vielmehr um die   20   48
„Möglichkeit" dieses Abbildens und die muß darin liegen wie man den
Satz selbst sieht. Wie die Möglichkeit das gemalte Bild plastisch
abzubilden darin liegt daß man es plastisch sieht.

5 ?/ Wenn das Verständnis darin besteht, daß man den Satz abbilden k a n n,   25
dann gibt es hier |die| zwei Fälle: Erstens daß ich mich darin irren kann
wie in dem Fall wenn ich sage ich kann 50 kg heben und der Versuch
ergibt daß ich es nicht kann. Oder zweitens daß der Satz „ich kann …"
die Beschreibung einer unmittelbaren/direkten/ Erfahrung ist; daß es
also auch nicht gegen die Wahrheit der Aussage spricht, wenn ich aus   30
„äußeren Gründen" an der Ausführung verhindert bin.

6 ∫ Das Können ist dann ein i n n e r e s Können (wie ich es nennen könnte)
das andere ein äußeres.
                                                                                35

7 ∫ Und mich kann hier nur das innere Können interessieren, das
äquivalent ist dem Verständnis über das ich mich nicht täuschen kann
/nicht im Zweifel sein kann/, das nicht durch eine künftige Erfahrung
bestätigt oder zweifelhaft gemacht werden kann.
                                                                                40

8 ∫ Man könnte quasi sagen: „Ich könnte das jetzt zeichnen wenn ich
wollte, und keine Hindernisse dazwischen kämen."

9 ∫ Das heißt doch wohl: e i n e Bedingung ist dafür gegeben. Und diese   49
Bedingung liegt natürlich/offenbar/ in dem was mir vorliegt. [… was   45
mir gegeben ist.]

4 und dann ist ⟨diese⟩ Definition obsolet geworden
6 nicht unbedingt nötig gewesen wäre⟨. Denn⟩ alles was nötig war,
11 (auch) –im MS durchstrichen
13 während im Übrigen die Regeln genügen die für das Wort „blau" gelten?
    –im MS am linken Rand mit einer vertikalen Wellenlinie markiert
19 |wesentlich| –das Einfügungszeichen ist im MS gewellt unterstrichen
31 wenn ich aus „äußeren Gründen" ⟨verhindert bin …⟩
41 Man könnte ⟨gle…⟩

1 ʃ Dann aber muß der Satz „ich kann diesen Sinn zeichnen" eine Aussage
darüber sein daß ich jetzt in ihm eine gewisse Multiplizität sähe also von
der Art: ich sehe die Figur ⟨Figur⟩ jetzt plastisch.

2 / „Ich kann das zeichnen, wenn nichts mich hindert": welche seltsame   5
Verklausulierung. Heißt das nicht: ich kann, wenn ich kann? Denn es ist
ja nicht von der Art: „ich kann diese Arbeit machen wenn ich nicht
krank werde". Denn hier habe ich |nur| eine äußere Ursache
ausgeschaltet und ist das die einzige die ich ausgeschaltet habe so heißt
der Satz: ich werde die Arbeit machen wenn ich nicht krank werde. In   10
dem oberen Satz aber habe ich gar nichts vorausgesagt und jedes
Hindernis als solches gelten lassen (denn voraus w i s s e n kann ich ja
nichts) So daß das „kann" eigentlich jeden Sinn verliert, wenn mit den
Worten die |das| beschreiben w a s ich kann, nicht die Multiplizität |des
Erlebten| gekennzeichnet werden soll.   15

                                                                          8.

3 ʃ Das Symbol verstehen kann nur heißen, es kennen.

4 ?ʃ/ Wir sagen jemandem „d a s ist grün; vergiß es nicht!". Nun kommt das   20
Wort „grün" vor und er soll danach handeln. Und nun sucht er sich   50
daran zu erinnern welche Farbe „grün" genannt war. Aber worin besteht
dieses Suchen?
         Nachschauen was grün genannt war. Er drückt etwa auf einen
bestimmten Knopf und was dann hervorspringt ist das Gesuchte (wenn   25
etwas hervorspringt).

5 ?ʃ/ Man kann also auch so sagen: Er ist davon abhängig ob sich beim
hören des Wortes „grün" etwas – in bestimmter Weise – meldet.
                                                                               30

6 ?ʃ Soweit nun die Definition eben zur Folge hat daß sich etwas meldet,
[.. eben das zur Folge hat,] ist sie nicht Definition sondern gleichsam ein
mechanisches Hülfsmittel.

7 ?ʃ Die Definition heftet ein Täfelchen mit dem Wort „grün" an ein Grünes.   35
[.. an eins mit/von/ grüner Farbe]

8 ?ʃ Was heißt es nun/aber/ eine Definition benützen? Heißt es unbedingt,
auf die geschriebene Definition hinschauen?
         Heißt es nicht: ihr gemäß das eine für das andere setzen? – Denn   40
ist nicht die Einsetzung auch dann gemäß der Definition, wenn das
Zeichen, der Ausdruck, der Definition nicht angesehen oder vorgestellt
wurde?

5   „Ich ⟨könnte⟩ das zeichnen, wenn nichts mich hindert"
15 wenn mit den Worten die |das| beschreiben w a s ich kann, nicht die
     Multiplizität |des Erlebten| gekennzeichnet werden soll. –im MS am linken und
     rechten Rand mit je einer vertikalen Wellenlinie markiert
20 Wir sagen jemandem „d a s ist grün("...⟩
21 Nun kommt das Wort „grün" vor⟨,⟩ und er soll danach handeln.
22 Und nun sucht er sich daran zu erinnern ⟨was grün ...⟩
32 Im MS: das zur Folge hat,)
35 Die Definition heftet ein Täfelchen mit dem Wort „grün" an ⟨eins ...⟩
38 Was heißt es nun/aber/ eine Definition ⟨b...⟩

1 ?∫ Und also wäre das, was ich im vorigen Satz und weiter oben gesagt 51
habe, falsch, und es wäre doch eine regelrechte Benützung der
Definition wenn mir beim Worte „grün" in der gewissen Weise
der grüne Fleck einfällt.

5

2 / Heißt ‚verstehen' schon: übersetzen, dann muß man nicht verstehen um
übersetzen zu können. [… dann ist das Verstehen keine Bedingung des
Übersetzens.]

3 / Und da bietet sich uns ein Ausweg an der aber keiner ist, nämlich: daß 10
die erste Übersetzung des Verstehens eine automatische ist und erst
/während/ die dem Verstehen folgende eine willkürliche./gewollte./
(Jeder solche falsche Ausweg ist (aber) interessant, denn er böte sich uns
nicht an wenn nicht irgend etwas richtiges an ihm wäre.)

15

4 / Wenn verstehen nicht übersetzen heißt, dann heißt es,/:/ das Zeichen
im Raum seiner/der/ grammatischen Regeln sehen.

5 / Man kann der Philosophie keinen größeren Gefallen tun, als wenn man
die gewöhnliche und irrige Auffassung paraphrasiert und deutlich 20
hinstellt.

6 / Das Schachspiel ist gewiß einzig und allein durch seine Regeln (sein
Regelverzeichnis) charakterisiert. Ebenso ist es klar daß einer der eine
Partie Schach spielt und jetzt einen Zug macht etwas anderes tut als der, 25
der nicht Schach spielen kann (d.h. das Spiel nicht kennt) und nun eine
Figur in die Hand nimmt und sie zufällig der Regel gemäß bewegt. 52
Anderseits ist es aber ebenso klar daß der Unterschied nicht darin
besteht, daß der erste in irgend einer Form die Regeln des Schachspiels
vor sich hersagt oder überdenkt. — Wenn ich nun sage: daß er Schach 30
spielen kann besteht darin daß er die Regeln kennt, ist diese Kenntnis
der Regeln in jedem Zuge in irgendeiner Form enthalten? In gewissem
Sinne, scheint es, Ja! Denn sonst müßte es erst eine zukünftige
Erfahrung ergeben ob er wirklich Schach spielt, d.h. „er spielt Schach"
wäre dann eine Hypothese die übrigens deshalb nur durch die 35
Erfahrung bestätigt aber nicht bewiesen/erwiesen/ werden könnte.
Andrerseits scheint in gewissem Sinne kein Zweifel möglich daß ich
Schach spiele und in diesem Sinne muß das also in dem liegen was jetzt
bei meinem Zug stattfindet.
    Es muß also darin liegen daß ich diesen Zug anders sehe 40
(vergleiche ⬚) als der welcher nicht spielt.

7 ∫ Genau so muß es gehen wenn ich einen Zug mit den Worten „und"
„nicht" etc vornehme, einen Satz sage worin sie vorkommen.

45

---

12 und erst/während/ –erste Variante im MS durchstrichen
16 Wenn (Verstehen) nicht (Übersetzen) heißt,
16 dann heißt es,/:/ –Komma und Doppelpunkt sind im MS gewellt unterstrichen
17 seiner/der/ –zweite Variante im MS durchstrichen
27 und nun eine Figur in die Hand nimmt und sie zufällig (so bewe…)
35 wäre dann eine Hypothese die übrigens (desw…)

1 / Gefragt was ich mit „und" im Satze „gib mir das Brot u n d die Butter"
meine würde ich mit einer Gebärde antworten und diese Gebärde
würde die Bedeutung [würde, was ich meine] illustrieren. Wie das grüne   53
Täfelchen „grün" illustriert u n d w i e d i e W-F-Notation „und" und
„nicht" illustriert.   5

2 ∫ Es besteht also das Verstehen |eines Zeichens| scheinbar darin daß wir
in ihm oder mit ihm ein Gebilde von gewisser Multiplizität sehen die
der nicht verstehende nicht sieht.   10

3 ?/ Das heißt es gibt einen Sinn in welchem der Satz „ich spiele Schach"
eine Hypothese ist und einen andern in dem es keine ist

4 ∫ Wir können alles was wir wollen von einem behaviouristischen
(scheußliches Wort) Standpunkte auffassen, da es uns ganz gleich ist   15
w a s geschieht und wir nur an der Multiplizität dessen was geschieht
interessiert sind.

5 / Nun könnte man nämlich sagen: Wenn so complizierte Vorgänge beim
Verstehen des Wortes „und" eine Rolle spielen und das Verstehen   20
etwas für uns wesentliches ist, wie kommt es, daß diese Vorgänge in der
symbolischen Logik nie erwähnt werden? Wie kommt es daß von ihnen
in der Logik nie die Rede ist noch sein braucht?

6 / Das Verständnis wird nicht nur durch die Erklärungen hervorgerufen   25
sondern muß (auch) selbst von der Multiplizität dieser/der/ Erklärungen   54
sein.

7 / D.h. wir können wieder das System der Erklärungen für das
Verständnis nehmen.   30

8 ?/∫ Man könnte auch so fragen: Wer eine Verneinung versteht, muß der
nicht alle Regeln die Verneinung betreffend/die die Verneinung
betreffen/ kennen? Also auch diese. Wenn er sie nun gerade nicht
anwendet worin besteht es dann daß er sie kennt? Ist das nur eine   35
Hypothese, eine Disposition? Dann interessiert sie uns nicht.
Was heißt es aber a l l e Regeln über die Verneinung kennen?

9 ∫ Kann ich sagen: Wenn ich einen Körper im Gesichtsraum wahrnehme,
so liefert er mir (gewisse) Regeln für das Wort was ihn bezeichnet.   40

10 ∫ Oder soll ich nicht vielmehr sagen: Wenn dieser Körper das Zeichen ist
und es ist etwa eine seiner Flächen ein anderes Zeichen so sind damit
die Regeln gegeben die die beiden verknüpfen.

45

7 Es ⟨ve…⟩
9 nicht sieht. ⟨Das wesentliche aber hier wäre, daß man …⟩
14 Wir können alles was wir ⟨b…⟩
22 Wie ⟨kömmt⟩ es daß von ihnen in der Logik
32 ?/ *Randzeichen durchstrichen*
39 *Die Bemerkung ist am linken Rand mit einer vertikalen Wellenlinie markiert.*
39 Kann ich sagen: Wenn ich einen ⟨3-di…⟩
39 Kann ich sagen: Wenn ich einen Körper im Gesichtsraum ⟨sehe …⟩

1 / Erinnere dich daran wie schwer es Kindern fällt zu glauben (oder einzusehen) daß ein Wort wirklich zwei ganz verschiedene Bedeutungen hat./haben kann./

5

2 / Ein unartikuliertes Verständnis ist für uns kein Verständnis. [... nennen wir nicht ‚Verständnis‘.]

/ Was immer den Satz unartikuliert begleitet interessiert uns nicht 55

3 ʃ „Geh' in 5 Minuten aus dem Zimmer! hast Du verstanden?" Ja, ich soll 10 in 5 Minuten (auf die Uhr zeigend) aus dem Zimmer gehen (auf die Tür weisend). Ich werde Dir vormachen was ich tun werde. Also, wenn der Zeiger hier steht werde ich es so machen (Er führt es vor). – Nun wird man sagen hat er dennoch nicht gezeigt/bewiesen/ daß er es verstanden hatte, und ich sage daß er alles gezeigt hat was da war. 15

4 / Es ist eine Auffassung daß er gleichsam nur unvollkommen zeigen kann ob er verstanden hat. Daß er gleichsam nur immer aus der Ferne darauf deuten |auch sich ihm nähern| es aber nie mit der Hand berühren /ergreifen/ kann. Und das letzte immer ungesagt bleibt. [... bleiben 20 muß.]

5 / Man will sagen: Er versteht es zwar ganz kann es aber nicht ganz zeigen da er sonst schon tun müßte was ja erst in Befolgung des Befehls geschehen darf. So kann er es also nicht zeigen daß er es ganz versteht. 25 D.h. also er weiß immer mehr als er zeigen kann.

Aber so ist es nicht. Er weiß nicht mehr als er zeigen kann. Und nur was er zeigen kann das weiß er.

6 / Man möchte sagen: Er ist mit seinem Verständnis bei der Tatsache 30 [bei der Ausführung] aber die Erklärung kann nie die Ausführung enthalten.

56

Aber das Verständnis enthält nicht die Ausführung sondern ist nur das Symbol das bei der Ausführung übersetzt wird.

35

7 / Unsere Frage durfte nicht lauten „was heißt es einen Satz verstehen", sondern „was heißt es, ihn so zu verstehen". Denn die Erklärung entspricht diesem Verständnis |(dieser Deutung)| und nicht dem Verständnis überhaupt.

40

---

4 hat./haben kann./ –*zweite Variante im MS durchstrichen*

8 *Im MS Markierung über dem Randzeichen:* L

8 *Der Absatz ist im MS eine Bemerkung, durch eine Klammer am linken Rand der vorangehenden zugeordnet.*

12 Ich werde Dir vormachen was ich ⟨machen⟩ werde.

13 wenn der Zeiger hier steht werde ich es so machen |(|Er führt es vor⟨.⟩|).|

17 Es ist eine || Auffassung –*im MS ist auch das leergebliebene Einfügungszeichen gewellt unterstrichen*

18 Daß er gleichsam nur immer aus der Ferne darauf ⟨deutet⟩ es aber nie mit der Hand berühren/ergreifen/ kann.

30 Er ist mit seinem Verständnis ⟨beim ...⟩

1 / Wenn ich sage, alles Verständnis entspricht einer Erklärung und es gibt
kein Verständnis, das nicht erklärt/durch Erklärungen erzeugt/ werden
könnte, so meine ich mit ‚Verständnis‘ das So-Verstehen (im Gegensatz
zum anders Verstehen) Aber nicht das verstehen überhaupt (im
Gegensatz zum nicht-verstehen d.h. nicht als Satz auffassen.)   5

2 / Dem aber entspricht keine Erklärung.

3 Was heißt es dann aber einen Satz überhaupt (als solchen) zu verstehen?

10

4 / Das Verständnis das/was/ nicht die Erklärung geben kann, kann die
Sprache nicht geben.

5 Aber wenn es eine Erklärung dieses Verständnisses (d.h. des Vorgangs
dieses Verständnisses) gäbe, so müßte es auch eine (sprachliche)   15
Unterweisung darin geben. (also eine Erklärung im ersten Sinn.

6 ∅ · Was ich ‚verstehen‘ nenne, wenn ich z.B. in einem Witzblatt eine   57
Bildergeschichte sehe worin ein Radfahrer auf einer Straße fährt ist
nicht, daß ich mir nun einen solchen wirklichen Radfahrer in der   20
Phantasie eigens vorstelle, sondern ich gebe mich mit dem zufrieden
was ich auf den Bildern sehe, wenn ich es auch anders sehe, als einer
der keinen Radfahrer je gesehen hat. „Ah ja, da ist ein Radfahrer“ sage
ich und dokumentiere damit mein Verständnis.

25

10.

7 / Wir haben gesagt Verständnis entspricht der Erklärung, soweit es aber
der Erklärung nicht entspricht, ist es unartikuliert und geht uns
deswegen nicht an, oder es ist artikuliert und entspricht dem Satz selbst
dessen Verständnis wir beschreiben wollten   30

8 ?/ Die Frage um die es sich handelt ist eigentlich die: Sind die Vorgänge
beim Verstehen (Denken) beschrieben, wenn ich sage, daß es gewisse
Vorstellungen sind etc; oder ist außer diesen Vorstellungen, welcher
Art sie auch sein mögen, noch etwas weiteres anderer Art, was   35
man die Interpretation nennen müßte/möchte/, vorhanden.

9 ?/ Ich müßte aber dann sagen: Denken ist keine abgeschlossene Tatsache,
von welcher Art immer. Denn ‚Art‘ muß hier logische Art heißen.

40

---

2 erklärt/durch Erklärungen erzeugt/ –im MS ist die zweite Variante über der
Zeile mit Doppelschrägstrichen eingeklammert
3 das So-Verstehen –im MS ist die Großschreibung von S gewellt unterstrichen
16 (also eine Erklärung –im MS fehlt die Schlußklammer
38 ? Randzeichen durchstrichen

1 ⌠ Denn ist das erste der Fall, so können wir, da uns die besondere 58
psychologische Art der Vorgänge gar nicht interessiert, an ihrer Statt
irgend welche andere (etwa die auf einer Schreibtafel) betrachten. Und
dann ist der Einwand, daß dieses Tote kein Denken ist. Und wir denken
/überlegen/ weiter, daß nur das lebende Wesen denkt. Aber damit 5
führen wir unsere Überlegung/Gedanken/ ad absurdum. Denn wir
haben es doch gewiß nicht mit dem Leben, oder dem Unterschied
zwischen Totem und Lebendem zu tun. Vielmehr handelt sich's
offenbar um den Unterschied primär und secundär. Und um die Idee,
daß etwas denkt. Denn es fällt uns gleich der Einwand ein: Eine 10
Maschine kann doch nicht denken. Aber der Gedanke im primären
Sinn enthält kein Subject. („Es denkt")

2 ∅ (Einen von der Wahrheit zu überzeugen, genügt es nicht die Wahrheit
zu constatieren, sondern man muß den Weg vom Irrtum zur Wahrheit 15
finden.)

3 ∅ (Man muß beim Irrtum ansetzen und ihn in die Wahrheit überführen)

4 ∅ (D.h. man muß die Quelle des Irrtums aufdecken, sonst nützt uns das 20
Hören der Wahrheit nichts. Sie kann nicht eindringen solange/wenn/
etwas anderes ihren Platz einnimmt.

5 / Ich sage: Das Verstehen bestehe darin, daß ich eine bestimmte
Erfahrung habe. — 25
         Daß diese Erfahrung aber das Verstehen dessen ist – was ich
verstehe – besteht/liegt/ darin, daß diese Erfahrung ein Teil meiner 59
Sprache ist.

6 ⁊ Daß ein Satz ein Satz ist, besteht nicht darin, daß ich das mit ihm 30
meine, sondern, daß ich mit ihm ausdrücke/meine/; daß ich das mit
ihm meine muß aus ihm hervorgehen.

7 ⁊ (Da scheinen wir nun auf etwas Transcendentes zu stoßen. Und sind zu
einer besonders intensiven Introspection geneigt.) 35

8 / Könnten wir etwas Sprache nennen, was nicht wirklich angewandt
würde? Könnte man von Sprachen/Sprache/ reden, wenn nie eine
gesprochen worden wäre? (Ist denn Sprache ein Begriff wie Centaur,
der besteht, auch wenn es nie ein solches Wesen gegeben hat?) 40

9 / Sprache läßt sich nur mit |der| Sprache beschreiben, darin liegt die
Lösung des Rätsels.

10 ⌠ Wenn ich sage: „Was Sprache heißt, läßt sich nicht erklären", so ist das 45
natürlich falsch/schief/ ausgedrückt. (Denn wäre ein Problem, so wäre
auch eine Erklärung.) Vielmehr läßt sich das Phänomen der
menschlichen Sprache sehr wohl beschreiben und auch erklären. - - -

20 (D.h. man muß –*im MS fehlt die Schlußklammer*
26 Daß diese Erfahrung aber das Verstehen dessen ist(,) was ich
31 daß ich mit ihm ausdrücke/meine/ –*die zweite Variante ist im MS zuerst*
   unterstrichen dann gewellt unterstrichen
38 Sprachen/Sprache/ –*erste Variante im MS durchstrichen*

1   ʃ   Die Sprache ist einzig, darum kann sie nicht erklärt werden.

2   ʃ   Die Sprache muß sich selbst zeigen.

3   ʃ   Kann man sagen: Wir glauben, daß die Sprache außer sich deutet, weil   5   60
sie einmal in etwas anderes übersetzt wird? Aber was heißt es, das zu
wissen? Wenn ich sage: ich weiß, daß die Worte ‚gehe aus dem
Zimmer' in die Handlung ‚aus dem Z. gehen' übersetzt wird, was weiß
ich?

                                                                         10

4   ʃ   Ich unterscheide hier scheinbar zwischen dem Symbol und dem Sinn

5   ʃ   Der Sinn wäre eben dieses Wesen auf das man nur mit Symbolen
deuten, das man aber nie erreichen kann.

                                                                         15

6   ʃ   (Man wird in dieser Untersuchung immer durch Irrlichter verführt)

7   ʃ   Ich sage ihm „geh' aus dem Zimmer" und er geht aus dem Z.. Das kann
ausgedrückt werden durch: Ich sage „geh' ….." und er tut es.

                                                                         20

8   ʃ   Es hat nun einen Sinn zu sagen: Ich sage ihm „geh' …." und er
übersetzt es in die Tat. Aber daß ich das nun nicht anders erklären kann
als durch Wiederholung desselben Satzes, das zeigt die Grenzen der
/meiner/ Ausdrucksfähigkeit, die Grenzen der Sprache.

                                                                          25

9   ʃ   Wenn ich sagen würde: ich nenne nur das eine Übersetzung von ‚p',
wenn er p tut, so heißt das natürlich: p im Gegensatz zu q.

10   ?/ʃ   Aber kann es nicht sein,/ist es nicht möglich,/ daß |wir|? ‚p' und ‚q'   61
haben, es aber unmöglich ist zu erklären, welche Handlung ich mit ‚p',   30
welche ich mit ‚q' meine?
Oder: Ist es nicht möglich, daß wir beide Wörter ‚blau' und ‚rot' haben
und verschiedenes damit meinen, es aber unmöglich ist zu erklären,
welches wir mit dem einen, welches wir mit dem andern meinen? —
Nein. Die Erklärung ist äquivalent mit der Bedeutung.   35

11   /   Die Grenze der Sprache zeigt sich in der Unmöglichkeit die Tatsache zu
beschreiben, die einem Satz entspricht/dem Satz gemäß ist/ (seine
Übersetzung ist) ohne eben den Satz zu wiederholen.

                                                                          40

12   /   (Wir haben es hier mit der Kant'schen Lösung des Problems der
Philosophie zu tun)

13   /   Man könnte eine wesentliche Frage auch so stellen: Wenn ich
jemandem sage „male diesen Kreis rot", wie entnimmt er aus dem Wort   45
‚rot' welche Farbe er zu nehmen hat?

        .

5 *Die Bemerkung ist am linken Rand mit einer vertikalen Wellenlinie markiert.*
26 *Die Bemerkung ist am linken Rand mit einer vertikalen Wellenlinie markiert.*
29 *?/ Randzeichen durchstrichen*
29 *|wir|? –im MS ist auch das Einfügungszeichen gewellt unterstrichen*

1 ?/∫ Man kann nicht das Zeichen durch Zwischenschaltung von Zeichen
        erklären.

2 /   Wie soll er wissen, welche Farbe er zu wählen hat, wenn er das Wort
        ‚rot‘ hört? – Sehr einfach: er soll die Farbe nehmen deren Bild ihm beim   5
        hören des Wortes einfällt. – Aber wie soll er wissen, was die ‚Farbe‘ ist,
        ‚deren Bild ihm einfällt‘? Braucht es dafür ein weiteres Kriterium? u.s.f.   62

3   Wie weiß er, welche Farbe er bei dem Wort ‚rot‘ zu wählen hat? – Weil
        es ihm erklärt worden ist.   10
            Und soweit diese Erklärung als Erklärung wirkt, hat sie die
        Multiplizität des Verständnisses.

4 /   Es gibt kein Kriterium, kein Symptom, dafür, daß diese Farbe Rot ist.
                                                                                      15
5 ?/∫ Rot ist die Farbe die ich in das Wort ‚rot‘ übersetze. Aber was heißt es
        etwas in das Wort .... zu übersetzen?

6 ?/∫ Es heißt sich eine Sprache/einen Symbolismus/ zurechtlegen wie wir es
        machen, wenn wir uns etwas notieren wollen, uns etwa eine Methode   20
        ausdenken und nun die erste entsprechende Notiz machen.
            Ich sage mir etwa: Wenn ich M auf der Straße treffe, werde ich mir
        in meinem Kalender zu diesem Tag ein Kreuz machen. Heute beginne
        ich nun damit, so bin ich bereits heute dieser/bei diesem Mal der/
        Regel gefolgt, d.h., hätte ich ihn heute nicht begegnet sondern erst   25
        morgen, so wäre beim heutigen Tag kein Kreuz, wohl aber beim
        morgigen.
            (Diese Sprache hat für unsere Betrachtung den Vorteil, daß ich sie
        erfunden habe und ich allein sie verstehen soll.)
                                                                                      30
                                                                                11.

7 /   Der Satz, wenn ich ihn verstehe, bekommt für mich Tiefe.

8 /   Wenn ich sage „zeichne einen Kreis an der Wand“, so zeige ich von mir   63
        zur Wand und ist das nicht das Vorbild jenes nach-außen-weisens des   35
        Satzes?

9 /   Man würde etwa (so) sagen: Ich sage ja nicht nur „Zeichne einen Kreis“,
        sondern ich wünsche doch, daß der Andre etwas tut. (gewiß!). Und
        dieses Tun ist doch etwas anderes als |das| Sagen und ist eben das   40
        Außerhalb worauf ich weise/der Satz weist./

10 /   Jedes Symbol scheint als solches etwas offen zu lassen.

11 ∅   (Ich muß immer wieder im Wasser des Zweifels untertauchen.)   45

---

1   ?/ *Randzeichen durchstrichen*
16 ?/ *Randzeichen durchstrichen*
19 ?/ *Randzeichen durchstrichen*
20 Methode | | ausdenken *–im MS ist das leergebliebene Einfügungszeichen gewellt*
    unterstrichen
25 Regel gefolgt, d.h., hätte ich (ihm ...)
40 Und dieses Tun ist doch etwas anderes als (sagen ...)

1 ∫ Aber was läßt denn der Satz „zeichne …" offen? Nun, daß der Andre zeichnet, oder nicht zeichnet.

2 / In wiefern kann man den Wunsch ‚unbefriedigt' nennen? Was ist das Urbild/Vorbild/ der Unbefriedigung? Ist es der leere Hohlraum (in den etwas hineinpaßt)? Und würde man von einem leeren Raum sagen er sei unbefriedigt? Wäre d a s nicht auch eine Metapher? Ist es nicht ein gewisses Gefühl, das wir Unbefriedigung nennen? Etwa den Hunger. Aber der Hunger enthält nicht das Bild seiner Befriedigung. Ist also unser Urbild der Unbefriedigung etwa der leere Magen u n d der Hunger?

3 / Ich könnte mir vorstellen: Wenn ich Hunger habe, öffne ich meinen Mund und der offene Mund ist nun (quasi) ein Symbol der Unbefriedigung. − Aber warum ist er allein nicht unbefriedigt noch auch der Hunger allein?

4 / Wieder: Der offene Mund ist nur als Teil einer Sprache unbefriedigt. Oder soll ich sagen: Nur als Teil eines Systems das auch die Befriedigung enthält.

5 / Die Hohlform ist nur unbefriedigt in dem System in dem auch die entsprechende Vollform vorkommt. [… in dem auch die Vollform vorkommt.]

6 /∫ Was heißt das aber: „in einem System etc etc" wie kann man denn so ein System beschreiben?

7 Das heißt man kann das Wort „unbefriedigt" nicht schlechtweg von einer Tatsache gebrauchen. Es kann aber in einem System eine Tatsache beschreiben helfen. Ich könnte z.B. ausmachen/festsetzen/, daß ich den Hohlzylinder den unbefriedigten Zylinder nennen will, den entsprechenden Vollzylinder s e i n e Befriedigung, und daß so eine Notation m ö g l i c h ist, ist natürlich für das System charakteristisch. Daß man also sagen kann: „Er sagte ‚p ist der Fall' und s o war es".

8 ∫ Ich könnte sagen: Der Wunsch ist nicht befriedigt und zeichnet seine eigene Befriedigung vor. − Ja nur dadurch können wir sagen daß er unbefriedigt ist. − Und gewiß, der Wunsch daß p der Fall sein möge zeigt uns, daß er befriedigt wäre, wenn p der Fall wäre. Und was sonst können wir mit jenem Vorzeichnen meinen.

9 / Aber man kann nicht sagen, daß der Wunsch ‚p möge der Fall sein' durch die Tatsache p befriedigt wird. Denn hat das erste p schon einen Sinn, dann sagt es das schon selber; hat es aber noch keinen, dann war das erste/der erste Ausdruck/ noch kein Wunsch und der Satz kommt einer Zeichenerklärung gleich, [… . hat es aber noch keinen, dann kommt der Satz einer Zeichenerklärung gleich,] die übrigens hier ein Zeichen durch sich selber also nichts erklärt.

26 / Randzeichen durchstrichen
30 in einem | | System −im MS ist das leergebliebene Einfügungszeichen gewellt unterstrichen
35 Daß man also sagen kann: „Er sagte ‚p(' …)

1 ʃ „Der Wunsch daß er hereinkommt und die Tatsache daß er hereinkommt sind (doch) verschieden". Aber das kann man nicht sagen. Was man sagen will, zeigt die Sprache.

12.

2 / Rechtmäßiger Gebrauch des Wortes ‚Sprache': Es bedeutet entweder die Erfahrungstatsache daß Menschen reden (auf gleicher Stufe mit der, daß Hunde bellen) oder es bedeutet: festgesetztes System der Verständigung/von Wörtern und gramm. Regeln/ in den Ausdrücken „die englische Sprache", „deutsche Sprache", „Sprache der Neger" etc. ‚Sprache' als logischer Begriff könnte nur mit ‚Satz' äquivalent und dann eine/die/ Überschrift eines Teiles der Grammatik sein. Soll es aber gar die Überschrift der ganzen Grammatik sein, so ist es überhaupt kein Wort und nicht zu verwenden.

3 / Wenn ich sage „die Sprache ist einzig", so heißt das eben, daß ‚Sprache' hier kein Wort ist, d.h. sich so nicht anwenden läßt. 66

4 / Was ich zum Beweis meines Verständnisses zeigen kann, kann mein Verständnis auch ganz ausdrücken.

5 / Das sieht man, glaube ich, klar, wenn man einen Befehl, etwa in anderer Form, wiederholt um zu zeigen, daß man ihn verstanden hat.

6 / Wenn man das Problem des Verständnisses überdenkt, so meint man, immer, es müsse einem doch beim Verstehen zu wenig sein, bloß einer Vorstellung (oder dergleichen) habhaft zu werden. Aber wie will /wollte/ man denn mehr wollen?!

7 / Das was einen befriedigt ist freilich nicht die Vorstellung selbst sondern ihre Stellung zu uns.

8 / Gleichsam die Richtung in der sie von uns aus/gegen uns/ liegt.

9 / Das Bild das mit dem Verständnis kommt, muß Teil einer Bildersprache sein.

10 / Ich erkläre jemandem einen Plan und wie er zu gehen hat und sage, auf eine Stelle des Planes zeigend: „Hier stehen wir; du gehst ...." Nun sieht er die Karte anders.

11 ʃ Verstehen ist nicht: ein Bild sehen, sondern, ein Bild in einer bestimmten Position.

12 / Kann ich sagen, das Drama hat seine eigene Zeit die nicht ein Abschnitt 67 der historischen Zeit ist. D.h. ich kann in ihm von früher und später reden, aber die Frage hat keinen Sinn ob die Ereignisse, etwa, vor oder nach Cäsars Tod geschehen sind.

14 so ist es überhaupt kein Wort und nicht zu verwenden. *–im MS am linken Rand mit einer vertikalen Wellenlinie markiert*
45 Kann ich sagen(:) das Drama hat seine eigene Zeit

1　∫　Jemand befiehlt mir: „geh über den great Court". Ich verstehe den
　　　Befehl und sehe mich im Geiste dabei über den gt. Ct. gehen. Aber wie
　　　kann ich das Bild, was ich da sehe ‚mich' nennen, ‚wie ich über etc'?
　　　Hier bestimmen ja scheinbar die Worte das Bild, nicht das Bild die
　　　Worte. Aber es könnte ja statt der Vorstellung auch ein Stich verwendet　5
　　　werden. Ich sage nun, auf das Bild zeigend: „Das ist der gt. Ct." Damit
　　　empfinde ich es anders als wäre es für mich nur das Bild irgend welcher
　　　Gebäude. Das besteht darin, daß ich es mit der gegenwärtigen Realität
　　　in Zusammenhang bringe. Ich sitze etwa in meinem Zimmer und nun
　　　ist es als wäre das Bild und mein Zimmer auf e i n e m Plan.　10

2　∫/　Wer den Auftrag ‚geh dorthin' versteht, muß dabei seine gegenwärtige
　　　Lage verstehen. Ich meine, er muß die gegenwärtige Lage sehen und
　　　die Relation der beiden Lagen.
　　　　　　　　　　　　　　　　　　　　　　　　　　　　　15

3　/　Wenn ich mit verbundenen Augen die Richtung verloren habe und
　　　man mir nun sagt: geh dort und dort hin, so hat dieser Befehl keinen
　　　Sinn für mich.

4　/　Gibt es nicht einen Raum „der bekannten Gegenstände"? So daß, wenn　20　68
　　　alles um uns sich fortwährend bewegte – a l l e Gestalten sich
　　　fortwährend auflösten wie Nebelschwaden – wir in einer anderen Art
　　　von physikalischem Raum wären?

5　∫　Um das Bild als Bild des gt. Ct. anzuerkennen, muß ich selbst auch　25
　　　darauf sein.

6　/　(Der Plan kann mich nur leiten, wenn ich auch auf dem Plan bin.)

　　　　　　　　　　　　　　　　　　　　　　　13.　30
7　/　Aber wie immer, wer den Plan erklärt gibt weitere Zeichen.
　　　　　Und wer ihn versteht faßt sie auf.

8　/　Das Verstehen des Befehles kann zur Ausführung keine andere
　　　Beziehung haben als eben eine Tatsache zu einer völlig anderen.　35

9　/　„Dasselbe was ich jetzt getan habe, wollte ich vor fünf Minuten". Was
　　　ich damals getan habe heißt eben „w o l l e n was ich jetzt getan habe".
　　　　　So wird die Sprache gebraucht.
　　　　　　　　　　　　　　　　　　　　　　　　　40

10　/∫　Laß dich doch von der Sprache belehren wie der Ausdruck „das und
　　　das wollen" gebraucht wird. (Laß dich doch von der Sprache |darüber|
　　　belehren, wie die Worte „Zahnschmerzen haben" gebraucht werden)

　　　₁　*Die Bemerkung ist am linken Rand mit einer vertikalen Wellenlinie markiert.*
　　　₁　„geh über den great Court" *„Great Court" des Trinity College in Cambridge*
　　　₁₂　∫ *Randzeichen durchstrichen*
　　　₁₂　Wer den Auftrag ‚geh dorthin' ⟨g…⟩
　　　₁₃　*Der letzte Satz der Bemerkung ist im MS am linken Rand mit einer vertikalen*
　　　　　Wellenlinie markiert.
　　　₄₁　/ *Randzeichen durchstrichen*
　　　₄₁　Laß dich doch von der Sprache belehren wie ⟨da…⟩

1 ∫ Wenn immer ich etwas Sinnvolles sage, so entpuppt es sich eben als etwas Unwesentliches.

2 / Man möchte fragen: Welcher außerordentliche Prozess muß das Wollen sein, daß ich d a s wollen kann was ich erst in fünf Minuten tun werde?!

3 ∫ (Ich tue ja nichts als das gleiche/selbe/ Gesicht immer wieder und wieder portraitieren.)

4 / Die Antwort ist: Wenn Dir das sonderbar vorkommt so vergleichst Du es mit etwas womit es nicht zu vergleichen ist. — Etwa damit: Wie kann ich jetzt dem Mann die Hand geben, der erst in 5 Minuten hereintreten wird? (Oder |etwa gar|: Wie kann ich dem die Hand geben, den es vielleicht gar nicht gibt?)

5 / Das ‚foreshadowing' der Tatsache besteht offenbar darin daß wir |jetzt| denken können, daß d a s eintreffen wird was erst eintreffen w i r d. Oder, wie das irreführend ausgedrückt wird: daß wir an d a s denken können, was erst eintreffen w i r d.

6 /∫ „Wir können jetzt schon an d a s denken was erst später eintreffen wird"
        Und so wird der Schein erzeugt als wäre eine Sache zugleich hier und nicht hier.

7 / „Der Befehl nimmt die Ausführung voraus". In wiefern nimmt er sie denn voraus? Dadurch, daß er d a s befiehlt,/jetzt befiehlt,/ was später ausgeführt (oder nicht ausgeführt) wird. Oder: Das was wir damit meinen wenn wir sagen der Befehl nimmt die Ausführung voraus ist d a s s e l b e was dadurch ausgedrückt ist, daß der Befehl befiehlt was später geschieht. Aber richtig: „geschieht oder nicht geschieht". Und das sagt nichts. (Der Befehl kann sein Wesen eben nur z e i g e n.)

8 ∫ Nur die Anwendung der Sprache kann zeigen wie sie angewandt ist.

9 ∫ „Der Befehl nimmt das voraus": das klingt sehr außerordentlich /außergewöhnlich/ und ist ganz gewöhnlich.

10 / Ich sage: ‚Hier ist zwar nichts rotes um mich, aber wenn hier etwas wäre, so k ö n n t e ich es erkennen. — Hier sage ich offenbar etwas über den gegenwärtigen Zustand aus da es nicht von der weiteren Erfahrung abhängt ob ich Recht hatte zu sagen daß ich rot erkennen kann. Im Gegenteil, es läßt sich gar nicht durch eine weitere Erfahrung bestätigen.

69
5

10

15

20

25

70

30

35

40

---

21 / *Randzeichen durchstrichen*
22 Und so wird der | | Schein erzeugt *–im MS ist das leergebliebene Einfügungszeichen gewellt unterstrichen*
30 daß der Befehl befiehlt was später geschieht. Aber ⟨wi…⟩
35 „Der Befehl nimmt das voraus"⟨,⟩ das klingt sehr
38 ‚Hier ist zwar *–im MS fehlt das Ausführungszeichen*
38 aber wenn hier etwas ⟨|rotes|⟩ wäre,
41 ob ich Recht hatte zu sagen daß ich rot erkennen kann. (Ich …)

1 / Man kann auch nicht sagen: Wenn jetzt nichts rotes um Dich ist so hat
doch der Satz der das sagt nur Sinn wenn Du einmal etwas Rotes
gesehen hast. Auf die Geschichte meiner Begriffe kommt es nicht an.
Hat es Sinn das Wort „rot" zu gebrauchen so hat es Sinn d.h. kann ich
es gewissen Regeln gemäß gebrauchen, dann darf ich es gebrauchen.   5

2 / Aber wenn auch mein Wunsch nicht bestimmt, was der Fall sein wird,   71
so bestimmt er doch sozusagen das Thema einer Tatsache ob die nun
den Wunsch erfüllt oder nicht.

                                                                                    10

3 / Muß er nun dazu etwas vorauswissen? Nein. p ∨ ~p sagt wirklich
nichts.

4 / Wir wundern uns – sozusagen – nicht darüber daß einer die Zukunft
weiß, sondern – darüber daß er überhaupt (richtig oder falsch)   15
prophezeien kann.

5 / Es ist als würde die bloße Prophezeiung (gleichgültig ob richtig oder
falsch) schon einen Schatten der Zukunft vorausnehmen. – Während sie
über die Zukunft nichts weiß, und weniger als nichts nicht wissen kann.   20

6 / (Es ist mir immer als könnte ich nachweisen daß das Wort „Gedanke"
unrichtig gebraucht wird |wenn ich sage der Gedanke sei unbefriedigt.
Daß dann das Wort gleichsam eine Funktion darstellt|. Daß, wenn ich
den Gedanken unbefriedigt nenne ich das Wort sozusagen als Funktion   25
in einem Satz gebrauchen muß in dem er zusammen mit etwas
Anderem befriedigt ist. Ich möchte dann sagen, das Wort wird nicht
absolut sondern relativ gebraucht.)

7 ſ Ich sage „ich wollte dieser Tisch wäre so hoch" und zeige dabei mit der   30
Hand eine Höhe an. Nun sagt man: Es kann doch dieser Wunsch nicht
(einfach) darin bestehen daß ich diese Höhe mit Sehnsucht betrachte. Ich
wünsche doch eben daß d i e s e r Tisch so hoch wäre; also muß doch
die Tatsache des Wunsches das gewünschte ganz und gar bestimmen.   72
Gewiß; und wenn ich sage „ich wünsche dieser Tisch wäre so hoch" so   35
läßt das ja auch gar keinen Zweifel übrig der etwa durch das bloße
andeuten der Höhe mit der Hand über dem Tische geblieben wäre.
Eben weil die Wortsprache über die genügende Multiplizität verfügt,
um einen Zweifel auszuschließen, da wir etwas A n d e r e s a n d e r s
sagen würden.   40

7 Aber wenn auch mein Wunsch nicht ⟨bestimm…⟩
15 daß einer die Zukunft weiß, sondern – darüber daß er ⟨rich…⟩
19 einen Schatten der Zukunft vorausnehmen. — Während ⟨sich …⟩
24 Daß, wenn ich ⟨es …⟩
25 Daß, wenn ich den Gedanken unbefriedigt ⟨f…⟩
37 der etwa durch das bloße andeuten der Höhe ⟨über d…⟩

Dann heißt aber dieses Vorausnehmen der Tatsache nur: er darf keinen Zweifel offenlassen was gemeint ist. Aber wie macht er denn das? Er muß alles enthalten wovon die Rede ist (ist von diesem Tisch die Rede so ist dieser Tisch Teil des Symbols) und die Multiplizität haben um sich von jedem Satz unterscheiden zu können/in einem System von solcher Multipl. sein um sich von jedem Satz zu unterscheiden/, der etwas anderes sagt.

5

1   ∫   Aber warum soll dann nicht die über dem Tisch erhobene Hand den Wunsch ausdrücken können?

10

2   Sie kann ihn ausdrücken. Ob sie ihn aber ausdrückt hängt davon ab ob wir ihn dadurch ausgedrückt haben/ich ihn dadurch ausgedrückt habe/, |d.h.| ob wir das als Sprache festgesetzt haben.

       Das Kreuz in meinem Kalender k a n n ausdrücken daß ich heute eine Vorlesung halten soll wenn ich es dazu bestimme. Durch eine Beliebige einmalige Zuordnung dieses Zeichens zu meiner Vorlesung wird es nicht zu diesem Ausdruck.

15

3   ∫   Was ist aber der Vorgang dieses Festsetzens einer Ausdrucksweise.

20   73

14.

4   ∫   Ein Ausdruck muß Teil einer Ausdrucksweise sein.

5   ∫   Der Ausdruck des Wunsches enthält den Wunsch und ist nicht eine Übersetzung des Wunsches oder ihm irgendwie zugeordnet.

25

6   ∫   D.h.: der Wunsch selbst ist artikuliert.

7   ∫   Der Ausdruck des Wunsches ist nicht eine nachträgliche Kundgebung des Wunsches der schon früher unausgedrückt da war.

       Wir wünschen durch – oder in – diesem Ausdruck wie wir in Ⓐ ein Gesicht sehen.

30

8   /   Der Ort des/eines/ Wortes in der Sprache ist seine Bedeutung.

35

9   ∫   (Das erinnert an James's „man weint nicht weil man traurig ist, sondern man ist traurig weil man weint". Was natürlich auch eine irreführende Darstellung ist.)

40

10   ?/   Man kann den Wunsch nicht durch etwas anderes ersetzen was nicht ein/der/ Wunsch ist; und sich dann wundern daß es nicht ein/kein/ Wunsch ist.

1 der Tatsache nur: *–der Doppelpunkt ist im MS gewellt unterstrichen*
12 *Im MS:* hängt davon ab |ob| wir ihn
15 *Im MS:* daß |ich| heute eine Vorlesung
25 Der Ausdruck des ⟨S...⟩
41 ? *Randzeichen durchstrichen*

1 / Wenn ich frage: worin besteht es, zu wünschen der Tisch wäre so hoch und gebe nun eine Antwort; etwa die es bestehe darin die Hand über den Tisch zu halten etc. etc. so habe ich doch das was ich erklären wollte durch etwas anderes ersetzt. Und wie soll dieses Andere dessen Ausdruck in der Sprache n e b e n dem zu erklärenden besteht das Wünschen erklären?

2 / Denn ‚erklären‘ kann hier wieder nicht heißen: Verborgenes ans Licht zu ziehen – da hier nichts verborgen ist.

3 / Man kann wieder nur die Grammatik des Wortes „wünschen“ explizit machen. (Und so des Wortes „denken“ etc.)

4 Ein Pfeil zeigt in einer bestimmten Richtung und auch wieder nicht.

5 Man kann nicht absichtlich |oder unabsichtlich| mit Absicht übersetzen.

6 / Wenn die Sprache auf einer Übereinkunft beruht, so muß doch diese Übereinkunft wieder durch Zeichen also Sprache geschlossen sein und daher beruht die |gesamte| Sprache nicht auf Übereinkunft

7 / Es scheint (nämlich), daß das Wort ‚Wunsch‘, ‚Gedanke‘ etc nur manchmal einen Vorgang, eine Tatsache zu bezeichnen gebraucht wird, manchmal aber anders; gleichsam als unvollständiges Symbol durch ein anderes ergänzt

8 ∫ Angenommen ich deute jemandem mit der Hand über dem Tisch an, um wieviel höher er ihn machen soll. „Was meinst Du wenn Du das Zeichen machst?“ – Ich meine, daß er den Tisch so hoch machen soll. – Nun scheint es hier etwa als müßte ich eigentlich sagen: Ich meine mit der Gebärde, was ich mit den Worten „.....“ meine. Und das käme darauf hinaus, daß der Sinn immer nur als d e r Sinn dieses Zeichens beschrieben werden könnte, (daß) wir ihn nie selbst vermitteln können. Als könnte etwa auf die Frage „wer ist der Vater des A“ immer nur ein Satz von der Form „er ist der Vater des B“ zur Antwort kommen.

9 ∫ Wenn aber ein Wort nur in einem bestimmten Zusammenhang gebraucht wird, kann es wegbleiben.

10 ∫ Ein komplizierter Befehl kann durch eine einfache Handbewegung gegeben werden, wenn alles andere selbstverständlich ist.

11 ∫ Ich sagte: Wer den Befehl ⟨⌐⟩ versteht, muß, oder müßte, den Befehl ⟨⌐⟩ verstehen. Aber was heißt das „er müßte“. Das muß offenbar eine Beschreibung dessen sein, was beim Verstehen des ersten Befehls vor sich geht. Es war eine Beschreibung dessen was er in jenem Befehl sieht [… eine Beschreibung davon, wie er jenen Befehl auffaßt.]

8 kann hier wieder nicht heißen: Verborgenes ans ⟨Lichte⟩ zu ziehen
16 *Die Bemerkung ist am linken Rand mit einem vertikalen Strich markiert.*
20 |gesamte| –*im MS ist auch das Einfügungszeichen gewellt unterstrichen*
29 Ich meine, daß (der …)
30 Ich meine |mit der Gebärde|, was ich mit den Worten (meine …)
46 vor sich geht. –*im MS Zeilenende ohne Schlußpunkt*

1   ∫   Wenn wir unsere Aufmerksamkeit auf eine andere Eigenschaft der Kurve richten so sehen wir etwas anderes.

2   Ich sage, die Hand über den Tisch haltend, „ich wollte, dieser Tisch wäre so hoch". Nun ist das Merkwürdige: die Hand über dem Tisch an und für sich drückt gar nichts aus. D.h. sie ist eine Hand über einem Tisch, aber kein Symbol (wie der Pfeil der etwa die Gehrichtung anzeigen soll, an sich nichts ausdrückt.)

3   ⟶ im Gegensatz zu ↗ ist ein anderes Zeichen als ⟶ im Gegensatz zu ⟶.

10

4   ∫/ Die grammatische Regel beschreibt auch das Verständnis.

5   /   Denn die Frage ist: würde er dieses Wort auch gebraucht haben, wenn andere Regeln davon gälten?

15

6   /   Und wird er sagen, er habe die Zeichen so verstanden, wenn ich die gramm. Regeln ändere?

20

7   ∫   (Nur keine Hypothese machen!)

8   ∫   Der Knopf im Taschentuch als Zeichen. Inwiefern kann er mich erinnern, etwas zu tun.

25

9   /   Die Schachfigur ist nicht das Holzklötzchen, sondern der Schnitt gewisser Regeln. Daher handeln die Regeln nicht von Holz oder Elfenbein. Sowenig wie die Gesetze der euklidischen Geometrie von Graphitteilchen auf Papier.

30

10 /   So handeln auch die gramm. Regeln nicht von Tinte.

11 /   „Geh so ⟶ nicht so ↗" hat nur Sinn, wenn es die Richtung ist, die dem Pfeil hier wesentlich ist, und nicht, etwa nur die Länge.

35

12   Es wäre unsinnig am Plan der Untergrundbahn auszusetzen er gehöre so: ⌒ nicht so: ⌒

77

13 /   Kann ich nicht sagen: ich meine die Verneinung welche verdoppelt eine Bejahung gibt?

40

14 /   Wäre das nicht als würde man sagen: Ich meine die Gerade, deren zwei sich in einem Punkt schneiden.

45

---

5 Nun ist das Merkwürdige: (Die) Hand über dem Tisch an und für sich
13 ∫ *Randzeichen durchstrichen*
15 Denn die Frage ist: würde er dieses Wort auch (gebrauchen ...)
28 wie die Gesetze der euklidischen Geometrie von ⟨Graphit auf ...⟩

1 / Das heißt: Wenn Du von rot gesprochen hast, hast Du dann das
gemeint wovon man sagen kann es sei hell aber nicht grün, auch wenn
Du an diese Regel nicht gedacht oder von ihr Gebrauch gemacht hast?
— Hast Du das ~ verwendet wofür ~~~p = ~p ist? auch wenn Du diese
Regel nicht verwendet hast? Ist es etwa die Hypothese, daß es das ~   5
war? Kann es zweifelhaft sein, ob es dasselbe war und durch die
Erfahrung bestätigt werden?

2 / Die Geometrie unseres Gesichtsraumes ist uns gegeben, d.h. es bedarf
keiner Untersuchung bis jetzt verborgener Tatsachen um sie zu finden.   10
Die Untersuchung ist keine im Sinn einer physikalischen oder
psychologischen Untersuchung. Und doch kann man sagen, wir kennen
diese Geometrie noch nicht.

3   Man kann sagen, diese Geometrie liegt offen vor uns (wie alles Logische   15
— im Gegensatz zur praktischen Geometrie des physikalischen Raumes)
                                                                                                                                 78

4 ∫ Wie ist es möglich daß ich, ohne hieran zu denken, das Blau/blau/
meinen kann, wovon man nicht sagen kann ......?
                                                                                                                                 20
5 / Wenn es die wesentliche Verwendung des Symbols ist übersetzt zu
werden, so kann es kein wesentliches Verständnis [Verstehen] des
Symbols geben, das nicht im Hinblick auf die Übersetzung geschieht.

6 / Aber was heißt es „in Hinblick" auf die Übersetzung, wenn diese nicht   25
erfolgt ist?

7 / Und wenn wir sagen, das Verständnis/Verstehen/ des Befehls sei eine
andere Übersetzung als die Befolgung, was nützt uns dann diese |andere|
Übersetzung?   30

                                                                                                                15.
8 / Das Element der Betonung/des Tonfalls/ in der Wortsprache kümmert
uns an und für sich gar nicht, daß es aber verwendet werden kann um
den Sinn deutlich zu machen ist für uns sehr wichtig.   35

9 / Was heißt es: verstehen, daß etwas ein Befehl ist, wenn man auch den
Befehl selbst noch nicht versteht? („Er meint ich soll etwas tun, aber was
er meint/wünscht/ weiß ich nicht.")

                                                                                                                                 40
10 / Ich verstehe doch einen Befehl als Befehl, d.h. ich sehe in ihm nicht nur
ein Gebilde, sondern es hat – sozusagen – einen Einfluß auf mich. Ich
reagiere auf einen Befehl (auch ehe ich ihn befolge) anders als etwa auf
eine Mitteilung oder Frage.

                                                                                                                                 45
11 / Es kann keine |notwendige| Zwischenstufe zwischen dem Auffassen eines   79
Befehls und dem Befolgen geben

1   ∅   (Alle Gewohnheiten der Sprache sind gegen Dich. −)

2   /   Es sagt mir jemand etwas; nun, wie immer er es meint, i c h fasse es als
        einen Befehl auf, ohne ihn aber noch auszuführen.
                Wie es der Andere meint, ist für uns überhaupt immer ganz   5
        gleichgültig. Gegeben sind mir ja nur seine Worte und eventuell seine
        Gebärden und sein Gesichtsausdruck, welche aber alle auf gleicher Stufe
        stehen. − D.h., ich muß sie a l l e deuten.

3   /   Deuten. − Deuten wir denn etwas, wenn uns jemand einen Befehl gibt?   10
        Wir fassen auf was wir sehen; oder: wir sehen, was wir sehen.

4   /   Es sei denn daß wir „deuten" doch nur auf die Worte beziehen und
        sagen: wir deuten sie mit Hilfe seiner Gebärde, was dann nur heißt, wir
        nehmen Worte und Gebärde wahr.   15

5   /   Wenn mich jemand fragt: ‚Wieviel Uhr ist es', so geht in mir dann keine
        Arbeit des Deutens vor. Sondern ich reagiere unmittelbar auf das, was
        ich sehe und höre.
                                                                                20
6   /   Philosophie wird nicht in Sätzen sondern in einer Sprache niedergelegt.

7   ∫   D.h. ich fasse diese Worte und Mienen nicht als Befehl auf weil ich   80
        mich dazu entschließe, sondern weil eben das für mich ein Befehl ist,
        weil ich d a s unter einem Befehl verstehe.   25

8   /   Ich deute die Worte; wohl; aber deute ich auch die Mienen? D e u t e ich
        etwa einen Gesichtsausdruck als drohend? oder freundlich? −

9   /   Wenn ich nun den früheren Einwand hier geltend machte und sagte: Es   30
        ist nicht genug, daß ich das drohende Gesicht als Gebilde wahrnehme,
        sondern ich muß es erst deuten.

10 /   Es zückt jemand das Messer und ich sage: „ich verstehe das als eine
        Drohung".   35

11 /   Das Subject tritt in das Verstehen im primären Sinn so wenig ein, wie in
        das Sehen des Zeichens.

12 ∫   Ich sehe Aufschriften, die mir etwas mitteilen und ich sehe Kratzer an   40
        der Wand, die mir nichts mitteilen, obwohl sie mir etwas mitteilen
        k ö n n t e n (d.h. in sich/an sich/ so gut die Fähigkeit hätten wie jene
        Schriften)

---

   3   Es sagt mir jemand etwas; nun, wie immer ⟨es …⟩
   4   *Im MS:* ohne |ihn| aber noch auszuführen.
  15   wir nehmen Worte und Gebärde wahr. −*im MS am linken Rand mit zwei
       vertikalen Wellenlinien markiert*
  23   D.h. ich fasse ⟨ich fasse⟩ diese Worte und Mienen
  25   weil eben das für mich ein Befehl ist, weil ich d a s unter einem Befehl
       verstehe. −*im MS am linken Rand mit einer vertikalen Wellenlinie markiert*

1	ʃ	Ich sehe die einen also anders als die andern (was natürlich durch die Vorgeschichte dieser Eindrücke/ihre Vorgeschichte/ leicht erklärlich ist). Der Unterschied ist ausgedrückt durch die Worte „der eine teilt mir etwas mit, der andre nicht".	
2	ʃ	Aber hier ist das ‚etwas' irreführend, denn es hat nun keinen Sinn zu fragen: „was?", da darauf eventuell dasselbe Zeichen erfolgen müßte. Ich brauchte also ein intransitives „mitteilen". ·	81
3	/	Ich sehe eine deutsche Aufschrift und eine chinesische. – Ist die chinesische etwa ungeeignet etwas mitzuteilen? – Ich sage, ich habe Chinesisch nicht gelernt. Aber das Lernen der Sprache fällt als bloße Ursache, Geschichte, aus der Gegenwart heraus. Nur auf seine Wirkungen kommt es an, die sind Phänomene die eben nicht eintreten, wenn ich das Chinesische sehe/anschaue/ (warum sie nicht eintreten ist ganz gleichgültig)	
4	ʃ/	Das Lernen der Sprache ist in ihrer Benützung/ihrem Gebrauche/ nicht enthalten. (Wie die Ursache eben nicht in ihrer Wirkung)	
5	ʃ	Das Zeichen plus seinem Sinn kann man nicht wieder deuten (d.i./i.e./ den Gedanken kann man nicht deuten). Das Zeichen mit seinem Sinn aber (das Symbol) ist ein Phänomen wie das Zeichen selbst.	
6	?/	Das Festsetzen einer Regel ist die Geschichte/Vorgeschichte/ des der-Regel-Folgens/Handelns nach dieser Regel/. Es fällt aus letzterem heraus, nicht aber die Regel, die in dem Folgen verkörpert ist (indem das Folgen durch den Ausdruck der Regel beschrieben wird/ist/)	
7	/	Ich kann die Regel selbst festsetzen und mich eine/die/ Sprache lehren. Ich gehe spazieren und sage mir: Wo immer ich einen Baum treffe soll mir das das Zeichen sein bei der nächsten Kreuzung links zu gehen, und nun richte ich mich nach den Bäumen in dieser Weise (fasse ihre Stellung als einen Befehl auf.)	82
8	/	Das Fassen des Vorsatzes gehört zur Geschichte seiner Ausführung, dagegen ist er in seiner Ausführung enthalten.	
9	ʃ	Meine Gedankenbewegung:/Mein Gedankengang:/ ⟨image⟩ oder ⟨image⟩ viel Bewegung, die nur wenig vorwärts kommt.	
10	/	„Die Hand zeigt dahin": Aber in wiefern zeigt sie dahin? einfach weil sie sich in einer Richtung verjüngt? (Zeigt ein Nagel in die Wand?) d.h. ist es dasselbe zu sagen „sie zeigt etc" oder/und/ „sie verjüngt sich in dieser Richtung"?	

1 Ich sehe die einen also anders als die andern (was natürlich (was nat...)
14 Nur auf seine Wirkungen kommt es an, *–im MS Zeilenwechsel ohne Komma*
18 ʃ *Randzeichen durchstrichen*
28 wird/ist/ *–erste Variante im MS durchstrichen*
32 Ich gehe spazieren und sage mir: Wo immer ich einen Baum treffe ⟨wi...⟩
39 Meine Gedankenbewegung:/Mein Gedankengang:/ *–erste Variante im MS durchstrichen*

206

1 ∫ „Aber das Zeichen sagt mir doch was, es gibt mir Information!" Da es
mir nichts anderes zeigen kann als sich selbst und die Eindrücke die es
verursacht/hervorbringt/, so kann es mir auch nicht mehr geben. Das
was es mir sagt ist nicht etwas außerhalb worauf es zeigt sondern liegt in
ihm.   5

2 ∫ Gäbe es etwas worauf es wesentlich zeigt so müßte das als eine
Bedingung des Sinnes vorhanden sein und gehörte dann mit zum Symbol.

3 ∫/ „Das Betreten dieser Brücke ist gefährlich" zeigt nicht auf die Gefahr   10   83
des Betretens/beim Betreten/ der Brücke. Und sofern es auf die Brücke
zeigt, gehört diese mit zum Symbol./Zeichen./

4 ∫ Das Mitschwingen der Furcht mit dem Zeichen.
                                                                                                       15
5 ∫/ Was heißt die Frage: Ist das dasselbe ‚~' für welches die Regel
~~~p = ~p gilt?

6 / „Meinst Du das ‚~' so, daß ich aus ~p ~~~p schließen kann?"
                                                                                                       20
7 ∫ Wenn für dieses ‚~' keine Regel gilt, so ist das Zeichen bedeutungslos.

8 ∫ „Das Wort ‚ist' in dem Satz ‚der Himmel ist blau' ist dasselbe wie das in
dem Satz ‚die Rose ist rot', aber nicht dasselbe wie das ‚ist' in ‚2 × 2 ist
4'". Wenn ich das sagen kann, so heißt das schon, daß ich die Worte   25
nicht nach dem Klang allein unterscheide, oder identifiziere. Und doch
muß ich sie wiedererkennen, denn nur ihre Gemeinsamkeit drückt ja eine
Gemeinsamkeit des Sinnes aus.

9 ∅ Könnten wir für ‚blau', ‚rot', ‚grün', ‚gelb' dasselbe Wort verwenden,   30
wie wir es für ‚=' und ‚∈' tun, wenn auch mit der Gefahr der
Verwechslung, aber doch der Möglichkeit zu unterscheiden?

10 / Wie Gesetze nur Interesse gewinnen, wenn die Neigung besteht sie zu
übertreten, [wenn sie übertreten werden] so gewinnen gewisse gramm.   35
Regeln erst dann Interesse, wenn die Philosophen sie übertreten
möchten.

11 / Daß das deutsche Wort ‚ist' und das englische ‚is' dasselbe bedeuten   84
kann man auf zweierlei Art erfahren. Entweder ich habe die eine   40
Sprache unabhängig von der andern gelernt und lerne die andere mit
Hilfe (durch Übersetzung) der ersten, lerne also aus dem Wörterbuche
‚is' heiße ‚ist'. Oder ich habe beide Sprachen unabhängig von einander
so gelernt, wie man in der Kindheit seine/die eigene/ Muttersprache
lernt und komme dann darauf, daß ‚is' und ‚ist' einander entsprechen.   45

12 ∫ Wie weißt Du daß das Wort ‚und' in diesen beiden Sätzen dasselbe ist?

2 Da es mir nichts anderes zeigen kann als sich selbst und ⟨was es …⟩
10 ∫ *Randzeichen durchstrichen*
16 ∫ *Randzeichen durchstrichen*
36 gramm. Regeln erst dann Interesse, wenn die ⟨Philosophie …⟩

1   (Mit/In/ dieser ganzen Fragestellung scheint etwas/Diese Fragestellung scheint/ nicht in Ordnung zu sein.)

2 / Man sagt dem Kind: „nein, kein Stück Zucker mehr!" und nimmt es ihm weg. So lernt das Kind die Bedeutung des Wortes ‚kein'.   5
      Hätte man ihm mit denselben Worten ein Stück Zucker gereicht, so hätte es gelernt das Wort anders zu verstehen.

16.

3 / Die Regel beschreibt ihre Anwendung.   10

4 / Ist es denn willkürlich, welche Interpretation wir den Worten geben, die uns gesagt werden? Kommt nicht das Erlebnis der Interpretation mit dem Erlebnis des Hörens der Zeichen, wenn wir ‚die Sprache des Andern verstehen'?   15

17.

5 ∫ „Das Gebilde und was es hervorruft kann/und die Erscheinungen die es hervorruft können/ sich uns doch nur immer selber zeigen, aber nicht   85
von sich, nach außen, weisen. Und das ist, was das Symbol zu tun   20
scheint.

6 / Soweit man also das Verständnis/Verstehen/ als einen Vorgang beschreiben kann, ist es ein Phänomen wie das Sehen des Zeichens selbst. Die Frage aber ist dann, wo finden wir |nun| jenes von sich in den   25
Raum Weisende was das Symbol zu sein scheint.

7 / Denn alle Zeichen, und was sie mit sich bringen, scheint uns wesentlich von gleicher Art zu sein. Es ist, was es ist, ist aber kein Symbol.

30

8 / Als Symbol kann ich die Dinge nur sehen wenn ich sie von einem andern Standpunkt betrachte.

2 Mit/In/ dieser ganzen Fragestellung scheint etwas/Diese Fragestellung scheint/ *–erste Variante im MS durchstrichen*
18 „Das Gebilde *–im MS fehlt das Ausführungszeichen*
26 jenes von sich in den Raum Weisende ⟨das⟩ das Symbol
28 und was sie mit sich bringen, scheint uns ⟨ve…⟩

1 / Wenn ich z.B. sage ⊃⇒ stellt eine Hand vor, oder: ich verstehe es als Hand, so sage ich etwas über den Eindruck den das Zeichen macht. Es ist aber doch keine Hand, noch ist eine wirkliche Hand im Spiele und wenn ich sage es erinnert mich an eine Hand, so heißt das, es ruft Vorstellungen in mir wach, [... es verursacht in mir Vorstellungen, Empfindungen, etc] in denen eine Hand nicht vorkommt. Heißt das nun also, daß ich diese Vorstellungen etc auch anders ohne Erwähnung der Hand hätte beschreiben können, und die Anspielung auf die Hand überflüssig/unnötig/ war? Aber das ist offenbar dieselbe Frage wie die: wenn ich mir einen roten Fleck an der Wand vorstelle der nicht da ist, so geschieht doch etwas, worin nichts wirklich Rotes und jedenfalls kein roter Fleck an dieser Wand eine Rolle spielt, denn es ist doch keiner da: Kann ich also, was bei diesem/dem/ Vorstellen geschieht nicht beschreiben ohne der Gegenstände Erwähnung zu tun, die nicht in der Tatsache beteiligt sind, oder doch nur als ein Teil einer indirekten Beschreibung des Gegenstandes von dem eigentlich die Rede ist. – Aber so ist es natürlich nicht. Und diese Ausführung zeigt nur, worin der falsche Gedankengang/Gedankenweg/ besteht, den zu machen wir versucht sind.

2 ?/ Wenn ich sage: ich stelle mir einen roten Fleck an dieser Wand vor, so ist das allerdings die Beschreibung eines Vorgangs, einer Tatsache, unabhängig von jener andern die der Satz „an dieser Wand ist ein roter Fleck" beschreibt, aber ich kann diese/jene/ Tatsache nicht anders als durch die Ausdrücke ‚rot‘ und ‚Fleck‘ etc., ja nur in dieser Zusammenstellung beschreiben (in einer Sprache nämlich in der die Tatsache daß ein roter Fleck an der Wand ist, mit diesen Worten beschrieben wird).

3 / Und wenn ich mich d a r ü b e r wundere, so muß/kann/ ich mich über jeden sprachlichen Ausdruck wundern.

4 / Hier, glaube ich, sieht man, was mißverstehen unserer Sprachlogik bedeutet!

5 ?/ Wir sind durch falsche Analogien in die Irre geführt und können uns nicht aus dieser Verstrickung erretten. Das ist der morbus philosophicus.

---

5 so heißt das, es ruft Vorstellungen⟨, Empfindungen⟩ in mir wach,
16 oder doch nur als ein Teil einer indirekten Beschreibung des Gegenstandes von dem eigentlich die Rede ist. –*im MS am linken Rand mit einer vertikalen Wellenlinie markiert*
26 ja nur in dieser Zusammenstellung beschrieben |(⟨in einer Sprache nämlich in der die Tatsache daß ein roter Fleck an der Wand ist, mit diesen Worten beschrieben wird⟨.⟩|⟩.|
34 unserer Sprachlogik bedeutet! –*das Ausrufezeichen ist im MS gewellt unterstrichen*

1 ⁊ D.h. es ist eben nicht mehr Grund sich über den Ausdruck „ich stelle
mir einen roten Fleck an/auf/ der Wand vor" (oder ich wünsche mir
etc) zu wundern, als über den: an der Wand ist ein r. Fl., und über die
Ähnlichkeit dieses mit dem Satz: auf dem Tisch ist kein/ein/ r. Fl. Das
Vorkommen des Wortes ‚rot' bedeutet eben nicht, daß etwas rot ist und   5
die Gemeinsamkeit des Wortes ‚rot' nicht, daß zwei Gegenstände die
Farbe gemeinsam haben (es kann das Gegenteil davon bedeuten wie in
den Sätzen „A ist rot" und „B ist nicht rot".)

2 ∫ Nun könnte ich aber doch sagen, der Gedanke, die Vorstellung daß   10
etwas der Fall ist, der Wunsch, ist ein Symbol. – – –

3 ∫ Sage ich nicht Etwas symbolisiert darum, weil ich es verstehe? Das ist
doch gewiß.
                                                                              15
4 ∫ Nur durch völliges Absehen vom Psychologischen können wir zu
dem für uns Wesentlichen kommen.

5 ∫ Ich sehe in den Gängen eines Spitals das Wort „Silence"
aufgeschrieben. Dieses Wort hat eine Wirkung auf mich (ich meine das   20
Verstehen) welche das Wort ‚abracadabra' nicht hat; diese Wirkung
wird dadurch hervorgebracht, daß ich des Wortes Bedeutung früher
gelernt habe (was uns aber gleichgültig ist). Wenn das chinesische für
‚Silence' neben diesem Wort steht, so bringt es die Wirkung auf mich
nicht hervor, aber auf einen Chinesen, und umgekehrt.   25
Befolge ich nun den Befehl so geschieht erstens etwas, was durch
den Satz „ich schweige/I am silent/" ausgedrückt wird, aber darin allein
besteht das Folgen nicht, sondern in diese Tatsache tritt auch der Befehl
selbst ein und noch ein bestimmter Prozess, den man den der
Übertragung nennen kann, worin dieser besteht ist uns gleichgültig.   30
– – –

6 ∫ Ist es nicht so: Im Vorgang des Übertragens/der Übertragung/ des
Zeichens [des sich danach Richtens] hat es den symbolischen Charakter,
das was außer sich weist indem es uns sagt, was wir zu tun haben.   35

7 / Wir könnten uns den Marsbewohner denken, der auf der Erde erst
nach und nach den Gesichtsausdruck des Menschen als solchen
verstehen lernte und den drohenden erst nach gewissen Erfahrungen als
solchen empfinden lernt. Er hätte bis dahin diese Gesichtsform
angeschaut/angesehen/ wie wir die Form eines Steins betrachten.   40

8 / Kann ich so nicht sagen: er lernt erst die befehlende Geste in einer
gewissen Satzform verstehen.
                                                                              45

---

⁴ über die Ähnlichkeit dieses mit dem ⟨Vorkommen des Wortes ‚rot' ...⟩
⁷ (es kann das Gegenteil davon bedeuten wie in ⟨dem Satz ...⟩
¹³ Sage ich nicht Etwas symbolisiert⟨, ...⟩
²¹ hat eine Wirkung auf mich (ich meine das Verstehen) ⟨welches ...⟩
²² diese Wirkung wird ⟨nicht⟩ dadurch hervor⟨gerufen⟩, daß ich
³⁸ des Menschen als solchen ⟨versteht ...⟩
³⁹ des Menschen als solchen verstehen lernte und ⟨der ...⟩
⁴¹ ⟨K...⟩ *Streichung in der folgenden Leerzeile*
⁴³ *Die Bemerkung ist am linken Rand mit einem vertikalen Strich markiert.*

1 / Wenn mir jemand etwas sagt und ich verstehe es, so geschieht mir dies ebenso, wie, daß ich höre was er sagt [wie, daß ich, was er sagt, höre.]

2 Kann man den Vorgang des Verständnisses eines Befehls mit dem Vorgang der Befolgung vergleichen, um zu zeigen, daß d i e s e Befolgung d i e s e m Verständnis, dieser Auffassung, wirklich entspricht? und inwiefern sie übereinstimmen?

3 / Wie beschreibt die Sprache (überhaupt) den Vorgang des Verständnisses des Satzes ,p'. Kann sie es anders als durch den Satz, daß ich ,p' verstehe? Und kann sie die Befolgung des Befehls ,q' anders beschreiben als indem sie sagt, daß ich ,q' befolge? Denn alles was bei diesen Vorgängen dadurch noch nicht beschrieben ist, ist unwesentlich und kann sich so und anders verhalten.

4 ʃ Einen Satz verstehen heißt ja erst das sehen, was ihn (überhaupt) zu einem Satz macht. (Ehe er verstanden ist, ist er ja ein Muster oder eine Lautreihe.)

5 ?/ʃ Einen Satz verstehen heißt, ihn als Satz sehen und seine/die/ Befolgung des Befehls kann keine Beschreibung haben als ihn selbst.

6 / Drury sagte mir heute, er habe überlegt, daß man sich nicht des Zustandes erinnern könne wo man noch nicht sprechen konnte/daß es unmöglich sei sich des Zust. zu erinnern vor der Erlernung der Sprache/. — Man könnte natürlich Erinnerungsbilder aus jener/dieser/ Zeit besitzen, aber man kann sich nicht an ein Fühlen des Mangels der Sprache erinnern/entsinnen/, da man keinen Begriff der Sprache haben kann, ehe man spricht und |freilich| auch nachher nicht, weil es einen solchen Begriff nicht gibt. Auch kann man sich nicht an das Bedürfnis nach dem sprachlichen Ausdruck erinnern, denn wo das vorhanden ist, gibt es schon eine Sprache in der man denkt.

7 / Warum kann man niemandem befehlen einen Satz zu verstehen? /Kann man jemandem .....?/

8 / Beim Hören eines Wortes kann ich mir die Erklärung dieses Worts nicht ins Gedächtnis zurückrufen; sie kommt, oder sie kommt nicht.

18.

9 ⟍/ Da alles offen daliegt, ist auch nichts zu erklären. Denn was etwa nicht offen daliegt interessiert uns nicht. [..., denn was etwa verborgen ist ....]

10 ʃ So die Verneinung, – wenn wir sie verstehen, – – – –

---

9 (überhaupt) –im MS durchstrichen
12 sie sagt, daß ich ,q' befolge? Denn alles was bei ⟨diesem ...⟩
14 ist unwesentlich und kann sich so und anders verhalten. –im MS am linken Rand mit einer vertikalen Wellenlinie markiert
16 (überhaupt) –im MS durchstrichen
17 zu einem Satz macht. (Ehe er ⟨w...⟩
20 ?/ Randzeichen durchstrichen
20 ihn als Satz sehen und ⟨der⟩ Befolgung des ⟨Befehles ...⟩

1   /   Die Antwort auf die Frage nach der Erklärung der Negation ist wirklich: verstehst Du sie denn nicht? Nun, wenn Du sie verstehst, was gibt es da noch für eine Erklärung/zu erklären/, was hat eine Erklärung da noch zu tun?

2   /   Wir unterscheiden doch aber Sprache von dem was nicht Sprache ist. Wir sehen Striche und sagen, wir verstehen sie, und andere, und sagen, sie bedeuten nichts (oder uns nichts). Damit ist doch eine allgemeine Erfahrung charakterisiert, die wir nennen könnten: „etwas als Sprache verstehen" – ganz abgesehen davon w a s wir aus dem gegebenen Gebilde herauslesen.

3   ∫   (Blumenorakel) Abzählen der Knöpfe. In diesen Fällen setzen wir auch eine Regel fest und richten uns dann nach ihr. Wir lesen etwas von unseren Knöpfen ab.

4   /   Wir unterscheiden eine Schrift von dem was keine/nicht/ Schrift ist. Was heißt es, etwas als Schrift sehen? Heißt es mich danach richten?

5   /   Wenn ich mich nun danach richte – wähle ich die Art wie ich mich danach richte? Nein, denn sonst würde ich mich wenigstens in dieser Beziehung nicht nach dem Zeichen Richten.
　　　　Wie aber wenn ich doch die Art der Interpretation wähle? (Würfeln)

6   /   Angenommen ich lasse mich (wie ich oben beschrieben habe) von den Bäumen auf meinem Spazierweg leiten: Das setzt doch voraus, daß ich eine Regel festsetze und mich nach der F e s t s e t z u n g richte, d.h. es hätte keinen Sinn zu sagen, i c h   r i c h t e   m i c h nach den Bäumen, wenn ich die Art der Interpretation erst für jeden einzelnen Fall bestimmen wollte d.h. in diesem Fall wäre es eben keine Interpretation sondern eine ganz überflüssige Zuordnung. Es kann nicht heißen: Hier ist ein Baum, also will ich hier einmal links gehen, sondern: Hier ist ein Baum also muß ich hier etc. … Das ‚also‘ im ersten Satz/Fall/ hat keinen Sinn und es muß hier einfach ‚und‘ heißen. Bei der Interpretation aber hat es Sinn.
　　　　Und das ‚also‘ ist natürlich kein kausales, und wir können nicht fragen „bist Du sicher, daß Du d e s w e g e n links gehen mußt?".
　　　　Ich könnte nun auch sagen „a l s o muß ich nach meiner Festsetzung links gehen". Aber hier ist das merkwürdige, daß ich nun nicht noch einmal sage: „und diese Festsetzung ist nach jener anderen (Festsetzung) so zu deuten", und es wäre ja auch unsinnig, denn diese Regression/dieser Regress/ ist endlos.

2　*Im MS:* was gibt |es| da noch
3　was hat ⟨hat⟩ eine Erklärung da noch zu tun?
6　Wir unterscheiden ⟨aber …⟩
7　Wir sehen Striche und sagen, ⟨wir kennen …⟩
38　„bist Du sicher, daß Du d e s w e g e n links gehen mußt".(?)
39　*Der Absatz ist im MS eine Bemerkung ohne Randzeichen, der vorangehenden mit einem Pfeil am linken Rand zugeordnet.*

1 Das was ich in der letzten Bemerkung geschrieben habe, war aber doch
falsch. Wahr ist es, daß zur Interpretation das also gehört und nicht
das und. Aber ich könnte etwa sagen daß es nicht nötig war eine
Festsetzung zu treffen d.h. die allgemeine Regel vorher auszusprechen
(das ist Geschichte), wohl aber einer Festsetzung zu folgen. Und ich   5
könnte sagen, es ist nicht genug einer Regel folgen, denn das geschieht,
was immer ich tue, sondern ich muß seiner Festsetzung folgen, das ist
ein anderer Prozess.

2 Aber ich will sagen, dieser Prozess kann nur äußerlich verschieden sein   10
von einem Handeln, das sich nicht nach einer Festsetzung richtet. So
verschieden wie auch zwei Arten des Benehmens/äußerlichen
Verhaltens/ [… äußeren Verhaltens] sein können. (oder zwei
Zeichengruppen an der Tafel)
                                                                            15
3 ∫ „Ich habe mich dabei nach dieser Regel gerichtet" beschreibt einen
bestimmten (psychischen, physikalischen) Vorgang. Einen andern als
der Satz: Die Resultate folgen dieser Regel – – – –

4 / Der Festsetzung Folgen muß ein Vorgang sein, aus dem man den   20   93
Ausdruck der Regel ablesen kann. Es besteht also nicht darin, daß
mehrere Vorgänge [eine Reihe von Vorgängen], Intentionen, einer
Regel folgen, denn dann wäre diese Regel wieder ein Erfahrungssatz
und natürlich nicht eindeutig durch die Vorgänge [Tatsachen] bestimmt.
       Und ich muß die Regel eindeutig aus dem Vorgang ablesen   25
können. Sonst könnte sie ja auch in der Beschreibung des Vorgangs
nicht enthalten sein müssen.

5 / Wer die allgemeine Regel die er erkennt nun herausschreibt, schreibt
mehr auf als er sieht.   30

        7   5   3   4   2
        49   25   9   16   4
       Behaviouristische Deutung:

     7,   5,   3,   4   Er schreibt die Quadrate der oberen Zahlen
     49,   25,   9,   16   35

     7,   5,   3,   4   Er schreibt nicht die Quadrate ….
     49,   24,   18,   16,

     7,   5,   3,   4   Er will die Quadrate anschreiben und tut es
   $\frac{7\times7}{49}$ $\frac{5\times5}{25}$ $\frac{3\times3}{9}$ $\frac{4\times4}{16}$

     7,   5,   3,   4   Er will die Q. nicht anschreiben tut es aber   40
   $\frac{7\times6}{49}$ $\frac{5\times2}{25}$ …
       etc.

6 / Der Prozess des Lernens hat natürlich etwas mit der Anwendung der
Sprache gemein. Das was der Ausdruck der allgemeinen Regel mit ihrer   45
Anwendung gemein hat.

1 Das was ich in der letzten Bemerkung *–im MS weist ein Pfeil auf den zweiten
   Absatz der vorangehenden Bemerkung*
6 Und ich könnte sagen, es ist nicht genug einer Regel folgen, ⟨da …⟩
23 Intentionen, einer Regel folgen, denn ⟨das …⟩
38 7,   5,   3,   4   (Er die Quadrate an …)
   $\frac{7\times7}{49}$ $\frac{5\times5}{25}$ $\frac{3\times3}{9}$ $\frac{4\times4}{16}$
46 (De…) *Streichung in der folgenden Leerzeile*

1 ⅂ Der Befehl ist die Beschreibung seiner Ausführung.

2 / Haben wir hier nicht das Wesen des Motivs im Gegensatz zur Ursache?
      Offenbar ja. Der Befehl wird, wenn ich ihn befolge zum Motiv meiner
      Handlungsweise.

3 / Und das Motiv ist nicht hypothetisch. In dem Motiv kann ich mich
      nicht irren, es ist in meiner Handlung enthalten, aber nicht so ihre
      Ursache.

4 / (Ogden und Richards und Russells Theorie der Bedeutung beruht also
      auf einer Verwechslung, oder Gleichsetzung, von Motiv und Ursache.)

19.

5   Zu dem früheren Satz: Der Baum muß die Entscheidung treffen.

6 / Das Befolgen des Befehls liegt darin, daß ich etwas tue – – Kann ich
      aber auch sagen, „daß ich das tue, was er befiehlt"? Gibt es ein
      Kriterium dafür, daß das die Handlung ist, die ihn befolgt?

7 / Es gibt kein Kriterium dafür daß das die Handlung ist, die den Befehl
      befolgt.

8 / Das muß natürlich heißen „wir können von so einem Kriterium nicht
      reden".

9 ʃ Das hängt unmittelbar damit zusammen, daß wir eine Handlung nicht
      vorausnehmen können. Was wieder nur soviel heißt, als daß es keinen
      Sinn hat zu sagen, die Handlung zu einer bestimmten Zeit finde zu
      einer gewissen Zeit statt.

10 /ʃ Was wir wollen ist doch wohl, die Grammatik des Ausdrucks „der
        Befehl wird befolgt" klarzulegen. [auseinanderzulegen]
   /ʃ   „Ja woher weiß ich aber dann, daß ich den Befehl befolgt
        habe?" – – –
   /ʃ   (Ich kann den centralen grammatischen Fehler nicht finden auf
        dem alle diese Probleme beruhen)
   /ʃ   Es ist das natürlich die selbe Frage wie die: Woher weiß ich, daß
        dieser Satz diese Tatsache beschreibt?
   /ʃ   Und ich möchte immer antworten: „weil ich ihn ja von dieser
        Tatsache heruntergelesen habe". Und: „ich muß doch wissen, wie ich zu
        ihm gekommen bin".

95

4   das Wesen des Motivs im Gegensatz zur Ursache? Offenbar ja⟨, …⟩
21 ⟨Das heißt …⟩
21 daß das die Handlung ist, ⟨die der Befehl befielt⟩.
30 die Handlung zu ⟨einem …⟩ einer bestimmten Zeit finde zu einer gewissen
    Zeit statt. –im MS am linken Rand mit einer vertikalen Wellenlinie markiert
34 Die folgenden vier Absätze sind im MS Bemerkungen, im MS durch Klammern am
    linken Rand miteinander verbunden.

1 / Wenn ich ein Kriterium angeben könnte, so muß ich es mit der Sprache
angeben und dann müßte ich es nach dem sprachlichen Ausdruck
erkennen können; aber zu diesem Erkennen brauchte ich ja selbst
wieder das Kriterium.

2 / Wenn ich Worte wählen kann, daß sie der Tatsache – in irgend einem
Sinne – passen, dann muß ich also schon vorher einen (allgemeinen)
Begriff dieses Passens gehabt haben. Und nun fängt das Problem von
neuem an, denn wie weiß ich, daß dieser Sachverhalt dem Begriffe vom
Passen entspricht.

3 / Aber warum beschreibe ich dann die Tatsache gerade so? Was machte
Dich diese Worte sagen?

4 / Und wenn ich nun sagen würde: „alles was geschieht, ist eben, daß ich
auf diese Gegenstände sehe und dann diese Worte gebrauche", wäre die
Antwort: „also besteht das Beschreiben in weiter nichts und ist es immer
eine Beschreibung wenn einer .....?". Und darauf müßte ich sagen:
„Nein." Nur kann ich den Vorgang nicht anders, oder doch nicht mit
einer anderen Multiplizität beschreiben, als, indem ich sage: ‚ich
beschreibe was ich sehe' und darum ist keine Erklärung mehr
möglich, weil mein Satz bereits die richtige/volle/ Multiplizität hat.

5 / Ich könnte auch so fragen: Warum verlangst Du Erklärungen? Wenn
diese gegeben sein werden/würden/, wirst Du ja doch wieder vor einem
Ende stehen. Sie können Dich nicht weiter führen als Du jetzt bist.

6 ∫ Denn wenn ich frage: „was bedeutet es denn ‚gemäß einer Regel
übersetzen'?" so erwarte ich doch (wohl) eine Antwort: es bedeutet das
und das; dann kann ich doch aber weiter fragen „und was bedeutet
das?". u.s.w.

7 / Wir müssen am Schluß die Sprache ohne Erklärung benützen.

8 ∫ Erklären des Nähens oder des Rauchens im Gegensatz zum Erklären
des Übersetzens.
　　Dort gibt die Erklärung immer eine Beschreibung die nicht die des
unmittelbar Wahrgenommenen ist.

　　　　　　　　　　　　　　　　　　　　　　　　20.

9 / Der Mensch hatte vom Nähen oder Rauchen einen Begriff ehe man's
ihm erklärt hatte. Und nach der Erklärung weiß er mehr davon als
vorher. Die Erklärung des Denkens die wir fordern soll uns aber nicht
mehr darüber sagen als was wir wissen.

---

⁷ (allgemeinen) –*im MS durchstrichen*
¹⁶ gebrauche", | | wäre die Antwort: –*leergebliebenes Einfügungszeichen im MS*
¹⁹ „Nein." –*im MS fehlt das Ausführungszeichen*
²⁵ Warum verlangst Du Erklärungen? Wenn diese gegeben ⟨wären ...⟩
³³ *Die Bemerkung ist am linken Rand mit einem vertikalen Strich markiert.*
³⁵ im Gegensatz ⟨zur Erklärung⟩ des Übersetzens.
⁴² ehe man's ihm erklärt ⟨hat⟩

1 / Deshalb kann er nach der Erklärung des Rauchens fragen. Und die Antwort kann nicht die Beschreibung dessen sein was er unter „Rauchen" versteht, sondern die Beschreibung eines andern Vorgangs.

2 / (Ich kann/darf/ nie sagen: „aus diesen Gründen m u ß es sich s o verhalten". Denn was nicht offenbar ist, ist für mich nicht vorhanden.)

21.

3 ∫ Die Regel „du mußt quadrieren" zu sagen (zu verstehen) ist etwas anderes als die 5 zu quadrieren.

4 ∫ Wenn immer wir etwas sagen, wenn es auch gegen die gebräuchliche Grammatik anstößt, meinen wir etwas damit; was heißt das?

5 ∫ Wenn es etwas heißt, muß es die Beschreibung eines Phänomens sein. Aber welches Phänomens?   98

6 ∫ Dieses Phänomen ist offenbar das des Denkens. —

7 / Das Triviale, was ich zu sagen habe ist, daß auf den Satz „ich s a g e das nicht nur, ich meine etwas damit" und die Frage „was?", ein weiterer Satz, in irgend welchen Zeichen zur Antwort steht.

8 / (Ich kann nur die Schlüssel reichen, aufsperren muß jeder selbst.)

9 / Ich kann aber doch auch fragen: Wie sieht ein Sonnenuntergang aus? auch wenn ich von allem Hypothetischen absehe.

10 / Und so kann ich natürlich auch das Denken beschreiben, denn ich kann ja auch das Reden beschreiben.

11 / „Ich sage das nicht nur, ich meine auch etwas damit" – Wenn man sich überlegt was dabei in uns vorgeht, wenn wir Worte m e i n e n (und nicht nur sagen) so ist es uns, als wäre dann etwas mit diesen Worten gekuppelt, während sie sonst leer liefen. – Als ob sie gleichsam in uns eingriffen.

12 / Niemand kann uns unseren/den/ Gesichtsraum näher kennen lehren. Aber wir können seine sprachliche Darstellung übersehen lernen.

13 / Wenn ich Recht habe, so müssen sich philosophische Probleme wirklich restlos lösen lassen, im Gegensatz zu allen andern.   99

14 / Wenn ich sage: Hier sind wir an der Grenze der Sprache, so scheint /klingt/ das immer, als wäre hier eine Resignation nötig, während im Gegenteil volle Befriedigung eintritt da k e i n e Frage übrigbleibt.

1 Deshalb kann ⟨der ...⟩
9 ⟨Ich kann nur die Schlüssel reichen, aufsperren muß jeder selbst⟩ *Die Bemerkung unter dem Datum vom 21. ist im MS gestrichen und auf der nächsten Manuskriptseite wiederholt.*
13 die gebräuchliche Grammatik anstößt, meinen wir etwas damit(? ...)
41 / *Randzeichen durchstrichen*

1 / Die Probleme werden im eigentlichen Sinne aufgelöst — wie eine Substanz/ein Stück Zucker/ im Wasser.

2 ∫ Alles was, von Interesse,/[von logischem Interesse]/ wir liefern können, ist die Beschreibung der Sprache. — Dazu gehört alles, was wir zur Erklärung ihrer Anwendung sagen können.

3 / Die ‚Erklärung des Denkens‘ müßte dem der nicht weiß, was Denken ist, es erklären können.
    Sie müßte also auch den dazu anleiten können, der es früher nicht getan hat. [… es erklären können. Ihn dazu anleiten können.]
    Und das alles mittels Gedankens.

4 / Soweit/Insoweit/ jede Tätigkeit (schreiben, sprechen, nähen, rauchen) beschreibbar, lehrbar, ist, ist Denken keine Tätigkeit. So wenig, wie sich-Ärgern, das auch so wenig lehrbar ist. (Meine Bemerkung über ‚kein Subject im Denken‘. Keine Tätigkeit ohne Täter)

5 / Das Interesse an dem Psychologischen des Denkens ist dadurch für uns aufgehoben, daß wir uns nur für die Beziehung des Denkens zu sich selbst interessieren und das Psychologische dadurch wegfällt, sich kürzt.

6 ∫ Es ist der Sprache wesentlich, daß das/dasselbe/ Wort in verschiedenen Sätzen vorkommt, verschiedene Sätze dieses Wort gemein haben. Und daß der Gleichlaut der Worte, wenn verschiedene grammatische Regeln /Gruppen grammatischer Regeln/ von ihnen gelten auch durch verschieden lautende ersetzt werden könnte/kann/, weil dann der Laut eine unbedeutende/bedeutungslose/, äußerliche, Ähnlichkeit ist

7 Wenn ich nun aber das Wort „ist" betrachte: Wie kann ich hier zwei verschiedene Anwendungsarten unterscheiden, wenn ich nur auf die grammatischen Regeln hinschaue/sehe/? Denn diese erlauben |ja| eben die Verwendung des Wortes im Zusammenhang „die Rose ist rot" und „2 × 2 ist 4". Aus diesen Regeln sehe ich nicht, daß es sich um zwei verschiedene Wörter handelt/daß wir hier zwei verschiedene Wörter haben/. — Ich ersehe es aber z.B. wenn ich versuche in beiden Sätzen statt ‚ist‘ ‚ist gleich‘ zu setzen/einzusetzen/ (oder auch: ‚hat die Eigenschaft‘) Aber nur wieder, weil ich für den Ausdruck „ist gleich" die Regel kenne, daß er in „die Rose … rot" nicht eingesetzt werden darf. [nicht vorkommen/stehen/ darf.]

8 Die ‚Erklärung des Denkens‘ –*die einfachen Anführungszeichen sind im MS gewellt unterstrichen*

19 *Die Bemerkung ist im MS am linken Rand mit zwei und am rechten Rand mit einer vertikalen Wellenlinie markiert.*

24 *Der letzte Satz der Bemerkung ist im MS am linken Rand mit einer Wellenlinie markiert.*

32 |ja| –*das Einfügungszeichen ist im MS gewellt unterstrichen*

33 Denn diese erlauben |ja| eben die Verwendung des Wortes (in …)

36 Ich ersehe es aber z.B. wenn ich ⟨verstehe⟩ in beiden Sätzen

1   Überhaupt: wovon gelten die gramm. Regeln, wenn sie vom Wort ‚ist‘
gelten? Vom Laut, den ich dann und da ausspreche [hervorgebracht
habe]? Von dem was allen ‚ist‘-Lauten gemeinsam ist?

Sie gelten von ‚ist‘, wenn es in diesem Sinne gebraucht wird. –
„Wenn Du es s o/in dieser Verbindung/ anwendest, so gebrauchst Du es   5
eben nicht in d i e s e m Sinne“.

2   /   Die Frage ist nämlich/aber/: ist alles was ich hier treibe nicht
Mythologie? Dichte ich nicht zu dem Offenbaren dazu? Wenn ich   101
nämlich von dem Vorgang rede der beim Verstehen (verständnisvollen   10
Aussprechen oder Hören) des Satzes vor sich geht.

3   /   D.h., könnte ich nicht die Sprache als soziale Einrichtung betrachten,
die gewissen Regeln unterliegt, weil sie sonst nicht wirksam wäre
[wirken würde]. Aber hier liegt es: dieses Letztere/Letzte/ kann ich   15
nicht sagen; eine Rechtfertigung der Regeln kann ich, auch so, nicht
geben. Ich könnte sie nur als ein Spiel, das die Menschen spielen,
beschreiben.

4   /   Wenn ich mich weigere ein Wort, z.B. das Wort ‚ist gleich‘ in zwei   20
Zusammenhängen zu gebrauchen, so ist der Grund das, was wir mit den
Worten beschreiben „das Wort habe in den beiden Fällen verschiedene
Bedeutung [das Wort werde in diesen Fällen in verschiedenem Sinn
gebraucht]
                                                                                25
5   /   Kann ich nun aber das was die gramm. Regeln von einem Worte sagen,
auch anders beschreiben, nämlich durch die Beschreibung des
Vorgangs der beim Verstehen des Wortes stattfindet?

6   /   Wenn also die Grammatik – z.B. – die Geometrie der Verneinung ist,   30
kann ich sie durch eine Beschreibung dessen ersetzen, was bei der
Verwendung sozusagen hinter dem Wort ‚nicht‘ steht?

7   /   Aber so eine Beschreibung wäre doch – wie gesagt – ein Ersatz des
Wortes/für das Wort/ ‚nicht‘, etwa wie p | und könnte die   35
Grammatik nicht ersetzen.(?)   W | F
                                       F | W

8   /   In meiner Darstellung schienen doch die gramm. Regeln die   102
Auseinanderlegung dessen was ich im Gebrauch des Wortes auf einmal   40
erlebe. So zu sagen (nur) Folgen, Äußerungen der Eigenschaften, die ich
beim Verstehen auf einmal erlebe. Das muß natürlich ein Unsinn sein.

9   /   Man würde ja geradezu sagen: die/eine/ Verneinung hat die
Eigenschaft, daß sie verdoppelt eine Bejahung ergibt (Etwa wie: Eisen   45
hat die Eigenschaft, mit Schwefelsäure Eisensulphat zu geben) während
die Regel die Verneinung nicht näher beschreibt, sondern constituiert.

----

  4   wenn es in diesem Sinne gebraucht wird⟨,⟩ – „⟨wenn⟩ Du es
  22 „das Wort habe –im MS fehlt das Ausführungszeichen
  47 während die ⟨gramm. Regeln⟩ die Verneinung nicht näher ⟨beschreiben⟩

1 / Daß wir dieses Wort dieser Regel gemäß gebrauchen, das dafür einsetzen etc., damit documentieren wir, wie wir es meinen.

2 / Das Wort ,nicht' in der gramm. Regel hat keine Bedeutung, sonst könnte das nicht von ihm ausgesagt werden.

5

3 / Die Negation hat keine andere Eigenschaft, als etwa die in gewissen Sätzen die Wahrheit zu ergeben.
   Und ebenso hat ein Kreis die Eigenschaft da oder dort zu stehen, diese Farbe zu haben, von einer Geraden tatsächlich geschnitten zu werden; aber nicht, was ihm die Geometrie zuzuschreiben scheint. (Nämlich diese Eigenschaften haben zu können.)

10

4 / Was heißt es: „Dieses Papier ist nicht schwarz und ,nicht' ist hier in dem Sinne/so/ gebraucht, daß eine dreifache Verneinung eine Verneinung ergibt"? Wie hat sich denn das im Gebrauch geäußert?

103

15

5 / Oder: „Dieses Papier ist nicht schwarz und zwei von diesen Verneinungen geben eine Bejahung". Kann ich das sagen?

20

6 / Oder: „Dieses Buch ist rot und die Rose ist rot und die beiden Wörter ,rot' haben die gleiche Bedeutung" (Dieser Satz ist von gleicher Art, wie die oberen Sätze) Was ist denn das für ein Satz? ein grammatischer? Sagt er etwas über das Buch und die Rose?

25

7 / Ist der Zusatz zum Verständnis des ersten Satzes nicht nötig, so ist er Unsinn, und wenn nötig, dann war das erste noch kein Satz; und dasselbe gilt in den oberen Fällen.

8 / „Daß 3 Verneinungen wieder eine Verneinung ergeben muß doch schon in der einen Verneinung die ich jetzt gebrauche liegen". Aber deute ich hier nicht schon wieder? (d.h. bin ich nicht im Begriffe eine Mythologie zu erfinden?)

30

9 / Aber sind die gramm. Regeln nicht ausschließlich/nur/ Regeln des Übergangs von einem Satz zum andern?

35

10 / Inwiefern kann man sagen: „diese Regel gilt von dieser Verneinung"?

11 / Heißt es etwas, zu sagen, daß drei solche Verneinungen eine Verneinung ergeben. (Das erinnert immer an „drei solche Pferde können diesen Wagen fortbewegen") Aber, wie gesagt, in jenem Logischen Satz ist gar nicht von der Verneinung die Rede (von der Verneinung handeln nur Sätze wie: es regnet nicht) sondern nur vom Wort ,nicht', und es ist eine Regel über die Ersetzung eines Zeichens durch ein anderes.

40

104

45

9 Und ebenso hat ein Kreis die Eigenschaft da (und) dort zu stehen,
31 Aber (deute) ich hier nicht schon wieder?
43 in jenem Logischen Satz ist gar nicht von der Verneinung (g…)

1 / Aber können wir die Berechtigung dieser Regel nicht einsehen, wenn wir die Verneinung verstehen? Ist sie nicht eine Folge aus dem Wesen der Verneinung? Sie ist nicht eine Folge aber ein Ausdruck dieses Wesens.

2 / Was wir sehen, wenn wir einsehen, daß eine doppelte Verneinung etc, muß von der Art dessen sein, was wir im Zeichen wahrnehmen.

$$p$$
$$\begin{array}{|c|c|}\hline W & F & W \\\hline F & W & F \\\hline\end{array}$$

3 / Wenn ich ein dreidimensionales Gebilde, etwa einen Würfel, sehe so sehe ich in gewissem Sinne die Möglichkeit, Würfel gleicher Größe in drei Richtungen an diesen Würfel anzubauen. Die Geometrie sagt mir dann, daß ich dies könne. Sehe ich ein Quadrat, so sehe ich diese Möglichkeit nicht. etc.

4 / (Die perspectivische Zeichnung eines Würfels und solcher Würfelgruppen ist ein herrliches Exempel, wie man den dreidimensionalen Raum in die Ebene abbilden kann)

5 / Die Geometrie spricht aber so wenig von Würfeln, wie die Logik von der Verneinung (Man möchte hier vielleicht einwenden, daß die Geometrie vom Begriff des Würfels und die Logik vom Begriff der Negation handelt. Aber diese Begriffe gibt es nicht.)

6 / Man kann einen Würfel – ich meine das Wesentliche des Würfels – nicht beschreiben. Aber kann ich denn nicht beschreiben, wie man z.B. eine Kiste macht? und ist damit nicht eine Beschreibung des/eines/ Würfels gemacht/gegeben/? Das Wesentliche am Würfel ist damit nicht beschrieben, das steckt viel mehr in der Möglichkeit dieser Beschreibung d.h. darin, daß sie eine Beschreibung ist; nicht darin daß sie zutrifft.

7 / Nun kann ich doch aber sagen: „Ich sehe die Figur ⬦ 3-dimensional". Aber dieser Satz entspricht der Beschreibung einer Kiste. Er beschreibt einen bestimmten Würfel nicht die Würfelform. Freilich kann ich das Wort „Würfelform" definieren. D.h. Zeichen geben, durch die es ersetzt werden kann/darf/.

8 / Man kann eine geometrische Figur nicht beschreiben. Auch die Gleichung beschreibt sie nicht, sondern vertritt sie durch die Regeln die von ihr gelten.

9 / Und haben wir hier nicht das Wort Figur so angewendet/angewandt/, wie in unseren Betrachtungen so oft das Wort „Gedanke" oder „Symbol"? Die Art der Anwendung dieses Wortes von welcher ich sagte, es bedeute dann kein Phänomen, sondern sei quasi ein unvollständiges Symbol/Zeichen/ und entspreche eben einer Funktion.

11 *Im MS:* Wenn |ich| ein dreidimensionales Gebilde,

17 (Die ⟨Perspe...⟩

42 sondern vertritt sie durch die Regeln die von ihr gelten. –*im MS am linken Rand mit einer vertikalen Wellenlinie markiert*

1 / Man kann |auch| nicht sagen, die Würfelform habe die Eigenschaft, lauter gleiche Seiten zu besitzen. Wohl aber hat ein Holzklotz diese Eigenschaft. (Noch hat „die Eins die Eigenschaft zu sich selbst addiert Zwei zu ergeben".)

2 / Ich sagte doch: Es schien als wären die gramm. Regeln die Folgen-in-der-Zeit dessen, was wir in einem Augenblick wahr nehmen, wenn wir eine Verneinung verstehen.

   Und als gebe es also zwei Darstellungen des Wesens der Verneinung: Den Akt (etwa den seelischen Akt) der Verneinung selbst, und seine Spiegelung in dem System der Grammatik.

3 / Man ist versucht zu sagen/könnte sagen/: die Gestalt eines Würfels wird doch sowohl durch die Grammatik des Wortes „Würfel", als auch durch einen Würfel ⬡ dargestellt.

4 / In „~p · (~~p = p)" kann der zweite Teil nur eine Spielregel sein.

5 / Es hat den Anschein, als könnte man aus der Bedeutung der Negation s c h l i e ß e n , daß ~~p p heißt

                                                                          23.

6 / Als würden aus der Natur der Negation die Regeln über das Negationszeichen f o l g e n .

   So daß, in gewissem Sinne, die Negation zuerst vorhanden ist/wäre/ und dann die Regeln der Grammatik.

7 / Es ist also, als hätte das Wesen der Negation einen zweifachen Ausdruck in der Sprache: Dasjenige was ich sehe, wenn ich die Negation verstehe, und die Folgen dieses Wesens in der Grammatik.

   Anderseits ist es klar, daß die Regeln, wenn sie aus dem Wesen der Negation hervorgehen, nicht |wie| aus einer Regel, einem Satz, folgen. Und täten sie es, so wäre eben dieser Satz die eigentliche Regel auf die es uns ankäme.

8 / Ich will also sagen: die Regeln f o l g e n nicht aus dem Wesen der Negation, sondern sie drücken es aus.

9 / (Ich kann sozusagen/gleichsam/ die Regeln über die Negation von ihr ablesen. Aber das scheint eben zu besagen/beinhalten/, daß sie schon irgendwoanders, nämlich in der Negation, aufgeschrieben stehen. Das, wovon ich sie ablese muß die gleiche Mannigfaltigkeit haben, wie sie selbst.)

10 / Ist das nicht so, wie ich aus einer Figur geometrische Sätze ablesen kann?

23 Als ⟨würde⟩ aus der Natur der Negation die ⟨Regel⟩ über das
32 |wie| –im MS ist auch das Einfügungszeichen gewellt unterstrichen
33 Und täten sie es, so wäre eben dieser Satz die eigentliche ⟨S…⟩
41 daß sie schon irgendwoanders, ⟨natürlich …⟩

221

1 / Statt der Betrachtung der Negation, könnte ich auch die eines Pfeiles setzen → und z.B. sagen: wenn ich ihn zweimal um 180° drehe, zeigt er wieder, wohin er jetzt zeigt; welcher Satz dem ~~p = p entspricht. Wie ist es nun hier mit der Darstellung des Wesens dieses Pfeils durch die Sprache? Jener Satz muß doch unmittelbar von diesem Wesen abgeleitet /abgelesen/ sein und es also darstellen.

2 ˀ/ Oder nehmen wir den Fall eines Quadrats und eines Rechtecks und die Sätze, daß das Quadrat durch eine Vierteldrehung mit sich selbst zur Deckung gebracht werden kann; das Rechteck aber erst durch eine halbe Drehung.

Ich habe sie offenbar von dem Quadrat und dem Rechteck abgelesen. Aber was sind das überhaupt für Sätze? Wenn sie von bestimmten quadratischen oder rechteckigen Stücken handelten, wären es Hypothesen. Hier aber sind es geometrische Sätze.

3 ʃ Es ist ganz klar, daß dieses Drehen dem Ausschließen eines Teils einer Fläche ⬜▨ analog ist, und das wieder der Verneinung, und die angeführten Sätze den Regeln/Sätzen/ über die/von der/ Verneinung.

4 ʃ Wie weiß ich, daß ein Wort hier Eigenschaftswort, dort Hauptwort ist?

5 ʃ Dadurch, daß kein Gemeinsames verloren geht, wenn ich verschieden lautende/klingende/ Worte statt der gleichlautenden setze.

6 ʃ Wie weiß ich, daß ich diese beiden Wörter durch eines ersetzen kann, weil sie nämlich das Gleiche bedeuten? D.h., wie weiß ich, daß sie das Gleiche bedeuten?

7 ʃ Könnte uns die bloße äußere Erfahrung, die Menschen reden zu hören, (wenn es für das Wort ‚ist‘ keine Ersatzwörter gäbe) dazu bringen, verschiedene Bedeutungen, verschiedene Arten des Wortes/Wörter ‚ist‘/, zu unterscheiden? Offenbar nicht, denn jeder Unterschied des Benehmens bildete schon ein anderes Zeichen.

ʃ Wie weiß ich, daß ein Wort in diesen Fällen in verschiedenen Bedeutungen angewendet ist?

24.

8 / Zu sagen daß eine Vierteldrehung ein Quadrat mit sich selbst zur Deckung bringt, heißt doch offenbar nichts andres als: Das Quadrat ist um zwei zu einander senkrechte Achsen symmetrisch, und das wieder, daß es Sinn hat von den zwei senkrechten Achsen zu reden ob sie vorhanden sind oder nicht. Dies ist ein Satz der Grammatik.

108

10

15

20

25

30

109

35

40

---

17 Es ist ganz klar, daß dieses ⟨S…⟩
19 *Im MS folgt hier eine Bemerkung, durch Randzeichen der ersten Bemerkung der Manuskriptseite 109 als Absatz zugeordnet.*
30 Könnte ⟨man⟩ die bloße äußere Erfahrung, die Menschen
32 Arten des Wortes/Wörter ‚ist‘/ *–erste Variante im MS durchstrichen*
35 *Der Absatz ist im MS eine Bemerkung auf der Manuskriptseite 108, durch Randzeichen umgestellt.*

1 / Die Schwierigkeit ist wieder, daß es scheint, als wäre in einem Satz, der
etwa das Wort ‚Quadrat' enthält schon der Schatten eines andern Satzes
mit diesem Worte enthalten. — Nämlich eben die Möglichkeit jenen
anderen Satz zu bilden, die ja, wie ich sagte, im Sinn des Wortes Quadrat
liegt. 5

2 / Und doch kann man eben nur sagen, der andere Satz ist nicht mit
diesem ausgesprochen, auch nicht schattenhaft. (Und wird vielleicht nie
ausgesprochen werden)

10

3 Aber er ist doch schon ausgesprochen, wenn ich sage „er kann
ausgesprochen werden".

4 ?ʃ Denken wir daran, daß man ja die Regeln der Grammatik nie
auszusprechen brauchte und die Sprache dennoch gebrauchen kann. 15
(Die menschliche Sprache bestand gewiß ehe jemand gramm. Regeln 110
aussprach und ein Kind lernt die Sprache ohne solche, und die Wilden
haben keine Grammatik. Das heißt natürlich nicht daß ihre Sprache
keinen gramm. Regeln folgt, sie sprechen diese Regeln nur nicht aus.)

20

5 ʃ Die Grammatik ist eine nachträgliche Beschreibung der Sprache.

6 ?ʃ/ Die Grammatik sagt z.B.: so wird das Wort ‚Quadrat' gebraucht. Aber
das muß doch schon in dem einen/einmaligen/ Gebrauch dieses Wortes
liegen! 25
Was heißt aber: Es muß darin liegen?
Heißt es etwas andres, als daß ich auch nach diesem einen
Gebrauch die Regeln für das Wort muß angeben können? (?)
Daß ich sagen kann: „Nein so habe ich es nicht gebraucht, nicht
in dem Sinn, in dem ich sagen könnte – – – –, sondern in dem 30
Sinn – – – –.

7 / Mein Problem könnte man auch so aussprechen: „Wie kann sich jene
Erklärung (die ich einmal gelernt habe) auf dieses Wort (das ich eben
aussprach) beziehen?" 35

3 Nämlich eben die Möglichkeit ⟨jenes⟩ anderen ⟨Satzes ...⟩
17 Regeln aussprach und ein Kind lernt ⟨die Sprache sprechen ...⟩
18 Das heißt natürlich ⟨nur⟩ daß ihre Sprache
23 ?ʃ *Randzeichen durchstrichen*
27 Heißt es etwas ⟨anderes⟩, als daß ich auch nach diesem
29 *Der Absatz ist im MS eine Bemerkung ohne Randzeichen, durch eine Klammer am*
linken Rand der vorangehenden Bemerkung zugeordnet.
30 nicht gebraucht, nicht in dem Sinn, ⟨indem⟩ ich sagen könnte – – – –,
33 Mein Problem könnte man auch so ⟨aussch…⟩
34 auf dieses Wort (das ich eben ⟨ausg…⟩
35 auf dieses Wort (das ich eben aussprach) ⟨zu …⟩

1 ∫ Und meine Meinung ist die, daß die gramm. Regeln über die Negation, 111
      z.B. ~~p = p, zur Erklärung der Bedeutung von ‚~‘ gebraucht werden
      könnten: daß die Regeln eine solche Erklärung wären; und daß daher
      ihre Wirkung gerade das wäre, was man das Verständnis des
      Negationszeichens nennt. Und das wäre die Beziehung dieses 5
      Verständnisses zu den gramm. Regeln. (wobei ‚Wirkung‘ nicht kausal zu
      verstehen ist.)

2 / Daß ein Wort nur im Satz Bedeutung hat, heißt nichts, als daß es seine
      Funktion nur im Satz hat. Einzeln kann es wohl eine Vorstellung 10
      erwecken, aber diese ist nicht seine Bedeutung, noch ist es die Funktion
      eines Wortes eine bestimmte Vorstellung aufzurufen.

3 ∫ Kein Satz der Sprache kann uns als Überraschung kommen (wohl aber
      eine Wahrheit) Das ist es doch, was ich meine, wenn ich sage: Wir 15
      können nach dem einen Gebrauch des Wortes die Regeln für das Wort
      angeben. Denn das heißt ja seinen Gebrauch in Sätzen zu beschreiben.
      D.h. eine allgemeine Beschreibung aller möglichen/möglicher/ Sätze zu
      geben

                                                                          20

4 ?/ Es könnte nun eingewandt/eingewendet/ werden daß ich die
      Bedeutung, z.B., der Worte ‚blau‘ und ‚rot‘ vertauschen könnte und
      dadurch zwar Sätze die früher wahr jetzt falsch u.u. würden, aber kein
      Satz der früher Sinn hatte, jetzt unsinnig würde u.u.. Das ist wahr. Es ist
      aber dabei nicht bedacht, daß auch Sätze wie „das hat diese Farbe" zu 25 112
      unserer Sprache gehören und die Grammatik mir dann sagen muß daß
      dieser Satz soviel heißt wie „das ist rot".

5 ?/ Es frägt sich einfach: Was ist das für ein Satz „das Wort ‚ist‘ in ‚die Rose
      ist rot‘ ist dasselbe wie in ‚das Buch ist rot‘, aber nicht dasselbe wie in 30
      ‚2 × 2 ist 4‘"? Man kann nicht antworten, es heiße, verschiedene Regeln
      gelten von den beiden Wörtern, denn damit geht man im Zirkel. Wohl
      aber heißt es, das Wort ist in seinen verschiedenen Verbindungen durch
      zwei Zeichen ersetzbar, die nicht für einander einzusetzen sind. Ersetze
      ich dagegen das Wort in den beiden ersten Sätzen durch zwei 35
      verschiedene Wörter, so kann ich sie für einander einsetzen.

6 / Nun könnte ich wieder fragen: sind diese Regeln/ist diese Regel/ nur
      eine Folge des Ersten: daß im einen Fall die beiden Wörter ‚ist‘ die
      gleiche Bedeutung haben, im andern Fall nicht? Oder ist es so, daß 40
      diese Regel eben der sprachliche Ausdruck dafür ist, daß die Wörter das
      gleiche bedeuten?

7 / Ich will es damit vergleichen, daß das Wort ‚ist‘ einen andern
      Wortkörper hinter sich hat. Daß es beidemale die gleiche Fläche ist, die 45
      einem andern Körper angehört, wie wenn ich ein Dreieck im
      Vordergrund sehe das das einemal die Endfläche eines Prismas das
      andremal eines Tetraeders ist. 113

24 jetzt unsinnig würde u.u.. Das ist wahr⟨, es …⟩
25 Es ist aber dabei nicht bedacht, daß ⟨die …⟩
29 ? *Randzeichen durchstrichen*
44 Ich will ⟨s…⟩

224

1 / Oder denken wir uns diesen Fall: Wir hätten Glaswürfel deren eine Seite
/Seitenfläche/ rot gefärbt wäre. Wenn wir sie aneinanderreihen, so wird
im Raum nur eine ganz bestimmte Anordnung roter Quadrate
entstehen können, bedingt durch die Würfelform der Körper. Ich
könnte nun die Regel nach der hier rote Quadrate angeordnet sein   5
können auch ohne Erwähnung der Würfel angeben, aber in ihr wäre
doch bereits das Wesen der Würfelform präjudiziert. Freilich nicht, daß
wir gläserne Würfel haben wohl aber die Geometrie des Würfels.

2 / Wenn wir nun aber einen solchen Würfel s e h e n, sind d a m i t wirklich   10
schon alle Gesetze der möglichen Zusammenstellung gegeben?! Also
die ganze Geometrie?
Kann ich die Geometrie |des Würfels| von einem Würfel ablesen?

3 ∫ Muß ich nicht dazu in ihm schon eine sehr einfach ausgesprochene   15
Regel sehen?

4 / Der Würfel ist dann eine Notation der Regel.
Und hätten wir eine solche Regel gefunden, so könnten wir sie
wirklich nicht besser notieren, als durch die Zeichnung eines Würfels   20
(und daß es hier eine Zeichnung tut, ist wieder ungemein wichtig.
/bedeutsam./)

5 / Und nun ist die Frage: in wiefern kann der Würfel oder die Zeichnung   114
(denn die beiden kommen hier auf dasselbe /eins/ hinaus) als Notation   25
der geometrischen Regeln dienen?

6 / Doch auch nur sofern er einem System angehört: nämlich der Würfel
mit der einen roten Endfläche wird etwas anderes notieren, als eine
Pyramide mit quadratischer roter Basis, etc. D.h., es wird dasjenige   30
Merkmal der Regeln notiert worin sich z.B. der Würfel von der
Pyramide unterscheidet.

7 / Und das bringt mich wieder darauf, daß ja jede Erklärung eines
Zeichens statt des Zeichens sollte dienen können. D.h. wenn ich ein   35
Zeichen durch Erklärungen gleichsam aufbaue, dann muß das
Aufbauen mit dem Resultat des Aufbauens äquivalent sein. (Da es nie
auf (verschiedene) Attribute ankommt.)

25.   40

8 / „Es liegt schon in dem Akt /der Operation/ der Negation, daß sie
verdoppelt sich selbst aufhebt".
Das was schon ,darinliegt' kann man immer nur durch eine Regel
ausdrücken /aussprechen/, weil man es nicht ausdrücken kann sofern
/soweit/ es darinliegt, sondern nur detachiert.   45
Darum ist ,~' in „~~p = p" keine Negation.

---

5 Ich könnte nur die Regel nach der hier rote Quadrate
7 aber in ihr wäre doch bereits das Wesen ⟨des Würfels⟩ präjudiziert.
13 |des Würfels| –das Einfügungszeichen ist im MS gewellt unterstrichen
44 Im MS: weil |man| es nicht ausdrücken kann

1 / Das einzige Korrelat, in der Sprache, zu einer Naturnotwendigkeit ist
eine willkürliche Regel. Sie ist das einzige, was man von dieser
Notwendigkeit in einem Satz/Sätze/ abziehen kann.

115

2 ʔ/ „Ich sage doch diese Worte nicht bloß, sondern ich meine auch etwas
mit ihnen". Wenn ich z.B. sage „Du darfst nicht hereinkommen" so ist
es der natürliche Akt, zur Begleitung dieser Worte, mich vor die Tür zu
stellen und sie zuzuhalten. Aber es wäre nicht so offenbar naturgemäß
wenn ich sie ihm bei diesen Worten öffnen würde. Diese Worte haben,
wie sie hier verstanden werden, offenbar etwas mit jenem Akt zu tun.

Der Akt ist sozusagen eine Illustration zu ihnen — müßte als
Sprache aufgefaßt werden können. Andrerseits ist er aber auch der Akt
den ich abgesehen von jedem Symbolismus aus meiner Natur tun will/tue/.

3 ∫ Der Satz ist eben das Motiv der/zur/ Handlung.

4 ∫ Die Negation im Satz ist wie der h ö l z e r n e Würfel. Sie negiert ja
e t w a s und kann nur so bestehen. [negieren.]

5 / Die gramm. Regel spiegelt in der Sprache die Weise, wie wir die
Negation befolgen.

6 Wie ich einen Befehl befolge zeigt doch wohl, wie ich ihn verstehe
[auffasse.] Aber das Band zwischen Befolgung und Befehl ist der
unsichtbare (gläserne) Körper des Symbols, der in den Regeln der
Sprache sichtbar gemacht wird.

7 / Jedes Zeichen der Negation ist gleichwertig jedem andern, denn
P| "   ist ebenso ein Komplex von Strichen, wie das Wort „nicht"
W|F   und zur Negation wird es nur durch die Art wie es ‚w i r k t'.
„ F|W   Hier aber ist nicht die Wirkung im Sinne der Psychologie (das
Wort ‚Wirkung' also nicht kausal) gemeint, sondern die Form seiner
Wirkung.

8 / |Ich möchte sagen:| Nur dynamisch wirkt das Zeichen, nicht statisch.
Der Gedanke ist dynamisch.

9 ∫ Das heißt doch, nur wenn ich mich danach richte, wirkt das Zeichen als
Zeichen. (Geld wirkt nur als Geld wenn ich es für etwas bekomme oder
hergebe)

5

10

15

20

25 116

30

35

40

3 was man von dieser Notwendigkeit in ⟨Sätzen⟩ abziehen kann.
5 ? *Randzeichen durchstrichen*
6 mit ihnen". *–im MS Zeilenende ohne Schlußpunkt*
10 wie sie hier verstanden werden, offenbar etwas mit ⟨d...⟩
15 ⟨Da...⟩
15 Der Satz ist eben das ⟨Motiv ...⟩
25 Befehl ist der unsichtbare (gläserne) ⟨Würfel ...⟩
25 der in ⟨der Regel⟩ der Sprache sichtbar gemacht wird.

1 ∫ Wenn ich mich nach dem Satz ‚~p' richte, so ist das, was ich tue
       natürlich auch durch die Negation charakterisiert. Aber ich kann den
       Anteil den die Negation an der Bestimmung meiner Handlung hat nicht
       beschreiben, er ist ja eben durch die Negation ausgedrückt; wohl aber
       kann ich die internen Eigenschaften der Negation durch die Regeln   5
       zeigen die vom Verneinungszeichen gelten.

2 ∫ Meine Aufgabe ist es nur alles zu beachten was zwar jeder weiß aber
       nicht als wesentlich beachtet hat.
                                                                                   10
3 ∫ Nein so habe ich das Wort ..ª. |gar| nicht gemeint, nicht in dem Sinne in   117
       dem man sagen kann ..ᶠª.., sondern in dem Sinne von ..ᵇª.."

4 ∫ Denke, wie ich die Verneinung eines Satzes in die Tat umsetze. Da muß
       ich doch eben von den Eigenschaften jenes Körpers Gebrauch machen,   15
       der hinter dem Worte ‚nicht' liegt.

5 ∫ Ich könnte etwa sagen, wie sich Würfel zueinander verhalten hängt
       zwar von ihrem Material ab, aber bei gegebenem Material hängt das
       Verhalten der Körper von ihrer Gestalt ab./ist das Verhalten der   20
       Körper durch ihre Gestalt bestimmt./

6 ?/ Wenn ich die Verneinung übersetze, so muß ich doch von ihren
        geometrischen Eigenschaften Gebrauch machen.
                                                                                   25
7 ∫ Denken wir uns den Fall, daß ich auf einem Plan durch Schraffierung
       einer Stelle andeute, daß diese/die entsprechende/ Stelle nicht zu
       betreten ist.

8 ∫ Ich möchte sagen: die Verneinung hat außer ihren logischen   30
       Eigenschaften auch noch physikalische.

                                                                26.
9 ∫ Bedenke, daß man auch dem Kind die Negation nur an |diversen|
       einzelnen Beispielen beibringt./vorführt und ihr Verständnis beibringt./   35

---

3   an der Bestimmung meiner Handlung hat nicht in ⟨einem …⟩
6   er ist ja eben durch die Negation ausgedrückt; wohl aber kann ich die
    internen Eigenschaften der Negation durch die Regeln zeigen die vom
    Verneinungszeichen gelten. –im MS am linken Rand mit einer Wellenlinie
    markiert
9   Im MS: was zwar jeder weiß aber als wesentlich beachtet hat.
11 |gar| –das Einfügungszeichen ist im MS gewellt unterstrichen
18 ⟨Es …⟩
26 daß ich auf ⟨einen⟩ Plan durch Schraffierung ⟨eine⟩ Stelle andeute,
34 |diversen| –im MS ist auch das Einfügungszeichen gewellt unterstrichen

1 / Jeder der einen Satz liest und versteht sieht die verschiedenen
Wortarten/Worte/ in verschiedener Weise obwohl sich ihr Bild und   118
Klang der Art nach nicht unterscheidet. Wir vergessen ganz, daß ‚nicht‘
und ‚Tisch‘ und ‚grün‘ als Laute oder Schriftbilder betrachtet sich nicht
wesentlich von einander unterscheiden und sehen es nur klar in einer   5
uns fremden Sprache.

2 / Die Wörter haben offenbar ganz verschiedene Funktionen im Satz. Und
diese Funktionen scheinen uns ausgedrückt in den Regeln die von den
Wörtern gelten.   10

3 / Man denke nur daran, was es heißt daß sich ein Wort auf diesen
Bereich des Satzes bezieht!

4 ʃ Denken wir an eine Sprache, in der die Negation durch Drehen des   15
Satzbildes um 180° ausgedrückt würde. Wäre es hier nicht besonders
klar daß das gedrehte Bild an sich nicht wesentlich anders aussähe als
jedes andre und also das Wesen der Negation nicht zum Ausdruck
kommt.
                                                                            20
5 / Beim Lesen einer schleuderhaften Schrift kann man erkennen, was es
heißt etwas in das gegebene Bild/Gebilde/ hineinsehen [erkennen, wie
man etwas in das gegebene ….]

6 ʃ Alles das scheint aber doch nur statisch zu sein, nicht dynamisch.   25

7 ʃ Ein umgestürzter Sessel wird anders wahrgenommen, wenn er als
solcher erkannt wird, als, wenn er bloß als Holzkonstruktion ohne   119
Bezug auf eine andre mögliche Lage gesehen wird. [… als, wenn er als
|eine| Holzkonstruktion in ihrer gegebenen Lage hingenommen wird]   30

8 ʔ/ Denke an die Vexierbilder. Ein Komplex von Strichen wird auf einmal
/plötzlich/ als das umgekehrte Bild eines Mannes erkannt und gesehen.

9 Wenn man eine Uhr abliest, so sieht man einen Komplex von Strichen,   35
Flecken etc., aber auf ganz bestimmte Weise, wenn man ihn als Uhr
und Zeiger betrachten/auffassen/ will.

10 ʃ Wenn ich etwa sage: „es ist 7 Uhr, da muß ich gehen“, da war es nicht
genug, einfach den Komplex von Strichen etc. ‚statisch‘ zu sehen.   40

                                                                   27.
11 ʃ Was nicht aus der Quelle rinnt, kann nicht im Fluß fließen.

12 / Das ‚Nicht‘ macht eine abwehrende/verneinende/ Geste.   45

---

3 obwohl sich ihr Bild und Klang der Art nach nicht unterscheidet. *–im MS*
am linken Rand mit einer vertikalen Wellenlinie markiert
4 Wir vergessen ganz, daß ‚nicht‘ und ‚Tisch‘ und ‚grün‘ als ⟨Z…⟩
19 *Im MS schließt die Bemerkung:* das Wesen der Negation nicht zum Ausdruck
21 Beim Lesen ⟨eines schleuderhaft geschriebenen …⟩
23 *Im MS:* wie man etwas in das gegebene ….⟩
30 |eine| *–das Einfügungszeichen ist im MS gewellt unterstrichen*
45 Das ⟨‚nicht‘⟩ macht eine abwehrende/verneinende/ Geste.

1 / Jede/Die/ ethische Rechtfertigung einer Handlung/Tat/ must appeal to the man vor dem/dem/ ich sie rechtfertige/rechtfertigen will/. [... dem ich sie begreiflich machen will.]

2 ʃ Ein Element der Beschreibung kann Beschreibung nicht charakterisieren.

3 ʃ Wenn ich dem Befehl folge so verstehe ich ihn d a r i n in gewissem Sinne. Kann ich ihn aber auch verstehen, ohne ihm zu folgen? D.h. ist das Verstehen wesentlich ein Teil des Befolgens?

Das Verstehen ist das Verstehen, und das Befolgen ist das Befolgen.

4 / Das Verstehen der Verneinung ist das Sehen ihrer abwehrenden Geste.

5 / Oder: Das Verstehen der Verneinung ist dasselbe, wie das Verstehen einer abwehrenden Geste.

Und was ich oben über ‚statisch' und ‚dynamisch' gesagt habe, bezieht sich auch ganz auf diese/die/ Geste.

6 ʃ?/ Wir können sagen: Ich kann mir denken, daß ich diese Geste wahrnehme und sie nicht ‚abwehrend' empfinde. Denn die bloße vorgestreckte Hand und der zurückgelehnte Körper ist nicht mehr abwehrend als ein Kegel oder Wasserkrug.

Ich möchte sagen: es ist die Wirkung der Bewegung auf mich, die das Abwehrende ausmacht. Aber es ist nicht die Wirkung, denn von der w ü ß t e ich nicht die Ursache, und ein Medicament das dieselbe Wirkung hätte (welche immer sie sein mag) würde ich nicht abwehrend nennen.

Es ist, wie ich mich früher ausdrückte, ‚die Art wie ich diese Bewegung sehe'. Aber das wäre wieder statisch. Ich glaube, es ist, daß sich etwas bestimmtes in mir nach dieser Bewegung/Geste/ richtet.

/ Aber was in dieser Behauptung ist nun bloße Hypothese (Mythologie)?

7 ʃ Was ist z.B. der logische Gehalt meiner Aussage: „Die ‚abwehrende Geste' habe an sich/als Bewegung/ nicht mehr Abwehrendes, als irgend eine Bewegung oder Körperform"?

Das heißt doch: Die Beschreibung dieser Bewegung allein beschreibt das Abwehren nicht. D.h. es hat Sinn von d i e s e r Bewegung zu sagen/auszusagen/, sie sei eine abwehrende Geste.

5

10

120

15

20

25

30

35

121

40

2 vor dem/dem/ –*zweite Variante im MS durchstrichen*
21 ʃ *Randzeichen überschrieben*
21 ? *Randzeichen durchstrichen*
22 daß ich diese Geste wahrnehme⟨,⟩ und sie nicht ‚abwehrend' empfinde
23 zurückgelehnte Körper ist nicht mehr ⟨abl...⟩
24 zurückgelehnte Körper ist nicht mehr abwehrend als ein Kegel oder ⟨.....⟩
33 *Der Absatz ist im MS eine Bemerkung, durch eine Klammer am linken Rand der vorangehenden zugeordnet.*
36 *Die Bemerkung ist am linken Rand mit einer vertikalen Wellenlinie markiert.*
36 Was ist z.B. der logische Gehalt ⟨dessen ...⟩
39 Das heißt doch⟨, ...⟩

1 ⁊ Und nun will ich sagen: Es liegt nicht an der speziellen Bewegung, daß
sie an und für sich keine abwehrende Geste ist, sondern eine Bewegung
ist an sich überhaupt keine Geste.

Es ist natürlich auch nicht, daß/Es liegt natürlich auch nicht daran
daß/ sie keine ruhende Attitude ist sondern Bewegung, denn die   5
Bewegung/diese/ ist an sich, in meinem Sinn, ebenso ‚statisch‘ wie die
ruhende Stellung.

2 / (Die Gebärdensprache ist eine S p r a c h e und wir haben sie nicht – im
gewöhnlichen Sinne – gelernt. Das heißt: sie wurde uns nicht   10
(absichtlich,) geflissentlich gelehrt. Und doch haben wir sie gelernt. –

3 ∫ Ich kann die abwehrende Geste auch verstehen, wenn sie einem
Andern gilt.

15

4 / Chinesische Gesten verstehen wir so wenig, wie Chinesische Sätze.

5 ∫ (Die Geste muß, um verstanden zu werden, wie jedes Zeichen als Bild,
das heißt als Angehöriger eines Systems aufgefaßt werden.)

20

6 / Man könnte sich das Lernen einer Sprache analog dem
Fingerhutsuchen vorstellen, wo die gewünschte Bewegung durch
‚heiß, heiß‘, ‚kalt, kalt‘ herbeigeführt wird. Man könnte sich denken, daß
der Lehrende statt dieser Worte auf irgend eine Weise (etwa durch
Mienen) angenehme und unangenehme Empfindungen hervorruft, und   25
der Lernende nun dazu gebracht wird, d i e Bewegung auf den Befehl
hin auszuführen, die regelmäßig von der angenehmen Empfindung
begleitet wird (oder zu ihr führt).

Wir könnten uns denken, daß er auf diese Art abgerichtet wird, auf
gewisse Zeichen in bestimmter Art zu reagieren. (Und Abrichten   30
geschieht wirklich so.)

7 / Hätten wir nun dadurch den Zeichen folgen gelernt, so verhielte es sich
so: Wir würden beobachten, daß wir bei gewissen Bewegungen und
Worten des Andern reflexartig gewisse Bewegungen machen und   35
würden dies nachträglich dadurch erklären, daß diese Bewegungen uns
seinerzeit zu angenehmen Empfindungen verholfen haben. Diese
Erklärung verhielte sich zu unseren Handlungen so, wie die Darwinsche
Erklärung des Stirnrunzelns – aus einem gewissen Nutzen den es unsern
tierischen Vorfahren gebracht habe – zu dem Akt des Stirnrunzelns, der   40
jetzt keine Beziehung zu diesem Zweck hat. Die Erklärung wäre eine
hypothetische und würde die Ursache der Handlung betreffen, nicht das
Motiv.

122

---

2 *Im MS:* an |und| für sich
3 keine abwehrende Geste ist, sondern eine Bewegung ist an ⟨und f…⟩
9 (Die Gebärdensprache *– im MS fehlt die Schlußklammer*
10 und wir haben sie nicht – im gewöhnlichen Sinne – gelernt. ⟨Daß …⟩
16 Chinesische Gesten ⟨verstehe ich …⟩
16 verstehen wir so wenig, wie ⟨chinesische Wörter …⟩
21 Man könnte sich das Lernen einer Sprache ⟨al…⟩
27 die regelmäßig von ⟨von⟩ der angenehmen Empfindung
33 *Im MS:* verhielte es |sich| so:

1   ∫   Denken wir uns eine Sprache in der jeder Befehl durch eine
Vorführung mit Puppen etc. gegeben wird. Hier ist das Folgen viel
leichter als ein einer-Regel-Folgen erkennbar. Oder noch einfacher, daß
der Befehlende uns alles (selbst) vormacht.

                        5

2   ∫   (A. I don't agree with you there.   123
B. Alright, then I won't agree with you either.)

                     28.

3   /   Es ist sehr sonderbar: Das Verstehen einer Geste möchten wir/Wir sind   10
versucht das Verstehen …/ durch ihre Übersetzung in Worte erklären,
und das Verstehen von Worten durch diesen entsprechende Gesten. [Es
ist sehr sonderbar: Wir sind versucht das Verstehen einer Geste durch,
ihr entsprechende, Worte zu erklären, und das Verstehen von Worten
durch, diesen entsprechende Gesten.]   15

4   /   Und wirklich werden wir Worte durch eine Geste und eine Geste durch
Worte erklären

5   ∫   Es ist/wird uns/ besonders schwer, uns zurückzuhalten, in der   20
Philosophie hinter die Erscheinungen dringen zu wollen.

6   /   Das Abbilden (Nachahmen) enthält wesentlich eine gewisse Bereitschaft
– Empfänglichkeit, die Bereitschaft sich führen zu lassen, sich nach dem
Modell zu richten, die Funktion zu sein, zu der das Argument das   25
Modell sein wird.

   Und wirklich ist der Ausdruck dafür der, daß ich gleichsam x^2
oder $(\ )^2$ bin und wenn nun das Modell 5 ist, so ergibt es „von selbst" 5^2.
(Sich für das Modell unbestimmt halten, und/sich/ von ihm bestimmen
lassen.) (?)   30

7   /   Wenn ich nun x^2 war und es kommt die 5 daher, so müßte es nun
daraus allein folgen, daß ich zu 5^2 werde.

  /   Und das ist in einem Sinn der Fall und in einem andern nicht. Es
ist nicht der Fall in dem Sinn, in dem/: daß/ ich eine Handlung nicht als   35   124
die Befolgung eines Befehls durch vergleichen der Handlung mit dem
Befehl erweisen kann. Und es ist der Fall in dem Sinn, in dem ich die
Handlung durch Collationieren mit dem Befehl rechtfertigen kann.

8   Ich bin x^2, nun kommt die 5 daher und ich werde nun 5^2. Nun kann ich   40
die 5^2 mittels der 5 und x^2 in einem Sinne rechtfertigen, in einem
andern nicht. Und ich möchte sagen,/:/ soweit ich sie nicht rechtfertigen
kann, hat es keinen Sinn das Wort „rechtfertigen" zu gebrauchen.

---

11   durch ⟨Worte …⟩
15   das Verstehen von Worten durch, –*das Komma ist im MS gewellt unterstrichen*
28   x^2 oder $(\ )^2$ bin und wenn nun das Modell 5 ist, so ergibt es⟨, …⟩
34   *Der Absatz ist im MS eine Bemerkung, durch eine Klammer am linken Rand der
vorangehenden zugeordnet.*
35   ich ⟨die⟩ Handlung nicht als die Befolgung eines Befehls
42   Und ich möchte sagen⟨;⟩,/:/ –*das Komma ist im MS gewellt unterstrichen*
43   ⟨I…⟩ *Streichung in der folgenden Leerzeile*

1 Ich kann 5^2 mittels x^2 rechtfertigen wenn ich dabei x^2 einem x^3 oder
    einem anderen Zeichen des Systems entgegenstelle.

2 ſ Der Satz „wenn 6 gekommen wäre, wäre ich 6^2 geworden", muß in der
       allgemeinen Bereitschaft liegen. Also in dem x^2 5

3 Die Schwierigkeit ist offenbar, das nicht zu rechtfertigen versuchen, was
    keine Rechtfertigung besitzt/verträgt/ [zuläßt]

4 / Wenn man fragt: „warum schreibst Du 5^2?" und ich antworte „es steht   10
       doch da, ich soll quadrieren", so ist das eine Rechtfertigung – und eine
       v o l l e – . Eine Rechtfertigung verlangen in dem Sinne in dem dies
       keine ist, ist sinnlos.

5 ſ Wenn das keine Rechtfertigung ist, so gibt es keine. Das ist es, was wir   15   125
       eine Rechtfertigung nennen.

6 / Ich hätte jemandem alle möglichen Erklärungen dafür gegeben, was der
       Befehl „quadriere diese Zahlen" heißt. (Und das/diese Erklärungen/ sind
       doch sämtlich Zeichen.) Er quadriere darauf und nun frage ich ihn   20
       „warum tust Du d a s auf diese Erklärungen hin?". Dann hätte es keinen
       Sinn mir zu antworten: „Du hast mir doch gesagt: (folgt die
       Wiederholung der Erklärungen)". Eine andre Art der Antwort ist aber
       auf diese Frage auch nicht möglich und die Frage heißt eben nichts. Sie
       müßte sinnvoll lauten: „Warum tust Du d a s und nicht jenes auf diese   25
       Erklärungen hin (ich habe Dir doch gesagt ….)".

7 / Wenn man nun fragen würde: Wie lange vor der Anwendung der Regel
       muß die Disposition „x^2" gedauert haben? Eine Sekunde, oder zwei?
       Diese Frage klingt natürlich, und mit Recht, wie eine Persiflage. Wir   30
       fühlen, daß es darauf gar nicht ankommen kann. Aber diese Art (der)
       Frage taucht immer wieder auf.

8 / Die „Weise" wie ich mich nach der Regel richte; wenn dieses Wort
       überhaupt einen Sinn haben soll, muß das sein, was durch eine weitere   35
       Regel über die Anwendung der ersten ausgedrückt ist. Ist eine solche
       weitere Regel nicht vorhanden, so gibt es keine W e i s e der
       Anwendung der ersten, sondern nur ihre Anwendung. Eine Weise ist
       dies, im Gegensatz zu einer andren Weise.

                                                                                    40

ı   Ich kann ⟨die⟩ 5^2 mittels x^2 rechtfertigen
ıo Wenn man ⟨frägt⟩: „warum schreibst Du
ı3 Eine Rechtfertigung verlangen in dem Sinne in dem dies keine ist, ist
      sinnlos. –im MS am linken Rand mit einer vertikalen Wellenlinie markiert
ı5 Die Bemerkung ist am linken Rand mit einer vertikalen Wellenlinie markiert.
3o Diese Frage klingt natürlich, und mit Recht, ⟨na…⟩

1   Warum sollte ich mir vor der Ausführung des Quadrierens/der Quadrierung/ die Regel wiederholen? Denn, wenn ich im Stande bin sie zu wiederholen dann kann ich sie ja auch gleich anwenden. Den Wortlaut der allgemeinen Regel wiederholen, hätte nur Sinn, wenn ich sie im Gegensatz zu anderen Regeln hervorheben will. Weil das allgemeine Zeichen der Regel ja nicht magisch wirkt, sondern nur insofern Sinn hat als es auf eine Stelle eines Systems zeigt.

2 ∫   Die Grammatik beschreibt das System, den Raum, an dessen eine Stelle das Symbol/Zeichen/ zeigt.

3 ∫   Wir müssen in gewissem Sinne wissen, was statt der Regel/des Regelausdrucks/ x^2 alles stehen könnte, um dieses Zeichen zu verstehen.

4 ?   Könnte man also sagen: Das Zeichen muß, um verstanden zu werden, als Argument in eine Funktion fallen die eben den Raum charakterisiert in dem dann das Zeichen die Stelle im Gegensatz zu anderen Stellen anzeigt?

5 ?   Darum kann das Zeichen ohne Grammatik nicht existieren.

6 ?∫   Das Zeichen ohne Grammatik wäre das ‚statische'.

7 ?   Das heißt, ich kann auch eine Geste nicht verstehen, wenn ich sie nicht als eine Möglichkeit in einem bestimmten Raum sehe. Und also gibt es auch eine Grammatik der Gesten (nämlich ihre Geometrie)

8 ?   Wenn ich die Geste des Uhrzeigers verstehen soll, so muß ich sie als den einen Wert einer bestimmten Variablen auffassen. Die Grammatik sagt uns die möglichen Stellungen des Uhrzeigers, d.h., gibt mir diese Variable.

9 ?   Nun, glaube ich, sehen wir auch den Grund, warum uns der Gedanke in gewissem Sinne als ergänzungsbedürftig, unvollständig, erschien.

10   Man kann zu einem Zeichen, etwa dem Pfeil ╱ der eine bestimmte Richtung andeuten soll, die Erklärung hinzusetzen: Im Gegensatz zu ↑ oder ↘. Und obwohl das keine erschöpfende Grammatik ist, so zeigt es doch, daß wir damit eine Erklärung andeuten können, daß, was in dieser Erklärung angedeutet wird, im Verständnis irgendwie sousentendu /mit verstanden/ ist.

1.3.

11 ∫   Ich denke/frage/: in welcher Richtung wird wohl der Pfeil zeigen; — und nun zeigt er in dieser.

---

3   dann kann ich sie ja auch gleich anwenden. ⟨Der …⟩
17   als Argument in eine Funktion fallen die eben ⟨der …⟩
23   ? *Randzeichen überschrieben*

1 ?⌡ Der Raum in dem der Pfeil aufgefaßt wird, kann nicht durch ein, dem
Pfeil in irgendeiner Weise hinzugefügtes/beigefügtes/, Zeichen
charakterisiert werden. Denn die gleiche Unbestimmtheit müßte auch
diesem Zeichen eigen sein.

2 ⌡ Jeder Satz sagt: es ist so, und nicht anders.
Dann kann man die Sprache nicht beschreiben.

3 ⌡ Sieht man das gerade, aufgeknüpfte Stück des Fadens, so ist es schwer
zu erkennen, welches Stück des verknoteten Fadens es früher war. Man
erkennt in der Lösung nicht mehr die Probleme, die sie gelöst hat.

4 ?⌡ Nicht darin besteht das Abbilden der Strecke a daß ich daneben die
⎰a ⎰a′ gleichlange a′ setze, sondern darin, daß a, in die allgemeine
Disposition eingesetzt, a′ ergibt.
Die allgemeine Disposition wird dadurch beschrieben, daß ich
sage: wenn a doppelt so lange gewesen wäre, hätte ich auch a′
doppelt so lange gemacht. (etc).

5 ?⌡ Wenn man fragt: „Warum muß denn die Sprache Grammatik haben?
das muß doch mit ihrer Anwendung zu tun haben". So müßte ich sagen:
Ja, denn wie sollte ich sonst etwas beschreiben, einer Tatsache einen
Satz zuordnen, wenn ich nicht in einem bestimmten System das
passende wählen könnte, oder – was auf dasselbe hinauskommt – n a c h
einem bestimmten System wählen könnte. Sonst wäre ja die Zuordnung
willkürlich/müßte ja die Zuordnung willkürlich sein/. Und. umgekehrt,
wie sollte ich mich nach einem Zeichen richten, ihm eine Bewegung,
Handlung, zuordnen, wenn nicht nach einem System.

6 / Wenn ich mich mit der Bewegung des Punktes P von A nach B $_A^P$—$_B^P$
nach dem Pfeil ⟋ richte so ist das/so ist, was hier geschieht/ nur dadurch
beschrieben, daß ich das System von Pfeilen beschreibe, dem dieser
angehört. – Ich könnte nun wohl sagen: Ist das genug? muß ich nicht
auch die Regel |angeben nach| der |die| Übersetzung geschieht, z.B.
hier, daß ich mich parallel zum Pfeil bewegen muß? Aber diese
Übersetzungsregel kann/könnte/ ich mir in Gestalt etwa des Zeichens
„| |" (im Gegensatz etwa zu „| —") dem Pfeile zugesetzt denken; aber
dann würde das Zeichen „⟋| |" auf keiner anderen Stufe stehen wie „⟋"
und ich könnte doch jetzt nur das System beschreiben dem dieses
Zeichen angehört, wenn ich nicht ad infinitum, a l s o e r f o l g l o s,
weitere Zeichen zu dem obigen setzen will.

5

128

10

15

20

25

30

129

35

40

21 das muß doch mit ihrer Anwendung zu tun haben". So ⟨m…⟩
31 nach dem Pfeil ⟋ richte ⟨is…⟩

1 ∫ Du sagst hier, daß, was geschieht, wenn ich mich nach einem Zeichen
richte, nicht damit beschrieben ist, daß das Zeichen und meine
Handlung beschrieben werden; sondern, daß d a z u auch noch die
Grammatik des Zeichens beschrieben/gegeben/ werden muß. Was
natürlich nicht dasselbe heißt, wie, daß, der sich nach dem Zeichen   5
Richtende sich des Ausdrucks der gramm. Regeln bewußt ist. Wohl
aber, daß einem andern Ausdruck [andern Regeln] auch ein anderer
Vorgang des Nachbildens/sich-danach-Richtens/ entspricht.

2 / Das Wort „in Übereinstimmung mit"/„entsprechend"/ (dem Pfeil, z.B.)   10
hat keinen Sinn, wenn es sich nicht auf ein System bezieht, dem der
Pfeil angehört.

                                                                    2.

3 ∫ Ein Zeichen wirkt nicht durch sein suggestives Aussehen, sondern durch   15   130
das System dem es angehört.

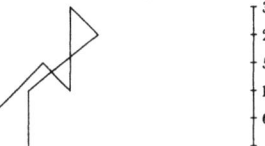

⌈ 3
⊦ 2
⊦ 5
⊦ 1,4   20
⌊ 6

                                                                    3.

4 / Denken wir uns daß das Schachspiel nicht als Brettspiel erfunden
worden wäre sondern als ein Spiel das mit Ziffern und Buchstaben auf   25
Papier zu spielen ist und so daß sich niemand dabei ein Quadrat mit
64 Feldern etc vorgestellt hätte. Nun aber hätte jemand die Entdeckung
gemacht, daß dieses Spiel ganz einem entspricht das man auf einem
Brett in der und der Weise spielen könnte. Diese Erfindung wäre eine
große Erleichterung des Spiels gewesen (Leute denen es früher zu   30
schwer gewesen wäre könnten es nun spielen). Aber es ist klar daß diese
|neue| Illustration der Spielregeln nur ein neuer leichter übersehbarer
Symbolismus wäre der übrigens mit dem geschriebenen auf gleicher
Stufe stünde. Vergleiche nun damit das Gerede darüber daß die Physik
heute nicht mehr mit mechanischen Modellen sondern „nur mit   35
Symbolen" arbeitet.

---

6 der sich nach dem Zeichen Richtende sich des ⟨Ausdruckes⟩ der gramm.
7 daß einem ⟨andren⟩ Ausdruck [andern Regeln]
30 Diese Erfindung wäre eine große Erleichterung des ⟨Spieles⟩ gewesen
33 nur ein neuer leichter übersehbarer Symbolismus wäre der ⟨im …⟩

1 ⸀/ Wenn man fragte: Aber wäre es |nicht| doch möglich von dem was
beim Quadrieren von 5 in x^2 $\frac{5}{5^2}$ geschieht Rechenschaft zu geben
indem man |nur| sagt daß ich vom Zeichen x^2 beeinflußt unter ‚5' ‚5^2'
geschrieben habe; so muß ich fragen: aber woher weiß ich, daß es auf
den Einfluß des x^2 geschehen ist? Das ist doch nur eine Hypothese und
eine die mich hier gar nicht interessieren kann. Dann kann ich also nur
sagen daß x^2 dagestanden hat u n d daß ich 5^2 unter die 5 geschrieben
habe!

    Und nun ist es klar daß alles was ich erklären will gerade das
„d a h e r" ist.

2 ⸀∫ Und nur dieses Daher erklärt das System/wird vom System erklärt/wird
durch das System erklärt/, und nur das System erklärt das Daher/es/.

3 / Wir stoßen hier immer auf die peinliche Frage ob denn nicht das
Anschreiben des 5^2 (z.B.) mehr oder weniger (oder ganz) automatisch
erfolgt sein könne, und fühlen daß das der Fall sein mag und daß es uns
gar nichts angeht. Daß wir hier auf ganz irrelevantem Boden sind, wo wir
nicht hingehören.

4 ⸀/ Wir möchten nämlich sagen: Soweit das Hinschreiben automatisch
erfolgt geht es uns nichts an und es hat keine Deutung eines Zeichens
stattgefunden. — Erst wenn ich das was ich hinschreibe/tue/, durch ein
Zeichen rechtfertige, liegt in dieser Rechtfertigung der Hinweis auf das,
was in den Regeln der Grammatik ausgedrückt ist.

5 ⸀/ Das heißt: Wenn immer ich ξ schreibe w e i l hier η steht setzt dieses
Weil eine Regel voraus

6 ∫ Ich kann doch am Schluß nicht mehr sagen als jeder weiß.

7 ∫ Ich kann doch nur,/:/ auf das aufmerksam machen, was jeder weiß, d.h.
sofort als wahr zugibt.
    (Das Sokratische Erinnern an die Wahrheit)

  1 Wenn man fragte: ⟨aber⟩ wäre es |nicht| doch möglich
  2 geschieht ⟨nur⟩ Rechenschaft zu geben indem man |nur| sagt
  4 unter ‚5' ‚5^2' geschrieben habe; so ⟨ist die Antwort …⟩
  5 es auf den Einfluß ⟨der H…⟩
 12 *Die Bemerkung ist am linken Rand mit einer vertikalen Wellenlinie markiert.*
 15 Wir stoßen hier immer auf die ⟨Pei…⟩
 16 das Anschreiben ⟨der⟩ 5^2 (z.B.) mehr oder weniger
 19 Daß wir hier auf ganz irrelevantem Boden sind, wo wir nicht hingehören. *–im*
   MS am linken Rand mit einer vertikalen Wellenlinie markiert
 25 auf das, was in ⟨der Regel⟩ der Grammatik ausgedrückt ist. *–im MS am linken*
   Rand mit einer vertikalen Wellenlinie markiert
 27 Das heißt: Wenn ⟨im …⟩
 27 w e i l hier η steht setzt dieses ⟨‚Weil'⟩ eine Regel voraus
 32 Ich kann doch nur,/:/ *–das Komma ist im MS gewellt unterstrichen*
 32 *Im MS:* nur auf das auf das aufmerksam

1 / „Ich schreibe ‚5^2‘, weil hier ‚x^2‘ steht". Was aber, wenn ich sagte: „Ich schreibe ‚+‘, weil hier ‚$\circ$‘ steht"? Man würde fragen: Schreibst Du denn überall ‚+‘ wo ‚$\circ$‘ steht? D.h. man würde nach einer allgemeinen Regel fragen. Und das ‚weil‘ im letzten Satz hätte sonst keinen Sinn.

5

2 ∫ Ich meine also, das ‚weil‘ (hier) bezieht sich auf eine allgemeine Regel, d.h., es muß sich immer durch eine allgemeine Regel ergänzen lassen.

3 / Gehen wir zum Uhrzeiger zurück: Gewiß stellen wir uns den Uhrzeiger nicht in verschiedenen Stellungen vor, wenn wir seine gegenwärtige 10 Stellung ablesen (auch würde uns das nicht helfen). Und vielleicht, wenn wir sagen „es ist 5 Uhr, ich muß gehen" sagen wir dies und gehen automatisch. Aber ich hätte ja auch, wie der Betrunkene, auf die Streichholzschachtel sehen können und sagen „Donnerstag, da muß ich gehen". Und soweit Ursache und Wirkung in Frage kommen, sehe ich 15 zwischen den beiden Fällen keinen Unterschied.

4 ∫ Kann ich aber einfach so sagen: Wo immer so ein ‚weil‘ (‚deswegen‘, etc) steht, da k a n n ich eine allgemeine Regel aussprechen, die den Vorgang beschreibt. 20

5 / Wenn also Einer sagt „5, – da muß ich ‚5^2‘ schreiben", so muß dazugeschrieben werden können: „weil ich jede Zahl |die mir unterkommt| quadrieren muß", und zwar darf dieser Zusatz der Tatsache nichts hinzufügen. 25

133

6 ∫ Der Pfeil allein zeigt nicht.

7 Es kann keine Diskussion darüber geben, ob diese Regeln oder andere die richtigen für das Wort ‚nicht‘ sind. Denn das Wort hat ohne 30 diese/die/ Regeln noch keine Bedeutung und wenn wir die Regeln ändern, so hat es nun eine andere Bedeutung (oder keine) und wir können dann ebensogut auch das Wort ändern. Daher sind diese Regeln willkürlich, weil die Regeln erst das Zeichen machen.

35

8 / $\dfrac{x}{x-1}\genfrac{}{}{0pt}{}{\longleftarrow 5}{\searrow \frac{5}{4}}$ Ich habe die $\frac{5}{4}$ durch den Ausdruck $\frac{x}{x-1}$ auf eine Weise erhalten. Diese Weise ist das Konstante in den Fällen
$$x^2 \genfrac{}{}{0pt}{}{\longleftarrow 5}{\searrow 25}\ ,\ \ x+1 \genfrac{}{}{0pt}{}{\longleftarrow 5}{\searrow 6}\ ,$$
etc ist also durch das System der Zeichen f(x) gegeben. Diese Weise 40 kann dadurch ausgedrückt werden, daß ich sage: ich setze in den Ausdruck f(x) für x 5 ein (die Zahl ein, die mir gegeben wird). Bestimmt das nicht schon die Grammatik des Zeichens „$\frac{x}{x-1}$" etc?

9 / Ich benütze das Zeichen „$\frac{x}{x-1}$" um von 5 zu $\frac{5}{4}$ zu gelangen. 45

.

---

2 weil hier ‚$\circ$‘ steht"? Man würde ⟨z...⟩

12 sagen wir ⟨das⟩ und gehen automatisch.

20 die den Vorgang |?| beschreibt *–im MS ist das leergebliebene Einfügungszeichen mit einem Fragezeichen markiert*

22 Wenn also Einer sagt „5, – da muß ich ‚5^2‘ schreiben", so muß ⟨z...⟩

30 Denn das Wort ⟨‚nicht‘⟩ hat ohne diese/die/ Regeln

34 willkürlich, weil⟩, die Regeln erst das Zeichen machen.

1 / Die Rechtfertigung, daß ich ‚$\frac{5}{4}$‘ schreibe, w e i l da ‚$\frac{x}{x-1}$‘ steht, sagt
      natürlich nichts andres, als: „|ich| habe $\frac{5}{4}$ aus $\frac{x}{x-1}$ gewonnen". Und hier
      kann man fragen: „wie?" und die Antwort muß eine Regel sein, die sich   134
      nicht nur auf das Zeichen ‚$\frac{x}{x-1}$‘ bezieht, denn man brauchte dieses
      Zeichen nicht, wenn es allein stünde. Daß ein Zeichen mich s o leiten   5
      kann, setzt voraus, daß es mich auch anders hätte leiten können.

                                                                                        4.

2 ʃ Das Beobachten dessen, wie die Sprache gebraucht wird [Die
      Beobachtung des Sprachgebrauchs als eines Phänomens] liefert uns die   10
      Grammatik nicht, denn aus dieser Beobachtung könnte/müßte/ man
      z.B. schließen, daß das gleiche Wort in den Sätzen ‚die Rose ist rot‘
      und ‚2 × 2 ist 4‘ vorkommt und also die gramm. Regeln dieses
      Vorkommen erlauben

                                                                                        15

3 / Man muß wissen worauf im Zeichen man zu sehen hat. Etwa: auf
      welcher Ziffer der Zeiger steht, nicht darauf, wie lang er ist.

4 / „Geh in der Richtung in der der Zeiger zeigt."
      „Geh so viele Meter in der Sekunde als der Pfeil cm lang ist."   20
      „Mach so viele Schritte als ich Pfeile zeichne".
      „Zeichne diesen Pfeil nach."
            Für jeden dieser Befehle kann der gleiche Pfeil stehen. – – –

5 / Ist es so: Den Befehl zum Motiv meiner Handlung nehmen heißt das   25
      Gleiche wie: während man handelt wissen, daß man damit den Befehl
      befolgt oder ihm entgegen handelt?

6 ʃ Es heißt offenbar etwas: „wissen, daß man den Befehl befolgt" und
      darin muß das enthalten sein, was in den gramm. Regeln ausgedrückt   30   135
      ist.

7 ʃ Was ich hier versuche ist, keine Hypothese über die Ingerenz der
      gramm. Regeln zu machen, sondern nur zu sagen, was sicher ist.

                                                                                        35

8 / Es zeigt mir jemand zum ersten Mal eine Uhr und will daß ich mich
      nach ihr richte. Ich frage nun: worauf soll ich bei diesem Ding achten.
      Und er sagt: Auf die Stellung der Zeiger.

---

1   Die Rechtfertigung, daß ich ‚$\frac{5}{4}$‘ ⟨h…⟩
9   *Die Bemerkung ist am linken Rand mit einer vertikalen Wellenlinie markiert.*
12 könnte/müßte/ man z.B. schließen, daß das gleiche Wort ⟨im Satz …⟩
25 Den Befehl zum Motiv meiner Handlung nehmen heißt⟨,⟩ das Gleiche
26 das Gleiche wie: während man handelt wissen, daß man ⟨den …⟩
33 Was ich hier versuche⟨, …⟩

1 ∫ Es kommt nicht darauf an, ob ich während meiner Handlung mir bewußt war, daß ich dem Befehl gemäß handle. Aber wenn ich, auch nachträglich, die Handlung mit dem Befehl vergleiche, um sie etwa zu rechtfertigen, muß ich dabei den Befehl verstehen, d.h. dieses Vergleichen hängt vom grammatischen Raum ab, in dem der Befehl existiert und der durch die gramm. Regeln gegeben ist. Denn dann muß ich den Pfeil verschieden verstehen jenachdem er verschieden erklärt wird./wurde./ 5

2 ∫/ „Folge der Richtung des Pfeils" das gibt die ganze Grammatik des Pfeils. 10
Das Wort ‚Richtung' ist die Variable die den Raum darstellt.

3 ∫ Die Grammatik beschreibt, wie die Zeichen verwendet werden. Aber nicht, wie sie einer Reihe von Beobachtungen zufolge verwendet werden, sondern die Verwendung in jedem einzelnen Fall. 15

4 „Ich muß auf die Länge achten", „ich muß auf die Richtung achten", das heißt schon: auf diese Länge im Gegensatz zu anderen, etc. 136

5 / Kann man nun auch, ohne der Richtung des Pfeils zu folgen, auf seine 20
Richtung achten? (Denn das heißt so viel wie: kann man verstehen ohne zu übersetzen?)

6 ?/ „Folge dem Pfeil" hat gar keinen Sinn, wenn es nicht eine Abkürzung einer bestimmten Erklärung (von mehreren möglichen) ist. 25

7 ∫ Und wenn ich nun das Zeichen ⟋ irgendwie auffasse und mich danach richte so muß mir keine solche Erklärung gegenwärtig sein (und wäre sie es, so müßte ich sie ja selbst wieder irgendwie als Zeichen in einem System verstehen und sie würde mir also nichts helfen) aber das was ich 30
tue wird durch eine solche Erklärung beschrieben, es entspricht einer solchen Erklärung. Die aber, da sie selbst ein Zeichen ist mir nicht das Wesen des Zeichens aufbauen helfen kann.

5. 35

8 ∫ Zeitliches Verhältnis des Befehls/Ausdrucks/ „geh zur Tür hinaus" und der Handlung, die ihn befolgt.
Denken wir uns den Befehl durch ein Trompetensignal gegeben.
Und den Unterschied zwischen dem Befolgen des Befehls „geh zur Tür hinaus" und eines Befehls, der mir etwa jeden Schritt zur Tür 40
vorzeichnet.
Offenbar ist der obere Befehl einem Element des andern analog. 137

9 ∫ „Da steht das Wort ‚blau', also muß ich diese Farbe nehmen". 45

---

2 daß ich dem Befehl gemäß handle. –im MS Zeilenende ohne Schlußpunkt
2 daß ich dem Befehl gemäß handle. ⟨()Aber wenn ich⟨ nac…⟩
10 ∫ Randzeichen durchstrichen
33 das Wesen des Zeichens aufbauen helfen kann. –im MS am linken Rand mit einem vertikalen Strich markiert
40 „geh zur Tür hinaus" und eines Befehls, der ⟨e…⟩
42 Offenbar ist der obere Befehl einem Element des andern ⟨gleich⟩.
44 Im MS : Das steht das Wort
44 „Da steht das Wort ⟨‚Blau'⟩, also muß ich

1 ∫ Käme das Wort ‚blau‘ in einer anderen Sprache vor und hieße dort, was
auf Deutsch ‚rot‘ heißt, so würde ich mich in meinen Handlungen auch
danach zu richten haben, ob der Befehl deutsch oder in der andern
Sprache gegeben wurde.

2   Wir nehmen das Signal zum Motiv unserer Handlung.

3 / y ⟵ 5   Warum schreibst Du 25? – Weil dort ‚y‘ steht. – Ja ist
      ⟶ 25   das das Signal für 25? – Nein, aber ich habe ‚25‘ geschrieben,
weil dort ‚y‘ steht. – Woher weißt Du dann, daß Du es deswegen
geschrieben hast?

4 ∫ Denken wir an die Verification von Sätzen (nicht die Befolgung von
Befehlen) Denn die Rechtfertigung nach der Befolgung ist ja nur eine
Verification wie jede andre. Aber: ich habe den Befehl p befolgt heißt
nichts andres als, der Befehl war p und ich habe p getan.

5 ∫/ Was heißt es aber: Ich geh zur Tür weil der Befehl gelautet hat „geh
zur Tür“?
       Und wie vergleicht sich dieser Satz mit: ich geh zur Tür obwohl
der Befehl gelautet hat „geh zur Tür“ Oder: Ich geh zur Tür, aber nicht
weil der Befehl lautete „geh z. T.“, sondern .....
       Oder: ich geh nicht z. T. weil der Befehl gelautet hat „geh z. T.“.

6 ∫ Heißt „ich habe es getan, weil Du es befohlen hast“ dasselbe wie: „Du
hast es befohlen und ich habe es gewünscht“?

6.

7 ∫ Nein: Ich sage „ich tue das weil A es mir befiehlt, nicht weil B es
befiehlt“.

8 ∫ Das ‚ich tue‘ kann ich immer durch ein ‚ich wünsche‘ übersetzen, weil
ich nicht der Herr meiner Handlungen bin

9 / „Ich wünsche, daß sein Wunsch erfüllt wird“. Damit meine ich nicht
nur: ich wünsche, was er wünscht, sondern auch ich wünsche seine
Befriedigung.

7.

10 ∫ Die gramm. Regeln haben Bedeutung wo sie gebraucht werden; und
nur dort.

11 / „Wie kann das Wort ‚nicht‘ verneinen?“ Ja haben wir denn abgesehen
von/außer der/ Verneinung durch ein Zeichen noch einen Begriff von
der Verneinung?
       Doch es fällt uns dabei etwas ein wie: Hindernis, abwehrende
Geste, Ausschluß. Aber das alles (ist) doch immer in einem Zeichen
verkörpert.

ı Käme das Wort ‚blau‘ in einer anderen Sprache vor,
ı. Wir nehmen das Signal zur
ıʁ ∫ Randzeichen durchstrichen
ıı Oder: ich geh z. T. ...
ıʲ Heißt „ich habe es getan, weil Du es befohlen hast“ nicht dasselbe wie:

1 / Wie soll ich mich nach der Uhr richten? Wie kann ich mich nach diesem Bild ⊘ richten? Wie nach jedem andern

2 ∫ Die gr. R. haben nur dort Bedeutung wo ich nicht anders kann als sie gebrauchen. 5

139

3 ?/ Die Zeigerstellung ⊘ könnte mir natürlich auch als unabhängiges Signal erklärt werden, indem mir gesagt würde: „Sieh immer wieder auf die Uhr und wenn sie einmal so ausschaut, dann ....". Das wäre so wie: Wenn Du einmal ein Trompetensignal hörst, dann 10

4 / Das heißt übrigens, daß ich nicht von einer allgemeinen Regel für ein Zeichen reden muß, denn die Regel kann lauten: „Wenn Du in einer halben Stunde läuten hörst, dann ...." und nur für dieses mal gelten. Eine Allgemeinheit gibt es freilich auch hier, da ich mich nach 15 dem genauen Zeitpunkt des Signals zu richten habe. Aber auch das kann wegfallen, wenn es heißt: „Wenn es genau in einer halben Stunde läutet, dann komm; wenn es zu dieser Zeit nicht läutet, dann nicht."

5 Wenn einer fragt „wie kann das Wort ‚nicht' verneinen", so könnte man 20 als Antwort fragen: Wie kann der Pfeil ∕ eine Zeit angeben (und er kann's wenn wir in ihm den Stundenzeiger einer Uhr sehen) Aber wie kann der Ausdruck „7 Uhr" eine (Zeit) angeben? Und das Zeichen ‚7' (wie alle Ziffern von 0 bis 9) ist gerade so ein Signal, von dem man sich wundern kann, daß es eine Zahl bezeichnet/bezeichnen kann/. 25

8 140

6 „Ich muß jetzt gehen." − „Warum?" − „Weil der Pfeil in dieser ∕ Richtung zeigt" − „Zeigt Dir |also| der Pfeil die Richtung die Du zu gehen hast?" − „Nein, er zeigt, daß es 7 Uhr ist und um 7 Uhr muß ich 30 gehen."

7 ?/ Und was ich sagen will, ist, daß ich ursprünglich, als ich sagte „ich muß jetzt gehen weil der Pfeil so zeigt", mich nach ihm in dem einen und nicht in dem andern Sinne gerichtet habe/hatte/. Daß also diese 35 Erklärung (daß der Pfeil mir die Zeit und nicht die Bewegungsrichtung anzeigt) eine Beschreibung des früheren Vorgangs ist und nicht einer neuen Tatsache, die mit der ersten etwa kausal zusammenhinge.

8 /∫ Könnte ich einfach so sagen: Die Bedeutung eines Wortes spielt eine 40 Rolle in seiner Anwendung und die gr. Regeln beschreiben seine Bedeutung.

9 / Man könnte z.B. ausmachen, im Deutschen statt ‚nicht' immer ‚not' zu setzen und dafür statt ‚rot' ‚nicht'. So daß das Wort ‚nicht' in der 45 Sprache bliebe. Und doch könnte man nun sagen daß ‚not' so gebraucht wird, wie früher ‚nicht' und daß jetzt ‚nicht' anders gebraucht wird als früher.

---

9 und wenn sie einmal so −*von hier weist im MS ein Pfeil auf die vorangehende Zeichnung der Uhr*

23 eine (Zeit) angeben? Und das ⟨Zeig...⟩

29 |also| −*im MS ist auch das Einfügungszeichen gewellt unterstrichen*

40 / *Randzeichen durchstrichen*

?/∫ Man sucht nie tief genug nach dem philosophisch Bedeutsamen, d.h.
man steigt nicht tief genug in das Triviale/Trivialste/ herab.   141

2   ∫ Man könnte auch so sagen: Das Wort muß im Satz seine Bedeutung
haben. D.h. es muß sie mitführen. Und erst sie macht den Satz zum   5
Satz.

3   ?/ Es ist eine andere Versuchung anzunehmen daß beim Aussprechen des
Wortes, wenn es mit Bedeutung gebraucht |(gedacht)| wird, ein sehr
komplizierter Prozess/Vorgang/ stattfinden müsse, der etwa solange   10
dauert, wie das Aussprechen des Wortes und sehr rasch vor sich geht.
Dies ist – natürlich – ebensowenig der Fall, wie, daß man beim Ablesen
der Uhr in Gedanken irgendwie einen komplizierteren Vorgang ausführt
als der durch die Zeigerstellung gegebene. So ein komplizierterer
Vorgang/eine kompliziertere Tätigkeit/ würde uns ja doch nichts helfen.   15
Warum sollte denn der Vorgang gerade komplizierter sein müssen?!
Nein. Der Zeiger in diesem Raum gesehen, ist nicht komplizierter; und
‚nicht‘ als Verneinung gesehen ist nicht komplizierter. Die Regeln
beschreiben nicht einen komplizierten Vorgang der hinter den Zeichen
stattfindet/geschieht/.   .   20

4   ∫ Ist nicht, was ich jetzt versuche, immer wieder, die gramm. Regeln
durch etwas anderes – eine andere Beschreibung – zu ersetzen? Denn
wenn sie allein es tun können, dann ist es eben nur allein mit ihnen   142
gesagt.   25

5   / Und ist alles, was ich sagen kann/darf/, damit gesagt: Man kann nicht
von den gr. Regeln sagen, sie seien eine Einrichtung dazu, daß die
Sprache ihren Zweck erfüllen könne. Wie man etwa sagt: wenn die
Dampfmaschine keine Steuerung hätte so könnte der Kolben nicht hin   30
und her gehen wie er soll. Als könne man sich eine Sprache auch ohne
Gr. denken.

6   ∫ Denn wenn ich mich in meiner Handlung nach dem Pfeil richte, so
kann ich mich in verschiedener Weise nach ihm richten. Das heißt, wie   35
immer ich mich nach ihm richte, so kann ich dies (etwa nachträglich) als
eine Weise im Gegensatz zu einer anderen beschreiben.

1   / *Randzeichen durchstrichen*
8   ⟨Ein…⟩
9   daß beim Aussprechen des Wortes, ⟨nicht⟩ wenn es mit Bedeutung
11 Prozess/Vorgang/ stattfinden müsse, der etwa solange dauert, ⟨d…⟩
29 ihren Zweck erfüllen könne. Wie man ⟨etwas …⟩
31 so könnte der Kolben nicht hin und her gehen wie ⟨es …⟩
36 ⟨etwa nachträglich⟩ –*im MS durchstrichen*

10

1 / Die gr. R. sind, wie sie nun einmal das sind, Regeln des Gebrauchs der
      Wörter. Übertreten wir sie, so können wir deswegen die Wörter
      dennoch mit Sinn gebrauchen. Wozu wären dann die gr. R. da? Um
      den Gebrauch der Sprache im ganzen gleichförmiger zu machen? (etwa   5
      aus aesthetischen Gründen?) Um den Gebrauch der Sprache als
      gesellschaftliche Einrichtung zu ermöglichen? also wie eine
      Verkehrsordnung damit keine Kollision geschieht/entsteht/? (Aber was
      macht es uns/geht es uns an/, wenn eine entsteht?) Die Collision die   143
      nicht geschehen/entstehen/ darf, darf nicht entstehen können! D.h.   10
      ohne Gramm. ist es nicht eine schlechte Sprache, sondern keine
      Sprache.

2 / Aber die Notwendigkeit der Gramm. kann wieder nicht
      ausgesprochen werden, sondern nur die Gr. selbst (beschrieben werden).   15
      Sie ist eben nicht vergleichbar einer Verkehrsordnung.

3 / Anderseits muß man doch sagen, die Gramm. einer Sprache als
      allgemein anerkannte Institution ist eine Verkehrsordnung.
      Denn daß man das Wort „Tisch" immer in dieser Weise gebraucht ist   20
      nicht der Sprache als solcher wesentlich, sondern quasi nur eine
      praktische Einrichtung.

4 / Was aber nun der Sprache „als solcher" wesentlich ist, wie kann man
      das beschreiben? Es ist auch in jener Institution gegeben, nämlich eben   25
      darin, daß sie gebraucht werden kann. Auch darin daß ich die Gramm.
      ändern kann.

5 ∫ Die Frage ist: Wenn ich ‚nicht' gebrauche, in wiefern bediene ich mich
      der gr. Regeln?   30

6 ∫/ Man könnte auch so fragen: Ist der ganze Satz nur ein unartikuliertes
      Zeichen in dem ich erst nachträglich Ähnlichkeiten mit anderen Sätzen   144
      erkenne?

                                                                                        35

7 ?∫ Wenn man einen Satz sagt, so ist es als produzierte man einen
      Organismus. Und die Worte stehen nicht einzeln da, ja sie sind auch
      nicht etwa verschmolzen, sondern da sie nur Vordergründe sind, so
      haben sie allein überhaupt keine Berechtigung und das, dessen
      Vordergründe sie sind ist allein überhaupt nicht denkbar.   40

---

2   Die gr. R. sind, ⟨wie sie⟩ nun einmal das sind,
7   Um den Gebrauch der Sprache als gesellschaftliche Einrichtung zu ⟨erh...⟩
18 muß man doch sagen, die Gramm. einer Sprache ⟨all...⟩
18 als ⟨allgemeiner anerkannter⟩ Institution ist eine
20 ist eine Verkehrsordnung. Denn ⟨das ...⟩
32 ∫ *Randzeichen durchstrichen*
39 keine Berechtigung und das, dessen ⟨Ver...⟩

1 ?∫ Sie sind nicht zueinander, was Ziegel und Mörtel zueinander sind, sondern was Festigkeit, Ziegel und Mörtel. Das heißt, sie sind nicht durch Ketten [Zwischenglieder] mit einander verbunden sondern wie ein Glied mit dem nächsten.

2 ∫ Ich müßte sagen können: Mache eine Sprache und sie muß eine Grammatik haben.

11.

3 Was immer ich für eine Sprache/für eine Sprache immer ich/ konstruiere, sie muß sich in eine bestehende übersetzen lassen und dann wird die Gramm. der letzteren für die erstere gelten. Aber damit ist für mich jetzt noch nichts gesagt.

4 ∫ Angenommen ich gebrauche das gleiche Wort für rot und hoch. Ich könnte dann scheinbar die gr. R. für beide zusammenziehen und es wäre dann eben die logische Summe der Zusammenstellungen /Kombinationen/ erlaubt. Denn es wäre nun, wenn wir etwa das Wort „hoch" für beide Fälle gebrauchen, erlaubt zu sagen, daß Blut hoch sei.

145

5 / Ja, man könnte unsere Frage in einer sehr elementaren Form stellen: Warum eine Sprache nicht mit bloß einem Wort möglich ist /auskommen könnte/, da es ja doch vorkommt daß ein Wort (in einer Sprache) mehrere Bedeutungen hat (warum also nicht alle?)

6 / Gibt es so etwas wie eine komplette Grammatik, z.B., des Wortes ‚nicht'?

13.

7 Das eine kann man sicher sagen, daß in dieser Sprache diese Zusammenstellung kein Satz ist/keinen Sinn hat/. Und daß dadurch |aber| kein Sinn verloren geht. Und das sollte schon genug sein

8 ?/ Nun möchte ich sagen: Und die Worte bestimmen allein den Sinn des Satzes. Aber was heißt das eigentlich? Da doch die Worte außerhalb des Satzes keine Bedeutung haben. Ich möchte sagen: Um den Satz zu verstehen braucht es keiner weiteren Abmachung als die Abmachungen welche/die/die Worte betreffen. Das heißt eben um den Satz zu verstehen lernen wir nur Worte verstehen. Aber wir lernen die Worte schon in Sätzen verstehen.

9 ∫ Der Satz erklärt sich selbst.

146

3 Das heißt, sie sind nicht durch Ketten [⟨dazwischen …⟩
3 mit einander verbunden sondern wie ⟨sondern wie⟩ ein Glied
4 ein Glied mit dem nächsten.⟨⟩⟩
6 Mache eine Sprache⟨, …⟩
11 sie muß sich in eine bestehende übersetzen lassen⟨, …⟩
32 |aber| –*das Einfügungszeichen ist im MS gewellt unterstrichen*
32 kein Sinn verloren geht. Und ⟨auch⟩ das sollte schon genug sein
32 Und das sollte schon ⟨genügen⟩
35 Da doch die Worte ⟨außer dem Satz⟩ keine Bedeutung haben.
39 lernen wir nur Worte verstehen. Aber ⟨au…⟩

1   Die ‚Abmachung' als Geschichte der Bedeutung eines Wortes hat für
uns kein Interesse. Sie scheint mir aber in einem logischem Sinn in die
Funktion eines Wortes einzutreten. Etwa so daß, wenn man ein Wort
versteht, man diesem Verständnis immer eine Abmachung zugrunde
liegend denken kann.   5

2   ∫   Alles was ich mit Recht über die Sprache sagen kann ist eben
uninteressant.

3   /   Das Wort ‚Teekanne' hat Bedeutung, gewiß, im Gegensatz zum Worte   10
Abracadabra, nämlich in der deutschen Sprache. Aber wir könnten ihm
natürlich auch eine Bedeutung geben das wäre ein Akt ganz analog dem
wenn ich ein Täfelchen mit der Aufschrift ‚Teekanne' an eine Teekanne
hänge. Aber was habe ich hier anders als eine Teekanne mit einer Tafel
auf der Striche gemalt sind? Also wieder nichts logisch interessantes.   15
Die Festsetzung der Bedeutung eines Wortes kann nie (wesentlich) von
anderer Art sein.

                                                           17.

4   ∫   „Der Pfeil zeigt dorthin": heißt das einfach er hat dort seine Spitze?   20

                     A
                     ↑

5   Hat es also keinen Sinn zu sagen der Pfeil B ist so gemeint daß er auf B
zeigt? Und das heißt natürlich etwas. Und zwar etwa: „Gib acht, wohin   147
das Schwanzende des Pfeiles zeigt."   25

6   /∫   Man sagt auch: „Maßgebend ist nur, wohin dieses Ende des Pfeiles
zeigt."

7   ∫   Ist alles damit/darin/ ausgedrückt daß das Wort „sich nach .... richten"   30
nur mit einer Variablen gebraucht werden kann? Nämlich: „sich nach
der Richtung des Pfeiles richten oder nach seiner Länge oder nach
dem Winkel, den diese beiden Geraden einschließen etc?

                                              Nachtrag 3.5.   35

8   /   Ein gutes Bild: Der Mensch der in den Spiegel sieht um sich zwinkern
zu sehen; und was er nun wirklich sieht. (Ungeeignete physikalische
Theorien)

---

10   Das Wort ‚Teekanne' hat Bedeutung, gewiß, im ⟨Sinne ...⟩
13   das wäre ein Akt ganz analog dem wenn ich ⟨eine ...⟩
14   Aber was habe ich hier anders als eine Teekanne mit ⟨einem ...⟩
14   Aber was habe ich hier anders als eine Teekanne mit einer Tafel ⟨und ...⟩
27   / *Randzeichen durchstrichen*
27   „Maßgebend ist nur, wohin ⟨das Schwanzen...⟩
27   „Maßgebend ist nur, wohin dieses Ende des ⟨Pfeils⟩ zeigt."
30   Ist alles damit/darin/ ausgedrückt daß ⟨der ...⟩
31   „sich nach der Richtung *–im MS fehlt das Ausführungszeichen*
35   Nachtrag 3.5. –*bezieht sich auf den Eintrag vom 17.3.31, speziell auf die zweite
      Bemerkung. Am 17.3. war Wittgenstein nach Wien in die Ferien gereist; am 16.4.31
      ist er wieder zurück in Cambridge.*
36   Ein gutes Bild: Der Mensch der in den Spiegel sieht ⟨und ...⟩

                           .

1   ∫   Man könnte ja glauben, daß das ‚zeigen' des Pfeils mit einer etwa
vorgestellten Bewegung zusammenhängt. Daß man also den Pfeil quasi
fliegen sieht. Und das kann tatsächlich der Fall sein. Aber das Symbol
ist diese Bewegung, oder der Pfeil in Bewegung, nicht.

2   ∫   Der Pfeil zeigt in d i e s e r Richtung, darum gehe ich s o, wenn er anders
zeigen würde etc.

3   ∫   Ich folge ihm w o h i n er geht.

4   ∫   Nicht die anderen L a g e n kommen in Betracht, sondern nur der Raum
(die Möglichkeit jener Lagen).

                Aber dieser Raum kann doch unmöglich beschrieben werden: ich
meine,/:/ nicht im Zeichen selbst.

                Es k a n n eben nur in der Grammatik, außerhalb des Satzes,
beschrieben werden.

5   ∫   Wie spielt er aber dann bei der Verwendung des Zeichens eine Rolle?
Beim Sehen/Erkennen/ des Zeichens kann er es nicht, denn, was erkannt
wird, kann ich beschreiben und es muß in der Beschreibung wieder
aufscheinen. Also wenn ich mich nach den Zeichen richte?

6   ∫   Was nur nachher gesagt werden kann, kann nur nachher gesagt werden.
D.h., wenn es von der Verneinung in der Grammatik gesagt werden
kann, daß ~~p = p ist, so muß das eben alles sein − − − −

7   ?/   ~~p = p ist ja nicht eine nachträgliche Beschreibung der Verneinung.
Von der man fragen könnte, ob sie schon früher gestimmt hatte./hat./
Das ist die Versuchung, es so anzusehen.

8   /   „Ich brauche das Wort ‚~' so, daß ~³p = ~p", „Ich meine ‚Drehung um
180° in dem Sinne, daß 3 solche Drehungen dasselbe leisten, wie eine"
  ↻ Wie verhält sich nun das Wesen einer halben Drehung zu dieser
Regel? (Übrigens genau so, wie das Wesen der Verneinung zu jener)

                Die Regel scheint wie ein Spiegelbild des Wesens in der Sprache.
(Wie eine Definition)

9   /   „Wenn Du d a s damit meinst, dann gilt diese Regel" − wenn Du w a s
damit meinst? Nein, die Regel kann nur ein Ausdruck dessen/davon/
sein, was gemeint ist.

---

2 Daß man also ⟨quasi …⟩

14 ich meine,/:/ −*im MS sind Komma und Doppelpunkt gewellt unterstrichen*

15 *Der Absatz ist im MS eine Bemerkung, durch eine Klammer am linken Rand der
vorangehenden zugeordnet.*

19 Beim Sehen/Erkennen/ des Zeichens kann er es nicht, ⟨dann …⟩

21 Also wenn ich mich nach den Zeichen richte? *Der letzte Satz der Bemerkung ist
im MS ein Absatz, durch einen Pfeil mit dem vorangehenden Satz verbunden.*

27 ~~p = p ist ja nicht eine ⟨Nacht…⟩

27 nachträgliche Beschreibung der Verneinung⟨, von⟩ der man fragen könnte,

28 hatte./hat./ −*erste Variante im MS durchstrichen*

33 Wie verhält sich nun das Wesen ⟨der …⟩

| 1 | // | Ganz richtig: wie ich früher einmal bemerkt habe; ich lese die Regel von der Verneinung ab, wie einen Satz der Geometrie von einer Figur. | |

1 // Ganz richtig: wie ich früher einmal bemerkt habe; ich lese die Regel von der Verneinung ab, wie einen Satz der Geometrie von einer Figur.

2 ∫ Wenn ich Regeln geben will, dann drückt sich die Bedeutung der Zeichen in ihnen s o aus. 5

3 ∫ Und wozu dient mir denn die Regel $\sim^3 p = \sim p$? Wie gebrauche ich sie denn? Dadurch, daß ich mit $\sim^3 p$ dasselbe m e i n e, wie/als/ mit $\sim p$?

4 ∫ Wie drückt sich denn im Gebrauch der Wörter aus, daß ich mit $\sim^3 p$ 10 dasselbe meine wie mit $\sim p$?

5 ∫ Was heißt es wenn ich sage: „Ich schaue bei den 3 halben Drehungen bloß auf das Resultat, und das ist dasselbe, wie bei einer halben Drehung"? 15

6 ∫ Oder wenn ich sage: „Daß $\sim^3 p = \sim p$ ist, zeigt mir nur was an dem Zeichen ‚$\sim^3 p$‘ symbolisiert./Symbol ist./"? 150

7 ∫ Aber das klingt wieder so, als könnte ich dann das eigentliche Symbol 20 aus allen gleichbedeutenden Zeichen herausheben und brauchte dann keine Grammatik mehr. Aber so ist es nicht.

8 /∫ „Ich folge der Richtung des Pfeils ⌒ nicht seiner Länge" [Ist hierin /hiermit/ nicht schon alles ausgedrückt?] 25

9 /∫ Ist es also so, daß in die Beschreibung des Phänomens des Folgens die Variable eintreten muß?

10 ∫ Ich muß mit dem unmittelbar gegebenen auskommen. 30

11 ∫ „Ich richte mich nach dem Pfeil" muß heißen, daß meine Handlung durch ihn bestimmt ist.

12 ∫ Und das heißt doch wieder, daß sie aus dem Pfeil ableitbar ist. 35
    Aber ableiten kann man nur aus einem allgemeinen Ausdruck.

13 / Alle Probleme verflüchtigen sich in der ursach- und wirkungslosen Welt der Vorstellung.
/   Wir sind nicht im Reich der Erklärungen. 40

14 ?/ Sich nach einem Zeichen richten, heißt, daß das Zeichen in eine 151 variable Disposition eingesetzt, die Handlungsweise ergibt.

15 ∫ Zeichen ist nur das, wonach wir uns richten. 45

---

1 ∫ Das Zeichen ist der/ein/ Wert einer Variablen

2 ∫ Jeder Satz sagt: es ist s o und nicht anders

3 ∫ Jede Erklärung hiervon scheint unmöglich: ich meine jede Beschreibung dieses Vorgangs.

4 ∫ Lesen der Karte: Straßen, Flüsse, und andrerseits Jägerhaus, Wirtshaus, Kirche, etc.

5 / Wir finden in uns die Bedeutung eines Wortes vor, nicht anders, als wäre sie uns in einer Erklärungstafel (Legende) a | d gegeben.
b | e
c | f

6 ∫/ Das Wort und seine/mit seiner/ Bedeutung, das nenne ich „Symbol".

7 ∫/ „Die doppelte Negation gibt eine Bejahung" das klingt |so| wie: Kohle und Sauerstoff gibt Kohlensäure. Aber in Wirklichkeit g i b t die doppelte Negation nichts, sondern i s t etwas.

8 ∫ „Wer die Negation versteht, der weiß, daß die doppelte Negation ......" 152

9 ∫/ Es täuscht uns da etwas eine Tatsache vor.

10 / So als sähen wir ein Ergebnis des l o g i s c h e n Prozesses. Während das Ergebnis nur das des physischen Prozesses ist.

11 ∫ Jene Beweismethode der indischen Mathematik „Sieh die Figur an, dann siehst Du ....." hängt damit zusammen.

12 ∫ Die Beschreibung hat Sinn, die diese Ordnung von Pfeilen beschreibt.

13 ∫ Die Substitution ist auch ein/der/ Zug eines Spiels und es kommt darauf an, wie man sie g e b r a u c h t.

14 / Man kann eine Kreisfläche beschreiben, die durch Durchmessen in 8 congruente Teile geteilt ist, aber es ist sinnlos das von einer elliptischen Fläche zu sagen. Und darin liegt, was die Geometrie in dieser Beziehung von der Kreis- und Ellipsenfläche aussagt.

15 ∫ Die Grammatik beschreibt die Sprache als zeitliches Phänomen: Aber ihre Bedeutung, d.h. ihre Wichtigkeit, kann sie nur durch die Anwendung bekommen.

5 Jede Erklärung hiervon ⟨schein...⟩
8 Lesen der Karte: Straßen, ⟨Fluß⟩, und andrerseits
16 ∫ *Randzeichen durchstrichen*
18 ∫ *Randzeichen überschrieben*
24 ∫ *Randzeichen durchstrichen*
29 Jene Beweismethode der indischen Mathematik⟨: sieh⟩ die Figur an,
39 aber es ist ⟨so...⟩

1 ∫ Denke nur an's Schließen, das auch zeitlich vor sich geht.

2 ∫ Das „dem Pfeile Folgen" muß auch ein Phänomen sein, denn was sollte
es sonst sein.

3 / Auch das Kind l e r n t nur eine Sprache vermittelst einer anderen.

4 / Es lernt die Wortsprache durch die Gebärdensprache. Aber das
Verständnis dieser müssen die Erwachsenen bei ihm voraussetzen oder
abwarten.

5 / Niemand denkt daran das Kind die Gebärdensprache zu lehren.

6 / Niemand könnte daran denken.

7 ∫ ⟋', also ⟋' Warum liegt hier der Ton auf einer
Allgemeinheit, auf dem Einsetzen des Pfeiles in eine
allgemeine Formel?

8 ∫ Es gibt keine Relation zwischen 5, x^2, also 25

9 ?/ Ich collationiere etwa einen Linienzug nach einem andern und sage: ja,
e s s t i m m t. Was heißt das? In den beiden Linienzügen liegt das
Stimmen natürlich nicht. Und überhaupt nie in zwei Tatsachen. Von
keiner Tatsache kann man sagen, daß sie mit einer andern
übereinstimmt (natürlich auch mit keiner psychischen). Es ist nicht
vielleicht eine besondere Eigentümlichkeit gewisser seelischen
/seelischer/ Vorgänge, daß mit ihnen etwas übereinstimmen kann.

10 ∫ Wie verwenden wir das Wort „es stimmt"?

11 ∫ Was heißt das: Ich trachte diese Linie parallel jener anderen zu ziehen?

12 ∫ (Wenn ich oben sage daß „eine Tatsache mit einer anderen nicht
übereinstimmen könne", so heißt das selbstverständlich, daß es keinen
S i n n hat so etwas zu sagen)

13 ∫ Ich kupple die Handlung mit der Vorlage.

14 ∫ Inwiefern handeln die Regeln von diesem Wort (in diesem Satz)?

15 ∫ Es ist klar, daß das Reden automatisch geschehen kann und uns dann
nicht mehr interessiert als irgend eine Bewegung oder ein Geräusch.

16 ∫ Ist es so: Die Sprache (das Reden) interessiert uns nur dann, wenn sie
etwas portraitiert/abbildet/

3 *Die Bemerkung ist im MS durchstrichen.*
3 auch ein Phänomen sein, denn⟨,⟩ was sollte es sonst sein.
23 und sage: ja, e s s t i m m t. Was heißt das? In ⟨dem …⟩
34 (Wenn ich oben sage *–im MS weist vom Anfang der Bemerkung ein Pfeil auf das
Ende der vorangehenden:* … daß mit ihnen etwas übereinstimmen kann.

1   ∫   Es muß sich ergeben, daß man nach der Wirkungsweise der Sprache
        nicht fragen kann.

2   ∫   Und ich meine das so: daß die Sprache am Ende doch nur Vorlage und
        Abbild ist.   5   155

3   ∫   „Deutlicher kann ich diesen/den/ Befehl nicht machen"

4   /   Meine Anschauung könnte ich so ausdrücken, daß im Satz „geh dort
        hin" die Worte auch nur die gleiche Funktion haben, wie die   10
        Handbewegung.

5   /   In welchem Sinne sagt man, man kennt die Bedeutung des Wortes A
        noch ehe man den Befehl in dem es vorkommt befolgt hat? Und
        inwiefern kann man sagen, man hat die Bedeutung durch die Befolgung   15
        des Befehls kennen gelernt? Können die beiden Bedeutungen
        miteinander in Widerspruch stehen?

6   /?∫/ Das Fundamentale grammatisch ausgedrückt: Wie ist es mit dem Satz
        „man kann nicht zweimal durch den gleichen Fluß gehen?   20

7   /   Ich wünsche, einen Apfel zu bekommen. In welchem Sinne kann ich
        sagen, daß ich noch vor der Erfüllung des Wunsches die Bedeutung des
        Wortes Apfel kenne? Wie äußert sich denn die Kenntnis der
        Bedeutung? d.h. was versteht man denn unter ihr.   25

8   /   Offenbar wird das Verständnis des Wortes durch eine Worterklärung
        gegeben; welche nicht die Erfüllung des Wunsches ist.   156

9   /   Übrigens Eines: Der Satz „ich kann ihn zeichnen, wenn Du mir einen   30
        Bleistift gibst", |[als Beweis des Verstehens]| wenn er gewiß ist und nicht
        erst durch die Tat bewiesen wird, wird dann auch von einer Tatsache
        wahr gemacht, die von jener Tat ganz unabhängig ist, und der Satz ist
        dann auch richtig wenn die Zeichnung bei gegebener Gelegenheit
        n i c h t ausgeführt wird. (Dadurch verliert aber dann jener Satz für uns   35
        an Bedeutung.)

10 /   Jener Satz, wenn er gewiß ist und nicht ‚erst' durch die Tat bewiesen
        wird, wird dann durch die Tat überhaupt nicht bewiesen und durch die
        entgegengesetzte wird nicht sein Gegenteil bewiesen d.h. er ist von dieser   40
        Tat einfach unabhängig.

11 ∫   Gibt es also für uns in der Sprache nicht Wesentliches und
        Unwesentliches? Hat also Heraklit nicht wenigstens eine w e s e n t l i c h e
        Eigenschaft unserer Sprache hervorgehoben?   45

13 In welchem Sinne sagt man, ⟨daß ...⟩
19 / Randzeichen überschrieben
19 ?∫ Randzeichen durchstrichen
20 „man kann nicht –im MS fehlt das Ausführungszeichen
40 dieser –im MS zweifach gewellt unterstrichen

1 / Denken wir uns den Standpunkt eines Forschers: er findet, daß in der
Sprache der Erde ein Zeichen benützt wird, das nach diesen und diesen
Regeln (etwa |nach| denen der Negation) gebraucht wird, und fragt sich:
Wozu können sie das brauchen? Die Antwort wäre aber: Wenn immer
ein Zeichen mit diesen Regeln zu gebrauchen ist. Und das Zeichen dient   5
zu nichts als als Angriffspunkt dieser Regeln. Aber das ist sehr unklar   157
ausgedrückt. – – – –

2 ʃ Die Sprache gewinnt Bedeutung durch die Gelegenheit, bei der sie
gebraucht wird. Wir verwenden die Sprache ja nicht zum Spaß.   10

3 / Wir können in der alten Ausdrucksweise sagen: das Wesentliche am
Wort ist seine Bedeutung.

4 ʃ „Der Träger dieses Namens lebt jetzt in Paris"   15

5 ʃ Das Wort hat eine Bedeutung. Wie ist denn diese Bedeutung fixiert?
Anders als durch die Worterklärungen?

6 ʃ Ich könnte sagen: Wenn das Wort wirklich auf Etwas deutet, so gehört   20
dieses mit zum Symbol.

7 / Es ist wirklich „the meaning of meaning" was wir untersuchen: Oder
/Nämlich/ die Grammatik des Wortes „Bedeutung".
   25

8 Wir sagen: das Wesentliche am Wort ist seine Bedeutung; wir können
das Wort durch ein anderes ersetzen das die gleiche Bedeutung hat.
Damit ist gleichsam ein Platz für das Wort fixiert und man kann ein
Wort für das andere setzen, wenn man es an den gleichen Platz setzt.
   30

---

7 Und das Zeichen dient zu nichts als als Angriffspunkt dieser Regeln. Aber das
ist sehr unklar ausgedrückt. – – – – *–im MS durchstrichen; auf der
Manuskriptseite 157 ist der Text am linken und rechten Rand mit je einer vertikalen
Wellenlinie markiert*
15 Der Träger der ⟨N…⟩
15 Der Träger dieses Namens ⟨b…⟩
15 *Im MS:* „Der Träger der dieses Namens lebt jetzt in Paris"
20 ⟨ʃ⟩ *Randzeichen gestrichen*

1 / Woher weiß ich daß zwei Worte die gleiche Bedeutung haben? Doch
entweder dadurch, daß es heißt A = B, oder daß sie beide auf die
gleiche Art erklärt werden. Das heißt aber, daß sie beide dasselbe
Zeichen ersetzen (A = C und B = C) Man könnte aber meinen, es gäbe
eine Art der Erklärung (gleichsam durch Anwendung) die nicht die
Ersetzung eines Zeichens durch ein anderes wäre! Wie wenn man etwa
dem Kind die Negation beibringt, indem man es verhindert gewisse
Dinge/Gewisses/ zu tun.

Veranlassen wir es dadurch nicht, Worten einen Sinn beizulegen,
ohne daß wir sie durch ein anderes Zeichen ersetzen, also ohne diesen
Sinn auf andere Weise auszudrücken. Veranlassen wir es nicht
gleichsam, für sich etwas zu tun dem kein äußerer Ausdruck gegeben
wird, oder wozu der äußere Ausdruck nur im Verhältnis einer
Hindeutung eines Signals steht? Die Bedeutung ließe sich nicht
aussprechen, sondern nur auf sie von ferne hinweisen. Aber welchen
Sinn hat es dann überhaupt, wenn wir von dieser Bedeutung reden?

2 ?/ Denken wir uns einen Zerstreuten der auf den Befehl „rechtsum" sich
nach links gedreht hätte und nun, an die Stirne greifend, sagte „ach so –
‚rechts-um'!" und rechtsum machte.

3 ∫ „Ich gehe dahin, weil die Kante des Zimmers so läuft". – „Was heißt
das: ‚weil'?!"

4 ∫ Ich stampfe mit dem Fuß, da kommt jemand ins Zimmer und, auf
meine Frage ‚warum', sagt er: „ich habe geglaubt, dieser Lärm heißt, ich
solle herein kommen".

5 / Welcher Art ist unsere Untersuchung? Untersuche ich die Fälle, die ich
als Beispiele anführe auf ihre Wahrscheinlichkeit? oder Tatsächlichkeit?
Nein, ich führe nur an was möglich ist, gebe also grammatische
Beispiele.

6 / Die Untersuchung ob die Bedeutung eines Zeichens seine Wirkung ist,
ist auch eine grammatische Untersuchung.

7 ∫ Kann Erfahrung (oder Experiment) die Bedeutung eines Wortes
bestimmen? Also hat das Experiment ergeben: „dies ist die Bedeutung
des Wortes". Aber hätten wir das nicht schon früher/vorher/ angeben
können?

8 ∫ Die interne Relation kann man nicht b e t o n e n, weil sie erst da ist,
wenn die Ableitung schon vorüber/geschehen/ ist.

9 ∫ Die allgemeine Disposition kann nur gegeben sein, wie ein allgemeiner
Ausdruck (variabler Ausdruck)

8 gewisse Dinge/Gewisses/ –erste Variante im MS durchstrichen
12 Veranlassen wir es nicht gleichsam, für sich etwas zu tun dem kein ⟨A…⟩
19 an die ⟨Stirn⟩ greifend, sagte „ach so – ‚rechts-um'!"
22 „Ich gehe dahin, weil ⟨ei…⟩
25 ∫ Randzeichen durchstrichen

1   Kann man sagen: nur insofern ist ⌒ von ⌒ abgeleitet, als man es
dadurch rechtfertigen kann?

2   ∫   Gewiß ich r e c h t f e r t i g e meine Handlung mit dem Paradigma.

3   /   Das Phänomen der Rechtfertigung

	3	Ich rechtfertige das Resultat 3^2 durch x^2. So schaut
x^2	3^2	jede Rechtfertigung aus.

4   /   In gewissem Sinn bringt uns das nicht weiter. Aber es kann uns ja nicht
w e i t e r, d.h. zu dem Metalogischen/einem Fundament/, bringen.

5   ??/∫   Inwiefern kann man von dem, der auf das Wort „hinaus!" das Zimmer
verläßt, sagen: er habe sich nach diesem Wort gerichtet?!

6   /   Das Problem äußert sich auch in der Frage: Wie erweist sich ein
Mißverständnis? Denn das ist dasselbe wie das Problem: Wie zeigt es
sich daß ich richtig verstanden habe? Und das ist: Wie kann ich die
Bedeutung erklären?

      Es fragt sich nun: Kann sich ein Mißverständnis darin äußern, daß,
was der Eine bejaht, der Andere verneint?

7   Nein, denn dies ist, wie es ist/steht/, eine Meinungsverschiedenheit und
kann als solche aufrecht erhalten werden. Bis wir a n n e h m e n der
Andere habe Recht ......

8   /   Wenn ich also, um das Wort „lila" zu erklären auf einen Fleck zeigend
sage „dieser Fleck ist lila", kann diese Erklärung dann auf zwei Arten
funktionieren?: einerseits als Definition die den Fleck als Zeichen
gebraucht und anderseits als Erläuterung? Und wie das letztere? Ich
müßte annehmen daß der Andere die Wahrheit sagt und dasselbe sieht
was ich sehe. Der Fall, der wirklich vorkommt ist der: A erzählt dem B
in meiner Gegenwart daß ein bestimmter Gegenstand lila ist. Ich höre
das, habe den Gegenstand auch gesehen und denke mir: „jetzt weiß ich
doch was ‚lila' heißt." Das heißt ich habe aus jenen Sätzen/jener
Beschreibung/ eine Worterklärung gezogen.

      Ich könnte sagen: Wenn das was A dem B erzählt die Wahrheit ist,
so muß das Wort ‚lila' diese Bedeutung haben.

      Ich kann diese Bedeutung also auch quasi hypothetisch annehmen
und sagen: wenn ich das Wort s o verstehe, hat A recht.

9   /   Man sagt: „ja, wenn das Wort d a s bedeutet, so ist der Satz wahr".

10   /   Aber dieses „das" muß doch irgendwie ausgedrückt sein.

---

13   ??/ *Randzeichen überschrieben*
14   sagen(,) er habe sich nach diesem Wort gerichtet?!
23   Nein, denn dies ist, wie es ist/steht/, ⟨–⟩ eine Meinungsverschiedenheit
33   ein bestimmter Gegenstand lila ist. Ich höre ⟨diesem Gespr…⟩
34   habe ⟨jenen⟩ Gegenstand auch gesehen und denke mir:

1 / Nehmen wir an, die Erklärung der Bedeutung war nur eine Andeutung:
konnte man da nicht sagen: Ja, wenn diese Andeutung so verstanden
wird, dann gibt das Wort in dieser Verbindung einen wahren Satz etc.
Aber dann muß |nun| dieses „so" ausgedrückt sein.

2 / Man könnte auch so fragen: Ist die Erklärung etwas Exactes, oder muß
sie nichts Exactes sein?

3 ʃ/ „In 5 Minuten wird hier ein schwarzer Fleck erscheinen"
„In 5 Minuten wird hier ein schwarzer Ϥ erscheinen". „Verstehst Du
das?"

4 ʃ/ „Ein Ϥ ist das: ◯ " das muß auch in bestimmter Weise gemeint sein.
Das heißt die Zeichenerklärung muß selbst so und so gemeint
sein.
Wie könnte man hier ein Mißverständnis aufdecken (Verification
des Verständnisses)

5 ʃ Ist wirklich das Charakteristische des Folgens/(Geführtwerdens)/, daß es
mit einer allgemeinen Regel operiert?
⟋ dann also ⋰ Daß ein Prinzip des Folgens vorhanden ist?

6 / Könnte man sagen: Wenn kein Mißverständnis festzustellen ist, dann ist
auch kein Unterschied der Bedeutung.

7 ?ʃ/ Der Fleck ▨ als Zeichen, statt des Wortes „Fleck" hat eben auch seine
Grammatik und zwar eine andere als er als Zeichen – etwa – dieser
besonderen Gestalt hat.
Aber wie ist uns denn die gegenwärtig wenn/während/ wir die
Zeichenerklärung geben?

8 / Nicht „wie kann ich es so verstehen" ist dies Problem, sondern „wie
kann ich es überhaupt in einer Weise, sozusagen, auf einmal verstehen"

9 / So seltsam es klingt: die Worte ‚Linie', ‚Fläche', ‚Punkt' sind so
verschieden wie eine Linie, eine Fläche und ein Punkt.

10 / „Ich habe etwas bestimmtes damit gemeint als ich sagte ....". – „Wann
hast Du es gemeint und wie lange hat es gebraucht. Und hast Du bei
jedem Wort etwas anderes gemeint oder während des ganzen Satzes
dasselbe?"
Man sieht klar: hier ist eine Unklarheit in dem Gebrauch des
Wortes „meinen"

11 / Übrigens komisch, daß wenn man bei jedem |– sagen wir deutschen –|
Wort etwas meint, eine Zusammenstellung solcher Worte Unsinn sein
kann!

5

10

15

20

25

163

30

35

40

45

13 „Ein Ϥ ist das: ◯ " ⟨muß auch ...⟩
14 Das heißt die Zeichenerklärung muß ⟨auch in ...⟩
26 ? *Randzeichen überschrieben*
35 So seltsam es klingt: ⟨„⟩die Worte ‚Linie', ‚Fläche', ‚Punkt'
46 bei jedem |– sagen wir deutschen –| Wort etwas meint, eine ⟨besti...⟩

1 / Wiedererkennen: „Diesen Mann habe ich gestern gesehen". — „Woher
weißt Du das?" — „Ich erinnere mich an sein Gesicht." — „Woher weißt
Du das" Diese Frage ist |nun| sinnlos. Das Wiedererkennen des
Menschen war hypothetisch das Erinnern nicht. Aber als
nicht-hypothetisch bürgt es auch nicht für etwas anderes sondern nur für   5
sich selbst.

2 ∫ Man könnte sagen: Die B e d e u t u n g des Wortes „Tisch" gibt es nicht,   164
nur die Verwendung.
            Aber auch das ist irreführend   10

3 / Gibt mir die Erklärung des Wortes die Bedeutung, oder verhilft sie mir
nur zur Bedeutung? So daß also diese Bedeutung in der Erklärung nicht
niedergelegt wäre, sondern durch sie nur äußerlich bewirkt, wie die
Krankheit durch eine Speise.   15

4 / Zu sagen, daß der Satz ein Bild sei, hebt gewisse Züge in der
Grammatik des Wortes „Satz" hervor.

5 / Woher nehmen/nahmen/ die alten philosophischen Probleme ihre   20
Bedeutung?

6 / Der Satz der Identität z.B. schien eine fundamentale Bedeutung zu
haben. Aber der Satz daß dieser „Satz" ein Unsinn ist, hat diese
Bedeutung übernommen.   25

7 / Wie unterscheiden sich dann die Sprachregeln von denen des
Benehmens?
    / Wenn man kein Ziel angeben kann, das nicht erreicht würde,
wenn diese Regeln anders wären.   30

8 ∫ Bausteine die nach ihren Formen benannt wären – – –

9 Woher die Bedeutung der Sprache? Kann man denn sagen: Ohne
Sprache könnten wir uns nicht mit einander verständigen. Nein, das ist   35   165
ja nicht so wie: ohne Telephon könnten wir nicht von Amerika nach
Europa reden. (Es sei denn, daß wir unter „Telephon" jede Vorrichtung
verstehen welche etc etc)

10 / Wir können aber sagen: Ohne Sprache könnten wir die Menschen nicht   40
beeinflussen. Oder nicht trösten. Oder nicht ohne |eine| Sprache Häuser
und Maschinen bauen.

11 / Es ist auch richtig/sinnvoll/ zu sagen, ohne den Gebrauch des Mundes
oder der Hände können sich Menschen nicht verständigen.   45

29 *Der Absatz ist im MS eine Bemerkung, durch eine Klammer und einen Pfeil am*
linken Rand der vorangehenden zugeordnet.
32 Bausteine die nach ihren Formen benannt ⟨werden⟩ – – –
37 unter „Telephon" ⟨jene⟩ Vorrichtung verstehen

1 / Das Paradox ist doch das, daß die willkürliche Regel eine Wichtigkeit für uns hat. Während sonst gerade das Willkürliche uns nicht interessiert (z.B. Spielregeln)

2 / Die Lösung kann nur kommen, wenn man den Widerstand der falschen Methode aufgibt. 5

3 / Das Wort von den grammatischen Regeln die willkürlich sind, muß ja auch irreführend sein. Was heißt es denn: „sie lassen sich nicht begründen"? Und was heißt es, zu sagen, die Regeln eines Spiels seien 10 willkürlich, und welche Regeln sind es nicht?

4 / Sie können nicht willkürlich in dem Sinne sein, in dem man dies von Regeln aussagt, die auch anders als willkürlich sein könnten. 166
15

5 / Man würde sagen: Die Regeln nach denen ein Dampfkessel bemessen wird, sind nicht willkürlich im Gegensatz zu denen der Farbe seines Anstrichs.

6 / In welchem Sinne kann ich sagen, der Satz sei ein Bild? Wenn ich 20 darüber denke, möchte ich sagen: er muß ein Bild sein, damit er mir zeigen kann, was ich tun soll, damit ich mich nach ihm richten kann. Aber, ist die Antwort, dann willst Du eben/also/ bloß sagen, daß Du Dich nach dem Satz richtest in demselben Sinne in dem Du Dich nach einem Bild richtest. 25

7 / Ist jedes Bild ein Satz? Und was heißt es etwa zu sagen daß jedes als ein Satz gebraucht werden kann?

8 / Ich kann die Beschreibung des Gartens in ein gemaltes Bild, das Bild in 30 eine Beschreibung übersetzen.

9 ∫ Das Wort „viele"

10 ∫ Du brauchst ein Wort, aber es muß sich doch in dem Gebrauch dieses 35 Wortes zeigen, was es bedeutet, denn wie soll es sich sonst/denn/ zeigen?

11 / „Was ein Wort bedeutet, kann man nicht sagen." 167
40

12 / Ich kann die ganze Sprache zum Voraus beschreiben; ja, in gewissem Sinne auch aussprechen.

---

1 Das Paradox ist doch⟨, daß ...⟩
5 ⟨∫⟩ *Randzeichen gestrichen*
13 in dem Sinne sein, in dem man⟨,⟩ dies von Regeln aussagt
17 im Gegensatz zu denen der Farbe ⟨womit man ...⟩
17 im Gegensatz zu denen der Farbe seines ⟨A...⟩
25 in demselben Sinne in dem Du Dich nach einem Bild richtest. *–im MS am linken und rechten Rand mit je einer vertikalen Wellenlinie markiert*
30 ⟨∫⟩ *Randzeichen gestrichen*
36 sonst/denn/ *–zweite Variante im MS durchstrichen*

1   Kann ich mich nach einem roten Täfelchen im Satz besser richten, als nach dem Wort rot?

2   /   „Ja, aber das Wort rot hat mir einmal mit Hilfe eines solchen Täfelchens erklärt werden müssen".

Vielleicht, aber das rote Täfelchen ist Dir jetzt eben nicht gegeben. Ja Du hast auch ganz vergessen wie Du eigentlich die Bedeutung des Wortes „rot" gelernt hast und Du gebrauchst es und es tut Dir dieselben Dienste wie das rote Täfelchen (ja bessere).

3   /   Man sollte also meinen, daß man mit dem Wort ganz dasselbe und ebensogut meinen kann, wie mit dem Täfelchen.

4   /   Damit ist aber nicht gesagt, daß nicht die Gebärdensprache die sich des roten Gegenstandes bedient, uns menschlich natürlicher ist.

5   ?/   Kann ich nicht mit „rot" dasselbe meinen, wie mit dem roten Täfelchen, und kann ich nicht mit dem roten Täfelchen auch etwas andres meinen, als was ich jetzt mit „rot" meine?!

6   ∫   Wenn die Sprache kein Bild ist und macht uns doch klar, wie es sich in |der| Wirklichkeit verhält, so ruft sie also Bilder hervor (kausal) deren Bild sie nicht ist, die sie also nicht bestimmt.

7   ∫   Nun dann nenne ich jene Bilder die eigentliche Sprache

8   ∫   Dann gibt es aber nicht prinzipiell Sinn und Unsinn unter unseren Zeichen. Denn die Sprache ist sozusagen nicht verantwortlich für das, was sie hervorruft.

9   /   Wie verhält es sich mit dem Blinden; kann ihm ein Teil der S p r a c h e nicht erklärt werden? Oder vielmehr, nicht b e s c h r i e b e n werden?

10   /   Wenn das Wort ‚rot' ebensogut ist, wie das rote Täfelchen, so sollte man glauben der Blinde könne die Sprache ebenso wohl lernen wie ein Sehender.

11   /   Könnte ich denn nicht z.B. annehmen daß er etwas rotes sieht, wenn ich ihm auf den Kopf schlage?

12   /   Das angenommen, so ist er doch für das praktische Leben blind. D.h. er reagiert nicht wie der normale Mensch. Wenn aber jemand mit den Augen blind wäre, dagegen sich so benähme daß wir sagen müßten, er sieht mit den Handflächen (dieses Benehmen ist leicht auszumalen), so würden wir ihn als sehenden behandeln und auch die Erklärung des Wortes ‚rot' mit dem Täfelchen würden wir hier für möglich halten.

13   Nehmen wir aber an, i c h wäre blind. Aber was hilft das? Ich kann natürlich annehmen, daß ich mit den Augen nicht mehr sehe. Aber hier bin ich im Reiche der Tatsachen (nicht der Grammatik)

168

169

42 für das praktische Leben blind. D.h. er reagiert nicht wie ⟨ein …⟩

257

1 / Oder muß ich nicht jetzt sagen: Die Gebärdensprache gibt es für den
Blinden nicht und sie ist ein wesentlicher Bestandteil unserer Sprache?
Nein denn es kann nur heißen daß ich durch meine Gebärden nicht
bewirke, daß er Gebärden sieht. Vielleicht aber ginge es auf ganz andre
Weise.   5

2 / Ist der Blindgeborne in einem ganz/wesentlich/ andern Fall als der
Erblindete? Ich kann mir doch vorstellen, daß auch der Blindgeborne
ein visuelles Innenleben hat, und wenn Einer dazu eine Erklärung
verlangt, so will ich sagen, er habe die Eindrücke geerbt. (Natürlich ist   10
das ganz gleichgültig). Nur ist er trotz dieser Annahme für alle
praktischen Zwecke ein Blinder. Und ich will damit nur zeigen, daß es
sich hier nicht um einen Unterschied der Grammatik, also des
Wesentlichen der Welt, handelt, sondern um Tatsachen.   170

                                                                                            15
3 Ich könnte dem Blinden die hinweisende Erklärung „das ist rot" nicht
geben. Aber in seiner Phantasie könnte er sich sie/sie sich/ geben. Aber
das würde für praktische Zwecke keinen Unterschied machen.

4 ?/ Wir bezeichnen ja in der Geometrie auch sowohl Linien als auch   20
Punkte, wie Flächen und Körper mit Buchstaben.

5 ∫ Was heißt es: ich kann mir vorstellen daß in 5 Minuten ein roter Kreis
an dieser Wand erscheinen wird.

                                                                                            25
6 / Daß das Wort nur im Satzverband Bedeutung hat, heißt dasselbe wie,
daß Wörter von denen wir sagen, sie haben in unserer Sprache
Bedeutung in gewissen Zusammenstellungen k e i n e n Sinn ergeben.
D.h. nichts weniger Unsinniges als eine beliebige Zusammenstellung
von Lautreihen von denen wir nicht sagen sie hätten Bedeutung.   30

7 ∫ Kann man von einem Verstehen reden, für das es kein exactes
Criterium gibt?

8 ∫ Oder von einer Unterscheidung des Verstehens, oder der Bedeutung,   35
für welche es kein solches Criterium gibt?   171

9 ∫ Das heißt von einem Unterschied der Bedeutung, der nicht in dem
Unterschied zweier Erklärungen gegeben ist?
     Das heißt aber: nicht endlich in dem Unterschied zweier Zeichen.   40

10 / Oder, was noch sonderbarer wäre: Gibt es e i n e n Unterschied der
Bedeutung, der sich erklären läßt und einen, der in einer Erklärung
nicht zu Tage tritt?

                                                                                            45

  3 Nein denn es kann ⟨a...⟩
  7 ganz/wesentlich/ –erste Variante im MS durchstrichen
 16 „das ist ⟨,⟩rot"
 17 sich sie/sie sich/ –erste Variante im MS durchstrichen
 23 Was heißt ⟨das⟩: ich kann mir vorstellen daß in 5 Minuten
 35 Oder ⟨für eine⟩ Unterscheidung des Verstehens, oder der Bedeutung,
 43 der sich erklären läßt und einen⟨ and...⟩

1 ?/ Erfahrung ist nicht etwas, das man durch Bestimmungen von einem
       Andren abgrenzen kann, was nicht Erfahrung ist; sondern eine logische
       Form

2 /   Wenn man sich die Namengebung durch Etiquettierung der   5
       Gegenstände denkt, so könnte man eine Farbe nicht in demselben
       Sinne etiquettieren (ihr ein Täfelchen anhängen) wie (etwa) einem
       Menschen oder der Kreisform.

3 ∫   Wenn mir bei den Worten „roter Kreis" die Vorstellung eines roten   10
       Kreises vorschwebt: wie verhalten sich die Worte zu dieser Vorstellung?

4 ∫   Die Vorstellung, die durch ein Wort erweckt wird, dient im Gedanken
       nur wieder als Zeichen.

                                                                                15
5 /   Ich kann doch offenbar eine Erwartung einmal in den Worten „ich   172
       erwarte einen roten Kreis", ein andermal statt der letzten Worte durch
       das |farbige| Bild eines roten Kreises ausdrücken. Aber in diesem
       Ausdruck entsprechen den beiden Wörtern „rot" und „Kreis" nicht zwei
       Dinge. Also ist der Ausdruck der zweiten Sprache von g a n z a n d e r e r   20
       A r t .

6 /   Zeigt das nicht, daß die Erklärungen „das ist rot", „das ist ein Kreis"
       noch nicht alles sind, sondern daß es eine solche Erklärung gibt: „das ist
       ein roter Kreis".   25

7 /   Es gäbe außer dieser auch eine Sprache, in der roter Kreis durch
       nebeneinanderstellen eines Kreises und eines roten Flecks ausgedrückt
       würde (so wie man etwa 3 Menschen und 3 Bäume mit ʎʎʎ, ♀♀♀, aber
       auch mit ||| ʎ, ||| ♀ bezeichnen könnte.)   30

8 /   Wenn ich nun auch zwei Zeichen bei mir habe, den Ausdruck „roter
       Kreis" und das farbige Bild, oder die Vorstellung, des roten Kreises, so
       wäre doch die Frage: Wie ist denn dann das eine Wort der Farbe, das
       andere der Form zugeordnet?   35
            Denn man scheint sagen zu können, das eine Wort lenke die
       Aufmerksamkeit auf die Farbe, das andere auf die Form. Aber was heißt
       das? Wie kann man diese Wörter in dieses Bild übersetzen?

9   Oder auch: Wenn mir das Wort ‚rot' eine Farbe ins Gedächtnis ruft, so   40   173
       muß sie doch mit einer Form verbunden sein, wie kann ich denn dann
       von der Form abstrahieren?

10   Die wichtige Frage ist dabei nie: Wie weiß er wovon er abstrahieren
       soll? sondern: wie ist das überhaupt möglich? oder: was heißt es?   45

---

36 Denn man scheint ⟨doch⟩ sagen zu können, das eine Wort
44 Die wichtige Frage ist dabei nie: Wie weiß ⟨ich ...⟩
45 wovon er abstrahieren soll? sondern⟨,⟩ wie ist das überhaupt möglich
45 wie ist das überhaupt möglich⟨,⟩ oder:

1 / Vielleicht wird es klarer, wenn man die beiden Sprachen vergleicht, in deren einer ein rotes Täfelchen und eines mit einem Kreis (etwa einem schwarzen auf weißem Grund) die Worte „roter Kreis" ersetzen; und in der andren statt dessen ein roter Kreis gemalt wird.

Wie geht denn hier die Übersetzung vor sich? Er schaut etwa   5
zuerst auf das rote Täfelchen und wählt einen roten Stift, dann auf den Kreis, und macht nun mit diesem Stift einen Kreis.

Es würde etwa zuerst gelernt daß das erste Täfelchen immer die Wahl des Bleistiftes bestimmt, das zweite, was wir mit ihm zeichnen sollen. Die beiden Täfelchen gehören also verschiedenen Wortarten an   10
(etwa Hauptwort und Tätigkeitswort) In der zweiten Sprache aber gäbe es nichts, was man hier zwei Wörter nennen könnte.

2 ∫ Der Befehl sei: „Stelle Dir einen roten Kreis vor". Und ich tue es. Wie konnte ich den Worten auf diese Weise folgen?   15

3 Das ist doch ein Zeichen/Beweis/ dafür, daß wir den Worten auch ohne   174
Vorstellungen gehorchen können.

4 / Unsere größte Schwierigkeit ist, die Welt zu nehmen, wie sie ist.   20

5 ∫ Wie kann ich es rechtfertigen, daß ich mir auf diese Worte hin diese Vorstellung mache?

6 / Oder: Wo endet die Rechtfertigung? Denn wo sie endet, verlassen auch   25
wir die Betrachtung.

7 ∫ Der Befehl lautet „schreibe ein großes a" und ich schreibe: A – –

8 ∫ Nicht daß ich A schreibe ist die Tatsache, die uns interessiert; ich hätte   30
ja (durch einen Lapsus) auch B schreiben können; aber daß ich das A nun als großes a anerkenne. Aber besteht diese Anerkennung nicht nur darin, daß ich, was ich getan habe mit dem Satz beschreibe: „ich habe ein großes a geschrieben"?

35

9 / Wie könnte man mit dem Laut a/a-Laut/ das Schriftzeichen/Zeichen/ „A" rechtfertigen, oder zeigen daß „E" falsch wäre!

10 / „Du hast ja den Befehl gar nicht befolgt. Ich habe gesagt ‚schreibe a' und Du hast ‚A' geschrieben. Wo liegt da die Befolgung?"   40
Darauf müßte ich antworten: „Nein; es war ein Zusammenhang   175
zwischen den Worten und dem was ich schrieb".

11 / Der „Kausale Zusammenhang" ist kein primärer Zusammenhang, es heißt also auch nichts ihn fühlen (oder ähnliches).   45

12 ∫ „Eine Geste kann nur so und so verstanden werden". Das kann doch nur ein Satz der Grammatik über das Wort ‚verstehen' sein.

3 und in ⟨deren⟩ andren statt dessen ein roter Kreis gemalt wird.
5 Wie geht denn hier ⟨das Übersetzen⟩ vor sich?
8 Es würde etwa zuerst gelernt daß ⟨die …⟩
22 daß ich mir auf diese Worte hin⟨,⟩ diese Vorstellung mache?
42 es war ein Zusammenhang zwischen den ⟨Wörtern⟩ und dem

1 / Ich sage: „was ich mir vorgestellt habe, war nicht willkürlich (und kausale Bedingtheit ist keine Bedingtheit), sondern es ist bestimmt durch ein Wort".

2 ?/ Diese Abhängigkeit muß sich beschreiben lassen: Weil Du d a s gesagt   5
hast, habe ich mir d a s vorgestellt.
    Das heißt,? nur,? in dem was da beschrieben wird, b e s t e h t die Abhängigkeit.

3 ?/ Immer wieder ist der Fehler, in den man zu fallen droht der, der in der   10
Frage ausgedrückt ist „sehen zwei Leute wirklich die selbe Farbe, wenn sie von Rot reden". (Wobei man nicht das Criterium der Gleichheit bedenkt.)

4 ∫ In wiefern kann ich sagen, daß was ich getan habe Deinem/dem/   15
Befehl gemäß war?

5 / Die Rechtfertigung muß immer so ausschauen: Du sagtest so .... und ich   176
tat das .....
    Und fragt man weiter, so müssen Worterklärungen folgen. Und   20
fragt man „warum hast Du A geschrieben, wie/als/ ich sagte ‚schreibe ein großes A'?" so kann man sich zur Rechtfertigung nur auf etwas von der Art der Tafel großes a │ A berufen. Anders kann eine Rechtfertigung
nicht aussehen   großes b │ B
                   großes c │ C   25

6 ∫ Wenn wir sagen die Philosophie soll nicht aus Erfahrungssätzen bestehen, so sagen wir schon, daß sie nicht in Sätzen über Raum, Zeit, Substanz, Verneinung etc bestehen soll.
    30

7 ?/ Der Zweck der Grammatik ist nur der Zweck der Sprache. Der Zweck der Grammatik ist der Zweck der Sprache

8 / Die Wichtigkeit der Grammatik ist die Wichtigkeit der Sprache.
    35

9 ∫ Die Grammatik beschreibt ja die Bedeutung der Zeichen.

10 / Denken wir an die witzige Bedeutung, die wir den grammatischen Spielen Lewis Carrolls geben. – – –
    40

11 / Ich könnte fragen: Warum empfinde ich einen grammatischen Witz in   177
gewissem Sinne als tief? (Und das ist natürlich die philosophische Tiefe)

---

7   in dem was ⟨das ...⟩
11   „sehen zwei Leute wirklich die ⟨gleiche⟩ Farbe, wenn sie von Rot
21   Und fragt man⟨,⟩ „warum hast Du A geschrieben, wie/als/ ich sagte
28   die Philosophie soll nicht aus Erfahrungssätzen bestehen, ⟨und ni...⟩
42   einen grammatischen Witz in gewissem Sinne als ⟨T...⟩

1 / Die Worte, die einer bei gewisser Gelegenheit sagt, sind in sofern nicht
      willkürlich, als gerade d i e s e in der Sprache, die er sprechen will (oder
      muß) das meinen was er sagen will, d.h. als gerade für sie diese
      grammatischen Regeln gelten. Was er aber meint, d.h. die gramm.
      Regeln sind insofern nicht willkürlich, als er einen bestimmten Zweck   5
      nur so glaubt erreichen zu können.

2 ⅋ Man könnte auch ein Wort z.B. „rot" wichtig nennen, in sofern als es oft
      und zu Wichtigem gebraucht wird im Gegensatz etwa zu dem Wort
      „Pfeifendeckel". Und die Grammatik des Wortes ‚rot' ist dann wichtig,   10
      weil sie die Bedeutung des Wortes ‚rot' beschreibt.

                                                                      19.6.
      [Was ich in der Zwischenzeit geschrieben habe, will ich später hier
      nachtragen]   15
3 ∫ · Ich glaube jetzt daß es richtig wäre ein/mein/ Buch mit Bemerkungen
      über die Metaphysik als eine Art der Magie zu beginnen

4 ∫ Worin ich aber weder der Magie das Wort reden, noch mich über sie
      lustig machen darf.   20

5 ∫ Von der Magie müßte die Tiefe beibehalten werden. –

6 ∫ Ja das Ausschalten jeder/der/ Magie hat hier den Charakter der Magie
      selbst.   25

7 ∫ Denn wenn ich damit anfing von der „W e l t" zu reden (und nicht von   178
      diesem Baum oder Tisch) was wollte ich anderes als etwas Höheres in
      meine Worte bannen.
                                                                                30
8 ∅ Frazers Darstellung der magischen und religiösen Anschauungen der
      Menschen ist unbefriedigend: sie läßt diese Anschauungen als I r r t ü m e r
      erscheinen.

9 ∅ So war also Augustinus im Irrtum wenn er Gott auf jeder Seite der   35
      Confessionen anruft?
           Aber – kann man sagen – wenn er nicht im Irrtum war, so war es
      doch der Buddhistische Heilige – oder welcher immer – dessen Religion
      ganz andere Anschauungen zum Ausdruck bringt. Aber k e i n e r von
      ihnen war im Irrtum außer wo er eine Theorie aufstellte.   40

10 etwa zu dem Wort „Pfeifendeckel". *Hier befindet sich im MS ein
    Einfügungszeichen mit einem Pfeil zum Fuß der Seite wo sich die Fortsetzung der
    Bemerkung findet, links mit dem gleichen Einfügungszeichen und rechts mit einem
    Asteriskus markiert.*
15 [Was ich in der Zwischenzeit geschrieben habe, will ich später hier
    nachtragen] *–geschrieben am 19.6.1931 in Wien; ein anknüpfender Verweis findet
    sich auf der Manuskriptseite 185*
16 Ich glaube jetzt daß es richtig wäre ein/mein/ Buch ⟨über …⟩
17 mit Bemerkungen über die Metaphysik als ⟨ein …⟩
24 jeder/der/ *–erste Variante im MS durchstrichen*
37 Aber – ⟨wird⟩ man sagen
40 war im Irrtum außer wo er ⟨etwa⟩ eine Theorie aufstellte.

1 ∅ Schon die Idee, den Gebrauch – etwa die Tötung des Priesterkönigs –
erklären zu wollen scheint mir verfehlt. Alles was Frazer tut ist, sie
Menschen, die so ähnlich denken wie er, plausibel zu machen. Es ist
sehr merkwürdig daß alle diese Gebräuche endlich sozusagen als
Dummheiten dargestellt werden.   5

Nie wird es aber plausibel daß die Menschen aus purer Dummheit
alle diese Dinge/all das/ tun.

Wenn er uns z.B. erklärt der König müsse in seiner Blüte getötet   179
werden, weil nach den Anschauungen der Wilden, sonst seine Seele
nicht frisch erhalten würde, so kann man doch nur sagen: wo jener   10
Gebrauch und diese Anschauung zusammengehen dort entspringt nicht
der Gebrauch der Anschauung sondern sie sind eben beide da.

Es kann schon sein, und kommt heute oft vor, daß ein Mensch
einen Gebrauch aufgibt nachdem er einen Irrtum erkannt hat auf den
sich dieser Gebrauch stützte. Aber dieser Fall besteht eben nur dort wo   15
es genügt den Menschen auf seinen Irrtum aufmerksam zu machen um
ihn von seiner Handlungsweise abzubringen. Aber das ist doch bei den
Religiösen Gebräuchen eines Volkes nicht der Fall und d a r u m handelt
es sich eben um k e i n e n Irrtum.
                                                                         20

2 ∅ Frazer sagt, es sei sehr schwer den Irrtum in der Magie zu entdecken –
und darum halte sie sich so lange – weil z.B. eine Beschwörung die
Regen herbeiführen soll früher oder später gewiss als wirksam erscheint.
Aber dann ist es eben merkwürdig daß die Menschen nicht früher
darauf kommen daß es ohnehin früher oder später regnet.   25

3 ∅ Ich glaube daß das Unternehmen einer Erklärung schon darum verfehlt
ist weil man nur richtig zusammenstellen muß, was man w e i ß und   180
nichts dazusetzen und die Befriedigung die durch die Erklärung
angestrebt wird ergibt sich von selbst.   30

Und die Erklärung ist es hier gar nicht die befriedigt. Wenn Frazer
anfängt und uns die Geschichte von dem Waldkönig von Nemi erzählt
so tut er dies in einem Ton der zeigt daß er fühlt und uns fühlen lassen
will daß hier etwas Merkwürdiges und Furchtbares geschieht. Die Frage
aber „warum geschieht dies?," wird eigentlich dadurch beantwortet: weil   35
es furchtbar ist. Das heißt dasselbe was uns bei diesem Vorgang
furchtbar, großartig, schaurig |tragisch| etc. nichts weniger als trivial und
bedeutungslos vorkommt, d a s hat diesen Vorgang ins Leben gerufen.

4 ∅ Nur b e s c h r e i b e n kann man hier und sagen: so ist das menschliche   40
Leben.

5 ∫ |Ein Motto für dieses Buch: „Seht ihr den Mond dort stehn? Er ist nur
halb zu sehn und ist doch rund und schön."|
                                                                         45

---

1 ⟨Wenn …⟩
23 herbeiführen soll ⟨sich⟩ früher oder später gewiß als wirksam ⟨erweist⟩
24 Aber dann ist es eben merkwürdig ⟨warum dann⟩ die Menschen
31 Und die Erklärung ist es hier gar nicht die befriedigt. Wenn ⟨z…⟩
36 was uns bei diesem Vorgang⟨,⟩ furchtbar, großartig, schaurig
37 großartig, schaurig |tragisch| etc. ⟨vorkommt …⟩
43 *Die Bemerkung ist im MS am Anfang und Ende mit je einem vertikalen Strich
gerahmt.*
44 Er ist nur halb zu sehn⟨,⟩ und ist doch rund und schön."|

1	∅	Die Erklärung ist im Vergleich mit dem Eindruck, den uns das Beschriebene macht, zu unsicher.	
2	∅	Jede Erklärung ist ja eine Hypothese	
3	∅	Wer aber, etwa, von der Liebe beunruhigt ist, dem wird eine hypothetische Erklärung wenig helfen. − Sie wird ihn nicht beruhigen.	181

2 ∅ Jede Erklärung ist ja eine Hypothese

5

3 ∅ Wer aber, etwa, von der Liebe beunruhigt ist, dem wird eine 181
hypothetische Erklärung wenig helfen. − Sie wird ihn nicht beruhigen.

4 ∅ Das Gedränge der Gedanken, die nicht herauskönnen, weil (sie) sich alle
vordrängen wollen und so am Ausgang verkeilen. 10

5 ∅ Wenn man mit jener Erzählung vom Priesterkönig von Nemi das Wort
„die Majestät des Todes" zusammenstellt, so sieht man, daß die beiden
Eins sind.
Das Leben des Priesterkönigs stellt das dar was mit jenem Wort 15
gemeint ist.

6 ∅ Wer von der Majestät des Todes ergriffen ist, kann dies durch so ein
Leben zum Ausdruck bringen. − Dies ist natürlich auch keine Erklärung
sondern setzt nur ein Symbol für ein anderes. Oder: eine Zeremonie für 20
eine andere.

7 ∅ Einem religiösen Symbol liegt keine Meinung zu Grunde.
Und nur der Meinung entspricht der Irrtum

25

8 ∅ Man möchte sagen: Dieser und dieser Vorgang hat stattgefunden; lach',
wenn Du kannst.

9 ∅ Die religiösen Handlungen oder das religiöse Leben des Priesterkönigs
ist von keiner andern Art als jede echt religiöse Handlung heute, etwa 30 182
ein Geständnis der Sünden. Auch dieses läßt sich „erklären" und läßt
sich nicht erklären.

10 ʃ/ Eine Sprache erfinden.

35

11 ʃ Weiß ich daß dieser Apfelbaum nicht heuer Birnen tragen wird?

20.6.

12 ∅ In effigie verbrennen. Das Bild der Geliebten küssen. Das basiert
natürlich nicht auf einem Glauben an eine bestimmte Wirkung auf 40
den Gegenstand den das Bild darstellt. Es bezweckt eine Befriedigung
und erreicht sie auch. Oder vielmehr, es bezweckt gar nichts, wir
handeln eben so und fühlen uns danach befriedigt.

13 ∅ Man könnte auch den Namen der Geliebten küssen und hier wäre die 45
Stellvertretung durch den Namen klar.

---

9 (sie) −*im MS durchstrichen*
30 ist von keiner ⟨andren⟩ Art als jede echt religiöse Handlung heute,
34 ʃ *Randzeichen durchstrichen*
40 eine bestimmte Wirkung auf ⟨die Gegenstände die dies⟩ Bild darstellt.

1   ∅   Der selbe Wilde der anscheinend um seinen Feind zu töten, dessen Bild durchsticht, baut seine Hütte aus Holz wirklich und schnitzt seinen Pfeil kunstgerecht und nicht in effigie.

2   ∅   Die Idee daß man einen leblosen Gegenstand zu sich herwinken kann   5
wie man einen Menschen zu sich herwinkt. Hier ist das Prinzip das der Personification.

3   ∅   Und immer beruht die Magie auf der Idee des Symbolismus und der
Sprache.   10

4   ∅   Die Darstellung eines Wunsches ist eo ipso die Darstellung seiner   183
Erfüllung.
     Die Magie aber bringt einen Wunsch zur Darstellung; sie äußert
einen Wunsch.   15

5   ∅   Die Taufe als Waschung.
     Ein Irrtum entsteht erst wenn die Magie wissenschaftlich ausgelegt
wird.
     20

6   ∅   Wenn die Adoption eines Kindes so vor sich geht daß die Mutter es
durch ihre Kleider zieht so ist es doch verrückt zu glauben daß hier ein
I r r t u m vorliegt und sie glaubt das Kind geboren zu haben.

7   ∅   Die Magie in Alice in Wonderland beim Trocknen durch Vorlesen des   25
Trockensten was es gibt.

8   ∅   Bei der magischen Heilung einer Krankheit B E D E U T E T man ihr sie
möge den Patienten verlassen.
     30

9   ∅   Man möchte nach der Beschreibung so einer magischen Kur immer
sagen: Wenn d a s die Krankheit nicht versteht, so weiß ich nicht, w i e
man es ihr sagen soll.

10   ∅   Von den magischen Operationen sind die zu unterscheiden die auf   35
einer falschen, zu einfachen, Vorstellung der Dinge und Vorgänge
beruhen. Wenn man etwa sagt die Krankheit ziehe von einem Teil des   184
Körpers in den andern oder Vorkehrungen trifft die Krankheit
abzuleiten als wäre sie eine Flüssigkeit oder ein Wärmezustand. Man
macht sich dann also ein falsches das heißt hier unzutreffendes Bild   40

11   ∅   Welche Enge des seelischen Lebens bei Frazer! Daher: welche
Unmöglichkeit ein anderes Leben zu begreifen als das englische seiner
Zeit!
     Frazer kann sich keinen Priester vorstellen der nicht im Grunde   45
ein englischer Parson unserer Zeit ist mit seiner ganzen Dummheit und
Flauheit.

---

1   der anscheinend um seinen Feind zu töten, ⟨sein⟩ Bild durchsticht,
28   ⟨Die magische …⟩
31   nach der Beschreibung so einer magischen ⟨Cur⟩ immer sagen:
45   ⟨Er⟩ kann sich keinen Priester vorstellen der nicht im Grunde

1 ⌀ Warum sollte dem Menschen sein Name nicht heilig sein können. Ist er doch einerseits das wichtigste Instrument das ihm gegeben wird, andererseits wie ein Schmuckstück das ihm bei der Geburt umgehangen wird.

5

2 ⌀ Wenn mein Buch je veröffentlicht wird so muß in seiner Vorrede der Vorrede Paul Ernst's zu den Grimmschen Märchen gedacht werden, die ich schon in der Log. Phil. Abhandlung als Quelle des Ausdrucks „Mißverstehen der Sprachlogik" hätte erwähnen müssen.

10

3 ⌀ Nichts ist so schwierig wie/als/ Gerechtigkeit gegen die Tatsachen.

4 ⌀ Bilder: Die Seele die den Körper verläßt, die in einem Behältnis   185
aufbewahrt ist, der Tod als Mensch oder der Tod eines bestimmten
Menschen als ein mit diesem Menschen in irgend einer Beziehung   15
stehendes Ding.

5 ∫ Die Welt und der „Untergang der Welt".

6 ∫ Die Grammatik des Wortes „Sprache".   20

Nachtr.

7 Nehmen wir an:
∫/   In den ägyptischen Urkunden wird immer wieder eine Farbe
erwähnt die besonders herrlich sei. Wir wissen nicht welche es war.   25
Können uns nur aus Andeutungen denken, daß es ein bestimmtes
Braunrot gewesen sein muß. Eines Tages aber findet sich eine braunrote
Platte in besonderer Weise (durch Luftabschluß etc etc) conserviert und
darunter jener Name der Farbe. Nun heißt es: jetzt wissen wir, welche
Farbe es war (Und alle Cambridger Ästheten werden solche Kravatten   30
tragen)

8 / Für uns gibt es keinen Zusammenhang, der sich beschreiben läßt,
sondern nur den der sich zeigt.

35

9 / Wie werde ich denn wissen, daß ich ein Wort 2mal in derselben
Bedeutung gebraucht habe? Kann ich denn die Bedeutung niederlegen?
Oder: nur in sofern ich sie niederlegen kann, kann ich von i h r reden

10 / Was wir Bedeutung nennen muß mit der primitiven Gebärden-   40
(Zeige-)Sprache zusammenhängen.

11 In wiefern kann nun diese hinweisende Erklärung mit den Regeln der   186
Verwendung collidieren?

45

12 Denn eigentlich dürfen ja Regeln nicht collidieren, außer sie
widersprechen einander. Denn im übrigen bestimmen sie ja eine
Bedeutung und sind nicht einer verantwortlich so daß sie ihr
widersprechen könnten

50

13 ⟨Bild⟩: Die Seele die den Körper verläßt, die in einem Behältnis
22 Nachtr. *–bezieht sich auf den letzten Eintrag vor dem 19.6.31 auf der
Manuskriptseite 177*
27 Braunrot gewesen sein muß. Eines Tages aber ⟨finden ...⟩

1　/　Wenn Einer von einer idealen Sprache redet, so müßte man fragen: in welcher Beziehung ideal?

2　/　Man kann keine Sprache lernen, wenn man nicht schon eine versteht.

3　/　Sprache der Anordnung der Sessel im Zimmer. Ich kann die Leute die mir auf der Straße entgegen kommen als Sprache deuten.

4　∫?/　Ob Einer der mir einen deutschen Satz sagt ihn wirklich so meint, wie ich ihn verstehe ist nur eine Hypothese. Sicher ist nur, daß ich ihn s o deute.

5　?/　Aber was heißt es, ihn s o zu deuten? Wie unterscheidet sich diese Deutung von einer andern? Doch wohl durch die Erklärung, die ich von ihr geben kann. Wenn ich etwa sage „in diesem Sinne wird der Satz von d i e s e r Tatsache bewahrheitet, in jenem Sinne von jener", so habe ich mich durch den Hinweis auf diese und jene Tatsache wieder eines Zeichens bedient. Am Schluß aber müssen sich die Z e i c h e n unterscheiden.

6　∫　„wet paint"

7　∫　Was heißt es aber überhaupt eine Tatsache (einen Komplex) deuten, im Gegensatz dazu, daß man ihn überhaupt nicht als Zeichen auffaßt?

8　　||Beispiel:| Man muß manchen Satz öfter lesen um ihn als Satz zu verstehen|

9　　Kann man denn etwas Anderes als einen Satz verstehen?
　　　　Oder: Ist es nicht erst ein Satz, wenn man es versteht. Also: Kann man etwas anders, als a l s S a t z verstehen?

10　/　Man könnte davon reden „einen Satz zu erleben".
　　　　Läßt sich dieses Erlebnis nun beschreiben?

11　/　Wenn ich einen deutschen Satz höre oder ausspreche, so kommt es ja nicht darauf an, daß mir das Deutsche wohl bekannt ist und auf die Geschichte der Bekanntschaft kommt es nicht an. Aber das Wesentliche des besonderen Erlebnisses ist da/das/, ich erlebe eine Tatsache als Satz.

12　/　Da ist es wichtig daß es in einem gewissen Sinne keinen halben Satz gibt.

13　　Das heißt vom halben Satz gilt, was vom Wort gilt, daß es nur im Zusammenhang des Satzes Sinn/Bedeutung/ hat.

14　　Das Verstehen fängt aber erst mit dem Satz an.

　1　Wenn ⟨einer⟩ von einer idealen Sprache redet, so müßte man fragen
　9　∫ *Randzeichen durchstrichen*
　9　Ob ⟨einer⟩ der mir einen deutschen Satz sagt ihn wirklich so meint,
　15　die ich von ihr geben kann. Wenn ich etwa ⟨sagen ...⟩
　29　Kann man denn etwas Anderes als einen Satz ⟨v e r s t e h e n⟩?

1) Man kann nicht sagen „dieser Struktur fehlt noch etwas um ein Satz zu sein". Sondern es fehlt ihr etwas um d i e s e r Satz zu sein.

2 ∫ Beispiel: Mʳ N.N. out – in
Wo ist hier übrigens das Verbum? muß man es sich etwa immer hinzu denken um zu verstehen? Das wäre, wie wenn jemand glaubte, man brauche, um eine Richtung anzuzeigen immer einen Pfeil und ○ ➤ zeige keine an, wenn man sich nicht einen Verbindungsstrich zwischen Ring und Spitze vorstellt.

3 / Den Russen welche statt „er ist gut" sagen „er gut" geht nichts verloren und sie denken sich auch kein Verbum dazu.

4 / Den kompletten Satz zu charakterisieren ist so unmöglich, wie die komplette Tatsache.

5)/ Die Philosophie darf den wirklichen/tatsächlichen/ Gebrauch der Sprache [... darf, was wirklich gesagt wird] in keiner Weise antasten, sie kann ihn/[es]/ am Ende also nur beschreiben.

6 / Denn sie kann ihn auch nicht begründen.

7 Sie laßt/läßt/ alles wie es ist. 189

8 / Sie läßt auch die Mathematik wie sie ist (jetzt ist) und keine mathem. Entdeckung kann sie weiter bringen

9 ∫ Ein „führendes Problem der mathem. Logik" (Ramsey) ist ein Problem der Mathematik w i e j e d e s a n d e r e.

10 ∫/ Wie es keine Metaphysik gibt, so gibt es keine Metalogik. Das Wort „verstehen", der Ausdruck „einen Satz verstehen" ist auch nicht metalogisch, sondern ein Ausdruck wie j e d e r andre der Sprache.

11 / Wie ich oft gesagt habe, führt die Philosophie nicht zu einem Verzicht, da ich mich nicht entbreche etwas zu sagen, sondern eine gewisse Wortverbindung als sinnlos aufgebe. In anderem Sinne aber erfordert die Philosophie dann eine Resignation, aber des Gefühls, nicht des Verstandes. Und das ist es vielleicht, was sie vielen so schwer macht. Es kann schwer sein, einen Ausdruck nicht zu gebrauchen, wie es schwer ist, die Tränen zurückzuhalten, oder einen Ausbruch der Wut.

12 ∫ Wenn immer man auf eine Behauptung/Statement/ (gleich, oder nach einer gewissen Überlegung) sagt „of course" (im Sinne: wie könnte es anders sein) ist mit jener Behauptung etwas nicht in der Ordnung. 190
(Wenn es nicht a n d e r s sein könnte so kann es auch nicht s o sein.)

4 ⟨|⟩Beispiel: Mʳ N.N. out – in⟨|⟩
4 Mʳ N.N. out – in –*gemeint sind verschiebbare Namensschilder, wie sie in den Treppenaufgängen der Colleges in Cambridge üblich sind*
5 Wo ist hier übrigens das Verbum? (Muß) man es sich
23 laßt/läßt/ –*zweite Variante im MS durchstrichen*
33 auch nicht metalogisch, sondern ein Ausdruck wie j e d e r ⟨An...⟩

1 ∫ Das Verstehen wird dann wichtig, wenn man es als eine notwendige
Bedingung – etwa – des Befolgens eines Befehls auffaßt. Der Befehl
werde durch ein Bild der befohlenen Handlung gegeben. „Ja aber ich
muß dieses Bild auch verstehen". – Was heißt das? – „Ich muß wissen,
daß ich d a s tun muß/soll/". Aber da ja das durch das Verstehen des
Befehls noch nicht getan ist, so kann doch dieses Wissen nur darin
bestehen, daß ich einer a n d e r e n Tatsache als der der Befolgung
habhaft werde.

2 ∫ Man kann ein Gebilde auf verschiedene Art/Arten/ verstehen (als Satz
auffassen). Diese Art muß sich in einer Erklärung offenbaren.

3 ∫ Ich glaube, wir würden einen tieferen Einblick gewinnen, wenn wir uns
über die Replik klar würden: „man kann sich nicht vorstellen, wie es
anders sein könnte" („What would it be like, if it were otherwise").

4 ∫/ „Einen Satz verstehen heißt: wissen was er sagt"

5 ∫/ „Die Gebärde verstehen, heißt wissen was sie bedeutet" („wissen, was er
meint")

6 ∫/ Das würde/müßte/ heißen „wissen daß sie dies und nicht jenes
bedeutet". Dann aber müßte dieses Verstehen die Multiplizität eines
Satzes haben.

7 / Nun ist die Frage: muß ich wirklich in so einem Sinne das Zeichen
verstehen um etwa danach handeln zu können? – Wenn jemand sagt:
„gewiß! sonst wüßte ich ja nicht, was ich zu tun habe", so würde ich
antworten: „Aber es gibt ja keinen Übergang vom Wissen zum Tun.
Und keine prinzipielle Rechtfertigung dessen, daß es d a s war was dem
Befehl entsprach.

8 ∫ Man kann wohl zur Rechtfertigung sagen: „Ich mußte das doch tun,
denn Du sagtest ….." und wenn man weiter gefragt würde „aber
warum?" müßte man Worterklärungen von der Art „das ist doch ein
Buch" geben, aber das hieße doch immer nur ein Zeichen durch ein
anderes ersetzen.

9 ∫ Man beachte im vorletzten Satz den Ausdruck „handeln zu k ö n n e n"
und das Wort „was" in „w a s ich zu tun habe".

10 / Was heißt dann also der Satz: „Ich muß den Befehl verstehen, ehe ich
nach ihm handeln kann"? Denn dieser Satz/dies zu sagen/ hat natürlich
einen Sinn. Aber gewiß/jedenfalls/ wieder keinen metalogischen.

---

3 „Ja⟨,⟩ aber –*das gestrichene Komma ist im MS gewellt unterstrichen*
5 muß/soll/ –*erste Variante im MS durchstrichen*
7 so kann doch dieses Wissen nur darin bestehen, daß ich ⟨einen …⟩
17 ∫ *Randzeichen durchstrichen*
19 ∫ *Randzeichen durchstrichen*
22 ∫ *Randzeichen durchstrichen*
27 handeln zu können –*im MS Hervorhebung mit Strichlinie wie in den Typoskripten*
29 „Aber es gibt –*im MS fehlt das Ausführungszeichen*

1 / „Aber ich muß doch einen Befehl verstehen um nach ihm handeln zu   192
können". Hier ist das ‚muß' verdächtig. Wenn das wirklich ein Muß ist
– ich meine – wenn es ein logisches Muß ist, so handelt es sich hier um
eine grammatische Anmerkung.

2 / Auch wäre da die Frage möglich: Wie lange vor dem Befolgen mußt Du
denn den Befehl verstehen?

3 / Wie, wenn man sagte: „ich kann den Befehl nicht ausführen, wenn ich
ihn nicht deute"? – Das heißt nichts, denn seine Ausführung ist eine
Deutung.

4 / „Ich kann den Befehl nicht ausführen, weil ich nicht verstehe, was Du
meinst. – Ja, jetzt verstehe ich Dich".
    Was ging da vor, als ich plötzlich den Andern verstand? Ich
konnte mich natürlich irren, und daß ich den Andern verstand war eine
Hypothese. Aber es fiel mir plötzlich eine Deutung ein, die mir
einleuchtete. Aber war diese Deutung etwas anderes als ein Satz einer
Sprache?

5 / Es konnten mir auch vor diesem Verstehen mehrere Deutungen
vorschweben, für deren eine ich mich endlich entscheide. Aber das
Vorschweben der Deutungen war das Vorschweben von Ausdrücken.

6 / Statt dem Spiel der Vorstellungen könnten wir immer ein Produzieren   193
physischer Bilder – etwa mit dem Bleistift auf Papier – annehmen, so
daß keine „private" Sprache entstünde.

7 ?/ʃ „Leg das Buch auf den Tisch. – Hast Du mich verstanden?" – „Ja".
„Leg das Buch auf den Abrakadabra. – Hast Du mich verstanden?"
„Nein". – Nun zeige ich mit erklärender Geste auf den Sessel und sage
dabei „Abrakadabra". „Leg das Buch auf den Abrakadabra. – Hast Du
mich jetzt verstanden?" „Ja". – Was hat sich denn verändert? Wir haben
ein anderes Zeichen erhalten.

8 ?/ Wenn ich einen philosophischen Fehler rektifiziere und sage man hat
sich das immer so vorgestellt aber so ist es nicht, so zeige ich immer auf
eine Analogie/muß ich immer auf eine Analogie zeigen/ nach der man
sich gerichtet hat, und daß diese Analogie nicht hält [... so muß ich
immer eine Analogie aufzeigen nach der man gedacht hat die man aber
nicht als Analogie erkannt hat]

9 / Die Idee |die man| von dem Verstehen hat, ist etwa, daß man dabei von
dem Zeichen näher an die verifizierende Tatsache kommt, etwa durch
die Vorstellung. Und wenn man auch nicht wesentlich, d.h. logisch,
näher kommt, so ist doch etwas an der Idee richtig, daß das Verstehen   194
in dem Vorstellen der Tatsache besteht. Die Sprache der Vorstellung ist
in dem gleichen Sinne wie die Gebärdensprache primitiv.

---

25 könnten wir immer ein ⟨Produkt⟩ physischer Bilder
29 ?/ *Randzeichen durchstrichen*
45 verifizierende Tatsache kommt, etwa durch die Vorstellung. Und ⟨k...⟩

1 / Daher ist auch etwas daran richtig, daß die Unvorstellbarkeit ein Kriterium der Unsinnigkeit ist.

2 ∫ Was nennen wir fundamental?

5

3 ∫ Was eine Naturnotwendigkeit?

4 / Warum empfinden wir die Untersuchung der Grammatik als fundamental?

10

5 / Das Wort „fundamental" kann auch nichts metalogisches oder philosophisches bedeuten, wenn/wo/ es überhaupt eine Bedeutung hat.

6 ∫ Wir jagen die Metaphysik aus allen ihren Schlupfwinkeln heraus.

15

7 / Die Untersuchung der Grammatik ist im selben Sinne fundamental, wie wir die Sprache fundamental – etwa ihr eigenes Fundament – nennen können.

8 Unsere grammatische Untersuchung unterscheidet sich ja von der eines Anglisten oder Germanisten etc.; uns interessiert z.B. die Übersetzung von einer Sprache in andre Sprachen. Überhaupt interessieren uns Regeln die der Philologe gar nicht betrachtet. Diesen Unterschied können wir also wohl hervorheben.

20

195

25

9 / Anderseits wäre es irreführend zu sagen, daß wir das Wesentliche der Grammatik behandeln (er das zufällige).

10 / „Aber das ist ja nur eine äußere Unterscheidung/ein äußerer Unterschied/". Ich glaube, eine andere gibt es nicht.

30

11 / Eher könnten wir sagen, daß wir doch etwas anderes Grammatik nennen als er. Wie wir eben Wortarten unterscheiden, wo für ihn kein Unterschied (vorhanden) ist.

35

---

8 Warum empfinden wir die ⟨G…⟩
20 ⟨Die Grammatik …⟩
21 Germanisten etc.; –*das Semikolon ist im MS gewellt unterstrichen*
22 uns interessiert z.B. die Übersetzung von einer Sprache in ⟨eine …⟩
26 *Die Bemerkung steht im MS nach der folgenden, durch einen Pfeil am linken Rand umgestellt.*

1 ⌀ Wie irreführend die Erklärungen Frazers sind sieht man – glaube ich –
daraus, daß man primitive Gebräuche sehr wohl selbst erdichten könnte
und es müßte ein Zufall sein wenn sie nicht irgendwo wirklich gefunden
würden. Das heißt das Prinzip nach welchem diese Gebräuche geordnet   5
sind ist ein viel allgemeineres als Frazer es erklärt und in unserer
eigenen Seele vorhanden, so daß wir uns alle Möglichkeiten selbst
ausdenken könnten. – Daß etwa der König eines Stammes für
niemanden sichtbar bewahrt wird können wir uns wohl vorstellen, aber   196
auch daß jeder Mann des Stammes ihn sehen soll. Das letztere wird   10
dann gewiß nicht in irgend einer mehr oder weniger zufälligen Weise
geschehen dürfen sondern er wird den Leuten ge z e i g t werden
        Vielleicht wird ihn niemand berühren dürfen vielleicht aber jeder
berühren m ü s s e n . Denken wir daran daß nach Schuberts Tod sein
Bruder Partituren Schuberts in kleine Stücke zerschnitt und seinen   15
Lieblingsschülern solche Stücke von einigen Takten gab. Diese
Handlung als Zeichen der Pietät ist uns e b e n s o verständlich wie die
andere die Partituren unberührt niemandem zugänglich aufzubewahren.
Und hätte Schuberts Bruder die Partituren verbrannt so wäre auch das
als Zeichen der Pietät verständlich.   20
        Das Zeremonielle |(heiße oder kalte)| im Gegensatz zum Zufälligen
|(lauen)| (haphazard) charakterisiert die Pietät.
        Ja Frazers Erklärungen wären überhaupt keine Erklärungen wenn
sie nicht letzten Endes an eine Neigung in uns selbst appellierten.
        Das Essen und Trinken ist mit Gefahren verbunden nicht nur für   25
den Wilden sondern auch für uns; nichts natürlicher als daß man sich
vor ihnen/diesen/ schützen will, und nun könnten wir uns selbst solche
Schutzmaßnahmen ausdenken. – Aber nach welchem Prinzip denken
/erdichten/ wir sie (uns aus)? Offenbar danach, daß alle Gefahren der   197
Form nach auf einige sehr einfache reduziert werden die dem   30
Menschen ohne weiteres sichtbar sind. |Also| Nach dem selben Prinzip
nach dem die ungebildeten Leute unter uns sagen die Krankheit ziehe
sich vom Kopf in die Brust etc. etc.. In diesen einfachen Bildern wird
natürlich die Personification eine große Rolle spielen, denn daß
Menschen (also Geister) dem Menschen gefährlich werden können ist   35
uns/jedem/ bekannt.

2 ⌀ Daß der Schatten des Menschen der wie ein Mensch ausschaut, oder
sein Spiegelbild, daß Regen, Gewitter, die Mondphasen, der
Jahreszeitwechsel, die Ähnlichkeit und Verschiedenheit der Tiere   40
untereinander und zum Menschen, die Erscheinungen des Todes, der
Geburt und des Geschlechtslebens, kurz alles was der Mensch jahraus
jahrein um sich wahrnimmt, in mannigfaltigster Weise mit einander
verknüpft, in seinem Denken (seiner Philosophie) und seinen
Gebräuchen auftreten/eine Rolle spielen/ wird ist selbstverständlich,   45
oder ist eben das was wir wirklich wissen und interessant ist.

16 seinen Lieblingsschülern solche Stücke von einigen Takten ⟨schen…⟩
20 Partituren verbrannt so wäre auch das als Zeichen der Pietät ⟨mö…⟩
26 nicht nur für den Wilden sondern auch für uns⟨. N…⟩
26 natürlicher als daß man sich ⟨davor⟩ schützen will
27 schützen will⟨. …⟩
31 |Also| Nach dem selben Prinzip ⟨w…⟩
40 *Im MS:* die Ähnlichkeit and Verschiedenheit

1 ∅ Wie hätte das Feuer oder die Ähnlichkeit des Feuers mit der Sonne
verfehlen können auf den erwachenden Menschengeist einen Eindruck
zu machen. Aber nicht vielleicht „weil er sich's nicht erklären kann"
(der dumme Aberglaube unserer Zeit) — denn wird es durch eine
„Erklärung" weniger Eindrucksvoll? —

2 ∅ Ich meine nicht daß gerade das Feuer jedem einen Eindruck machen
muß. Das Feuer nicht mehr wie jede andere Erscheinung, und die eine
Erscheinung Dem, die andere Jenem. Denn keine Erscheinung ist an
sich besonders geheimnisvoll aber jede kann es uns werden und das ist
eben das Charakteristische am erwachenden Geist des Menschen daß
ihm eine Erscheinung bedeutend wird. Man könnte fast sagen der
Mensch sei ein zeremonielles Tier. Das ist wohl teils falsch, teils
unsinnig, aber es ist auch etwas Richtiges daran.

Das heißt man könnte ein Buch über Anthropologie so anfangen:
Wenn man das Leben und Benehmen der Menschen auf der Erde
betrachtet so sieht man daß sie außer den Handlungen die man tierische
nennen könnte der Nahrungsaufnahme etc etc etc. auch solche
ausführen die einen ganz anderen/eigentümlichen/ Charakter tragen
und die man rituelle Handlungen nennen könnte.

Nun aber ist es Unsinn so fortzufahren daß man als das
Charakteristische dieser Handlungen sagt sie seien solche die aus
fehlerhaften Anschauungen über die Physik der Dinge entsprängen (so
tut es Frazer wenn er sagt Magie sei wesentlich falsche Physik bezw.
falsche Medizin/Heilkunst/, Technik, etc)

Vielmehr ist das Charakteristische der rituellen Handlung gar
keine Ansicht, Meinung, ob sie nun richtig oder falsch ist, obgleich eine
Meinung – ein Glaube – selbst auch rituell sein kann, zum Ritus
gehören kann.

3 ∅ Wenn man es für selbstverständlich hält daß sich der Mensch an seiner
Phantasie vergnügt so bedenke man daß diese Phantasie nicht wie ein
gemaltes Bild oder ein plastisches Modell ist sondern ein kompliziertes
Gebilde aus heterogenen Bestandteilen: Wörtern und Bildern. Man
wird dann das Operieren mit Schrift- und Lautzeichen nicht mehr in
Gegensatz stellen zu dem Operieren mit „Vorstellungsbildern" der
Ereignisse.

4 / Was tut der, der eine neue Sprache konstruiert (erfindet)? nach welchem
Prinzip geht er vor? Denn dieses Prinzip ist der Begriff ‚Sprache‘.

5 / Eine Sprache erfinden heißt nicht auf Grund von Naturgesetzen (oder
im Einklang/in Übereinstimmung/ mit ihnen) eine Vorrichtung zu einem
bestimmten Zweck erfinden. Wie es etwa die Erfindung des
Benzinmotors oder der Nähmaschine ist. Auch die Erfindung eines
Spiels ist nicht in diesem Sinne eine Erfindung aber vergleichbar der
Erfindung einer Sprache.

198

5

10

15

20

25 199

30

35

40

45

200

9 und die eine Erscheinung ⟨dem⟩, die andere ⟨jenem⟩. Denn
15 *Im MS:* ein Buch über anthropologie
24 (so tut es Frazer wenn er sagt Magie sei wesentlich falsche Physik⟨⟩ ...⟩
36 in Gegensatz stellen zu dem Operieren mit ⟨Phantas...⟩

1 / Ich brauche nicht zu sagen daß ich nur die Grammatik des Wortes „Sprache" weiter beschreibe indem ich sie mit der Grammatik des Wortes „Erfindung" in Verbindung bringe

2 / Beiläufig gesprochen (ist der Zusammenhang der Metaphysik mit der Magie der) hat es in/nach/ der alten Auffassung – etwa der, der (großen) westlichen Philosophen – zwei Arten von Problemen/zweierlei Probleme/ |im wissenschaftlichen Sinne| gegeben: wesentliche, große, universelle, und unwesentliche, quasi accidentelle Probleme. Und dagegen ist unsere Auffassung daß es kein g r o ß e s, wesentliches Problem im Sinne der Wissenschaft gibt.

3 / Eine Sprache erfinden, heißt eine Sprache konstruieren. Ihre Regeln aufstellen. Ihre Grammatik verfassen.

4 / Erweitert jede erfundene Sprache den Begriff der Sprache?

5 Was für das Wort „Sprache" gilt muß auch für den Ausdruck „System von Regeln" gelten. Also auch für das Wort „Kalkül".

6 Ist es da übrigens nicht merkwürdig, daß die Mathematiker immer mit der Feder auf dem Papier arbeiten?
Und warum z.B. nie mit kontinuierlichen Farbübergängen?

7 Wie bin ich denn zum Begriff ‚Sprache' gekommen? Doch nur durch die Sprachen die ich gelernt habe.
Aber die haben mich in gewissem Sinne über sich hinausgeführt, denn ich wäre jetzt im Stande eine neue Sprache zu konstruieren z.B. Wörter zu erfinden. Also gehört diese Methode der Konstruktion noch zum Begriff der Sprache. Aber nur wenn ich ihn so festlege.

8 Der Begriff: sich einander etwas mitteilen. Wenn ich |z.B.| sage: ‚Sprache' werde ich jedes System von Zeichen nennen, das Menschen unter einander vereinbaren um sich mit einander zu verständigen, so könnte man hier schon fragen: Und was schließt Du unter den Begriff ‚Zeichen' ein?

9 / Immer wieder hat mein „u.s.w." eine Grenze.

10 / Was nenne ich „Handlung", was „Sinneswahrnehmung"?

11 / Die Worte „Welt", „Erfahrung", „Sprache", |„Satz",| „Kalkül", „Mathematik" können alle nur für triviale Abgrenzungen stehen wie „essen", „ruhen" etc.

---

6 (ist der Zusammenhang der Metaphysik mit der Magie der) *–im MS durchstrichen*
6 hat es in/nach/ der ⟨f…⟩
10 Und dagegen ist unsere Auffassung ⟨und danebe…⟩
13 Eine Sprache erfinden, heißt⟨,⟩ eine Sprache konstruieren.
27 *Im MS:* Aber haben mich in gewissem Sinne über sich hinausgeführt,
34 das Menschen unter einander ⟨vereinbart haben⟩ um sich mit einander
34 zu verständigen⟨;⟩ so könnte man hier schon fragen:

1 / Denn wenn auch ein solches Wort der Titel unsrer Grammatik wäre
– etwa das Wort „Grammatik" – so hätte doch dieser Titel nur dieses
Buch von andern Büchern zu unterscheiden.

2 Ist es etwa so, wie eine Art/ein/ Baustein wichtig sein kann, weil er viel 5
und zu Wichtigem gebraucht wird, und das Wort ist ein Baustein? 203

3 Allgemeine Ausführungen über die Welt und die Sprache gibt es nicht. 202

Nachtrag: 10
4 /   Ich sage einen Satz „Ich sehe einen schwarzen Kreis"; aber auf die
Worte/Wörter/ kommt es doch nicht an; setzen/sagen/ wir also statt
dessen „a b c d e". Aber nun kann ich nicht ohne weiteres mit diesen
Zeichen den oberen Sinn verbinden (es sei denn daß ich „a b c d e" als
ein Wort auffasse und dies als Abkürzung des oberen Satzes). Diese 15
Schwierigkeit ist doch aber sonderbar. Ich könnte sie so ausdrücken: Ich
bin nicht gewöhnt statt ‚ich' ‚a' zu sagen und statt ‚sehe' ‚b', etc/statt
‚einen' ‚c' etc/. Aber damit meine ich nicht, daß ich, wenn ich daran
gewöhnt wäre, mit dem Wort ‚a' sofort das Wort ‚ich' associiren
würde; sondern daß ich nicht gewohnt bin ‚a' an der Stelle von ‚ich' zu 20
gebrauchen – in der Bedeutung von ‚ich'.

5 / Ich halte meine Wange, und jemand fragt, warum ich es tue und ich
antworte: „Zahnschmerzen". Das heißt offenbar dasselbe wie „ich habe
Zahnschmerzen", aber weder stelle ich mir die fehlenden Worte im 25
Geiste vor, noch gehen sie mir im Sinn irgendwie ab. Daher ist es auch
möglich daß ich die Worte „ich habe Zahnschmerzen" in dem Sinne
ausspreche, als sagte ich nur das letzte Wort oder, als wären die drei nur
ein Wort.

30
6 ?/ Und doch ist noch etwas nicht klar/unklar/, was sich z.B. in der 203
dreifachen Verwendung des Wortes ‚ist' zeigt. Denn was heißt es, wenn
ich sage, daß im Satz ‚die Rose ist rot' das ‚ist' eine andere Bedeutung
hat, als in ‚2 × 2 ist 4'? Wenn man sagt es heiße, daß verschiedene
Regeln von diesen beiden Wörtern gelten, so muß man zunächst sagen, 35
daß wir hier nur ein Wort haben. Zu sagen aber: von diesem gelten in
einem Fall die Regeln im anderen jene, ist Unsinn.
    Und das hängt wieder mit der Frage zusammen, wie wir uns denn
aller Regeln bewußt sind wenn wir ein Wort in einer bestimmten
Bedeutung gebrauchen, und doch die Regeln die Bedeutung 40
ausmachen?

---

1   Denn wenn auch ein solches Wort der Titel ⟨unserer⟩ Grammatik wäre
5   *Die Bemerkung ist eine Einfügung vom Fuß der Manuskriptseite 202, mit der*
    vorangehenden durch einen Asteriskus verknüpft.
10 Nachtrag: ⟨Ich ...⟩
11 (?/) *Randzeichen gestrichen*
13 Aber nun kann ich ⟨of...⟩
20 sondern daß ich nicht ⟨gewöhnt⟩ bin ‚a' an der Stelle von ‚ich'
20 an der Stelle von ‚ich' zu ⟨b...⟩
23 (?) *Randzeichen gestrichen*
26 Worte im Geiste vor, noch gehen sie mir im ⟨Sinne⟩ irgendwie ab.
31 ? *Randzeichen durchstrichen*
33 ‚die Rose ist rot' –*im MS fehlt das Ausführungszeichen*

275

1　/　Es wäre eine Sprache denkbar, in der die Bedeutung von Worten nach
　　　bestimmten Regeln abwechselten etwa: Vormittag heißt das Wort A
　　　dies, nachmittag jenes.

　　　　　Oder eine Sprache in der die Wörter sich täglich änderten, indem
　　　an jedem Tag jeder Buchstabe des vorigen Tages durch den nächsten　　　5
　　　im Alphabet (und z durch a) ersetzt würde.

　　　　　　　　　　　　　　　　　　　　　　　　　　　　　　　　　23.

2　/　Man sagt die Seele v e r l ä ß t den Körper, um ihr dann aber jede
　　　Ähnlichkeit mit dem Körper zu nehmen und damit man beileibe nicht　　10
　　　denkt es sei irgend ein gasförmiges Ding gemeint sagt man die Seele ist
　　　unkörperlich, unräumlich; aber mit dem Worte „verläßt" hat man schon　　　　　204
　　　alles gesagt. Zeige mir w i e Du das Wort „seelisch" gebrauchst, und ich
　　　werde sehen ob die Seele „unkörperlich" ist, und was Du unter „Geist"
　　　verstehst.　　　　　　　　　　　　　　　　　　　　　　　　　　　　15

3　∅　Frazer wäre im Stande zu glauben, daß ein Wilder aus Irrtum stirbt.
　　　In den Volksschullesebüchern steht, daß Attila seine großen Kriegszüge
　　　unternommen hat, weil er glaubte, das Schwert des Donnergottes zu
　　　besitzen.　　　　　　　　　　　　　　　　　　　　　　　　　　　　20

4　∅　Wir müssen die ganze Sprache durchpflügen.

5　∅　Frazer: „ ..... That these observances are dictated by fear of the ghost of
　　　the slain seems certain; ...." Aber warum gebraucht er/Frazer/ denn　　　　　25
　　　das Wort „Ghost"? Er versteht also sehr wohl diesen Aberglauben da er
　　　ihn uns mit einem ihm geläufigen abergläubischen Wort erklärt. Oder
　　　vielmehr er hätte daraus sehen können daß auch in uns etwas für jene
　　　Handlungsweisen der Wilden spricht. — Wenn ich, der ich nicht glaube
　　　daß es irgendwo menschlich-übermenschliche Wesen gibt die man　　　　　30
　　　Götter nennen kann — wenn ich sage: „ich fürchte die Rache der
　　　Götter" so zeigt das daß ich damit etwas meinen (kann) oder einer
　　　Empfindung Ausdruck geben kann die nichts mit jenem Glauben zu tun
　　　hat. [...., die nicht notwendig mit jenem Glauben verbunden ist.]　　　　　205
　　　　　　　　　　　　　　　　　　　　　　　　　　　　　　　　　35

6　/　Ich möchte sagen: nichts zeigt unsere Verwandtschaft mit jenen Wilden
　　　besser als daß Frazer ein ihm und uns so geläufiges Wort wie „ghost"
　　　|oder| „shade" bei der Hand hat um die Ansichten dieser Leute zu
　　　beschreiben.
　　　　　　　　　　　　　　　　　　　　　　　　　　　　　　　　　40

7　/　(Denn das ist ja/doch/ etwas anderes als wenn er etwa beschriebe die
　　　Wilden bilden sich ein daß ihnen ihr Kopf herunter fällt wenn sie einen
　　　Feind erschlagen haben. Hier hätte u n s e r e Beschreibung nichts
　　　abergläubisches oder magisches an sich.)
　　　　　　　　　　　　　　　　　　　　　　　　　　　　　　　　　45

6　(und z durch a) ersetzt –Hinweis auf den von Wittgenstein in diesen
　　Manuskriptbänden gelegentlich verwendeten Code
12　die Seele ist unkörperlich, unräumlich(: Aber) mit dem Worte
14　ob die Seele „unkörperlich" ist, und was Du unter „⟨geistig⟩" verstehst
28　abergläubischen Wort erklärt. Oder vielmehr er ⟨kön...⟩
34　die nicht notwendig mit ⟨diesem ...⟩

1 / Ja diese Sonderbarkeit bezieht sich nicht nur auf die Ausdrücke „ghost"
und „shade" und es wird viel zu wenig Aufhebens davon gemacht daß
wir das Wort „Seele", „Geist" („Spirit") zu unserem eigenen gebildeten
Vocabular zählen. Dagegen ist es eine Kleinigkeit, daß wir nicht glauben
daß unsere Seele ißt und trinkt.   5

2 ∅ Frazer ist viel mehr savage als die meisten seiner savages denn diese
werden nicht so weit vom Verständnis einer geistigen Angelegenheit
entfernt sein wie ein Engländer des 20ten Jahrhunderts. Seine
Erklärungen der primitiven Gebräuche sind viel roher als der Sinn   10
dieser Gebräuche selbst.

3 / In unserer Sprache ist eine ganze Mythologie niedergelegt.

4   Austreiben des Todes oder Umbringen des Todes; aber anderseits wird   15   206
er als Gerippe dargestellt, also selbst in gewissem Sinne tot. „As dead as
death". Nichts ist so tot wie der Tod; nichts so schön wie die Schönheit
selbst. Das Bild worunter man sich hier die Realität denkt ist, daß die
Schönheit, der Tod, etc. die reine (conzentrierte) Substanz ist/die reinen
(conzentrierten) Substanzen sind/ während sie in einem schönen   20
Gegenstand |nur| als Beimischung vorhanden ist. − Und erkenne ich
hier nicht meine eigenen Betrachtungen über Gegenstand und
Complex?

5 / Die primitiven Formen unserer Sprache: Substantiv, Eigenschaftswort   25
und Tätigkeitswort zeigen das einfache Bild auf dessen Form sie alles zu
bringen sucht.

6 ʃ Erdbeeren suchen und das Gesichtsfeld.
                                                                          30
7 / Aber wenn so der allgemeine Begriff der Sprache sozusagen zerfließt,
zerfließt da nicht auch die Philosophie? Nein, denn ihre Aufgabe ist es
nicht eine neue Sprache zu schaffen sondern die zu reinigen, die
vorhanden ist.
                                                                          35
8 / Nun könnte man aber sagen: „Du gibst uns Regeln für den Gebrauch
der Sätze; woran sollen wir aber erkennen, daß etwas ein Satz ist?"

9 / Nachtrag: Ich hätte nicht sagen sollen daß sich die Naturnotwendigkeit
charakteristisch durch eine willkürliche/in einer willkürlichen/ Regel   40   207
ausdrückt. Sondern: Das Naturnotwendige wird nicht wie das
Notwendige durch einen notwendigen Satz ausgedrückt, sondern
charakteristisch durch eine Regel die einfach beschreibt was ist.

10 / Ich möchte sagen: Es muß die ganze Grammatik als eine Veranstaltung   45
äußerlicher Regeln genommen werden, mit allen Regeln für das
Ersetzen z.B., und das Wesentliche nur in der Anwendung eben dieses
ganzen Gebildes gesehen/gesucht/ werden.

---

13 ⟨Austrei…⟩ *Streichung in der folgenden Leerzeile*
21 |nur| *−das Einfügungszeichen ist im MS gewellt unterstrichen;* nur *durchstrichen*
21 als Beimischung vorhanden ⟨sind⟩.
33 Nein, denn ihre Aufgabe ist es nicht eine ⟨neutr…⟩
43 sondern charakteristisch durch eine Regel die einfach ⟨besch…⟩

1   /   Die gramm. Regel soll z.B. etwas verbieten, etwa daß das Wort ‚A' an die Stelle des Wortes ‚B' gesetzt wird. Wie kann sie denn aber (dann) verbieten, daß das ‚ist' aus „2 × 2 = 4" an die Stelle des Wortes ‚ist' in „die Rose ist rot" gesetzt wird?. Das ist ja Unsinn.

2   /   Der rührt von der verderblichen Vorstellung her, als sei hinter dem Wort ein unsichtbarer Schweif von Regeln, so daß es einen Sinn hätte, von z w e i Worten zu reden die gleich ausschauen. Es handelt sich um e i n Wort, das sich durch zwei Worte ersetzen läßt die nicht für einander eingesetzt werden dürfen.

3   /   Denken wir uns die absurde Regel: Es gibt e i n Wort ‚A' das ich in f(ξ) als Argument einsetzen darf und eines daß ich nicht einsetzen darf.

4   Die Sprache muß als ganze Institution genommen und betrachtet werden.

5   ⌀   *[Die schlechte Orthographie meiner Jugendjahre bis etwa ins 18te oder 19te hängt mit meinem ganzen übrigen Charakter (der Schwäche im Lernen) zusammen]*

6   /   Denken wir uns ein Tagebuch mit Signalen geführt. Etwa die Seite in Abschnitte für jede Stunde eingeteilt und nun heißt ‚X' ich schlafe, ‚I' ich stehe auf, ‚⌐' ich schreibe etc.

7   ɣ   Muß denn nicht die Regel der Sprache – daß also dieses Zeichen d a s bedeutet – irgendwo niedergelegt sein?
        Muß denn nicht schon, daß sie niedergelegt werden k a n n alles besagen?

8   /   Freilich auch: M e h r als die Regel niederlegen, kann ich nicht.

9   /   Und warum soll ich, daß ‚X' in dieser Zeile steht, nicht ein Bild dessen nennen, daß ich dann schlafen gehe? Freilich, daß es die Multiplizität dessen wiedergeben soll, die in jenen Worten liegt, kann ich nicht verlangen.

10   /   Das Schlafengehen war ja auch nicht dadurch bestimmt.

11   /   Wie kann ich denn kontrollieren, daß es immer dasselbe ist, was ich ‚X' nenne. Es sei denn, daß ich etwa ein Erinnerungsbild zuziehe. Das aber dann zum Zeichen gehört.

12   /   Und wenn ich es nur in der Signalsprache beschreibe, so weiß ich auch nur, daß X von ⌐ verschieden ist und sonst nichts.

13   /   Wenn z.B. Einer fragte: wie weißt Du, daß Du jetzt dasselbe tust, wie vor einer Stunde und ich antworte: ich habe mir's ja aufgeschrieben, hier steht ja |ein| ‚X'!

5

10

15   208

20

25

30

35

  209
40

45

23 und nun heißt ‚X' ich schlafe, ‚I' ich stehe auf, ‚⌐'⟨,⟩ ich schreibe etc.
27 *Der Absatz ist im MS eine Bemerkung, durch eine Klammer am linken Rand der vorangehenden zugeordnet.*
32 Und warum soll ich ⟨das …⟩

1 / Wenn ich mich in dieser Sprache ausdrücke, so werde ich also mit „⌐" immer dasselbe meinen. Es muß einen/keinen/ Sinn haben zu sagen, daß ich beidemale dasselbe tue, wenn ich den Befehl „⌐" befolge (oder dasselbe getan habe als ich tat was ich durch „⌐" bezeichnete)

2 ʃ „Ich meine immer dasselbe (damit), wenn ich in mein Tagebuch schreibe ‚es regnet'". — „Und zwar was?" Darauf müßte nun zur Antwort kommen „nun eben daß es regnet", oder aber es muß ein anderes Bild gebraucht werden. Es würde entweder auf wirklichen Regen gedeutet, oder auf ein gemaltes Bild des Regens, oder auf eine ‚genauere' Beschreibung.

3 × Daß der Befehl ein Bild ist heißt (nur) daß aus dem Befehl hervorgehen muß, was ich zu tun habe.

4 × Oder sagen wir so: Es muß aus dem Befehl hervorgehen, soweit es überhaupt aus etwas hervorgehen kann

5 × (Das ist natürlich alles eine falsche Darstellung. Man kann nicht sagen aus dem Befehl müsse es hervorgehen, was ich zu tun habe, denn das hieße: aus dem Befehl muß der Befehl hervorgehen)

6 × Nehmen wir nämlich an, es könnte aus einem Bild klarer hervorgehen, dann müßte Einer etwas tun können das zwar dem Wortbefehl entgegen aber dem Bild, das diesen Befehl – nur deutlicher – ausdrückt, nicht entgegen wäre. Das Bild aber müßte aus dem Wortbefehl hervorgehen können, oder doch ein Vergleich zeigen können, daß beide das Gleiche befehlen.

7 × Die Handlung kann ebenso wohl/gut/ durch den Befehl bestimmt werden, wie sie nachträglich beschrieben werden kann. D.h. soweit sie überhaupt beschrieben werden kann; soweit wir (also) von ihr reden können, (sie von anderen Handlungen unterscheiden können) soweit kann sie auch durch die Sprache (den Befehl) vorausbestimmt werden.

8 × (Hier führe ich natürlich durch die Worte „soweit sie überhaupt etc" irre. Denn das hieße ja daß man einen noch erreichbaren Grad der Beschreibung von einem nicht mehr erreichbaren unterscheiden könnte; daß man von einem Grade der Beschreibung reden könnte bis zu dem man gelangen könnte im Gegensatz zu etwas was sich nicht mehr beschreiben ließe. So als wäre am Schluß die Handlung natürlich doch nicht ganz beschrieben.)

9 × Soweit die Tatsache die Worte der Beschreibung bestimmen kann, soweit können Worte die Tatsache bestimmen.

10 / Ist $\begin{bmatrix} & a & | & A \\ accb & b & | & B \\ & c & | & C \end{bmatrix}$ ein Bild von ACCB?

2 einen/keinen/ –*im MS am linken Rand mit einer vertikalen Wellenlinie markiert*
20 müsse es hervorgehen, was ich zu tun habe, denn ⟨dies⟩ hieße:

1	/	Erinnern wir uns daß auch das gezeichnete Bild ein solches nur durch eine bestimmte Projectionsart ist.

2 / Erinnere Dich, wenn Du in einem Projectionssystem etwas Complexes in etwas Einfaches projizierst, wird doch die complexe Natur des Projizierten in der weiteren Anwendung der Projectionsregel zu Tage treten.

3 ʃ Keine logische Verbindung der Dinge kann der Sprache entgehen, sobald sie alle Verhältnisse will beschreiben können.

4 ⁊ Wenn man fragt: „ist der Satz ‚geh aus dem Zimmer‘ wirklich ein Bild dieser Handlung“, so kann ich entgegen fragen: ist dieser Strich / das Bild dieses Buches? Und doch kann er das sehr wohl sein, es kommt nur auf die Projektionsart an. Sie muß sehr kompliziert sein, wenn der Strich wirklich das Bild des Buches sein soll und das wird sich woanders zeigen; es werden dann sehr einfache Verhältnisse sehr komplizierte Projectionen kriegen.

5 ʃ Du mußt Deine Handlung nach den Worten in einer allgemeinen Art rechtfertigen; d.h. nach den Erklärungen, die Du nicht im Hinblick auf diesen Fall erhalten hast, sondern zum Voraus, welcher Fall immer eintreten mag/mochte/. Die Erklärung der Sprache durfte nicht schon einen bestimmten Tatbestand behaupten oder voraussetzen, sondern mußte, was tatsächlich der Fall ist offen lassen.

6 ʃ „Ich komme weil Du geläutet hast“

7 / Wie unterscheidet sich denn blau von rot?

8 / Wir meinen doch nicht, daß das eine die, das andere jene Eigenschaften hat. Übrigens sind Eigenschaften von Blau und Rot, daß dieser Körper (oder Ort) blau, jener rot ist.

Nachtrag und Bemerkungen dazu: 24.
9 Auf die Frage „welcher Unterschied ist denn zwischen blau und rot“ möchte man antworten: das eine ist blau das andre rot. Aber das heißt natürlich nichts und man denkt hier in Wirklichkeit an den Unterschied der Flächen oder Örter die diese Farben haben. Sonst nämlich hat die Frage überhaupt keinen Sinn.

10 / Was ich sage heißt also: Rot kann man nicht beschreiben. Aber kann man es denn nicht malerisch darstellen, indem man etwas rot malt?

11 / Nein, das ist keine malerische Darstellung der Bedeutung des Wortes ‚rot‘ (die gibt es nicht)
Das Porträt von Rot.

4 Erinnere Dich⟨, daß ...⟩
13 entgegen fragen: ⟨„⟩ist dieser Strich / das Bild dieses Buches?⟨“⟩
17 es werden dann sehr einfache Verhältnisse sehr ⟨complizierte⟩ Projectionen
47 Das Porträt von Rot. –*Einfügung in der Leerzeile*

1 / Aber jedenfalls ist es doch nicht Zufall, daß man zur Erklärung der
Bedeutung des Wortes ‚rot‘ naturgemäß/ganz natürlich/ auf einen roten
Gegenstand zeigt!

2 / (Was daran natürlich ist, ist in diesem Satze dargestellt durch das   5
zweimalige Vorkommen des Wortes ‚rot‘.)

3 / In wiefern hilft die hinweisende Erklärung „d a s ist ‚rot‘“ zum
Verständnis des Wortes?
                                                                              10
4 / (Sie ‚h i l f t‘ gar nicht, sondern i s t eben eine der symbolischen Regeln
für den Gebrauch des Wortes ‚rot‘.)

5 ∫ In welchem Falle sagen wir, daß zwei Menschen einem Wort die
gleiche Bedeutung geben? Wie ist die Bedeutung denn fixiert? Doch nur   15
durch Erklärungen der Sprache selbst: d.h. Beschreibungen der
Sprache.

6 ∫ [Mein Buch soll/kann/ heißen: Eine Philosophische Betrachtung. (Als   214
Haupt-, nicht als Untertitel)]   20

7 / Muß es nicht so sein, wenn ich recht habe: Aus der Beschreibung der
Sprache muß hervorgehen, welche Bedeutung jedes Wort hat?

8 / (Und hier ist das Wort/der Ausdruck/ „wenn ich recht habe“ unrichtig;   25
denn wenn ich wirklich Philosophie betreibe darf ich nicht recht haben
müssen. Denn erst wenn ich nur das Selbstverständliche sage ist es
Philosophie.)

9 / D.h. das Bild des Bildes muß selbst ein Bild im ersten Sinn/der ersten   30
Art/ sein. [D.h.: das Bild des Bildes der Welt muß selbst ein Bild der
Welt sein]

10 / |D.h.| Das Bild des Bildes muß dieses ersetzen können.
                                                                              35
11 / Wenn die Beschreibung der Sprache zugleich ihre Bedeutung gibt, dann
kann man die Sprache ein Bild der Welt nennen.

12 / Die Beschreibung der Sprache muß dasselbe leisten wie die Sprache
                                                                              40
13 / Denn dann kann ich wirklich aus dem Satz, der Beschreibung, ersehen,
wie es sich in der Wirklichkeit verhält.

14 / (Aber nur d a s nennt man ja „Beschreibung“ und nur das nennt man ja   215
„ersehen wie es sich verhält“!)   45

11 (Sie ⟨‚f…⟩
22 Aus der Beschreibung der ⟨P…⟩
30 ⟨∫⟩ *Randzeichen gestrichen*
34 |D.h.| Das Bild des Bildes muß ⟨das erste⟩ ersetzen können.
39 *Die Bemerkung ist eine Einfügung in der Leerzeile.*

1   /   (Und etwas anderes ist es ja nicht, was wir alle |damit| sagen: daß
          wir aus der Beschreibung ersehen, wie es sich in Wirklichkeit verhält.)

2   /   Angenommen wir lassen die Übersetzung in die Gebärdensprache fort;
          zeigt es sich dann in der Anwendung (ich meine, in den grammatischen
          Regeln der Anwendung) daß diese Übersetzung möglich ist?

3   /   Und kann es sich nur zeigen, daß sie m ö g l i c h ist, oder auch, daß sie
          notwendig ist?

4   /   Wenn sie n o t w e n d i g ist, so heißt das, daß die Sprache vermittels des
          roten Täfelchens in irgend einem Sinn notwendig ist; und nicht
          gleichberechtigt der Wortsprache.

5   /   Aber wie könnte das sein? denn dann wären ja die hinweisenden
          Erklärungen überflüssig; das heißt aber schon implicite in den andern
          enthalten. Wie kann denn eine Regel eines Spiels überflüssig sein
          w e n n e s e b e n d a s Spiel sein soll was auch durch d i e s e Regel
          charakterisiert wird.

6   / |Nein.| Der Fehler besteht hier immer wieder darin daß ich vergesse
          daß erst a l l e Regeln das Spiel, die Sprache characterisieren und daß
          diese Regeln nicht einer Wirklichkeit verantwortlich sind, so daß sie
          von ihr kontrolliert würden und so daß man von einer Regel bezweifeln
          könnte daß sie notwendig oder richtig wäre. (Vergleiche das Problem
          der Widerspruchsfreiheit der Nicht-Euklidischen Geometrie!)

7   /   Die Grammatik ist keiner Wirklichkeit verantwortlich.

8   /   (Die Grammatik ist der Wirklichkeit nicht Rechenschaft schuldig)

9   /   Ich kann ein helles Rot ‚A‘ nennen und ein dunkles ‚B‘, aber es wird
          sich in der Grammatik dieser Wörter zeigen, daß sie in dem Sinne
          Verwandtes bedeuten wie eben hellrot und dunkelrot verwandt sind. Es
          wird z.B. gesagt werden können, daß die Farbe eines Flecks A ist und
          dann immer dunkler wird, bis sie B ist.

---

1   was wir alle |damit| sagen(, wenn …)
8   *Die Bemerkung ist im MS mit einem Asteriskus markiert, gefolgt von der Anweisung:*
    [Siehe nächste Seite]
11 *Im MS findet sich die Bemerkung auf der folgenden Manuskriptseite, mit der
    einleitenden Anweisung:* [Anschließend an den Satz ✻]
30 *Im MS folgt hier die umgestellte Bemerkung.*

1 / (Ein Gleichnis gehört zu unserem Gebäude; aber wir können auch aus ihm keine Folgen ziehen, es führt uns nicht über sich selbst hinaus sondern muß als Gleichnis stehen bleiben. Wir können keine Folgerungen daraus ziehen. So, wenn wir den Satz mit einem Bild vergleichen (wobei ja, was wir unter ‚Bild‘ verstehen schon früher /vorher/ in uns festliegen muß) oder wenn ich die Anwendung der Sprache mit der, etwa, des Multiplicationskalküls vergleiche.

Die Philosophie stellt eben alles bloß hin und erklärt und folgert nichts.)

2 / Woher aber die Sicherheit, daß es sich zeigen muß? Da fehlt mir ein Ausdruck.

3 ?/ Denn nur was sich in der Anwendung zeigt ist ja die Bedeutung! Anderseits: Wenn man sagt „es muß sich in der Anwendung zeigen, daß das Wort d i e s e Bedeutung hat“, ist das irreführend. W e l c h e Bedeutung denn? – Und der Ausdruck, der diese Frage beantwortet [.. der darauf antwortet] muß die Anwendung enthalten/enthält die Anwendung/, die die Bedeutung zeigt.

4 ?/ Die Erklärung der Wortbedeutung ist die/eine/ Erklärung der Anwendung des Wortes.

5 / Zu sagen, daß das Wort „rot“ mit allen Vorschriften die von ihm gelten, das bedeuten könnte was tatsächlich das Wort „blau“ bedeutet; daß also durch diese Regeln die Bedeutung nicht fixiert ist, hat nur einen Sinn, wenn ich die beiden Möglichkeiten der Bedeutung ausdrücken kann und dann sagen, welche die von mir bestimmte ist.

6 / (Diese letztere Aussage ist aber eben die Regel die vorher zur Eindeutigkeit gefehlt hat.)

7 / Wie, wenn eine Sprache aus lauter einfachen und unabhängigen Signalen bestünde?! Denken wir uns diesen Fall: Es handle sich etwa um die Beschreibung einer Fläche, auf der in schwarz und weiß sich allerlei Figuren zeigen können. Wäre es nun möglich, alle möglichen Figuren durch unabhängige Symbole zu kennzeichnen/bezeichnen/? (Ich nehme dabei an daß ich nur über, sagen wir, 100000 Figuren reden will) Wenn ich recht habe, so muß die ganze Geometrie in den Regeln über die Verwendung dieser 100000 Signale wiederkehren. (Und zwar ebenso wie die Arithmetik, wenn wir statt 10 |unabhängiger| Zahlzeichen eine Billion verwendeten)

8 / Um eine Abhängigkeit auszudrücken, bedarf es einer Abhängigkeit.

---

5 wenn wir den Satz mit einem Bild vergleichen (und die ...)
5 verstehen ⟨ja⟩ schon früher/vorher/ in uns festliegen muß)
11 Woher –im MS verweist vom Anfang des Wortes ein Pfeil nach unten auf die nachfolgenden Bemerkungen
17 Und der Ausdruck, der diese Frage (beantworten ...)
19 muß die Anwendung enthalten/enthält die Anwendung/, (um ...)
24 Zu sagen, daß das Wort „(Rot)“ mit allen Vorschriften
37 kennzeichnen/bezeichnen/? (Wenn ich recht habe, so muß die ...)
40 dieser 100000 Signale wiederkehren. (Und zwar ⟨et...⟩

1 ?/ Wenn man sagt: es muß sich doch in den Regeln für die Anwendung
zweier Worte zeigen wenn sie Dinge bezeichnen die eine innere
Verwandtschaft haben so macht man hier den Fehler zu vergessen, daß
ich ja von dieser Verwandtschaft der Bedeutungen nur reden kann
wenn sie sich in der Erklärung – etwa der hinweisenden – der   5
Bedeutung zeigt. Wenn ich also etwa sage „‚A' bedeutet d i e s e Farbe,   219
‚B' d i e s e", so habe ich, welche Verwandtschaft immer in den
Bedeutungen liegt/liegen mag/, in die Erklärung gelegt.

2 ʃ „Für mich hat/haben/ aber doch jetzt ‚rot' und ‚blau' eine ganz   10
bestimmte Bedeutung." Wohl, ich bezeuge mir das, indem ich mir bei
‚blau' etwas vorstelle und bei ‚rot' etwas. Aber damit übersetze ich
schon die Wortsprache in eine andere. Die Grammatik der Wortsprache
hat nichts andres zu tun, als die beiden Zeichen verschieden zu machen.
Denn etwas anderes konnten wir nicht sagen, als daß blau und rot   15
verschieden sind.

3 ?ʃ Einwand: „Wenn ich nur die Worte hätte, könnte ich mir einmal das,
einmal jenes dabei/unter ihnen/ vorstellen". Aber was ist das Criterium
dafür daß ich mir |immer| das gleiche vorstelle, oder daß es einmal   20
das, einmal jenes ist?

4 ʃ Ich sagte „etwas anderes konnten wir nicht sagen, als daß blau und rot
verschieden sind". Aber dies ist doch nur in der gramm. Regel
niedergelegt/ausgedrückt/gesagt/ daß jene/die/ beiden Worte nicht für   25
einander eingesetzt werden dürfen. Was in anderen gramm. Regeln
gesagt ist, ist in dieser nicht gesagt. Und es g i b t noch andere die von
den Worten ‚blau' und ‚rot' handeln (z.B. auch die hinweisenden Regeln
„d a s ist blau" und „d a s ist rot" in Übereinstimmung mit welchen ich mir
auch jene Vorstellungen aufgerufen habe). Das Wesentliche ist nur/Was   30   220
ich sagen will ist nur/, daß man nicht sagen kann daß die Bedeutung
dieser Worte mit den hervorgerufenen Vorstellungen kommt und
vergeht, daß diese Vorstellung die Bedeutung ist/Vorstellungen die
Bedeutungen sind/. Und daß, sie soweit sie eine Bedeutung bezeugen, in
Übereinstimmung mit eben den Regeln sein müssen, die die Bedeutung   35
festlegen [.. in denen die Bedeutung festgelegt ist.]

5 ʃ Die Bedeutung muß von vornherein angebbar sein

---

6 Wenn ich also etwa sage „‚A' bedeutet d i e s e Farbe."·
15 Denn etwas anderes (könnten) wir nicht sagen,
20 Im MS: das Criterium dafür daß mir |immer| das gleiche
20 |immer| –das Einfügungszeichen ist im MS gewellt unterstrichen
23 Ich sagte „etwas anderes (können) wir nicht sagen,
24 Aber dies ist doch nur in der gramm. Regel (an…)
25 niedergelegt/ausgedrückt/gesagt/ –zweite Variante im MS durchstrichen
27 Und es g i b t noch andere die von (diesen …)
30 jene Vorstellungen aufgerufen habe). (Und das) Wesentliche ist nur
31 Im MS: daß die Bedeutungen
31 Und daß, (sie) soweit sie eine Bedeutung bezeugen
31 Und daß, sie soweit sie eine (Vorstellung beze…)

1   ſ   Ein Wort kann eine Farbe bedeuten, aber auch einen farbigen Fleck.
Das heißt aber nicht daß dieser Fleck die Bedeutung des Wortes ist.
Daß ich also etwa von der Bedeutung des Wortes sagen kann sie stehe
links von einem anderen Fleck oder sie verschwinde etc. Es wäre also
wohl besser/weniger mißverständlich/ im ersten Satz statt ‚bedeuten‘   5
‚bezeichnen‘ zu sagen.

2   ſ   Der Satz der Tatsache ähnlich! Ähnlichkeit eines geometrischen
Gebildes mit seiner/und seiner/ Projection. Offenbare und nicht
offenbare Ähnlichkeit.   10
Projection von 2 + 3 in 5.
Vorstellung scheinbar auf anderer Stufe wie ein andres Bild.
Beschreibung der Vorstellung ähnlich der Beschreibung der Tatsache.
Aber auch Beschreibung des Satzes ähnlich der Beschreibung der
Tatsache, wenn wir nämlich das ganze Projectionssystem beschreiben.   15   221
Das Zeichen mit seiner Grammatik ist erst, was diese Befolgung
rechtfertigt, und daher, dessen Beschreibung die Beschreibung der
Tatsache |(Befolgung)| enthält.
      Der Satz ist der Tatsache so ähnlich wie „5“ dem Ausdruck
„2 + 3“.   20

3   /   Die Anwendung der Sprache geht über diese hinaus, aber nicht die
Deutung. Die Deutung vollzieht sich noch im Allgemeinen, als
Vorbereitung auf jede Anwendung. Sie geht in der Sprachlehre vor
sich und nicht im Gebrauch der Sprache.   25

4   ſø   Es ist schwer sich an kein Gleichnis zu verlieren.

5   /ſ   Kann man also sagen: Es genügt vollkommen, wenn die Philosophie
ihre Bemerkungen über den Ausdruck in der deutschen Sprache macht,   30
über die Sprache des Chemikers etc.? D.h., die Philosophie macht ihre
Bemerkungen über den Ausdruck in verschiedenen Sprachen nicht über
einen diesen übergeordneten Begriff.

6   /   Wir reden von dem räumlichen und zeitlichen Phänomen der   35
Sprache. Nicht von einem unräumlichen und unzeitlichen Unding. Aber
wir reden von ihr so, wie von den Figuren des Schachspiels, indem wir
Regeln für sie tabulieren, nicht ihre physikalischen Eigenschaften   222
beschreiben.
    40

16   Das Zeichen mit seiner Grammatik (ist …)
27   ſ *Randzeichen überschrieben*
29   / *Randzeichen überschrieben*
33   in der deutschen Sprache macht, über die Sprache des Chemikers etc.?
     D.h., die Philosophie macht ihre Bemerkungen über ⟨Sprachen …⟩ den
     Ausdruck in verschiedenen Sprachen nicht über einen diesen
     übergeordneten Begriff. *–im MS am linken und rechten Rand mit je einer*
     vertikalen Wellenlinie markiert

1 ʃ Der Dogmatismus in der Philosophie entsteht dadurch/besteht darin/
daß Behauptungen gemacht werden, die nicht von jedem anerkannte
grammatische Regeln seines Ausdrucks/seiner Sprache/ sind. Es wird so
wieder der Anschein erweckt als müßten wir in der Philosophie
konstruieren und neue Entdeckungen machen, Zusammenhänge
herausfinden/auffinden/.   5

2 ʃ In der Logik scheinen wir es (zwar/wohl/) mit ‚allen Sätzen‘ zu tun
zu haben. Aber wir konstruieren nur einen Kalkül und überlassen die
Anwendung sich selbst.   10

3 ʃ Wir arbeiten in der Philosophie mit Sprachen eben denen die wir
verwenden, denn die Regeln ihrer Verwendung wollen/sollen/ wir ja
feststellen.
                                                                                15
4 ʃ Wir arbeiten in der Philosophie mit Sprachen, den alltäglichen
Gebilden – – –

5 / Wir können in der Philosophie |auch| keine größere
Allgemeinheit erreichen, als in dem was wir in Leben und   20
Wissenschaft sagen/aussprechen/. (D.h. auch hier lassen wir alles wie es
ist.)

6 / So ist eine aufsehenerregende Definition der Zahl keine/nicht die/
Sache der Philosophie.   25

7 / Die Philosophie hat es mit den bestehenden Sprachen zu tun und nicht
vorzugeben, daß sie von einer abstrakten Sprache handeln müsse.   223

                                                                 25.   30
8 ⁊ Nachtrag etc.: Ich kann mich doch offenbar von der Farbe führen
lassen und zwar, wie ich mich durch Worte nicht führen lassen kann,
weil ich nicht für alle Schattierungen Worte habe.

9 ʃ Die Bedeutung – etwa – des Wortes „Sessel“ ist vielfach verankert. 35

---

1 Der Dogmatismus in der Philosophie ⟨entsp…⟩
6 herausfinden/auffinden/ *– erste Variante im MS durchstrichen*
8 scheinen wir es (zwar/wohl/) mit ‚(allen) Sätzen‘ zu tun zu haben.
12 mit Sprachen | |? eben denen *– das leergebliebene Einfügungszeichen ist im
MS mit einem Fragezeichen markiert und durchstrichen*
12 mit Sprachen eben denen die wir ⟨auch⟩ verwenden,
19 Wir können in der Philosophie |auch| keine größere ⟨E…⟩
33 weil ich nicht für alle Schattierungen Worte habe. *– im MS am linken und
rechten Rand mit je einer vertikalen Wellenlinie markiert*

1 ?/ Was immer Beiläufiges beim Aussprechen des Satzes vor sich geht, ich
       muß mich dann nach ihm richten können. Und dabei wird sich die
       Bedeutung der Wörter zeigen; aber nicht so, als ob sie nun erst in der
       Handlung zum Vorschein käme. Denn sie kommt ja nur bei der
       Handlung zum Vorschein die dem Satz entspricht. Und ob sie ihm   5
       entspricht, kann ja wieder/erst/ nur auf Grund der Bedeutung der
       Wörter entschieden werden. Sondern bei der Entscheidung ob die
       Handlung dem Satz entspricht, zeigt sich die Wortbedeutung. D.h. beim
       Collationieren der Tatsache gegen den Satz zeigt sich die Bedeutung.
                                                                                          10

2 /   Aber dieses Collationieren ist eben unabhängig davon ob der Satz   224
       stimmt oder nicht.

3 /   Soweit die Bedeutung der Wörter in der Tatsache (Handlung) zum   223
       Vorschein kommt, kommt sie |schon| in der Beschreibung der   15
       Tatsache zum Vorschein. (Sie wird also ganz in der Sprache bestimmt)
              (In dem, was sich hat voraussehen lassen; worüber man schon vor   224
       dem Eintreffen der Tatsache reden konnte.)

4 /   „Bedeutung" kommt von „deuten".   20

5 /   Nun ist aber dieses Collationieren, wie auch der Begriff der Bedeutung
       ein Überbleibsel einer primitiven Anschauung.

6 /   Wenn ich etwa die wirkliche Sitzordnung an einer Tafel nach einer   25
       Aufschreibung collationiere, so hat es einen guten Sinn bei jedem
       Namen/beim Lesen jedes Namens/ auf einen bestimmten Menschen zu
       zeigen. Sollte ich aber etwa die Beschreibung eines Bildes mit dem Bild
       vergleichen und außer dem Personenverzeichnis sagte die Beschreibung
       auch daß A den B küßt, so wüßte ich nicht, worauf ich, als Korrelat des   30
       Wortes ‚küssen' zeigen sollte. Oder, wenn etwa stünde „A ist größer als
       B", worauf soll ich beim Wort ‚größer' zeigen? — Ganz offenbar kann
       ich ja gar nicht auf etwas diesem Wort entsprechendes in dem Sinne
       zeigen, wie ich etwa auf die Person A im Bild zeige.
                                                                                          35

7 /   Das Wort „ein gewisser" und seine Grammatik. Ein Beispiel wie man
       Worte häuft um eine Bedeutung zu sichern statt auf die Spielregeln zu
       achten. (Als wollte man dem Schachkönig ein wirkliches Gesicht
       anmalen um ihm die richtige Wirkung zu sichern.)   225
                                                                                          40

---

9   *Am Ende der Bemerkung folgt der Verweis:* ✳ nächste Seite
11 *Die Bemerkung steht im MS auf der nachfolgenden Manuskriptseite, durch einen
    Asteriskus und einen Doppelpfeil umgestellt.*
15 kommt sie |schon| –*das Einfügungszeichen ist im MS gewellt unterstrichen*
18 sich hat voraussehen lassen; worüber man schon vor dem ⟨I...⟩
20 *Hier folgt im MS die umgestellte Bemerkung.*
33 auf etwas diesem ⟨Worte⟩ entsprechendes in dem Sinne zeigen,
38 (Als wollte man ⟨den ...⟩
39 dem Schachkönig ein wirkliches Gesicht anmalen um ⟨ihn ...⟩

1 / Es gibt freilich einen Akt „die Aufmerksamkeit auf die Größe der
Personen richten" oder auf ihre Tätigkeit und in diesem Sinn kann man
auch das Küssen und die Größenverhältnisse collationieren. Das zeigt
wie der allgemeine Begriff der Bedeutung entstehen konnte. Es
geschieht da etwas analoges wie wenn das Pigment an Stelle der Farbe   5
tritt.

2 ∫ Der Satz, das Wort habe nur im Satzverband Bedeutung, muß natürlich
auch, correct gefaßt, ganz anders lauten. (Natürlich als Regel der
Sprache)   10

3 ∅ Die historische Erklärung, die Erklärung als eine Hypothese der
Entwicklung ist nur e i n e Art der Zusammenfassung der Daten – ihrer
Synopsis. Es ist ebensowohl möglich die Daten in ihrer Beziehung
zueinander zu sehen und in ein allgemeines Bild zusammenzufassen   15
ohne es in Form einer Hypothese über die zeitliche Entwicklung zu tun
/machen/.

4 ∅ Identifizierung der eigenen Götter mit Göttern andrer Völker. Man
überzeugt sich davon daß die Namen die gleiche Bedeutung haben.   20

5 / Die deutsche, und jede, Sprache legt nicht nur Sprachformen fest
sondern sagt auch was sie bedeuten sollen, fixiert ihre Bedeutung.   226

29.6.   25
6 / Was ein Satz ist, wird durch die Grammatik bestimmt. D.h. innerhalb
der Grammatik.
(Dahin zielte auch meine „allgemeine Satzform")

7 ∅ (Struktur und Gefühl in der Musik. Die Gefühle begleiten das Auffassen   30
eines Musikstücks wie sie die Vorgänge des Lebens begleiten.)

8 ∫ *[Die liebliche Temperaturdifferenz der Teile eines menschlichen Körpers.]*

9 / „Ich kann das Wort ‚gelb' anwenden" – ist das auf einer anderen Stufe   35
als „ich kann Schach spielen", oder „ich kann den König im Schachspiel
verwenden"?

10 Denken wir wieder an die Intention, Schach zu spielen. Ich setze mich
hin und sage „nun wollen wir Schach spielen". In gewissem Sinne habe   40
ich mir damit vorgenommen, die Regeln des Schachspiels zu befolgen.
Aber habe ich diese Regeln alle an mir vorbei passieren lassen? Nein. –
Ich habe z.B. nicht an die Regel des Rochierens gedacht. Nun kommt es
aber zum Rochieren. Warum erkenne ich diese Regel als eine Regel des
Schachspiels an? Weil sie im Schachbuch steht? Nein. Ich könnte mir ja   45
denken, daß sie, wenn ich nachsehen will, in keinem Buch steht. Weil
ich sie mir vorgesetzt hatte? Nein, denn ich hatte nicht an sie gedacht.   227
Es wird also auf andere Weise entschieden, ob eine Regel zum
Schachspiel gehört, ob ich also meinem Vorsatz gefolgt bin oder nicht.

50

15 Beziehung zueinander zu sehen und in ein allgemeines Bild ⟨d…⟩
19 der eigenen Götter mit Göttern andrer Völker. (Die Namen …)

1 / ⟨In der Grammatik des Worts „Schach" stehen auch die Schachregeln.⟩

2 / Wenn ich nun sage: das Schachspiel besteht in den Regeln: wo sind
denn diese Regeln vorhanden. Ich erkenn ja die Autorität der
Schachbücher nicht an, da ich es für möglich halte, daß sie nicht die
Regeln enthalten, die ich meine.
    Und mein Vorsatz wird ein Anderer, wenn ich mir vornehme, die
Regeln zu befolgen, welche immer es sein mögen, die ich in einem
bestimmten Buche finde.

3 / Kann man nun etwa sagen; mein Vorsatz sei der, zu tun, was ich an
einer bestimmten Stelle meines Gedächtnisses finde?

4 / Das heißt, es wird im Vorsatz ein bestimmtes Criterium gegeben,
wonach dann entschieden wird, ob etwas einer Schachregel gemäß ist.
(Quasi der Begriff der Schachregel)

5 Wenn ich daher sage, ich verstehe das Wort „Gelb", so werde ich auch
erst später entscheiden, ob diese Verwendung der ursprünglichen
Bedeutung gemäß ist, oder nicht. Denn nach einem Regelverzeichnis
kann ich mich auch hier nicht richten. Denn wer weiß, was ich darin
finde.

6 Ich kann nichts tun, als Regeln in einem Buche niederlegen.

7 Und das zeigt das Verhältnis, welches meine Tätigkeit zum
Unmittelbaren hat.

8 Wenn ich z.B. sage, von der Verneinung gelten diese Regeln, so darf es
keinen Sinn haben zu fragen: Woher weißt Du, daß Du noch immer
vom Selben (der Verneinung im selben Sinne) sprichst.
    Denn in diesem Sinne constituieren die Regeln die Verneinung, wie
die Schachregeln das Schach.

9 Wenn ich von ‚der Bedeutung' des Wortes „Schach" (oder „gelb") rede,
statt das Wort (bloß) zu gebrauchen, so setze ich dabei ein
Regelverzeichnis voraus
    Wenn ich ein Buch über eine/die/ Sprache schreibe so muß das
die Regeln enthalten oder in andere Bücher eingreifen die die
Regeln/sie/ enthalten. (Ich meine „eingreifen" wie ein Zahnrad ins
andere.)

10 Über die Sprache sind nicht mehr Skrupeln berechtigt als ein
Schachspieler über das Schachspiel hat, nämlich keine.

228

11 Kann man nun etwa sagen⟨:⟩ mein Vorsatz sei der, zu tun
35 Wenn ich von ‚der Bedeutung' des Wortes „Schach"⟨, ⟩oder
36 statt das Wort (bloß) zu gebrauchen, so setze ich dabei ⟨eine ...⟩
43 Über die Sprache sind nicht mehr Skrupeln berechtigt als ⟨über das ...⟩

1   Kann man eine Intention haben, ohne sie auszudrücken? Kann man die
     Absicht haben Schach zu spielen (in dem Sinne, in welchem man
     |apodiktisch| sagt „ich hatte die Absicht Schach zu spielen; i c h
     m u ß e s d o c h w i s s e n") ohne einen Ausdruck dieser Absicht? –
     Könnte man da nicht fragen: Woher weißt Du, daß das, was Du hattest,   5
     d i e s e Absicht war?
          Ist die Absicht Schach zu spielen etwa wie die Vorliebe für das
     Spiel oder für eine Person. Wo man auch fragen könnte: Hast Du diese
     Vorliebe die ganze Zeit oder etc. und die Antwort ist, daß „eine
     Vorliebe haben" gewisse Handlungen, Gedanken und Gefühle   10
     einschließt und andere ausschließt.

2   /   Muß ich nicht sagen: „Ich weiß, daß ich die Absicht hatte, d e n n ich
          habe mir gedacht „jetzt komme ich endlich zum Schachspielen" oder
          etc. etc.   15

3   /   Es würde sich mit der Absicht in diesem Sinne auch vollkommen
          vertragen, daß/wenn/ ich beim ersten Zug darauf käme, daß ich alle
          Schachregeln vergessen habe, und zwar so, daß ich nicht etwa sagen
          könnte „ja, als ich den Vorsatz hatte/faßte/, da hatte/habe/ ich sie noch   20
          gewußt".

4   /   Es wäre wichtig, den Fehler allgemein auszudrücken, den ich in allen
          diesen Betrachtungen zu machen neige/geneigt bin/. Die falsche
          Analogie aus der er entspringt.   25

5   /   Eine der wichtigsten Aufgaben ist es ja, alle falschen Gedankengänge so   230
          charakteristisch auszudrücken, daß der Leser sagt „ja, genau so habe ich
          es gemeint". Die Physiognomie jedes Irrtums nachzuzeichnen.
                                                                             30

6   /   Wir können ja auch nur dann den Andern eines Fehlers überführen,
          wenn er anerkennt, daß dies wirklich der Ausdruck seines Gefühls ist.
          [... wenn er diesen Ausdruck ⟨wirklich⟩ als den richtigen Ausdruck seines
          Gefühls anerkennt.]
                                                                             35

7   /   Nämlich, nur, wenn er ihn als solchen anerkennt, i s t er der richtige
          Ausdruck. (Psychoanalyse)

8   Ich glaube, jener Fehler liegt in der Idee, daß die Bedeutung eines
     Wortes eine Vorstellung ist, die das Wort begleitet.   40
          Und diese Conception hat wieder mit der des Bewußt-Seins zu tun
     /steht wieder mit der des Bewußt-Seins in Verbindung/. Dessen, was
     ich immer „das Primäre" nannte.

---

   4 die Absicht Schach zu spielen; i c h m u ß e s d o c h w i s s e n"⟨.⟩
   7 Ist die Absicht Schach zu spielen etwa⟨,⟩ wie die Vorliebe für das Spiel
   8 wie die Vorliebe für das Spiel ⟨(⟩oder für eine Person.
  13 „Ich weiß, –im MS fehlt das Ausführungszeichen
  13 „Ich weiß, daß ich die Absicht ⟨habe⟩, d e n n ich habe mir gedacht
  29 Die Physiognomie ⟨des⟩ Irrtums nachzuzeichnen.
  32 daß dies ⟨⟨wirklich⟩⟩ der Ausdruck seines Gefühls ist.
  41 Und diese Conception hat wieder mit der des ⟨Bewußtseins⟩ zu tun

1 / Wenn ich nämlich über die Sprache – Wort, Satz etc – rede, muß ich die Sprache des Alltags reden. – Aber gibt es denn eine andere?

2 / Ist diese Sprache etwa zu grob, materiell für das, was wir sagen wollen? Und kann es eine andere geben? Und wie merkwürdig, daß wir dann mit der unseren dennoch/überhaupt/ etwas anfangen können. 5

3 / Es ist doch klar, daß jede Sprache die dasselbe leistet, dieselbe sein müßte. Daß also unsere gewöhnliche nicht schlechter ist, als irgend eine andere. 231 10

4 / Daß ich beim Erklären der Sprache (in unserem Sinne) schon die volle Sprache (nicht etwa eine vorbereitende, vorläufige, anwenden muß, zeigt schon, daß ich nur Äußerliches über die Sprache sagen /vorbringen/ kann. 15

5 / Ja, aber wie können uns diese Ausführungen dann befriedigen? – Nun, Deine Fragen waren ja auch schon in dieser Sprache abgefaßt; mußten in dieser Sprache ausgedrückt werden, wenn etwas zu fragen war! 20

6 / Und Deine Skrupel sind Mißverständnisse.

7 / Deine Fragen beziehen sich auf Wörter, so muß ich von Wörtern reden.

8 ∅ *(Der Ernst Labors ist ein sehr später Ernst.)* 25

9 Man sagt: Es kommt doch nicht auf's/auf das/ Wort an, sondern auf seine Bedeutung und denkt dabei immer an die Bedeutung als ob sie nun eine Sache von der Art des Worts wäre, allerdings vom Wort verschieden. Hier ist das Wort, hier die Bedeutung. (Das Geld, und die 30 Kuh die man dafür kaufen kann. Anderseits aber: das Geld, und sein Nutzen.)

10 ∫ In der fertigen Grammatik des Wortes „Schach" müssen allerdings alle Schachregeln stehen/vorhanden sein/; d.h. im Laufe der Verwendung 35 232 dieses Wortes werden die Regeln auftreten können. – –

11 / Was er/der Andre/ anerkennt, ist die Analogie die ich ihm darbiete, als Quelle seines Gedankens. 40

12 ∫ „Ich wünsche mir schon lange …." Worin besteht das Wünschen und wie verhält es sich zu seinem sprachlichen Ausdruck?

---

9 dieselbe sein müßte(!) Daß also unsere gewöhnliche nicht schlechter ist,
13 (nicht etwa eine vorbereitende, *–im MS fehlt die Schlußklammer*
18 in dieser Sprache abgefaßt; ⟨| |⟩ *–leergebliebenes Einfügungszeichen, im MS gestrichen*
27 Es ⟨kann⟩ doch nicht auf's/auf das/ Wort ⟨ankommen⟩ sondern
31 dafür kaufen kann. Anderseits aber: das Geld, und ⟨der …⟩
36 werden die Regeln auftreten können. *–im MS am linken Rand mit einer vertikalen Wellenlinie markiert*

1 / Wenn ich sagte in die Grammatik des Wortes „Schach" treten die
Regeln des Spiels ein, so hätte ich statt dessen auch sagen können: das
Wort „Schach" wird mit Hilfe der Regeln definiert. Seine Bedeutung
durch diese Regeln erklärt.

2 ⌀ (Der Stil meiner Sätze hat – glaube ich – oft den Fehler eines schlechten
musikalischen Satzes. Man glaubt diese Stimme klar zu hören, spielt
man sie aber, so fällt sie heraus [so sticht sie unangenehm hervor] weil
diese Töne anders untergebracht gehörten.)

3 / Für den der die Spielregeln vergessen hat, kann aber das Schach nicht
auf diese Weise definiert sein, sondern, etwa, als das Brettspiel mit
diesen Figuren. – Aber ist das wahr? Er wird doch, wenn ich ihm die
Regeln in Erinnerung bringe, sie als die Regeln des Spiels anerkennen
das er gemeint hat.

4 / Der Spieler der die Intention hatte Schach zu spielen hatte sie schon
dadurch daß er |zu| sich etwa die Worte sagte „jetzt wollen wir
Schach spielen".
    Ich will sagen daß das Wort „Schach" eben auch (nur) ein
Glied/Stein/(bead)/ in einem Kalkül ist. Wird der Kalkül beschrieben
so müssen wir die Regeln tabulieren [tabuliert vor uns haben], wird er
aber angewandt, so wird jetzt gemäß der einen, dann gemäß der andern
Regel vorgegangen, dabei kann uns ihr Ausdruck vorschweben, oder
auch nicht.

5 / Muß denn dem, der das Wort „Schach" gebraucht eine Definition des
Wortes vorschweben? Gewiß nicht. – Gefragt was er unter „Schach"
versteht, wird er erst eine geben. Diese Definition ist selber ein
bestimmter Schritt in seinem Kalkül.

6 Wenn ich ihn aber nun fragte: Wie Du das Wort ausgesprochen hast,
was hast Du da damit gemeint? Wenn er mir darauf antwortet: „ich habe
das Spiel gemeint das wir so oft gespielt haben etc etc", so weiß ich daß
ihm diese Erklärung in keiner Weise beim Gebrauch des Worts
vorgeschwebt hatte und daß seine Antwort meine Frage nicht in dem
Sinn beantwortet daß sie mir sagt was quasi „in ihm vorging
/vorgegangen ist/" als er dieses Wort sagte.

7 / Denn die Frage ist eben ob unter der „Bedeutung in der man ein Wort
gebraucht" ein Vorgang verstanden werden soll den wir beim Sprechen
oder Hören des Wortes erleben.

5

10

15

233

20

25

30

35

40   234

---

1 Wenn ich sagte ⟨die …⟩
7 klar –*im MS durchstrichen*
13 sondern, etwa, als das Brettspiel mit diesen Figuren⟨ etc.⟩ Aber
13 Aber ist das wahr? ⟨Es …⟩

1 / Die Quelle des Fehlers scheint die Idee vom Gedanken zu sein der den Satz begleitet. Oder der seinem symbolischen Ausdruck vorangeht. Dem Wortausdruck kann natürlich ein andrer Ausdruck vorangehen aber für uns kommt der Unterschied/Artunterschied/ dieser beiden Ausdrücke – oder Gedanken – nicht in Betracht. Und es kann der Gedanke unmittelbar in seiner Wortform auftreten./gedacht werden./ 5

2 / „Er hat diese Worte gesagt, sich aber dabei gar nichts gedacht."
„Doch, ich habe mir etwas dabei gedacht." – „Und zwar was denn?" – „Nun, das was ich gesagt habe". 10

3 / Man muß sich aber hüten die Vorstellungen die ein Wort begleiten nebensächliche Begleiterscheinungen – so zu sagen Abfallsprodukte – zu nennen. Sie können sehr wesentlich und wichtig sein aber für uns sind sie nur von Interesse insofern sie wieder Glieder eines Kalküls also Symbole sind. Und als solche sind sie den Worten gleichberechtigt /beigeordnet/ sind aber nicht „die Bedeutungen" der Worte. 15

4 / „Dieses Wort hat doch eine ganz bestimmte Bedeutung". Wie ist sie denn |ganz| bestimmt? 20

5 / Es läßt sich kein/Man kann keinen/ Grund angeben, weswegen man denken soll. 235
Es sei denn ein Grund von der Art dessen weswegen man essen soll. 25

6 / Man kann einen Gedanken aus anderen begründen aber nicht das Denken. Das, glaube ich, ist es, was unsere Untersuchung rein beschreibend macht. 30

30.

7 / Ich glaube, wenn einer sagt „ich weiß doch, was das Wort ‚Gelb' bedeutet", so ruft er sich eine Vorstellung auf, oder er meint gar nichts. Oder aber er meint es ganz so, wie man sagt: „ich kann Schach spielen, aber nicht Dame". 35

8 / Wie, wenn man fragte: Wann kannst Du Schach spielen? Immer? oder während Du es sagst? aber während des ganzen Satzes? – Und wie seltsam, daß Schachspielen-Können so kurze Zeit dauert/braucht/ und eine Schachpartie so viel länger! 40

9 ſ Beschreibst Du damit eine Disposition?

10 / Wenn nun „das Wort ‚gelb' verstehen" heißt, es anwenden können, so 45 besteht/ist/ die gleiche Frage: Wann kannst Du es anwenden. Redest Du von einer Disposition? Ist es eine Vermutung?

---

2   symbolischen –im MS durchstrichen
7   auftreten./gedacht werden./ –erste Variante im MS durchstrichen
21 |ganz| –das Einfügungszeichen ist im MS gewellt unterstrichen
32 ⟨20.⟩ Das Datum vom 30.6.1931 ist im MS verschrieben und korrigiert
41 und eine Schachpartie so viel länger!⟨?⟩
47 kannst Du es anwenden. Redest Du von einer Disposition⟨, …⟩

1 ∫ „Ich kann Schach spielen. — Aber in dem Moment habe ich ganz
vergessen wie, — aber ich habe es unzählige Male gespielt."

2 Kannst Du das Alphabet? Bist Du sicher? — Ja! — Ist das damit 236
vereinbar, daß Du versuchen wirst es herzusagen und stecken bleiben 5
wirst? — Ja!
      Das ist doch der gleiche Fall wie: „Kannst Du Deinen Arm
heben?" In welchem Falle würde ich dies verneinen müssen, oder
bezweifeln? Solche Fälle sind leicht zu denken.
       10

3 ∫ Als Bestätigung dessen, daß wir den Arm heben können sehen
wir|, etwa,| ein Zucken mit den Muskeln an oder eine kleine
Bewegung des Arms./Die Bestätigung dessen, daß wir den Arm heben
können sehen wir|, etwa,| in einem Zucken mit den Muskeln oder
einer kleinen Bewegung des Arms./ Oder die geforderte/in der 15
geforderten/ Bewegung selbst, jetzt ausgeführt, als das Criterium dafür,
daß ich sie gleich darauf ausführen k a n n.

4 ∫ Daß ich etwas tun kann, ist entweder eine Hypothese die die
Bestätigung durch die Tat erwartet, oder es wird dadurch verifiziert daß 20
ich etwas dieser Tat verwandtes ausgeführt habe/ausführe/, und sagt
daher eben nur dies.

5 / Das Können und Verstehen wird scheinbar als Zustand beschrieben wie
der Zahnschmerz, und das ist die falsche Analogie unter der ich 25
laboriere.

6 */ Der Gebrauch des Wortes „Tatsache" und „Tat". — „Das war eine edle
Tat". — „Aber das ist ja nie geschehen". — Es liegt nahe das Wort Tat so
gebrauchen zu wollen daß es nur dem w a h r e n Satz entspricht. Man 30
redet dann also nicht von einer Tat die nie/nicht/ getan wurde. Aber
der Satz „das war eine edle Tat" muß doch seinen Sinn behalten auch 237
wenn ich mich darin irre daß geschehen ist was ich die Tat nenne. Und
darin liegt bereits alles Wichtige und ich kann nur die Bestimmung
treffen daß ich die Wörter Tat, Tatsache (etwa auch Ereignis) nur in 35
einem Satz verwenden werde der, complett, das Bestehen dieser
Tatsache behauptet.

24 Das Können(,) und Verstehen wird scheinbar als Zustand beschrieben
28 *Im MS verweist vom Randzeichen ein Pfeil auf die nachfolgende, ebenfalls mit einem*
Asteriskus markierte Bemerkung der Manuskriptseite 238.
30 Es liegt nahe das Wort Tat so gebrauchen zu ⟨k…⟩
36 (etwa auch Ereignis) nur in einem ⟨Si…⟩
36 (etwa auch Ereignis) nur in einem ⟨ko…⟩
36 (etwa auch Ereignis) nur in einem Satz verwenden ⟨wi…⟩

1　(p · q) ∨ (p · ~q) ∨ (~p · q) ∨ (~p · ~q): das wird meine Tautologie, und ich würde dann nur sagen, daß sich jeder „Satz der Logik"/jedes „Gesetz der Logik"/ nach bestimmten Regeln auf diese Form bringen läßt. Das heißt aber das selbe als/wie/: sich von ihr ableiten läßt; und hier wären wir bei der Russellschen Form/Art/ der Demonstration angelangt und alles was wir dazusetzen ist nur, daß diese Ausgangsform selber kein selbständiger Satz ist und |daß| diese und alle anderen „Gesetze der Logik" die Eigenschaft haben p · Log = p, p ∨ Log = Log.

2　∫　Eine Absicht haben, etwas tun können, sich etwas wünschen (eine Absicht, eine Fähigkeit, einen Wunsch haben) wird als Tonus behandelt wie sich freuen, freudig sein oder traurig. Nur soweit es sich da um eine Disposition also um eine Eigenschaft |etwa| des Körpers handelt ist von einem (dauernden) Zustand die Rede.

3　/　Absurde Fragen, wie „wie lange braucht man dazu Schach spielen zu **können**" sind einerseits absurd/sind es einerseits/ weil es Unsinn wäre zu fragen „wie lange braucht man dazu Zahnschmerzen zu haben", anderseits rechtfertigen sie sich scheinbar weil sie/hat sie ihre scheinbare Rechtfertigung darin, daß sie/ die Dauer aus der Frage „wie lange dauert eine Schachpartie" in die Frage nach der Fähigkeit /dem Können/ überträgt.

4　∗/　Zu „Tat" und „Tatsache": Es wäre besser die Einschränkung in dem Gebrauch dieser Wörter fallen zu lassen da sie nur irreführend wirkt und ruhig zu sagen: „diese Tat ist nicht begangen worden", „diese Tatsache besteht nicht", „dieses Ereignis ist nicht eingetroffen /eingetreten/".

5　Die Angabe/Beschreibung/ der Verification eines Satzes ist ein Beitrag zu seiner Grammatik.

6　Wir haben es also |in der Logik| mit dem Verstehen des Satzes nicht zu tun; denn wir |selbst| müssen ihn verstehen, daß er für uns ein Satz ist.

7　Es wäre ja auch seltsam daß die Wissenschaft und die Mathematik die Sätze gebraucht aber von ihrem Verstehen nicht spricht.

4　Das heißt aber das selbe als/wie/: sich von ⟨ihm⟩ ableiten läßt;
5　Form/Art/ –erste Variante im MS durchstrichen
6　angelangt und alles⟨,⟩ was wir dazusetzen ist nur,
6　daß ⟨diese Form⟩ selber kein selbständiger Satz ist und
6　selber kein ⟨Satz …⟩
7　|daß| ⟨dieses⟩ und alle anderen „Gesetze der Logik" die Eigenschaft
7　und alle anderen „⟨Sätze⟩ der Logik" die Eigenschaft
12　einen Wunsch haben) wird als Tonus behandelt wie ⟨sich freu…⟩
12　freudig sein oder traurig. ⟨Nun⟩ soweit es sich da um eine Disposition
19　Zahnschmerzen zu haben", anderseits ⟨weil …⟩
19　Zahnschmerzen zu haben", anderseits ⟨bringen sie …⟩
28　eingetroffen/eingetreten/ –erste Variante im MS durchstrichen
33　|in der Logik| –im MS ist auch das Einfügungszeichen gewellt unterstrichen

1   ſ   (Das Talent ist ein Quell woraus immer wieder neues Wasser fließt.
        Aber diese Quelle wird wertlos, wenn sie nicht in rechter Weise benutzt
        /gebraucht/ wird, nämlich ××× ×××× ××××××.)

2   /   Man sieht in dem Verstehen das Eigentliche, im Zeichen das   5
        Nebensächliche. – Übrigens, wozu dann das Zeichen überhaupt? – Nur   239
        um sich Andern verständlich zu machen? Aber wie ist das überhaupt
        möglich. – Hier wird das Zeichen als eine Art Medizin behandelt
        /angesehen/ das im andern die gleichen Magenschmerzen hervorrufen
        soll, wie ich sie habe.   10

3   ſ   In der Philosophie werden wir durch einen Schein getäuscht. Aber
        dieser/ein/ Schein ist auch etwas, und ich muß ihn einmal ganz klar
        mir vor Augen stellen, ehe ich sagen kann, daß es nur ein Schein ist.

                     1   2   15
4   /   In wiefern ist eine rote Tafel ein besseres Zeichen für rot als das Wort
        ‚rot‘?

5   (Versuch’, das einmal ohne das Wort ‚rot‘, in den Plätzen 1 und 2, zu
        sagen!)   20

6   Oder: heißt es etwas, zu sagen, daß das Wort ‚rot‘, um ein brauchbares
        Zeichen zu sein, ein Supplement – etwa im Gedächtnis – braucht?
            D.h. in wiefern ist es allein nicht Zeichen, und besteht nicht ein
        Irrtum, wenn wir glauben, daß noch etwas zur Erzeugung dieses/des/   25
        Zeichens nötig ist?

7   /   (Das Wort ‚rot‘ ist ein Stein in einem Kalkül und das rote Täfelchen ist
        auch einer.)

                                                                                      30
8   /   Ich möchte sagen, der Schritt den wir bei der Erfüllung des Zeichens
        machen, kann auch nur beschrieben, nicht bezeichnet werden.

9   Oder will ich sagen: die Identifizierung ist nur durch eine Beschreibung
        möglich?   35   240

10 /   Das Wahre am Idealismus ist eigentlich, daß der Sinn des Satzes aus
        seiner Verification ganz hervorgeht.

11 ſ   *Heiss. Die Luft ist von ekelhaften Tieren bevölkert.*   40

---

3   wenn sie nicht in rechter Weise benutzt/gebraucht/ wird⟨. …⟩
3   nämlich ××× ×××× ××××××.) *–im MS sind die Zeichen mit einer Linie durchstrichen*
22 Oder: *–der Doppelpunkt ist im MS gewellt unterstrichen*
23 um ein brauchbares Zeichen zu sein, ein ⟨Subj…⟩
28 ist ein Stein in einem Kalkül⟨, …⟩
40 Die Luft ⟨⟨ist⟩⟩ von ekelhaften Tieren bevölkert.

1 / Wenn der Idealismus sagt, der Baum sei nur meine Vorstellung so ist
ihm vorzuhalten daß der Ausdruck „dieser Baum" nicht die selbe
Bedeutung hat wie „meine Vorstellung von diesem Baum". Sagt der
Idealismus, meine Vorstellung allein existiert |(hat Realität)|, nicht
der Baum so mißbraucht er das Wort „existieren" oder „Realität haben". 5

1.) Du scheinst ja hier zu sagen daß die Vorstellung eine
Eigenschaft hat die der Baum nicht hat. Aber wie weißt Du das? Hast
Du alle Vorstellungen und Bäume daraufhin untersucht? Oder ist das
ein Satz a priori, dann soll er in eine grammatische Regel gefaßt werden
die sagt, daß man von der Vorstellung etwas |Bestimmtes| mit Sinn 10
aussagen darf, nicht aber vom Baum. 2.) Was soll es aber heißen von
einer Vorstellung Realität auszusagen? Dem Gebrauch
/Sprachgebrauch/ entsprechend höchstens/nur/, daß diese Vorstellung
vorhanden ist. In anderm Sinne – freilich – sagen wir aber auch von
einem Baum aus, er existiere (hat Realität) im Gegensatz zu dem Fall 15
etwa daß er bereits umgehauen ist. Und es bleibt nur übrig, daß das
Wort „Baum" in der Bedeutung in der man sagen kann „der Baum wird 241
umgehauen und verbrannt" einer anderen grammatischen Kategorie
angehört als der Ausdruck „die Vorstellung des Baumes/meine
Vorstellung vom Baum/" etwa im Satz: „meine Vorstellung vom Baum 20
wird immer undeutlicher". Sagt aber der Realismus die Vorstellungen
seien doch „nur die subjectiven Bilder/Abbilder/ der Dinge" so ist zu
sagen daß dem eine falsche Analogie/ein falscher Vergleich/ zwischen
der Vorstellung von einem Ding und dem Bild des Dinges zu Grunde
liegt. Und zwar einfach weil es wohl möglich ist ein Ding zu sehen und 25
sein Bild (etwa nebeneinander) aber nicht ein Ding und die Vorstellung
davon.

Es handelt sich um die Grammatik des Wortes ‚Vorstellung' im
Gegensatz zur Grammatik der ‚Dinge'.
30

2 ∫ „What's red like?"

3 ∫ „Wie ist weiß?" – „Ein Schwan ist weiß".

4 ⁷/ Ja, was einen Satz erfüllt, kann in der Sprache nur durch einen Satz 35
niedergelegt werden. Und wenn durch ein gemaltes oder plastisches
/gestelltes/ Bild, so ist dieses Bild ein Satz.

5 / (Ich will sagen, ich kann mich auch nicht darüber beschweren, daß
dieses Zeichen nicht die nötige Multiplizität hat, außer in einer Sprache 40
die sie hat.)

6 ∫ Wenn ich die Bedeutung (eines Zeichens) festlegen will, so muß ich sie
allgemein, d.i. durch eine Beschreibung, festlegen, und nicht gleichsam 242
für den besonderen Fall. 45

6 daß die (etwas von der) Vorstellung (gilt was nicht vom Baum …)
11 etwas |Bestimmtes| mit Sinn aussagen darf, (was …)
16 im Gegensatz zu dem Fall etwa daß er bereits (umgehaut) ist.
19 einer anderen grammatischen Kategorie angehört als (das Wort …)
20 die Vorstellung des Baumes/meine Vorstellung vom Baum/ –erste Variante
im MS durchstrichen

1   ʃ   Der besondere Fall läßt sich in gewissem Sinne als solcher nicht
beschreiben.

> (Das ist natürlich alles ganz unkorrekt ausgedrückt, aber der
richtige Ausdruck dafür ist, was ich suche)

5

2   Wenn ich eine Erfahrung mit den Worten beschreibe „vor mir steht ein
blauer Kessel", ist die Rechtfertigung dieser Worte, außer der Erfahrung
die in den Worten beschrieben wird, noch eine andere, etwa, die
Erinnerung, daß ich das Wort ‚blau' immer für diese Farbe verwendet
habe, etc?

10

3   Oder umgekehrt: Was, außer dem Befehl, rechtfertigt die Handlung die
ihm folgt?

4   ⌀   *Es ist beschämend sich als leerer Schlauch zeigen zu müssen, der nur vom Geist*   15
aufgeblasen wird.

5   ˀ/   Wenn ich jemand sage „Wenn ich läute, komm zu mir", so wird er
zuerst, wenn er läuten hört, sich diesen Befehl |(das Läuten)| in
Worte übersetzen und erst den übersetzten befolgen. Nach einiger Zeit   20
aber wird er das Läuten ohne Intervention anderer Zeichen in die
Handlung übersetzen.

> Und so, wenn ich sage „zeige auf einen roten Fleck", befolgt er
diesen Befehl, ohne daß ihm dabei zuerst das Phantasiebild eines roten
Flecks als Zeichen für ‚rot' erscheint.   25   243

6   ʃ   Die Multiplicität hängt davon ab, zwischen welchen Möglichkeiten eine
Wahl ist.

7   /   Wenn er läutet, so komme ich zu ihm, ohne mir erst ein Bild meiner   30
Bewegungen vorzustellen, wonach ich |dann| handle.

8   ⌀   (Ich sollte mein Buch vielleicht mit der Analyse eines alltäglichen
Satzes, etwa „auf meinem Tisch steht eine Lampe", anfangen. Von da
aus müßte man überall hin gelangen können.   35

> Das entspricht auch dem Gefühl, was ich schon vor längerer Zeit
hatte, daß ich nämlich mein Buch mit einer Naturbeschreibung d.h.
überhaupt mit der Beschreibung einer Situation beginnen sollte. Um
aus/in/ ihr das Material für alles weitere zu erhalten.)

40

---

1 Der besondere Fall läßt sich ⟨als solcher …⟩
15 Es ist ⟨b…⟩ –*im MS nicht codiert und gestrichen*
18 Wenn ich jemand sage(:) „Wenn ich läute, komm zu mir"
19 wenn er läuten hört, sich diesen Befehl |(das Läuten)| in ⟨Worten …⟩
31 |dann| –*das Einfügungszeichen ist im MS gewellt unterstrichen*

1 ?/ Wenn er nun heute läutet, so kann (nicht muß) ich mich doch dran erinnern, daß er das auch gestern getan hat und ich auch gestern zu ihm gegangen bin. (Wie ich mich auch erinnern könnte, gestern auf das Läuten hin etwas anderes getan zu haben). Und dann wäre diese Erinnerung auch ein Zeichen dem ich folgen kann. – Der Befehl könnte auch lauten: tu heute, was Du gestern auf das Läuten (hin) getan hast. Und nun kann ich mich nach dem Erinnerungsbild richten; aber jetzt hat es keinen Sinn, eine weitere Anweisung dafür zu verlangen, wie ich mich nach diesem Bild richten soll. Und darin besteht eigentlich, was ich sagen will.

244

2 ?/ Wenn ich sage, jedes Bild braucht noch eine Interpretation, so heißt ‚Interpretation‘ die Übersetzung in ein weiteres Bild oder in die Tat.

3 / Aber wie stimmt das mit der Behauptung überein, daß der Befehl seine Befolgung bestimmt – wird dem nicht dadurch widersprochen, daß man sagt, der Befehl müsse noch immer/immer noch/ interpretiert werden (auch wenn er in Form eines Modells der Tat gegeben wäre)? Nein; bestimmt wird die Tat durch den Befehl nur insofern, als sie aus ihm ableitbar ist wie 5^2 aus x^2, $x = 5$.

4 / Du beziehst von dem Befehl die Kenntnis dessen, was Du zu tun hast.
Und doch gibt Dir der Befehl nur sich selbst, und seine W i r k u n g ist gleichgültig

5 / Der Befehl sagt mir, was ich zu tun habe; er kann es mir nur in sich selbst mitteilen.
/ D.h. er muß alles, was wir mit dieser Mitteilung meinen, in sich haben.
/ Ich weiß was ich zu tun habe, heißt eben nicht, daß es geschieht.

6 / Das wird erst dann seltsam, wenn der Befehl etwa ein Glockenzeichen ist. – Denn in welchem Sinne mir dieses Zeichen mitteilt was ich zu tun habe, außer daß ich es einfach/eben/ tue u n d das Zeichen da war – –. Denn es ist auch nicht das, daß ich es erfahrungsgemäß immer tue, wenn das Zeichen gegeben wird.

245

7 / Darum hat es ja auch ohne weiteres k e i n e n S i n n zu sagen: „Ich muß gehen, weil die Glocke geläutet hat". Sondern dazu muß noch etwas anderes gegeben sein.

8 | Normal – abnormal: Wir setzen die Norm fest und betrachten sie dann als etwas a priori gegebenes. Es/Sie/ ist eine gegebene Form der Darstellung. |

1 / Dieses andere ist, oder hängt damit zusammen, daß ich es mir – z.B. – vorgenommen habe, auf das Glockensignal so zu handeln. Aber in dem Vornehmen/Vorsatz/ geschah es ja auch nicht, daß ich so handelte und wenn ich auch eine Handlung der selben Art ausführte so |führte ich| doch meinen Vorsatz nicht aus und meine Handlung war ein 5 weiteres Symbol.

Ich meine: Ich rede hier immer von „dieser Handlung“ (oder sage, ich habe mir vorgenommen „s o“ zu handeln) aber damit kann ich doch höchstens/nur/ ein Bild von ihr geben.

10

2 / (Aber auch das ist irreführend ausgedrückt. „Nur ein Bild von ihr“? Nur ein Bild w e s s e n ? – Hier sehen wir die Sache wieder so als wäre die Tatsache ein Ding, etwa ein Mensch, der sich hier befinden kann, was dem entspricht daß die Tatsache wirklich eingetreten ist/besteht/ oder abwesend wenn auch/und doch/ existent ist, und das soll nun dem 15 246 entsprechen daß diese Tatsache nicht besteht/entspräche nun dem Fall, daß die Tatsache nicht besteht/. Denn wenn ich sage: ich habe auch hier n u r ein Bild von ihr, nicht sie selbst so setzt das |natürlich| voraus daß es Sinn hat zu sagen ich hätte/habe/ sie selbst vor mir im Gegensatz zu einem/ihrem/ bloßen Bild. Aber das könnte doch nur 20 heißen daß sie jetzt stattfindet und daß das nicht der Fall ist ist ja zugegeben/was ich ja ausgeschlossen habe/. Der falsche Vergleich läßt es erscheinen daß ich die Tatsache sehen/wahrnehmen/ könnte auch wenn sie (noch) nicht eingetreten ist wie ich einen Menschen sehen kann auch wenn er nicht bei mir im Zimmer ist. Und daß die Tatsache in 25 irgend welchem Sinn besteht (intakt ist) auch wenn sie nicht eingetreten ist wie ein Mensch auch in sich existiert auch wenn er nicht hier ist.)

3 ?/ D.h. das Vornehmen/der Vorsatz/ könnte entweder in Worten, oder Phantasiebildern bestehen oder auch darin daß ich eine Handlung w i e 30 die vorgenommene selbst ausführte.

4 ?/ | Wie unterscheidet sich denn das Vornehmen dieser Handlung vom Vornehmen einer anderen? |

35

5 ?/ Wenn ich nun bei einem weiteren Glockenschlag wieder so handle, so ist diese Wiederholung keine hypothetische, sondern ich wiederhole die Handlung b e w u ß t. D.h. richte mich nach meiner Erinnerung.

1 *Im MS verweist vom Randzeichen ein Pfeil auf die erste Bemerkung der gleichen Manuskriptseite:* Darum hat es
5 der selben Art ausführte so |führte ich| doch ⟨nicht die, die …⟩
7 von „dieser Handlung“ (oder sage, ⟨„⟩ich habe mir vorgenommen
9 aber damit kann ich doch höchstens/nur/ ein Bild von ihr geben⟨, …⟩
12 Hier sehen wir die Sache wieder so als wäre ⟨etwa⟩ die Tatsache
13 die Tatsache ein Ding ⟨–⟩ etwa ein Mensch ⟨–⟩ der sich hier
14 wirklich eingetreten ist/besteht/ *–erste Variante im MS durchstrichen*
17 Denn wenn ich sage⟨,⟩ ich habe auch hier n u r ein Bild von ihr,
19 nicht sie selbst so setzt das |natürlich| voraus daß ⟨ich sie selbst …⟩
21 Aber das könnte doch nur heißen daß sie jetzt ⟨vor mir⟩ stattfindet
23 sehen/wahrnehmen/ *–erste Variante im MS durchstrichen*
24 nicht eingetreten ist wie ich einen Menschen ⟨wahrneh…⟩
26 Und daß die Tatsache in irgend ⟨ein…⟩

1   ∅ *Niemand will den Andern gerne verletzt haben; darum tut es jedem so gut, wenn der andere sich nicht verletzt zeigt. Niemand will gerne eine beleidigte Leberwurst vor sich haben. Das merke Dir. Es ist viel leichter dem Beleidiger geduldig – und duldend – aus dem Weg gehen, als ihm freundlich entgegengehn. Dazu gehört auch Mut.*   5

2   ?∫ Wenn immer ich über die Erfüllung eines Satzes rede, rede ich über sie im Allgemeinen. Ich beschreibe sie in irgendeiner Form. Ja es liegt diese Allgemeinheit schon darin, daß ich die Beschreibung zum Voraus geben kann und jedenfalls unabhängig von dem Eintreten der Tatsache.   10

3   / (Das sind schwere grammatische Erkrankungen die diese Sätze zeigen /anzeigen/.)

4   ?/ Wenn ich sage „ich rede über die Erfüllung des Satzes i m   15
a l l g e m e i n e n, so meine ich, ich rede mit Worten die nicht für diese bestimmte/spezielle/ Gelegenheit gemacht/hergestellt/ sind.

5   ?/ Alles ist natürlich schon in den Worten „ich beschreibe die Tatsache" ausgedrückt/gesagt/. Und (alles) was ich machen kann ist nur, falsche   20
Deutungen von diesem Satz/von diesem Ausdruck/ fern zu halten. Falsche Vergleiche die sich zudrängen auszuschließen.

6   / Die oberen Sätze z.B. sind nur gut weil sie die Krankheiten der Auffassung zeigen und soweit sie sie klar zum Ausdruck/zur   25   248
Anschauung/ bringen. Die Heilung aber ist das Aufzeigen des irreführenden Bildes das zu diesen Sätzen führt.

.

---

15 „ich rede –*im MS fehlt das Ausführungszeichen*

20 „ich beschreibe die Tatsache" ausgedrückt/gesagt/⟨ und …⟩

20 (alles) –*im MS durchstrichen*

24 z.B. sind nur gut (soweit) sie die Krankheiten der Auffassung zeigen

27 des irreführenden Bildes das zu diesen Sätzen führt –*im MS am linken Rand mit einer vertikalen Wellenlinie markiert*

1 / Wenn man sagt, daß die Tatsache auf „allgemeine Art" beschrieben wird /wir sagen, daß wir die Tatsachen auf „allgemeine Art" beschreiben/, so setzen wir diese Art im Geiste einer andern entgegen. (Diese Entgegenstellung nehmen wir aber natürlich von woanders her.) Wir denken uns daß bei der Erfüllung etwas Neues entsteht und nun da ist was früher nicht da war. Das heißt wir denken an einen Gegenstand oder Komplex auf den wir nun zeigen können, beziehungsweise, der sich nun selbst repräsentieren kann, während die Beschreibung nur sein Bild war. Wie wenn ich den Apfel der auf diesem Zweig wachsen wird zum Voraus gemalt hätte, nun aber er selber kommt. Man könnte dann sagen die Beschreibung des Apfels war allgemein d.h. mit Wörtern, Farben etc bewerkstelligt die schon vor dem Apfel und nicht speziell für ihn da waren. Gleichsam altes Gerümpel im Vergleich mit dem wirklichen Apfel. Vorläufer/Vorbilder/ die alle abdanken müssen wenn der Erwartete |selber| kommt. 5 10 15

2 / Aber der Erwartete ist nicht die Erfüllung sondern: daß er gekommen ist.

3 / Dieser Fehler ist tief in unserer Sprache verankert: Wir sagen „ich erwarte ihn" und „ich erwarte sein Kommen" und „ich erwarte daß er kommt" 20

4 / Die Tatsache wird allgemein beschrieben heißt, sie wird aus alten Bestandteilen zusammengesetzt.
    Sie wird beschrieben, das ist so, als wäre sie uns außer durch die Beschreibung noch anders gegeben. 25 249

5 / Hier wird die Tatsache mit einem Haus oder einem sonstigen/andern/ Complex gleichgestellt. 30

6 / Noch einmal der Vergleich: der Mensch tritt ein — die Tatsache/das Ereignis/ tritt ein: Als wäre die Tatsache/das Ereignis/ schon vorgebildet vor der Tür der Wirklichkeit und würde nun in diese eintreten wenn sie/es/ eintritt. 35

7 / Complex ≠ Tatsache. Denn von einem Complex sage ich |z.B.| er bewege sich von einem Ort zum andern aber nicht von einer Tatsache.
    Daß aber dieser Complex sich jetzt dort befindet ist eine Tatsache. 40

ı Wenn ⟨man sagt, daß wir die Tatsachen auf „allgemeine Art" beschreiben /wir sagen, daß die Tatsache auf „allgemeine Art" beschrieben wird/⟩ *–die Variantenteile sind im MS über dem Komma durch Pfeile getauscht*

3 so setzen wir diese Art ⟨einer …⟩

3 so setzen wir diese Art im Geiste einer ⟨anderen⟩ entgegen.

15 |selber| *–das Einfügungszeichen ist im MS gewellt unterstrichen*

17 Aber der Erwartete ist nicht die Erfüllung sondern: ⟨das …⟩

32 Noch einmal der Vergleich: ⟨die Tatsache tritt ein …⟩

33 die Tatsache/das Ereignis/ tritt ein: ⟨als⟩ wäre

1 / Man kann im Deutschen auch sagen „in diesem Zimmer bilden die drei
Vasen ein Ornament" oder (wenn auch geschraubt) „in diesem Zimmer
besteht die Tatsache daß ....", und das ist gleichbedeutend mit: in
diesem Zimmer befindet sich das Ornament (der Complex) der drei
Vasen.   5

2   „Wenn ein Complex von Kugeln in diesem Raum liegt" = „Wenn
Kugeln in diesem Raum in irgend einer/einer beliebigen/ Anordnung
stehen"
                                                                          10

3   „Dieser Gebäudekomplex wird eingerissen" = „die Gebäude die so
beisammen stehen werden eingerissen".

4 / Die Blume, das Haus, das Sternbild nenne ich Complexe, und zwar von   250
Ziegeln, von Blättern, von Sternen etc.   15
        Daß dieses Sternbild hier steht, kann allerdings durch einen Satz
beschrieben werden, worin nur von seinen Sternen die Rede ist und das
Wort Sternbild oder sein Name nicht vorkommen.

5 / Aber das ist auch alles, was man von der Beziehung zwischen Complex   20
und Tatsache sagen kann. Und Complex ist ein räumlicher Gegenstand
bestehend aus räumlichen Gegenständen. (Wobei der Begriff ‚räumlich'
einiger Ausdehnung fähig ist.)

6 / Ein Complex besteht aus seinen Teilen, den gleichartigen Dingen die   25
ihn bilden (Dies ist natürlich ein Satz der Grammatik über die Wörter
‚Complex', ‚Teil' und ‚bestehen'.)

7 / Zu sagen ein roter Kreis b e s t e h e a u s Röte und Kreisförmigkeit oder
sei ein Complex aus diesen Bestandteilen ist ein Mißbrauch dieser   30
Wörter und irreführend (Frege wußte dies).
        Ebenso irreführend zu sagen, die Tatsache daß dieser Kreis rot ist
(daß ich müde bin), sei ein Complex aus |den Bestandteilen| Kreis
und Röte; (Ich und der Müdigkeit).
                                                                          35

8 / Auch ist das Haus nicht ein Complex aus den Ziegeln und ihren
räumlichen Beziehungen. D.h. auch das ist gegen den richtigen
Gebrauch der Worte/des Wortes/.

9 / Man kann nun zwar auf eine Constellation zeigen und sagen: diese   40   251
Constellation besteht ganz aus Bestandteilen/Gegenständen/Dingen/ die
ich schon kenne; aber man kann nicht ‚auf eine Tatsache zeigen' und
dies sagen.

21   zwischen Complex und Tatsache sagen kann⟨, und⟩ Complex
22   bestehend aus räumlichen Gegenständen. (Wobei ⟨wir ...⟩
27   der Grammatik über die Wörter ‚Complex'⟨ und⟩‚Teil' und ‚bestehen'
32   die Tatsache daß dieser Kreis rot ist ⟨oder⟩ ich müde bin
34   Kreis und Röte; ⟨bezw. (aus mir) und der Müdigkeit⟩.
38   D.h. auch das ist gegen den richtigen Gebrauch der ⟨Wörter⟩

1 / Ich kann nicht |mit dem Finger auf etwas zeigend| sagen: „schau Dir
diese Tatsache an". Denn dann würde der Andere mit Recht fragen
„welche Tatsache?" und als Antwort müßte ein Satz kommen der die
Tatsache aussagt und nicht etwa die Bemerkung „nun diese hier", wie
man antworten könnte auf die Frage „welche Blume/Constellation/   5
meinst Du?".

2 / Der Ausdruck „eine Tatsache beschreiben" oder „die Beschreibung
einer Tatsache" für die Aussage die das Bestehen der Tatsache
behauptet ist auch irreführend, weil das so klingt wie „das Tier   10
beschreiben, das ich gesehen habe".

3 / Man sagt freilich auch „auf eine Tatsache hinweisen" aber das heißt
immer „auf die Tatsache hinweisen daß …". Dagegen heißt „auf eine
Blume zeigen (oder hinweisen) nicht, darauf hinweisen daß diese Blüte   15
auf diesem Stengel sitzt; denn von dieser Blüte und diesem Stengel
braucht da gar nicht die Rede zu sein.

4 / Ebensowenig kann es heißen auf die Tatsache hinweisen, daß dort diese
Blume steht.   20

5 / Auf eine Tatsache hinweisen, heißt etwas behaupten, aussagen. ‚Auf   252
eine Blume hinweisen' heißt das nicht.

6 / Auch die Kette besteht |nur| aus ihren Gliedern, nicht aus ihnen und   25
ihren/deren/ räumlichen Beziehungen.

7 / Die Tatsache, daß diese Glieder so zusammenhängen besteht aus gar
nichts.
                                                                          30
8 / Die Wurzel dieser Verwechslung ist der verwirrende Gebrauch des
Wortes „Gegenstand"

9 / Der Teil kleiner als das Ganze. Das gäbe auf Tatsache und Constituent
angewandt eine Absurdität.   35

10 / Man kann in der Logik die Allgemeinheit nicht weiter ausdehnen als
unsere logische Voraussicht reicht. Oder richtiger: als unser logischer
Blick reicht.
                                                                          40

---

2 auf etwas zeigend| sagen: „schau Dir diese Tatsache an" ⟨und …⟩
3 und als Antwort müßte ein Satz kommen der ⟨das …⟩
5 wie man antworten könnte ⟨wenn⟩ die Frage ⟨gewesen …⟩
5 wie man antworten könnte auf die Frage „⟨welches …⟩
8 ⟨Die …⟩
9 „die Beschreibung einer Tatsache" für die Aussage die ⟨ihn …⟩
10 weil ⟨es/er/⟩ so klingt wie „das Tier
15 „auf eine Blume zeigen –*im MS fehlt das Ausführungszeichen*
25 |nur| –*das Einfügungszeichen ist im MS gewellt unterstrichen*

1 ⌀ *In meiner Autobiographie müßte ich trachten mein Leben ganz wahrheitsgetreu
darzustellen und zu verstehen. So darf meine unheldenhafte Natur nicht
als ein bedauerliches Accidens erscheinen, sondern eben als eine wesentliche
Eigenschaft (nicht eine Tugend). Wenn ich es durch einen Vergleich klar machen
darf: Wenn ein „Straßenköter" seine Biographie schriebe, so bestünde die Gefahr* 5 253
*A) daß er entweder seine Natur verleugnen, oder B) einen Grund ausfindig
machen würde auf sie stolz zu sein, oder C) die Sache so darstellte als sei diese
seine Natur eine nebensächliche Angelegenheit. Im ersten Falle lügt er, im zweiten
ahmt er eine nur dem Naturadel natürliche Eigenschaft, den Stolz nach der ein
vitium splendidum ist das er ebensowenig wirklich besitzen kann, wie ein* 10
*krüppelhafter Körper natürliche Gracie. Im dritten Fall macht er gleichsam die
sozialdemokratische Geste, die die Bildung über die rohen Eigenschaften des
Körpers stellt, aber auch das ist ein Betrug. Er ist was er ist und das ist zugleich
wichtig und bedeutsam aber kein Grund zum Stolz anderseits immer Gegenstand
der Selbstachtung. Ja ich kann den Adelsstolz des Andern und seine Verachtung* 15
*meiner Natur anerkennen, denn ich erkenne ja dadurch nur meine Natur an und
den andern der zur Umgebung meiner Natur, die Welt, deren Mittelpunkt dieser
vielleicht häßliche Gegenstand, meine* Person, *ist.*

2 ⌀ Ich könnte mir denken, daß ich die Wahl gehabt hätte, ein Wesen der 20
Erde als die Wohnung für meine Seele zu wählen und daß mein Geist
dieses unansehnliche (nicht-anziehende) Geschöpf als seinen Sitz und
Aussichtspunkt gewählt hätte. Etwa, weil ihm die Ausnahme eines 254
schönen Sitzes zuwider wäre. Dazu müsste freilich der Geist seiner
selbst sehr sicher sein. 25

3 ⌀ Man könnte sagen „jeder Aussicht ist ein Reiz abzugewinnen", aber das
wäre falsch. Richtig ist es, zu sagen, jede Aussicht ist bedeutsam für den
der sie bedeutsam sieht (das heißt aber nicht, sie anders sieht als sie ist).
Ja, in diesem Sinne, ist jede Aussicht gleich bedeutsam. 30

4 ⌀ Ja, es ist wichtig, daß ich auch/sogar/die Verachtung des Andern für
mich mir zu eigen machen muß, als einen wesentlichen und
bedeutsamen Teil der Welt von meinem Ort gesehen
35

5 ∫ (Mein Buch könnte auch heißen: Philosophische Grammatik. Dieser
Titel hätte zwar den Geruch eines Lehrbuchtitels aber das macht ja
nichts, da das Buch hinter ihm steht.)

6 ∫ Nicht: jedes Bild braucht noch eine Interpretation; sondern: jedes Bild 40
ist noch einer Interpretation fähig.

7 ∫ Wir müssen/Ich muß/ alle Erfindungen vernichten und zu dem
kommen, was schon immer da war und jeder kennt.
45

8 ∫ Die Irrfahrten tun gut, wenn man zurückkehrt.

32 daß ich ⟨mir⟩ auch/sogar/ die Verachtung des Andern für mich |mir|
32 auch/sogar/ *–zweite Variante im MS durchstrichen*
38 Geruch eines Lehrbuchtitels aber das macht ja nichts, ⟨das …⟩
40 *Die Bemerkung ist im MS am linken Rand mit einer Strichlinie markiert.*

1   ∫   „Gesetz des ausgeschlossenen Dritten" dieser Ausdruck ist zu
vergleichen dem Ausdruck „mit ohne"; wenn man ein Kind fragt „Willst   255
Du Deine Semmel mit Butter oder ohne" und es antwortet „bitte mit
ohne". Als ob der Mangel an Butter, der Butter so zugeordnet wäre, wie
Schmalz der Butter, so daß auch von einem Dritten die Rede sein   5
könnte, welches ausgeschlossen wird/man ausschließt/

2   /   Man kann nur scheinbar „über jede mögliche Erfahrung hinausgehen";
ja, dieses Wort hat auch nur scheinbar Sinn, weil es nach Analogie
sinnvoller Ausdrücke gebildet ist.   10

3   ∫   „Vielseitige Betrachtung der Zahl/Zahlen/"

4   ⌀   Wenn es einem Menschen freigestellt wäre in einen Baum eines Waldes
geboren zu werden/sich in einen Baum eines Waldes gebären zu   15
lassen/: so gäbe es Solche, die sich den schönsten oder höchsten Baum
aussuchen würden, solche die sich den kleinsten wählten und solche die
sich einen Durchschnitts- oder minderen Durchschnittsbaum wählen
würden, und zwar meine ich nicht aus Philistrosität, sondern aus eben
dem Grund, oder der Art von Grund, warum sich der Andre den   20
höchsten gewählt hat. Daß das Gefühl welches wir für unser Leben
haben mit dem eines solchen Wesens, das sich seinen Standpunkt in der
Welt wählen konnte, vergleichbar ist, liegt, glaube ich, dem Mythus –
oder dem Glauben – zu Grunde, wir hätten uns unsern Körper vor der
Geburt gewählt.   25

5   /   Die „Philosophie des Als Ob" beruht selbst/ganz/ auf dieser   256
Verwechslung zwischen/von/ Gleichnis und Wirklichkeit.

6   ⁷/   Die Erfüllung des Satzes ‚p ist der Fall' ist: daß p der Fall ist. Und weiter   30
nichts.

  2.

7   /   In den alten Riten haben wir den Gebrauch einer äußerst ausgebildeten
Gebärdensprache.   35
      Und wenn ich in Frazer lese so möchte ich auf Schritt und Tritt
sagen: Alle diese Prozesse diese Wandlungen |der Bedeutung| haben
wir noch in unserer Wortsprache vor uns. Wenn das was sich in der
letzten Garbe verbirgt der Kornwolf genannt wird, aber auch |diese
Garbe selbst, und auch| der Mann der sie bindet, so erkennen wir   40
hierin einen uns wohlbekannten sprachlichen Vorgang.

8   ∅   Unsere Sprache ist eine Verkörperung alter Mythen. Und der Ritus der
alten Mythen war eine Sprache.

  45

    3   „Willst Du ⟨Deinen Kaffee⟩ mit ⟨Schlagobers⟩ oder ohne"
    5   so daß auch ⟨noch⟩ von einem Dritten die Rede sein könnte,
    14   freigestellt wäre in ⟨einem⟩ Baum eines Waldes geboren zu werden
    28   zwischen/von/ –zweite Variante im MS durchstrichen
    35   einer äußerst ausgebildeten Gebärdensprache. ⟨Wir lesen …⟩
    37   Alle diese Prozesse ⟨und⟩ Wandlungen haben wir
    38   in unserer Wortsprache vor uns. Wenn ⟨die⟩ letzten ⟨Bündel …⟩
    40   der sie bindet, ⟨und |etwa| auch der Kuchen den er ißt,⟩ so ⟨haben …⟩
    41   erkennen wir hierin einen ⟨uns wohlbekannten⟩ sprachlichen Vorgang.

1   ∅   „Das ist keine Erfahrung, das ist eine Idee.“ (Schiller)

2   ∅   „Und so deutet das Chor auf ein geheimes Gesetz“ möchte man zu der
          Frazerschen Tatsachensammlung sagen. Dieses Gesetz, diese Idee,
          k a n n ich nun durch eine Entwicklungshypothese ausdrücken   5
          /darstellen/ oder auch, analog dem Schema einer Pflanze durch das
          Schema einer religiösen Zeremonie oder aber durch die Gruppierung
          des Tatsachen-Materials allein, in einer „ü b e r s i c h t l i c h e n“
          Darstellung.   257
                                                                                         10

3   /   Der Begriff der übersichtlichen Darstellung ist für uns von
          grundlegender Bedeutung. Er bezeichnet unsere Darstellungsform, die
          Art wie wir die Dinge sehen (Eine Art der ‚Weltanschauung‘ wie sie
          scheinbar für unsere Zeit typisch ist. Spengler)
                                                                                         15

4   /   Diese übersichtliche Darstellung vermittelt das Verstehen/Verständnis/
          welches eben darin besteht daß wir die „Zusammenhänge sehen“.
          Daher die Wichtigkeit der Z w i s c h e n g l i e d e r [des Findens von
          Z w i s c h e n g l i e d e r n]
                                                                                         20

5   ∅   Ein Hypothetisches Zwischenglied aber soll in diesem Falle nichts tun
          als die Aufmerksamkeit auf die Ähnlichkeit, den Zusammenhang, der
          T a t s a c h e n lenken. Wie wenn man eine interne Beziehung der
          Kreisform zur Ellipse dadurch illustrieren wollte/illustrierte/ daß man
          eine Ellipse allmählich in einen Kreis überführt; a b e r n i c h t u m z u   25
          b e h a u p t e n d a ß e i n e g e w i s s e E l l i p s e t a t s ä c h l i c h,
          h i s t o r i s c h, a u s e i n e m K r e i s e n t s t a n d e n w ä r e
          (Entwicklungshypothese) sondern nur um unser Auge für einen
          formalen Zusammenhang zu schärfen.
                   Aber auch die Entwicklungshypothese kann ich als weiter nichts   30
          sehen als die/eine/ Einkleidung eines formalen Zusammenhangs.

6   ∅   „Was der Gescheite weiß, ist schwer zu wissen.“ Hat die Verachtung
          Goethes für das Experiment im Laboratorium und die Aufforderung in   258
          die freie Natur zu gehen und dort zu lernen, hat dies mit dem   35
          Gedanken zu tun daß die Hypothese (unrichtig aufgefaßt) schon eine
          Fälschung der Wahrheit ist? Und mit dem Anfang den ich mir jetzt für
          mein Buch denke der in einer Naturbeschreibung bestehen könnte?
          [Und mit dem Anfang den ich mir jetzt für mein Buch denke, der
          Naturbeschreibung womit/mit der/ es anfangen soll?]   40

7   ∅   Denn mit den „Hypothesen“ sollte es anfangen, nicht mit den „Sätzen“.
          Und richtiger wäre es nun statt „Hypothese“ „Satz“ zu sagen und statt
          des Wortes „Satz“ wie ich es jetzt gebraucht habe einen andern
          Ausdruck zu setzen.   45

---

4   auf ein geheimes Gesetz“ möchte man zu der Frazerschen ⟨Samm…⟩
14   ‚Weltanschauung‘ wie sie scheinbar für unsere Zeit typisch ist.⟨⟩…⟩
22   den Zusammenhang, der ⟨wirklichen⟩ T a t s a c h e n lenken.
27   h i s t o r i s c h, a u s e i n e m K r e i s ⟨entsp…⟩
28   sondern nur um ⟨unserem⟩ Auge |für| einen formalen Zusammenhang
42   Denn mit den „Hypothesen“ ⟨soll⟩ es anfangen,

1 / Die Hypothese kann so aufgefaßt werden daß sie nicht über die Erfahrung hinausgeht d.h. nicht der Ausdruck der Erwartung künftiger Erfahrung ist. So kann der Satz „es scheint vor mir auf dem Tisch eine Lampe zu stehen" nichts weiter tun als meine Erfahrung |(oder, wie man sagt, unmittelbare Erfahrung)| zu beschreiben.

2 / Wie verhält es sich mit der Genauigkeit dieser Beschreibung. Ist es richtig zu sagen: Mein Gesichtsbild ist so kompliziert, es ist unmöglich es |ganz| zu beschreiben?? Dies ist eine sehr fundamentale Frage.

3 / Das scheint nämlich zu sagen daß man von Etwas sagen könnte es könne nicht beschrieben werden, oder nicht mit den |jetzt| vorhandenen Mitteln, oder (doch) man wisse nicht, wie es beschreiben. (Die Frage, das Problem, in der Mathematik).

      Wie ist denn das Es gegeben, das ich nicht zu beschreiben weiß? – Mein Gesichtsbild ist ja kein gemaltes Bild oder der Ausschnitt der Natur den ich sehe, daß ich es näher untersuchen könnte. – Ist dieses Es schon artikuliert und die Schwierigkeit nur es in Worten darzustellen, oder soll es noch auf seine Artikulation warten?

4 / „Die Blume war von einem Rötlichgelb, welches ich aber nicht genauer (oder, nicht genauer mit Worten) beschreiben kann." Was heißt das?

5 / „Ich sehe es vor mir und könnte es malen"

6 / Wenn man sagt, man könne diese Farbe nicht mit Worten genau beschreiben, so denkt man (immer) an eine Möglichkeit einer solchen Beschreibung (freilich, denn sonst hätte das Wort/der Ausdruck/ „genaue Beschreibung" keinen Sinn) und es schwebt einem dabei der Fall einer Messung vor, die wegen unzureichender Mittel nicht ausgeführt wurde.

      Es ist mir nichts zur Hand was diese oder eine ähnliche Farbe hätte.

7 / Die eigentlichen Grundlagen seiner Forschung fallen dem Menschen gar nicht auf. Es sei denn daß ihm d i e s einmal aufgefallen/zum Bewußtsein gekommen/ ist (Frazer etc. etc.)

8 Und das heißt, das Auffallendste (Stärkste) fällt ihm nicht auf.

9 / Wollte man T h e s e n in der Philosophie aufstellen, es könnte nie über sie zur Diskussion kommen, weil Alle mit ihnen einverstanden wären.

5 |(oder, wie man sagt, unmittelbare Erfahrung)| –*das Einfügungszeichen ist im MS gewellt unterstrichen*
7 sich mit der Genauigkeit dieser Beschreibung. Ist ⟨er ...⟩
16 Mein Gesichtsbild ist ja kein gemaltes Bild oder ⟨die ...⟩
17 der Ausschnitt der Natur den ich sehe, ⟨so⟩ daß ich
22 welches ich aber nicht genauer (oder, nicht ⟨mit ...⟩
29 „genaue Beschreibung" keinen Sinn) und es ⟨scheint ...⟩
32 *Der Absatz ist im MS eine Einfügung in der Leerzeile.*

1   ⌀∫   Den Ausdruck „der 3te Juni" empfinden wir nicht als eine Abkürzung   260
          von „der 3te Tag des Juni" sondern von „der 3te Junitag". Das
          Empfinden eines Ausdrucks als Abkürzung (Veränderung) dieses, nicht
          jenes Ausdrucks, ist ganz analog dem Sehen von □ als eine Variante
          von ⊔, nicht von I⊏I. Der Unterschied von eis und f.   5

2   ∫   „Die Spinne schwebt in der Luft — nein, wenn man genauer zusieht,
          hängt sie an einem Faden." Die visuelle Spinne und die physikalische.

3   ⌀   *Wenn Menschen eine Blume oder ein Tier häßlich finden so stehen sie immer* 10
          unter dem Eindruck, es sei ein Kunstprodukt. „Es schaut so aus wie …" heißt es
          dann. Das wirft ein Licht auf die Bedeutung der Worte „häßlich" und „schön".

4   /   Wenn man sagt, man könne das Gesichtsbild nicht ganz beschreiben,
          so meint man, man kann keine Beschreibung geben, nach der man sich   15
          dieses Gesichtsbild genau reproduzieren könnte.

5   /   Aber was heißt hier „genaue Reproduction"? Hier liegt selbst wieder ein
          falsches Bild zugrunde.
                                                                                     20
6   /   Was ist das Criterium der genauen Reproduction?

7   /   Wir können von dem Gesichtsbild nicht w e i t e r reden, als unsere   261
          Sprache jetzt reicht. Und auch nicht mehr/weiter/ m e i n e n (denken)
          als unsere Sprache sagt/reicht/. (nicht mehr meinen als wir sagen können) 25

8   /   Einer der gefährlichsten Vergleiche ist der des Gesichtsfelds mit einer
          gemalten Fläche (oder, was auf dasselbe hinaus kommt, einem farbigen
          räumlichen Modell)
                                                                                     30
9   /   Hiermit hängt es zusammen: Könnte ich denn das Gesichtsbild „mit
          allen Einzelheiten" wiedererkennen? Oder vielmehr, hat diese Frage
          überhaupt einen Sinn?

10 /   Denn als einwandfreiste Darstellung des Gesichtsbildes erscheint uns   35
          immer noch ein gemaltes Bild oder Modell. Aber, daß die Frage nach
          dem „Wiedererkennen in allen Einzelheiten" sinnlos ist, zeigt schon wie
          inadäquat Bild und Modell sind.

11 ∫   „Ich führe Dich einen Weg den ich noch nie gegangen bin". Problem   40
          des Suchens.

12 ⌀   *Wenn ein Tier ursprünglich verehrt, dann/später/ für unrein geachtet wird, ist*
          das nicht der Vorgang, wenn wir eine Gewohnheit als Fehler ablegen und dann
          ängstlich hassen?   45

13 /   Man sagt „der Mensch nährt mich", der mir Nahrung gibt, aber auch
          „die Nahrung nährt mich".

      5 Der Unterschied von eis und f(in der Musik)
     27 ist der des ⟨Gesichtsfeldes⟩ mit einer gemalten Fläche

1   ſ   „Ich habe ihm p zu tun befohlen" – „Nun und was hat er getan?" – „p"
         – „Nun dann ist es ja in Ordnung".

2   ⅂   „Ich sagte, ‚geh aus dem Zimmer' und er ging aus dem Zimmer."
        „Ich sagte, ‚geh aus dem Zimmer' und er ging langsam aus dem
        Zimmer"
        „Ich sagte, ‚geh aus dem Zimmer' und er sprang zum Fenster hinaus"
        Hier ist eine Rechtfertigung möglich, auch wo die Beschreibung der
        Handlung nicht die ist, die der Befehl gibt.

3   /   Ich kann gewiß sagen: „Tu jetzt, was Du |Deiner Erinnerung nach|
        gestern um diese Zeit getan hast". Und wenn er sich daran erinnert,
        kann er seiner Erinnerung folgen. Erinnert er sich aber nicht, so hat der
        Befehl keinen Sinn für ihn.

4   /   Wäre dieser Befehl also wie der: „Tu, was auf dem Zettel in dieser Lade
        aufgeschrieben steht". Wenn in der Lade kein Zettel ist, so ist das kein
        Befehl.

5   ſ   „Sage, was Du mir gestern gesagt hast"

6   /   Ist es nicht so: Wenn ich das Signal für eine Tätigkeit setze, so mußte
        ich mir vornehmen k ö n n e n, dieses Signal s o zu gebrauchen. Aber
        damit mußte ich es bereits mit einem andern Symbolismus
        zusammenbringen.

7   /   Aber auch wenn dieses Vornehmen so geschah, daß ich sagte, dieses
        Signal heißt/bedeutet/ d a s, und führte dabei eine gewisse Tätigkeit
        aus, so muß die Erinnerung an diese Tätigkeit später mit dem Zeichen
        zusammenwirken

8   ſ   Der Knopf im Taschentuch. Bedeutet er: „Erinnere Dich an etwas!"?
        Jedenfalls würden diese Worte denselben Dienst leisten.

9   /   Ich kann vergessen welche Farbe ein Wort bezeichnet und auch,
        wie eine bestimmte Farbe (etwa auf Englisch) heißt.

10   /   Ich werde aufgefordert mir die Farbe Orange vorzustellen und habe
        vergessen was ‚orange' heißt/bedeutet/. Was geschieht hier? Und was
        geschieht, wenn ich mich nun wieder daran erinnere? Die Frage ist
        nämlich: wovon hängt es ab, daß/ob/ ich der Aufforderung, mir die
        Farbe A vorzustellen, folgen kann?

11   /   Noch eine Frage: Kann man von verschiedenen Interpretationen des
        Gedächtnisbildes sprechen? In welchem Sinne nicht?

---

4   ‚geh aus dem Zimmer' und er ging aus dem Zimmer." ⟨–⟩
9   auch wo die Beschreibung der Handlung nicht ⟨dies …⟩
22   Wenn ich das Signal für eine Tätigkeit setze, so ⟨müßte⟩ ich mir
30   so muß die Erinnerung an diese Tätigkeit später mit dem Zeichen zusammenwirken
     –im MS am linken Rand mit einer vertikalen Wellenlinie markiert
41   Die Frage ist nämlich: wovon hängt es ⟨aber …⟩

1 / (Wenn man irgendwo von Vorurteilen gehemmt ist/wird/, dann in der Philosophie)

2 ʃ „Male einen roten Streifen". − „Ich habe vergessen, was ‚rot' heißt, das Wort sagt mir nichts".

3 / Wenn das Wort ‚rot', um Bedeutung zu haben, eine Vorstellung hervorrufen muß, die erst das eigentliche Bild ist, warum sollte es da nicht genügen, wenn das Wort, mit einer wirklichen Farbe confrontiert, ein bestimmtes Gefühl, etwa einer Befriedigung, auslöste?

4 ʃ Die Rechtfertigung „Du hast mir gesagt ‚bring etwas Rotes', das heißt doch ‚rot'" ist a l l g e m e i n in dem vorigen/früher gebrauchten/oben stehenden/ Sinn.

5 ?/ Sagte ich nicht, die Rechtfertigung müßte immer von der Art sein: schwarz ..... ●; also: mach einen schwarzen Kreis ..... ●

6 / Könnte denn die Rechtfertigung lauten: „Du hast gesagt ‚bring etwas Rotes' und dieses hier hat mir daraufhin ein Gefühl der Befriedigung erzeugt/gegeben/, darum habe ich es gebracht"?

7 / Müßte man da nicht antworten: Ich habe Dir doch nicht geschafft mir das zu bringen was Dir auf meine Worte hin ein solches Gefühl geben wird!

8 / Aber gälte dieser Einwand nun auch, wenn ich geantwortet hätte: „Du hast doch gesagt ich soll etwas Rotes bringen und da habe ich mich erinnert, daß Du d a s früher ‚rot' genannt hast". Ich glaube, hier gälte der Einwand nicht.

9   Ich konnte mich auf jeden Fall zur Rechtfertigung auf eine Tabelle der Farben und ihrer/mit ihren/ Namen berufen.

10 / Es könnte aber auch sein, daß ich mich so einer Tafel widersetze und mich auf mein Gedächtnis (oder ist es etwas Andres) berufe.

11 / Heißt das nun, daß ich in meinem Gedächtnis gleichsam eine andere, anders lautende Tafel habe?! Und was rechtfertigt die Wahl zwischen diesen beiden?

12 / Wenn ich jemandem sage „male das Grün deiner Zimmertür nach dem Gedächtnis", so bestimmt das, was er zu tun hat, nicht eindeutiger, als der Befehl „male das Grün, was Du auf dieser Tafel siehst".

1 ist/wird/ *−zweite Variante im MS durchstrichen*
4 „Male einen ⟨I...⟩
10 einer wirklichen Farbe confrontiert, ein bestimmtes Gefühl⟨ der ...⟩
14 vorigen/früher gebrauchten/oben stehenden/ *−im MS steht die dritte Variante unter der Zeile*
17 schwarz ..... ●; also: mach einen ⟨S...⟩
25 was Dir auf meine Worte hin ein solches Gefühl geben wird⟨?⟩

1 ∫ („Der Wind trägt meine Gedanken weg" – „Gewicht einer
      Energiemenge")

2   Wenn es bei der Bedeutung des Wortes „rot" auf das Bild ankommt,
      das mein Gedächtnis beim Klang dieses Wortes automatisch
      reproduziert, so muß ich mich auf diese Reproduktion gerade so
      verlassen, als wäre ich determiniert, die Bedeutung durch nachschlagen
      in einem Buche zu bestimmen, wobei ich mich diesem Buche quasi auf
      Gnade und Ungnade ergeben würde.

3   Das würde aber heißen: Die Bedeutung des Wortes ist, was mir in einer
      bestimmten Weise dabei einfällt.

4   Ich bin dem Gedächtnis ausgeliefert.

5   In irgend einem Sinn heißt es nichts „eine Farbe wiedererkennen".
          Und doch kann ich sagen: „Wo habe ich nur dieses Grün schon
      gesehen", oder „diese Farbenzusammenstellung".

6   Ich möchte sagen: Wiedererkennen läßt sich nur, was sich beschreiben
      läßt.

7   Und nun s c h e i n t „grün" die Beschreibung einer F a r b e zu sein!

8 ∫ „Bring mir eine gelbe Blume." Wie rechtfertigst Du, was Du mir
      bringst?

9 ∫ Wenn Du sagst „heißt denn diese Farbe nicht ‚gelb'?", so bezieht sich
      Deine Frage nur auf ein spezielles Sprachübereinkommen (ist also
      trivial).

10 ∫ Wenn ich mit einem gelben Täfelchen in der Hand nach einer gelben
      Blume suche, so ist das analog dem Ausrechnen einer Multiplication
      wie 165×280; gehe ich aber mit dem Wort „gelb" suchen, so ist es
      analog einem arithmetischen Satz $2 + 3 = 5$, wo nichts eine interne
      Relation zeigt.

11 / Es ist doch offenbar nicht unmöglich/undenkbar/, daß Einer die gelbe
      Blume so mit einem Phantasiebild sucht, wie ein Anderer mit dem
      färbigen Täfelchen, oder ein Dritter, in irgend einem Sinne, mit dem
      Bild einer Reaktion, die durch das, was er sucht, hervorgerufen werden
      soll (Klingel).
          Womit immer aber er suchen geht (mit welchem Paradigma
      immer), nichts zwingt ihn das als das Gesuchte anzuerkennen, was er
      am Schluß wirklich anerkennt, und die Rechtfertigung in Worten, oder
      andern Zeichen, die er dann von dem Resultat/Ergebnis/ gibt,
      rechtfertigt wieder nur im Bezug auf eine andere Beschreibung in
      derselben Sprache.

16 ⟨∫⟩ *Randzeichen gestrichen*
17 *Der Absatz ist im MS eine Bemerkung, durch eine Klammer am linken Rand der*
   vorangehenden Bemerkung zugeordnet.
29 Frage nur auf ein spezielles Sprachübereinkommen⟨,⟩ ist also trivial⟨.⟩
38 daß ⟨einer⟩ die gelbe Blume so mit einem Phantasiebild sucht,

1 / Die Schwierigkeit ist aufzuhören, ‚warum‘ zu fragen (ich meine, sich
dieser Frage zu enthalten).

2 / Es ist offenbar ein Unterschied: ob ich sage „dieser⌒ Streifen ist weiß“,   267
oder „die Farbe dieses Streifens werde ich ‚A‘ nennen“.   5

3 / Eine ‚Interpretation‘ ist doch wohl etwas, was in Worten gegeben wird!
Denn es/Es/ ist d i e s e Interpretation im Gegensatz zu einer anderen
(die anders lautet). − Wenn man also sagt „jeder Satz bedarf noch einer
Interpretation“ so hieße das: kein Satz kann ohne einen Zusatz   10
verstanden werden, was Unsinn ist. − Sagt man aber jeder Satz sei noch
einer Interpretation fähig, so heißt das, daß jedes Zeichen durch weitere
Zusätze in Systeme von noch größerer Multiplizität einzureihen ist. Und
dies wäre, wenn überhaupt etwas, ein mathematischer Satz; wie er aber
da steht ist er, glaube ich, vag und bedeutungslos.   15

4 / Wir können uns denken, daß jemand die Bedeutungen der Farbnamen
aus einer Tabelle entnimmt, wo sie bei den entsprechenden Farben
stehen, bis er, wie man sagt, die T a b e l l e i m K o p f h a t .
 /   Das heißt doch wohl, daß etwas diese Tabelle jetzt/nun/ ersetzt   20
hat.

5 / Könnte nicht, was ich früher gegen den Gebrauch einer |solchen|
Tabelle eingewendet habe, gegen jede Rechnung eingewendet werden?
    25

6 / Wie ist es mit den beiden Sätzen: „dieses Blatt ist rot“ und „dieses Blatt
hat die Farbe die auf Deutsch ‚rot‘ heißt“? Sagen beide d a s s e l b e ?

    3.   268
7 / Hängt das nicht davon ab, was das Criterium dafür ist, daß eine Farbe   30
auf Deutsch ‚rot‘ heißt?

8 ?/ Kann man auch statt „hol mir eine gelbe Blume“ sagen: „hol mir eine
Blume, deren Farbe Du ‚gelb‘ nennst“?
    35

9 / Wird der Ausdruck der Beschreibung nur von dem Beschriebenen
abgeleitet, oder aus diesem und einer Tabelle oder etwas dem
Analogen?

10 ⌀ *Zu dem der dich nicht mag, gut zu sein, erfordert nicht nur viel* Gutmütigkeit   40
sondern auch viel Ta k t .

---

8 Denn es/Es/ *−erste Variante im MS durchstrichen*
9 „(Jeder) Satz bedarf noch einer Interpretation“
14 ein mathematischer Satz⟨. Wie⟩ er aber da steht ist er,
20 *Der Absatz ist im MS eine Bemerkung, durch eine Klammer am linken Rand der
vorangehenden zugeordnet.*
20 jetzt/nun/ *−zweite Variante im MS durchstrichen*

1   /   Du befiehlst mir „bringe mir eine gelbe Blume"; ich bringe eine und Du
fragst: „warum hast Du mir so eine gebracht?". Dann hat diese Frage
nur |einen| Sinn, wenn sie zu ergänzen ist „und nicht eine von dieser
(andern) Art".

     /   D.h. diese Frage bezieht sich schon auf/gehört schon in/ ein   5
System; und die Antwort muß sich auf das gleiche System beziehen.

2   /   Auf die Frage „warum tust Du d a s auf meinen Befehl?" Kann man
fragen: „Was?"

                                                                     10

3   /   Da wäre es nun absurd zu fragen „warum bringst Du mir eine gelbe
Blume, wenn ich Dir befohlen habe, mir eine gelbe Blume zu bringen".
Eher könnte man fragen „warum bringst Du eine rote Blume, wenn ich
sagte Du sollest eine gelbe bringen" oder „warum bringst Du eine   269
dunkelgelbe auf den Befehl ‚bring eine gelbe'?".   15

4   /   Wie kann man die Handlung von dem Befehl „hole eine gelbe Blume"
ableiten? — Wie kann man das Zeichen „5" aus dem Zeichen „2 + 3"
ableiten?

                                                                       20

5   /   Wie verhält es sich denn mit der Bezeichnung eines ganz bestimmten
Tones von Gelb. Da scheint es doch klar, daß die Wortsprache nicht
genügt, jeden solchen Ton zu beschreiben, obwohl sie sagen kann ein
rötliches oder grünliches Gelb u.s.w.?

       Anderseits: Gib diesem Ton einen Namen und er steht auf gleicher   25
Stufe, ist in keiner anderen Lage als das Wort „gelb" oder „rot".

6   /   Ist es denn nicht denkbar, daß ein grammatisches System in der
Wirklichkeit zwei (oder mehr) Anwendungen hat?

                                                                      30

7   /   Ja, aber wenn wir das überhaupt sagen können, so müssen wir die
beiden Anwendungen auch durch eine Beschreibung unterscheiden
können.

8   /   Denken wir an zwei Anwendungen des |grammatischen| 35
Farbenschemas, so können wir diese beschreiben. Aber das Wesentliche
dieser Beschreibung ist, daß sie nur eine neue Multiplizität/ein neues
System/ von Zeichen beschreibt und nicht in irgend einem Sinne mit
der Realität anknüpft, in einem Sinne in welchem das Zeichen mehr als
ein Zeichen wäre.   40

9   Woher aber (überhaupt) der Begriff eines solchen Sinnes?   270

10 /   Woher die Idee daß wir das Gebiet der Zeichen verlassen könnten?

                                                                      45

---

5 *Der Absatz ist im MS eine Bemerkung, durch eine Klammer am linken Rand der
vorangehenden zugeordnet.*

15 eine dunkelgelbe auf den Befehl ‚bring eine gelbe'?"(?)

36 des |grammatischen| Farbenschemas, so können wir diese ⟨Bes...⟩

40 *Im MS fehlt die nachfolgende Leerzeile.*

1 / Kommt das nicht daher, daß wir, wie ich sagen möchte, mit gewissen
Zeichen ganz vertraut sind? Abgesehen von den Sprachen die wir
geläufig sprechen, sind uns viele Gebärden in diesem Sinne vertraut.
Aber worin besteht diese Vertrautheit?

Ich winke Einem und er kommt zu mir. Nehmen wir aber an, er   5
verstünde diese Sprache nicht so leicht, nach einer Überlegung aber
deutete er sie doch (richtig), so hätte er sie in Gedanken in eine Sprache
übersetzt die ihm geläufig/vertraut/ ist.

2 ∫ „Er sagt mir ‚bringe mir eine Blume'" Wovon die Bedeutung des   10
Worts „mir" bestimmt wird. – –

3 / Ist nicht der Grund, warum wir glauben, mit der hinweisenden
Erklärung das Gebiet der Sprache, des Zeichensystems, zu verlassen,
daß wir dieses Heraustreten aus den Schriftzeichen mit einer   15
Anwendung der Sprache, etwa einer Beschreibung dessen was ich sehe,
verwechseln.

4 / Man könnte fragen wollen: Ist es denn aber ein Zufall daß ich zur
Erklärung von Zeichen also zur Vervollständigung des Zeichensystems   20
aus den Schrift- oder Lautzeichen heraustreten muß? Trete ich damit
nicht eben in das Gebiet, in dem/worin/ sich dann das zu
beschreibende/Beschriebene/ abspielt? Aber dann ist/erscheint/ es
seltsam daß ich überhaupt mit den Schriftzeichen etwas anfangen kann.
– Man faßt es dann (etwa) so auf, daß die Schriftzeichen bloß die   25
Vertreter jener Dinge sind auf die man zeigt. – Aber wie seltsam daß
so eine Vertretung möglich ist. Und es wäre nun das Wichtigste
zu verstehen wie denn Schriftzeichen die andern Dinge vertreten
können.

Welche Eigenschaft müssen sie haben, die sie zu dieser Vertretung   30
befähigt. Denn ich kann nicht sagen: statt Milch trinke ich Wasser und
esse statt Brot Holz indem ich das Wasser die Milch und Holz das Brot
vertreten lasse.

Ich kann nun freilich doch sagen daß das definiendum das
definiens vertritt; und hier steht dieses hinter jenem wie die   35
Wählerschaft hinter ihrem Vertreter. Und in diesem Sinne kann man
auch sagen daß das in der hinweisenden Definition erklärte Zeichen den
Hinweis vertreten kann, da man ja diesen wirklich in einer
Gebärdensprache für jenes setzen könnte. Aber doch handelt es sich
hier um eine Vertretung im Sinne einer Definition, denn die   40
Gebärdensprache ist/bleibt/ eine Sprache wie jede andere. Und das ist
vielleicht der Succus dieser Betrachtung

271

---

6 er verstünde diese Sprache nicht so leicht(;) nach einer Überlegung aber
19 Ist es denn aber ein Zufall daß ich (aus ...)
31 statt Milch trinke ich Wasser |und esse| statt Brot ⟨esse ich⟩ Holz
32 ich das Wasser die Milch und ⟨das⟩ Holz das Brot vertreten lasse.
34 *Im MS fortlaufender Text, der Absatz ist durch eine Randbemerkung |n. Z.| (neue Zeile) markiert.*
36 wie die Wählerschaft hinter ⟨deren⟩ Vertreter ⟨und⟩ in diesem Sinne
37 kann man auch sagen daß das ⟨Er...⟩ in der ⟨Hi...⟩

Ich möchte sagen: Von einem Befehl in der Gebärdensprache zu seiner Befolgung ist es ebenso weit wie von diesem Befehl in der Wortsprache.

1   Denn auch die hinweisenden Erklärungen müssen ein für allemal gegeben werden.

2   D.h., auch sie gehören zu dem Grundstock von Erklärungen die den Kalkül vorbereiten und nicht zu seiner Anwendung ad hoc.

3   Denn so sehe ich eine Sprache:/die Erscheinung einer Sprache:/ daß man sie lernt (ihre Grammatik, ihr Wörterbuch); und sie dann spricht
      Oder: daß es eine Lehre gibt die von ihr handelt und Lehren in denen sie gesprochen wird.

4 / Die hinweisenden Erklärungen könnten alle in dem Buch der Sprachlehre gegeben werden. Sie gehören alle zur Sprachlehre.

5 / Mit einem Draht nach einem Kurzschluß suchen; er ist gefunden wenn es läutet. Aber suche ich dabei auch nach etwas, was der Idee des Klingelns gleich ist? usw. u.s.w.

6 / Ich kann doch sagen: „mische Farben nach denen, die ich Dir vormale", aber nicht: „mische Farben nach den Wörtern, die ich Dir ansage" – wenn diese Wörter mir nicht schon bekannt sind. – Ich kann ebenso sagen „Zeichne die Kurven, die ich Dir vorzeichne"; aber nur in gewissen Fällen: „Zeichne die Kurven, die ich Dir ansage".
      Ist das aber nicht der Fall, den wir hätten, wenn wir verschiedene complizierte Wahrheitsfunktionen einerseits mit neuen Namen, anderseits durch die WF-Notation bezeichnen?

7 / „Mische Farben nach den Wörtern, die ich Dir sage" kommt natürlich auf dasselbe hinaus wie: „Mische eine Farbe nach dem Wort ,A'"

8 / Das heißt doch, eine Farbe, die sich mit dem Wort ,A' rechtfertigen läßt.
      In wiefern läßt sich denn aber eine Farbe durch eine Farbe rechtfertigen?

9 / Wir stehen im Kampf mit der Sprache.

10 /∫ „Ein Ereignis tritt ein". „Ein Mensch tritt ein"

---

2   ebenso weit wie von ⟨von …⟩
13   Oder: ⟨Daß⟩ es eine Lehre gibt die von ihr handelt
16   Die ⟨Hi…⟩
23   Ich kann doch sagen: „mische ⟨die⟩ Farben nach denen,
41   / *Randzeichen eingeklammert und durchstrichen*

1 / Das ganze Problem der Bedeutung der Worte ist darin aufgerollt, daß
ich den A suche ehe ich ihn gefunden habe. – Es ist darüber zu sagen,
daß ich ihn suchen kann, auch wenn er in gewissem Sinne nicht
existiert.

Wenn wir sagen, ein Bild ist dazu nötig, wir müssen in irgend   5
einem Sinne ein Bild von ihm herumtragen, so sage ich: vielleicht; aber
was hat es für einen Sinn zu sagen es sei ein Bild von ihm. Das hat also
auch nur einen Sinn, wenn ich ein weiteres Bild von ihm habe, das dem
Wort „ihm" entspricht.

10

2 ∅ Die Lösung philosophischer Probleme verglichen mit dem Geschenk im
Märchen, das im Zauberberg zauberisch erscheint und wenn man es
draußen beim Tag betrachtet nur ein Stück Eisen ist.

3   Man sagt etwa: Wenn ich von der Sonne spreche, muß ich ein Bild der   15   274
Sonne in mir haben. – Aber wie kann man sagen daß es ein Bild der
Sonne ist. Hier wird doch die Sonne wieder erwähnt im Gegensatz zu
ihrem Bilde. Und damit ich sagen kann: „das ist ein Bild der Sonne",
müßte ich ein weiteres Bild der Sonne besitzen, u.s.w.

Zu sagen die Erinnerung ist ein Bild dessen was war, hat nur Sinn,   20
wenn ich das, was war, diesem Bild gegenüberstellen kann und die
beiden etwa vergleichen. Das ist auch möglich, wenn man unter dem,
was war, das Hypothetische versteht, aber nicht, wenn man darunter
eben das versteht was in der Erinnerung gegeben ist.

25

4 / Wie seltsam, ich kann ihn suchen, wenn er nicht da ist, aber ich kann
nicht auf ihn zeigen, wenn er nicht da ist. Das ist eigentlich das Problem
des Suchens und zeigt den irreführenden Vergleich.

Man könnte sagen wollen: da muß er doch auch dabei sein, wenn
ich ihn suche. – Dann muß er auch dabei sein, wenn ich ihn nicht   30
finde und auch wenn es ihn nicht gibt.

5 / Ihn (etwa meinen Stock) suchen, ist eine Art des Suchens und
unterscheidet sich davon, daß man etwas andres sucht durch das was
man beim Suchen tut (sagt, denkt) nicht durch das, was man findet.   35

6 / Und trage ich beim Suchen ein Bild mit mir oder eine Vorstellung, nun
gut. Und sage ich das Bild sei das Bild des Gesuchten, so sagt das nur   275
welchen Platz das Bild im Vorgang des Suchens einnimmt. Und finde
ich ihn und sage „da ist er! den habe ich gesucht", so sind die letzten   40
Worte nicht etwa eine Worterklärung für die Bezeichnung des
gesuchten Gegenstandes (etwa für die Worte „mein Stock") die erst jetzt
wo er gefunden ist gegeben werden könnte/kann/. – Wie man das was
man wünscht nach der Erfüllung des Wunsches nicht besser weiß oder
erklären kann als vorher.   45

7 / Man kann den Dieb nicht hängen ehe man ihn hat, wohl aber schon
suchen.

12 das im Zauberberg zauberisch erscheint⟨,⟩ und wenn
13 man es draußen beim Tag betrachtet ⟨nichts ist als⟩ ein Stück Eisen
18 Hier wird doch die Sonne wieder erwähnt im Gegensatz zu ihrem ⟨Bild⟩.
21 hat nur Sinn, wenn ich das⟨ Wort ...⟩
39 welchen Platz das Bild im Vorgang des Suchens einnimmt⟨, und ...⟩

1 / „Du hast den Menschen (auf ihn zeigend) gesucht? Wie war das möglich, er war doch gar nicht da!"

2 / „Ich suche meinen Stock. – Da ist er!" Dies letztere ist keine Erklärung des Ausdrucks „mein Stock", die für das Verständnis des ersten Satzes wesentlich wäre und die ich daher nicht hätte geben können, ehe mein Stock gefunden war. Vielmehr muß der Satz „Da ist er" wenn er nicht eine Wiederholung der |auch| früher möglichen Worterklärung ist, ein neuer synthetischer Satz sein.

3 / Das Problem entspringt einer Verwechselung eines Wortes oder Ausdrucks mit dem Satz der die Existenz, das Dasein, des Gegenstands behauptet.

4 / „Den hast Du gesucht? Du konntest ja nicht einmal wissen, ob er da ist!" (Vergleiche dagegen das Suchen nach der Dreiteilung des Winkels)

5 / Auch haben wir hier die Verwechslung zwischen der Bedeutung und dem Träger eines Wortes. Denn der Gegenstand, auf den ich bei dem Worte „den" zeige ist der Träger des Namens, nicht seine Bedeutung

6 / Kurz: ich suche den Träger des Namens, nicht dessen Bedeutung./die Bedeutung des Namens./
Aber andrerseits: Ich suche und hänge den Träger des Namens.

7 / Man kann von dem Träger des Namens sagen, daß er (existiert oder) nicht existiert, und das ist natürlich keine Tätigkeit, obwohl man es mit einer verwechseln könnte und sagen, er müsse doch dabei sein, wenn er nicht existiert. (Und das ist von einem Philosophen gewiß schon einmal geschrieben worden)

8 / („Ich suche ihn." – „Wie schaut er aus." – „Ich weiß es nicht, aber |ich bin sicher| ich werde ihn wiedererkennen, wenn ich ihn sehe.")

4.

9 / Man könnte nur sagen: Wenn er von der Sonne spricht, muß er ein visuelles Bild (oder Gebilde von der und der Beschaffenheit – rund, gelb, etc.) vor sich sehen. Nicht, daß das wahr ist, aber es hat Sinn, und dieses Bild ist dann ein Teil des Zeichens.

2 (auf ihn zeigend) gesucht? Wie war das möglich, ⟨es ...⟩
6 die für das Verständnis des ersten Satzes wesentlich wäre ⟨und ...⟩
8 |auch| *–das Einfügungszeichen ist im MS gewellt unterstrichen*
16 (Vergleiche dagegen das Suchen nach der Dreiteilung des ⟨Kreises⟩)
28 obwohl man es mit einer verwechseln könnte und sagen, ⟨es ...⟩
33 |ich bin sicher| *–das Einfügungszeichen ist im MS gewellt unterstrichen*

1   /   Ich gehe die gelbe Blume suchen. Auch wenn mir während des Gehens
          ein Bild vorschwebt, brauche ich es denn, wenn ich die gelbe Blume –
          oder eine andere – sehe? – Und wenn ich sage „sobald ich eine gelbe   277
          Blume sehe, schnappt, gleichsam, etwas in der Erinnerung/dem
          Gedächtnis/ ein": kann ich denn dieses Einschnappen eher   5
          voraussehen, erwarten, als die gelbe Blume? Ich wüßte nicht warum.
          D.h. wenn es in einem bestimmten Fall wirklich so ist, daß ich nicht die
          gelbe Blume sondern ein anderes (indirektes) Criterium erwarte, so ist
          das/dies/ jedenfalls keine Erklärung des Erwartens.

                                                                                        10

2   /   Aber geht nicht mit dem Eintreffen des Erwarteten immer ein
          Phänomen der Zustimmung/Bejahung/ (oder Befriedigung) Hand in
          Hand? Dann frage ich: Ist dieses Phänomen ein anderes als das
          Eintreten des Erwarteten? Wenn ja, dann weiß ich nicht ob so ein
          anderes Phänomen die Erfüllung immer begleitet. – Oder ist es   15
          dasselbe, wie die Erfüllung? Wenn ich sage: Der, dem die Erwartung
          erfüllt wird, muß doch nicht sagen „ja, das ist es" (oder dergleichen), so
          kann man mir antworten: „gewiß, aber er muß doch wissen, daß die
          Erwartung erfüllt ist." – Ja, soweit das Wissen dazugehört, daß sie
          erfüllt ist. In diesem Sinne: wüßte er's nicht, so wäre sie nicht erfüllt. –   20
          „Wohl, aber, wenn einem eine Erwartung erfüllt wird, so tritt doch
          immer eine Entspannung auf!" – Woher weißt Du das? –

3   /   Es ist vielleicht am instruktivsten zu denken, daß, wenn wir mit einem
          gelben Täfelchen die Blume suchen, uns jedenfalls nicht die Relation   25
          der Farbengleichheit in einem weiteren Bild gegenwärtig ist. Sondern
          wir sind mit dem einen ganz zufrieden.   278

4   /   (So wie wir nicht für einen Augenblick daran dächten, ein Kind die
          Gebärdensprache zu lehren.)   30

5   /   Wir könnten uns freilich denken, daß der, welcher mir das gelbe
          Täfelchen zum Suchen der Blume gibt, mir dabei auch das Wort
          „gleich" erklärte, indem er auf farbengleiche Flecken zeigte. Ja, daß er
          mir zwei farbengleiche Täfelchen zur Erinnerung an diese Erklärung   35
          mitgäbe, oder aber auf einem Zettel den Satz „suche eine diesem
          Täfelchen gleichfärbige Blume". Und das Wort gleichfärbig entspräche
          dann den beiden gleichfarbigen Täfelchen. Aber: Er hatte mir also
          seinen ersten Auftrag/Befehl/ erklärt und diese Erklärung selbst bestand
          aus Zeichen wie der Auftrag und diese Zeichen konnten also weiter   40
          erklärt werden. Jede Erklärung gesellt sich als Zeichen zu den schon
          vorhandenen und gibt nun eben ein anderes System (eine andere
          Multiplizität). (Keine Erklärung ist daher absolut wesentlich, macht das
          Zeichen zu einem Zeichen; und keine ist wesentlich die letzte.)

                                                                                        45

16   Oder ist es dasselbe, wie die Erfüllung⟨ –⟩ Wenn ich sage:
21   so wäre sie nicht erfüllt. – „Wohl, aber, wenn einem eine ⟨Erf…⟩
22   Woher weißt Du das? –*im MS am linken Rand mit einer vertikalen Wellenlinie*
      markiert
42   gesellt sich als Zeichen zu den schon vorhandenen ⟨hinzu⟩ und

1 / So kann ich die Bedeutung der Zeichen ♂, ⬜, ☉, durch die Tabelle
♂ | Kirche erklären; aber diese Tabelle wieder erklären, indem ich sie
⬜ | Haus so schreibe: ♂ + Kirche und sie einer anderen: ⎛♂⎞ Kirche   279
☉ | Stadt   ⬜ + Haus   ⎜⬜⎟ Haus
                     ☉ + Stadt   ⎝☉⎠ Stadt   5
entgegenstelle. etc etc.

2 / Aber konnte denn auch die erste Erklärung wegbleiben? Gewiß, wenn
die Zeichen ♂, ⬜, ☉, uns (etwa) ursprünglich ebenso beigebracht
worden wären wie die Wörter „Kirche", „Haus", „Stadt". Aber diese   10
mußten uns doch erklärt werden! — Soweit sie uns |überhaupt|
„erklärt" wurden, geschah es durch eine Gebärdensprache die uns nicht
erklärt wurde. — Aber wäre denn diese Gebärdensprache einer
Erklärung fähig gewesen? — gewiß; z.B. durch eine Wortsprache.

15

3 / Freilich kann man sagen: das gelbe Täfelchen ist in Wirklichkeit auch
nicht maßgebend, weil das Gedächtnis als Kontrolle des Täfelchens
verwendet wird. Aber erstens ist das nicht wahr, wenn wir uns nach
einem ganz bestimmten Farbton richten sollen (dann trauen wir oft dem
Täfelchen und nicht dem Gedächtnis) und zweitens: Wie ist es mit der   20
Relation zwischen dem was das Gedächtnis gibt und dem, was ich als
ihm entsprechend in der Wirklichkeit anerkenne? Trage ich von dieser
Relation ein Bild herum?

4 / Das Wort „gegeben": Damit läßt sich viel Unfug anstellen. „Nur die   25
Vorstellungen vom Baum sind mir gegeben, nicht der Baum selbst".
„Was ich mir erwarte ist mir nur durch seine/eine/ Beschreibung
gegeben". „Das ist mir nur in einer Beschreibung gegeben." — „Was?!".
     Das hängt unmittelbar mit der Vorstellung des letzten/vorigen/
Satzes zusammen. Denn ich möchte fragen: Wie ist mir denn „das der   30 280
Erinnerung/dem Gedächtnis/ in der Wirklichkeit entsprechende"
gegeben? Das Gedächtnis ist eben |selbst| eine Sprache.

5 / Die Frage „wie ist mir denn das gegeben" hat Sinn wenn sie nach der
Verification eines Satzes fragt um seinen Sinn deutlich zu machen.   35
Z.B. können wir sagen die Länge dieses Körpers ist uns durch das
Resultat einer Messung mit dem Maßstab gegeben – nicht durch das
Augenmaß. Die Antwort auf die Frage „wie ist e s mir gegeben" soll
also die Bedeutung des „es" klarer machen, ist also eine grammatische
Erklärung. (Wie ja vorauszusehen war, daß sie doch gewiß nicht durch   40
einen Versuch zu lösen ist.)

3 und sie einer anderen⟨ etwa der⟩:
10 „Kirche", „Haus", „Stadt". Aber diese ⟨wurd…⟩
28 „⟨Davon⟩ ist mir nur |in| ⟨eine⟩ Beschreibung gegeben."
35 um seinen Sinn deutlich zu machen. ⟨So kon…⟩
36 Z.B. können wir sagen ⟨diese⟩ Länge dieses Körpers
38 nicht durch das Augenmaß. Die ⟨F…⟩

1 / Ich habe früher „das was mir das Gedächtnis gibt" dem
entgegengestellt, „was ich als das ihm in der Wirklichkeit entsprechende
anerkenne". Aber das können doch nur zwei Symbole sein und |solche
die| sich in einander übersetzen lassen, wenn sie überhaupt etwas mit
einander zu tun haben. Oder ist es die Erinnerung (oder Erwartung)   5
und die Erfüllung der Erwartung?

2 / Ich wollte oben sagen, daß das Gedächtnis, auch wenn es zur Kontrolle
des Täfelchens verwendet wird, im gleichen Fall ist wie das Täfelchen.
Daß nämlich auch hier von einer Interpretation (jener Relation „des im   10
Gedächtnis gegebenen zu ....") die Rede sein könne und gefragt werden   281
kann, ob ein Ausdruck dieser Interpretation dem nach dem Gedächtnis
Suchenden mitgegeben werden müßte.

3 / Könnte ich behaupten, daß mein Gedächtnis immer etwas nachdunkle?   15
Jedenfalls könnte ich sagen: „wähle die Farbe, die Du im Gedächtnis
hast" und auch „wähle eine etwas dunklere Farbe, als die Du im
Gedächtnis hast".
   Von einem Nachdunkeln kann man natürlich nur im Vergleich zu
Etwas/etwas andrem/ sprechen und es genügt nicht, zu sagen „nun, mit   20
der Farbe, wie sie wirklich war", weil hier die besondere Art der
Verification, d.h. die |besondere| Grammatik der Worte „wie sie
war" noch nicht festgelegt ist, diese Worte (also) noch mehrdeutig sind.

4 / Die Frage aber ist: Ist im Falle einer relativen Veränderung der Farbe   25
des Täfelchens zu meinem Gedächtnis (ein gewagter Ausdruck) in
irgend einem Sinne unbedingt der Deutung der Vorzug zu geben, das
Täfelchen habe sich geändert und ich müsse mich also nach dem
Gedächtnis richten? Offenbar nein. Übrigens besagt die ‚Deutung‘, das
Täfelchen und nicht das Gedächtnisbild habe sich verändert nichts als   30
eine Worterklärung der Wörter „verändern" und „gleichbleiben".

5 ?/ (Über einem Musikstück steht, vom Komponisten drübergeschrieben
♩ = 88, aber um es heute richtig zu spielen muß es ♩ = 94 gespielt
werden; welches ist das v o m K o m p o n i s t e n g e m e i n t e T e m p o.)   35

---

1 Ich habe ⟨oben...⟩
2 „was ich als das ihm in der Wirklichkeit entsprechende("...⟩
3 Aber das können doch nur zwei Symbole ⟨einer Sprache⟩ sein⟨,⟩ und
10 Daß nämlich auch hier von einer Interpretation ⟨die Re...⟩
11 die Rede sein könne und ⟨die Frage ...⟩
17 die Du im Gedächtnis hast" und auch „wähle ⟨deine ...⟩
21 genügt nicht, zu sagen „nun, mit der Farbe, ⟨„⟩wie sie wirklich war",
22 |besondere| –*das Einfügungszeichen ist im MS gewellt unterstrichen*
30 habe sich verändert ⟨gar⟩ nichts als eine Worterklärung der Wörter

1 / Man könnte auch so sagen: Wenn meine Absicht dahin geht, etwas dunkleres oder helleres zu malen (oder zu finden) als das Täfelchen mir zeigt, so ist die Relation des Gefundenen zum Paradigma k e i n e w e n i g e r d i r e k t e /unmittelbare/ als die der Farbengleichheit. Oder: Wenn der Auftrag lautet „bringe mir eine dunklere Blume, als dieses Täfelchen ist", so spielt bei dem Suchen das Täfelchen keine andre Rolle (wird nicht indirekter angewendet) als in dem früher angenommenen Fall.

2 / Und das zeigt auch, daß die Erinnerung/das Gedächtnis/ noch einer Interpretation fähig ist.

    Denn, wenn ich sage „die Blume soll die gleiche Farbe haben, wie die, die Du im Gedächtnis hast", so zeigt das Wort „gleiche" schon, wo die Interpretation ansetzen kann.

    (Und ich könnte eine Sprache festlegen in der das weglassen jeder solchen Bestimmung also „die Blume soll die Farbe des Täfelchens haben" eben das bedeutet was jetzt der Satz mit der Bestimmung „dunkler als" sagt.)

3 / Alle Erklärung scheint hier aufzuhören. Freilich, wir sind ja gar nicht im Gebiete der Erklärungen.

4 / Beim Versteckenspiel erwarte ich, den Fingerhut zu finden. Wenn ich ihn finde, gebe ich ein Zeichen der Befriedigung von mir, oder fühle doch |eine| Befriedigung. Dieses Phänomen mag ich auch erwartet haben (oder auch nicht), aber diese Erwartung ist nicht die, den Fingerhut zu finden. Ich kann beide Erwartungen haben und sie sind offenbar ganz getrennt.

5 Ich erwarte mir, eine gelbe Blume zu finden, dabei schwebt mir das Bild einer gelben Blume vor. Könnte mir nicht dabei das Bild einer roten Blume vorschweben – also einer nicht-gelben Blume?

---

2 zu malen (oder zu finden) als das Täfelchen ⟨mi…⟩
7 das Täfelchen keine andre Rolle (wird nicht ⟨weniger …⟩
13 die gleiche Farbe haben, wie die, die Du ⟨jetzt geschenkst …⟩
18 was jetzt der Satz mit der Bestimmung „dunkler als" ⟨bezei…⟩
25 |eine| –*das Einfügungszeichen ist im MS gewellt unterstrichen*
26 aber ⟨die⟩ Erwartung ist nicht die,

1 / Es ist nicht so, daß wir eine Unbefriedigung/das Phänomen einer Unbefriedigung/ spüren [merken/bemerken/], die dann durch finden des Fingerhutes aufgehoben wird/vergeht/, und nun sagen: „also war jenes Phänomen die Erwartung des Fingerhutes/den Fingerhut zu finden/"

Nein, das erste Phänomen ist die Erwartung des Fingerhutes/den Fingerhut zu finden/ so sicher, als/wie/ das zweite das Finden des Fingerhutes ist. Das Wort „Fingerhut"/Der Ausdruck „Finden des Fingerhuts"/ gehört zu der Beschreibung des ersten so notwendig, wie zur Beschreibung des zweiten. Nur verwechseln wir nicht „die Bedeutung des Wortes ,Fingerhut'" (den Ort dieses Worts im grammatischen Raume) mit der Tatsache daß ein Fingerhut hier ist.

2 / Der Gedanke, daß uns (erst) das Finden zeigt/sagt/ was wir erwartet haben, heißt den Vorgang so beurteilen wie etwa die Symptome der Erwartung bei einem Andern. Ich sehe ihn etwa unruhig auf und ab gehen; da kommt jemand zur Tür herein und er wird ruhig und gibt Zeichen der Befriedigung; und nun sage ich: „er hat offenbar diesen Menschen erwartet".

3 / Die ,Symptome der Erwartung' sind nicht der Ausdruck der Erwartung.

Und zu glauben, ich wüßte erst nach dem Finden was ich gesucht (nach der Erfüllung was ich gewünscht) habe, läuft auf einen unsinnigen „behaviourism" hinaus.

4 ?/ „Ich wünsche mir eine gelbe Blume". − „Ja, ich gehe und suche Dir eine gelbe Blume. Hier habe ich eine gefunden". − Gehört die Bedeutung von „gelbe Blume" mehr zum letzten Satz, als zu den zwei vorhergehenden?

5 ∫ Um die Worte, die die Erwartung beschreiben zu rechtfertigen, könnte ich nur sagen: Es muß ein Unterschied sein, ob ich eine gelbe Blume erwarte, oder eine rote, oder eine gelbe Frucht, etc.

6 / Worin besteht das Suchen einer gelben Blume? Nun, ich gehe umher, sehe mir die Blumen an und − wenn ich eine gelbe Blume sehe, pflücke ich sie etwa.

7 / Wir haben uns eben außerhalb (des Bereichs) aller Erklärung gestellt.

8 ?/ Wir können nur beschreiben, da uns causale Zusammenhänge, d.i. die tatsächliche Folge der Vorgänge, nicht interessiert (da wir hierin bereit sind, alles zu glauben). Und die Zusammenhänge, die dann bleiben, sind formelle, die sich nicht beschreiben lassen, sondern sich in der Grammatik ausdrücken.

ı Es ist nicht so, daß wir ⟨ein Phänomen …⟩
з aufgehoben wird/vergeht/, und nun sagen: „also war ⟨das …⟩
11 verwechseln wir nicht „die Bedeutung des Wortes ,Fingerhut'" ⟨mit …⟩
14 ⟨Zu denken …⟩
24 läuft auf einen unsinnigen „⟨B…⟩
27 „Ja, ich gehe und suche Dir eine gelbe Blume⟨"…⟩
41 ⟨∫⟩ *Randzeichen gestrichen*
44 Und die Zusammenhänge, die dann bleiben, sind formelle, die ⟨nicht …⟩

5

10

15

20

284

25

30

35

40

45

1 / Worin besteht es, sich eine gelbe Blume zu wünschen? Wesentlich
darin, daß man in dem, was man sieht, eine gelbe Blume vermißt. Also
auch darin, daß man erkennt, was in dem Satz ausgedrückt ist „ich sehe
jetzt keine gelbe Blume".

5

2 / Dieser Satz ist aus der Ansicht hervorgegangen daß der sinnvolle   285
Gebrauch des Ausdrucks „gelbe Blume" zwar nicht das Sehen einer
gelben Blume wohl aber die Gegenwärtigkeit des Farbenraumes
voraussetzt. Ich will sagen: wenn ich über eine gelbe Blume rede, muß
ich zwar keine sehen, aber ich muß etwas sehen und das Wort „gelbe   10
Blume" hat quasi nur in Übereinstimmung oder im Gegensatz zu dem
Bedeutung was ich sehe. Seine Bedeutung würde quasi nur von dem aus
bestimmt, was ich sehe, entweder als das, was ich sehe, oder als
|das,| was davon in der und der Richtung so und so weit weg liegt.
Hier meine ich aber weder Richtung noch Distanz räumlich im   15
gewöhnlichen Sinn sondern es kann die Richtung von Rot nach Blau
und die |Farben-|Distanz von Rot auf ein bestimmtes Blaurot
gemeint sein. − Aber auch so stimmt meine Auffassung nicht. Es ist
schon richtig daß der Satz „ich wünsche eine gelbe Blume" den
Gesichtsraum voraussetzt nämlich |nur| in sofern als er in unserer   20
Sprache voraussetzt daß der Satz „ich sehe jetzt eine gelbe Blume" und
sein Gegenteil Sinn haben muß. Ja es muß auch Sinn haben, oder
vielmehr, es hat auch Sinn zu sagen „das Gelb was ich mir wünsche ist
grünlicher als das welches ich sehe". Aber anderseits wird der
grammatische Ort des Wortes „gelbe Blume" nicht durch eine   25
Maßangabe bezogen auf das was ich jetzt sehe bestimmt. Obwohl,
soweit von einer solchen Entfernung und Richtung die Rede überhaupt
sein kann, durch die Beschreibung des gegenwärtigen Gesichtsbildes   286
und des gewünschten diese Entfernung und Richtung im grammatischen
Raum gegeben sein muß.   30

3 ⁊ Die Bedeutung des Wortes „gelb" ist nicht die Existenz eines gelben
Flecks: Das ist es, was ich über das Wort Bedeutung sagen möchte.

4 ∫ Wie ist es hiermit: „A" bedeutet die Richtung →, „B" die Richtung ←   35

5 ∫ Seltsame Aufschrift für ein Buch: „Dieses Buch darf nur in diesem
Raum gelesen werden." (Daran ließe sich Vieles erklären.)

6 / Was die Erklärung des Pfeils betrifft, so ist es klar, daß man sagen kann: 40
„Dieser Pfeil bedeutet/sagt/ nicht, daß Du dorthin (mit der Hand
zeigend) gehen sollst, sondern dahin." − Und ich würde diese Erklärung
natürlich verstehen. −
     „Das müßte man (aber) dazuschreiben."

45

---

1 ⟨∫⟩ *Randzeichen gestrichen*
6 Dieser Satz ist aus ⟨dem Bestreben⟩ hervorgegangen
12 was ich sehe. Seine Bedeutung würde ⟨g…⟩
15 Hier meine ich aber weder Richtung ⟨und …⟩
25 Aber anderseits wird der grammatische Ort ⟨nic…⟩
38 (Daran ließe sich ⟨vieles⟩ erklären.)
42 sondern dahin." − Und ⟨es ist klar daß …⟩
44 *Der Absatz ist im MS eine Einfügung in der Leerzeile.*

1 ∫ Jene Aufschrift für ein Bibliotheksbuch und die Bemerkung, die ich
einmal wirklich unter einer Zimmerordnung gelesen habe: „Diese
Regeln dürfen nicht übertreten werden" sind ebenso w i r k u n g s l o s ,

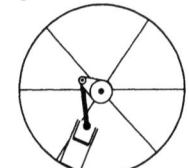

wie eine Maschine die mein Vater einmal
erfunden hat und deren Wirkungslosigkeit er   5
zuerst nicht sah. Es sollte eine Straßenwalze
sein. Der Arbeitszylinder ist im Inneren der
Walze befestigt und so ist natürlich das ganze
ein starres System, dessen Teile sich gegen
einander nicht rühren können. Und anderseits   10
kann man es auf der Straße hin und her rollen wie man will und es   287
erlaubt alles/stimmt immer/. Ich will sagen: was immer man mit der
Walze tut, ist dem Innern dieser Walze recht. (Und hier liegt die
Analogie.)

15

5.

2 / Unmittelbare Erfahrung (Sinnes-Datum) ist entweder ein Begriff von
trivialer Abgrenzung oder eine Form.

3 ∫ Ich könnte der Erklärung des Pfeiles mit/in/ der Vorstellung folgen.   20
Das wäre so, als folgte ich ihr mit einer Zeichnung (und hier handelt es
sich ja um das „Primäre" der Zeichnung, nicht um das Physikalische.
Dann aber scheint die Vorstellung noch eine andere Rolle zu spielen, in
der sie scheinbar nicht interpretierbar ist. Nicht interpretierbar, weil
schon interpretiert, oder eigentlich, weil schon Zeichen und   25
Interpretation. Aber wie interpretiert man denn Zeichen? Doch durch
andre Zeichen. [Doch, indem man sie mit andern Zeichen verbindet.]

4 ∫/ Ich will doch sagen: Die ganze Sprache kann man nicht interpretieren.

30

5 / Eine Interpretation ist immer nur e i n e im Gegensatz zu einer a n d e r n .
Sie hängt sich an das Zeichen und reiht es in ein weiteres System ein.

5 wie eine Maschine die mein Vater einmal erfunden ⟨hat⟩ und deren
6 und deren Wirkungslosigkeit er zuerst nicht ⟨eingesehen hat⟩.
29 ∫ *Randzeichen durchstrichen*
31 Eine Interpretation ist immer nur e i n e im Gegensatz zu einer ⟨Andern⟩.

1 / Ist es nun notwendig zur Interpretation, Erklärung, des Wortes ‚gelb'
auf einen gelben Gegenstand zu zeigen? Könnte man nicht |z.B.| auf
einen blauen zeigen mit den Worten „das ist gelb", auf einen grünen
und sagen „das ist rot" u.s.w. immer den Namen der   288
Complementärfarbe nennend. Daß dadurch ein Mißverständnis   5
hervorgerufen würde ist zwar klar aber wäre diese Erklärung nicht im
gleichen Fall wie etwa die: Es zeigt einer mit dem Finger in eine
Richtung und sagt das ist ‚rot' und erklärt/benennt/ dadurch die Farbe
des Gegenstandes der in der entgegengesetzten Richtung liegt. Auch
diese Erklärung würde Mißverständnisse hervorrufen wäre aber so   10
einwandfrei wie der Zeiger einer Uhr der so $\overset{12}{\underset{6}{\uparrow}}$ auf 6 zeigt.

2 ∫ Man verwechselt so leicht das gemalte Bild im physikalischen Sinn mit
dem entsprechenden Gesichtsbild. Dieses kann sehr wohl statt des   15
Erinnerungsbildes stehen; warum denn nicht. Wenn man fühlt, daß das
nicht möglich ist, denkt man an das physikalische Bild.

3 / Es ist also richtig: „Ich erinnere mich daran ⌒ |an das was ich hier
vor mir sehe|" Das Bild ist dann in einem gewissen Sinne gegenwärtig   20
und vergangen.

4 / Der Vorgang des Vergleiches eines Bildes mit der Wirklichkeit ist also
der Erinnerung nicht wesentlich.
                                                                       25

5 ?/ Wenn man mir sagt „bringe eine gelbe Blume" und ich stelle mir vor,
wie ich eine gelbe Blume hole, so habe ich bewiesen, daß ich den
Befehl verstanden habe. Aber ebenso, wenn ich ein Bild des Vorgangs
malte. − Warum? Wohl, weil das, was ich tue mit Worten des Befehls
beschrieben werden muß. Oder soll ich sagen, ich habe tatsächlich   30
einen |dem ersten| verwandten Befehl ausgeführt.

6 / Warum sieht man es als Beweis dafür an daß ein Satz Sinn hat, daß ich 289
mir, was er sagt vorstellen kann? Weil ich diese Vorstellung mit einem
dem ersten verwandten Satz beschreiben müßte.   35
        Ich habe ja damit nur den Satz in einem primitiveren Symbolismus
wiederholt.

7 / Ist aber daher/darum/ kein Unterschied zwischen Bild und Bild?
Symbol und Symbol?   40

1 ⟨Wenn …⟩
3 Könnte man nicht |z.B.| auf einen blauen ⟨mi…⟩
3 mit den Worten „das ist gelb", auf ⟨einer …⟩
4 und sagen „das ist rot" u.s.w. immer ⟨auf …⟩
11 so eindwandfrei wie der Zeiger einer Uhr der so $\overset{12}{\underset{6}{\uparrow}}$ auf 6 ⟨zeige⟩.
20 |an das was ich hier vor mir sehe| –*Einfügung im MS in der Leerzeile nach*
   der Bemerkung
31 |dem ersten| –*das Einfügungszeichen ist im MS gewellt unterstrichen*
36 *Der Absatz ist im MS eine Einfügung, die in der Leerzeile vor der nächsten*
   Bemerkung beginnt und sich über den rechten Rand nach oben fortsetzt.

1 / „Ich stelle mir vor wie das sein wird" (Wenn der Sessel weiß gestrichen
sein wird) — Wie kann ich es mir denn vorstellen, wenn es nicht ist?! Ist
denn die Vorstellung eine Zauberei? Nein, die Beschreibung der
Vorstellung ist (ja) nicht dieselbe, wie die Beschreibung des erwarteten
Ereignisses.

2 ∫ „Du sagtest mir ‚geh aus dem Zimmer', darum tat ich das" (und nun
zeichnet er den Vorgang auf, oder macht ihn vor). Aber da ist ja
scheinbar gar kein Zusammenhang!

3 / Wie kann man kalkulieren, daß 3 + 2 = 5 ist?! da doch ‚5' zu ‚3 + 2'
keine interne Beziehung hat? Es geht auch nur auf einem Weg, der
diese Beziehung herstellt.

4 / Der Satz ist der Tatsache so ähnlich, wie das Zeichen ‚5' dem Zeichen
‚3 + 2'. Und das gemalte Bild der Tatsache, wie ‚|||||' dem Zeichen
‚|| + |||'.

5 ?∫/ Wenn man sagt: Ich stelle mir die Sonne vor, wie sie rasch über den
Himmel zieht; so ist doch nicht die Vorstellung damit beschrieben, daß
„die Sonne rasch über den Himmel zieht"! Nun könnte ich einerseits
fragen: ist nicht, was Du vor Dir siehst etwa eine gelbe Scheibe in
Bewegung? aber doch nicht gerade die Sonne. — Andrerseits, wenn ich
sage „ich stelle mir die Sonne so und so/in dieser Bewegung/ vor", so ist
das nicht dasselbe, wie wenn ich (etwa kinematographisch) ein solches
Bild zu sehn bekäme.

Ja es hatte Sinn von diesem Bild zu fragen: „stellt das die Sonne
vor?"

6 ∫ Nehmen wir an, es gäbe zwei Sonnen I und II am Himmel die gleich
aussähen, und nun sagt einer: „ich stelle mir die Sonne I in einer
solchen Bewegung vor". Könnte man ihn da fragen: „Woher weißt Du
daß es gerade die Sonne I ist"? Der Unterschied kann in nichts liegen,
was an der Vorstellung einem gemalten Bild vergleichbar ist.

7 / Über das Vorstellen als Beweis des Sinnes: Wenn es Sinn hat zu sagen
„ich kann mir vorstellen daß p der Fall ist", so hat es auch Sinn zu sagen
„p ist der Fall".

8 ?∫/ Die Vorstellung in dem Sinn, in dem ich früher von ihr gesprochen
habe, ist wie ein Bild mit der Überschrift „Bildnis des N.N.".

9 ∫ *Mein Gehirn wird wohl einmal gleichsam vor Alter erblinden. Aber nicht*
unbedingt erst, wenn ich viel älter bin als jetzt.

19 ?∫ *Randzeichen durchstrichen*
22 etwa –*im MS durchstrichen*
23 eine gelbe Scheibe in Bewegung(,) aber doch nicht gerade die Sonne
23 aber doch nicht gerade die Sonne(?) — ⟨andrerseits⟩, wenn ich
33 „Woher weißt Du daß es ⟨⟨gerade⟩⟩ die Sonne I ist"?
40 ?∫ *Randzeichen durchstrichen*

1   /   Was heißt es denn „entdecken daß ein Satz Sinn hat"? Oder fragen wir

so: Wie kann man denn die Unsinnigkeit eines Satzes (etwa: „dieser   291
Körper ist ausgedehnt") dadurch bekräftigen, daß man sagt: „Ich kann
mir nicht vorstellen, wie es anders wäre"?

Denn kann ich etwa versuchen, es mir vorzustellen? Heißt es nicht: 5
Zu sagen, daß ich es mir vorstelle, ist sinnlos? Wie hilft mir dann also
diese Umformung von einem Unsinn in einen andern? – Und warum
sagt man gerade: „ich kann mir nicht vorstellen, wie es a n d e r s wäre"?
und nicht – was doch auf dasselbe hinauskommt – „ich kann mir nicht
vorstellen, wie das wäre"?   10

Man anerkennt scheinbar in dem unsinnigen Satz etwas wie eine
Tautologie zum Unterschied von einer Contradiction. Aber das ist ja
auch falsch. – Man sagt gleichsam: „Ja, es/er/ ist ausgedehnt, aber wie
könnte es denn anders sein? also wozu es sagen".

Es ist dieselbe Tendenz die uns auf den Satz „dieser Stab hat eine   15
bestimmte Länge" nicht anworten läßt „Unsinn!", sondern: „Freilich!".

Was ist aber der Grund |zu| dieser Tendenz? Sie könnte auch
so beschrieben werden: Wenn wir die beiden Sätze „dieser Stab hat
eine Länge" und seine Verneinung „dieser Stab hat keine Länge" hören,
so sind wir parteiisch und neigen dem ersten Satz zu (statt beide für   20
Unsinn zu erklären).

Der Grund hiervon ist aber eine Verwechslung: Wir sehen den
ersten Satz verifiziert (und den zweiten falsifiziert.) dadurch, „daß der
Stab 4 m hat". Und man wird sagen: „und 4 m ist doch eine Länge" und
vergißt daß man hier einen Satz der Grammatik hat.   25

2   Wenn man manchmal sagt: man könnte das Helle nicht sehen, wenn   292
man nicht das Dunkle sähe; so ist das kein Satz der Physik oder
Psychologie – denn hier stimmt es nicht und ich kann sehr wohl eine
ganz weiße Fläche sehen und nichts Dunkles daneben – sondern es   30
muß heißen: Es hat keinen Sinn in unserer Sprache von Helligkeit zu
reden, wenn es nicht Sinn hat, von etwas Dunklem zu reden.

3   /   Was heißt es denn „entdecken daß ein Satz keinen Sinn hat"?

Und was heißt das: „Wenn ich etwas damit meine muß es doch   35
Sinn haben"?

„Wenn ich etwas damit meine …." – wenn ich w a s damit meine?!

4   Was heißt es: „Wenn ich mir etwas dabei vorstellen kann, muß es doch
Sinn haben"?   40

Wenn ich mir w a s dabei vorstellen kann? Das was ich
sage/sagte/? – Das heißt nichts/Dann heißt dieser Satz nichts/. – Und
‚Etwas'? Das würde heißen: wenn ich die Worte auf diese Weise
benütze, dann haben sie Sinn. Oder eigentlich: wenn ich sie zum
Kalkulieren benütze, dann haben sie Sinn.   45

17 |zu| –das Einfügungszeichen ist im MS gewellt unterstrichen
20   so sind wir parteiisch und neigen dem ersten Satz zu⟨. …⟩

1 / (Philosophie versteht niemand. Entweder er versteht nicht was
geschrieben ist, oder er versteht es: aber sieht nicht, daß es Philosophie
ist.)

2 „Du hast mit der Hand eine Bewegung gemacht; hast Du etwas damit 5
gemeint? – Ich dachte, Du meintest, ich solle zu Dir kommen." 293

3 / Die Frage ist ob man fragen darf „was hast Du gemeint". Auf diese
Frage (aber) kommt ein Satz zur Antwort. Während, wenn man so nicht
fragen darf, das Meinen – sozusagen – amorph ist. Und „ich meine 10
etwas mit dem Satz" ist dann von der selben Form wie „der/dieser/ Satz
ist nützlich", oder „dieser Satz greift in mein Leben ein".

4 ?/ Wenn man nun fragt „hast Du etwas mit dieser Handbewegung
gemeint", so kann die Antwort sein „nein ich hab' gar nichts damit 15
gemeint" oder „ja, ich habe etwas gemeint". Und in diesem Fall wird
man fragen „was?" und die Antwort werden etwa Worte sein

5 / Könnte man aber antworten: „ich habe etwas mit dieser Bewegung
gemeint, was ich nur durch diese Bewegung ausdrücken kann"? 20

6 / Ich scheine sagen zu wollen: Verstehen, heißt nur, eine bestimmte
/gewisse/ Art |von| Zeichen zu erfassen (zu erhalten).

7 / „Nein ich hab' gar nichts mit dieser Bewegung gemeint. Ich hab' sie 25
ganz unwillkürlich gemacht". Oder aber: „Ja, ich habe etwas gemeint,
ich wollte, daß Du kommst".
Aber dann war dieses Wollen daß der Andre kommen soll ein
besonderer Vorgang. Das heißt, ich habe jetzt den ganzen Vorgang in
den Satz übersetzt „ich wollte, daß Du kommst". Aber er war nun doch 30
wieder nur ein Zeichen.

8 / Auf die Frage „was meinst Du" müßte die Antwort die Erklärung des 294
Zeichensystems sein, zu dem das gegebene Zeichen gehört. – Und
durch die Antwort „ich meine, daß Du kommen sollst" ist ja auch nur 35
|eben| das getan, denn das Zeichen wurde jetzt in einen Satz einer
uns bekannten Sprache übersetzt. Und eine Sprache ist uns nur
verständlich weil wir sie, ihr System, kennen. Denn alle Erklärung kann
nichts tun als uns die Sprache kennen lehren.
40

9 / Aber dieser |letzte| Satz ist mit Vorsicht aufzufassen/aufzunehmen/.
Denn kann man sagen, wir verstünden die Gebärdensprache, weil wir
ihr System kennen? Ja und nein.

1 Entweder er versteht nicht(,) was geschrieben ist,
2 was geschrieben ist, oder er versteht es(,) aber sieht nicht,
2 sieht – im MS durchstrichen
14 „hast Du etwas mit dieser Handbewegung gemeint(?)"(? …)
20 mit dieser Bewegung gemeint, was ich nur durch ⟨sie …⟩
23 |von| – das Einfügungszeichen ist im MS gewellt unterstrichen
28 Aber dann ⟨was …⟩
43 die Gebärdensprache, weil wir ihr System kennen? Ja und ⟨Nein⟩.

1 / Der Vorgang könnte auch so sein, daß nach der Antwort „ja, ich habe etwas mit der Bewegung gemeint" und der Frage „was?" die Antwort kommt/lautet/: „Du weißt's schon,/„Ich brauch' es nicht zu sagen,/ Du verstehst mich schon".

Und diese Antwort zeigt am klarsten das Wesen des Verstehens, denn wenn nun der Andere auf einmal versteht, was gemeint war, so sieht er in dem Zeichen jetzt e i n e s im Gegensatz zu anderen. Wenn er es nun deutet so deutet er es s o im Gegensatz zu anders. 5

2 ʃ „Ach ja, ich wußte nicht, wohin Du zeigst; daß Du auf d e n zeigst!" 10

3 Die Erklärung: „Hast Du mich denn nicht verstanden; ich habe auf i h n gezeigt" erklärt ein System, denn es/sie/ erklärt aus welchem Gesichtspunkt ich das Zeichen hätte auffassen sollen. 295

„Schau doch, auf wen er zeigt/ich zeige/!" 15

4 / Ich bin nun immer zu dem Fehler geneigt zu glauben ein System könnte außerhalb seines Ausdrucks, in der Grammatik etwa, existieren.

5 / „Jetzt seh ich's erst, er zeigt immer auf die Leute die dort vorübergehen". Er hat ein System verstanden: wie einer dem ich die Ziffern 1, 4, 9, 16 zeige und der sagt „ich versteh' jetzt das System ich kann jetzt selbst weiter schreiben". Aber was ist diesem Menschen geschehen als er das System plötzlich verstand? Ist es etwas anderes als daß ihm die Variable „x^2" oder ein analoges Zeichen eingefallen ist? 20
25

6 / Man wird vielleicht sagen: ganz richtig es ist ihm die Form x^2 eingefallen, aber im Gegensatz zu x^3 oder $x^{\frac{1}{2}}$. Aber was heißt es denn „im Gegensatz zu ….." Dieser Gegensatz steht vielleicht in einem Buch, oder kommt durch einen weitern Schritt zu Tage. Kurz die Entwickelung des Systems geschieht in der Zeit (und im Raum des Buches) 30

7 / Was dem Können in „ich kann jetzt selbst weiter schreiben" zu Grunde liegt ist auch nur der Einfall des Variablen-Ausdrucks (also eines Z e i c h e n, wieder nur eines Steins im Kalkül welches selbst sich erst/nur/ in der Zeit entfaltet) und etwa das Ausrechnen „im Kopf" von einigen weiteren Zahlen. 35

8 / Es handelt sich |beim Verstehn| nicht um einen Akt des momentanen, sozusagen nicht diskursiven, erfassens der Grammatik. Als könnte man sie gleichsam auf einmal herunterschlucken. 40
296

2 daß nach der Antwort „ja, ich habe etwas mit der ⟨g…⟩

6 das Wesen des Verstehens, denn wenn nun ⟨dem Andern …⟩

10 „Ach ja, ich wußte nicht, wohin Du ⟨zeigtest …⟩

27 Man wird vielleicht sagen: ⟨„⟩ganz richtig

27 Man wird vielleicht sagen: ganz richtig es ist ihm ⟨x^2…⟩

28 *Im MS:* im Gegensatz zu x^3 oder $x^{\frac{1}{2}}$ ".

30 in einem Buch, oder kommt durch einen ⟨weiteren⟩ Schritt zu Tage

36 das Ausrechnen „im Kopf" ⟨einer Zahl von Resultaten⟩.

1　/　Das also, was der macht, der auf einmal die Bewegung des Andern
　　　deutet (ich sage nicht „richtig deutet") ist ein Schritt in einem Kalkül. Er
　　　tut ungefähr was er s a g t wenn er seinem Verständnis Ausdruck gibt. –
　　　Und das ist ja immer unser Erkenntnisprinzip/Prinzip/ – . Und wenn ich
　　　sage „was er macht ist der Schritt eines Kalküls" so heißt das, daß ich　　　　5
　　　diesen Kalkül schon kenne; in dem Sinne in dem ich die deutsche
　　　Sprache kenne oder das Einmaleins.
　　　　　Welche ich ja auch nicht so in mir habe als wäre die ganze
　　　deutsche Grammatik und die Einmaleins-Sätze zusammengeschoben auf
　　　Etwas was man nun/ich nun/ auf einmal, als Ganzes, erfassen kann　　　　10
　　　/besitze/.

2　/　Ich fasse das Verstehen also, in irgend einem Sinne, behaviouristisch
　　　auf.
　　　　　　　　　　　　　　　　　　　　　　　　　　　　　　　　　　15
3　?/　‚Sprache' nenne ich nur das, wovon sich eine Grammatik schreiben läßt.
　　?/　　　‚Kalkül' nur wovon sich ein Regelverzeichnis anlegen läßt.

4　/　Gewiß, der Vorgang des „Jetzt versteh ich ....!" ist ein ganz spezifischer,
　　　aber es i s t eben auch ein ganz spezifischer Vorgang, wenn wir auf einen　　20
　　　|bekannten| Kalkül stoßen, wenn wir „weiter wissen".
　　　　　Aber dieses Weiter-Wissen ist eben auch d i s k u r s i v (nicht intuitiv)
　　　　　(Und es kommt eben hier heraus, was ich vor langer Zeit
　　　aufgeschrieben habe, daß wir nämlich „von Büchern" |und derlei
　　　Dingen| reden müssen und nicht von einem sprachlichen　　　　25　297
　　　Wolkenkuckucksheim.)

5　/　Das behaviouristische an meiner Auffassung/meiner Behandlung/
　　　besteht nur darin daß ich keinen Unterschied zwischen ‚außen' und
　　　‚innen' mache/wir keinen Unterschied zwischen ‚außen' und ‚innen'　　　30
　　　machen/. Weil mich/uns/ die Psychologie nichts angeht.

8　*Im MS:* so in mir |habe| als wäre
9　als wäre die ganze deutsche Grammatik und ⟨das …⟩
10　auf Etwas was man ⟨mir …⟩
10　(auf einmal, als Ganzes,) erfassen kann/besitze/
17　*Der Absatz ist im MS eine Bemerkung, durch einen Pfeil und eine Klammer am*
　　linken Rand der vorangehenden zugeordnet.
31　mich/uns/ –*zweite Variante im MS durchstrichen*

1 ∅ Ich glaube, das Charakteristische des primitiven Menschen ist es, daß er
nicht aus Meinungen handelt (dagegen Frazer). Ich lese unter vielen
ähnlichen Beispielen von einem Regen-König in Afrika zu dem die
Leute um Regen bitten wenn die Regenperiode kommt. Aber 5
das heißt doch daß sie nicht eigentlich meinen er könne Regen machen,
sonst würden sie es in der trockenen Periode des Jahres in der das Land
„a parched and arid desert" ist, machen. Denn wenn man annimmt daß
die Leute einmal aus Dummheit dieses Amt des Regenkönigs eingesetzt
haben so ist es doch gewiß klar daß sie schon vorher die Erfahrung 10
hatten, daß im März der Regen beginnt und sie hätten dann den
Regenkönig für den übrigen Teil des Jahres funktionieren lassen. Oder
auch so: Gegen morgen, wenn die Sonne aufgehen will werden von den
Menschen Riten des Tagwerdens celebriert aber nicht in der Nacht,
sondern da brennen sie einfach Lampen. 15

2 ∅ Wenn ich über etwas wütend bin so schlage ich manchmal mit meinem
Stock auf die Erde oder an einen Baum etc. aber ich glaube doch
nicht daß die Erde schuld ist oder das Schlagen etwas helfen kann. „Ich
lasse meinen Zorn aus". Und dieser Art sind alle Riten. Solche 20
Handlungen kann man Instinkt-Handlungen nennen. − Und eine
historische Erklärung etwa daß ich früher oder meine Vorfahren früher
geglaubt haben das Schlagen der Erde helfe etwas sind
Spiegelfechtereien denn sie sind überflüssige Annahmen die nichts
erklären. Wichtig ist die Ähnlichkeit des Aktes mit einem Akt der 25
Züchtigung aber mehr als diese Ähnlichkeit ist nicht zu konstatieren.
  Ist ein solches Phänomen einmal mit einem Instinkt den ich selber
besitze in Verbindung gebracht so ist eben dies die gewünschte
/ersehnte/ Erklärung; d.h. die welche das besondere puzzlement/diese
besondere Schwierigkeit/ löst. Und eine Betrachtung/weitere Forschung/ 30
über die Geschichte meines Instinkts bewegt sich nun auf andern
Bahnen.

3 ∅ Kein geringer Grund d.h. überhaupt kein Grund kann es gewesen sein
was gewisse Menschenrassen den Eichbaum verehren ließen, sondern 35
nur das, daß sie und die Eiche in einer Lebensgemeinschaft/Symbiose/
vereinigt waren also nicht aus Wahl sondern wie der Floh mit dem/und
der/ Hund |in ihrer Entstehung vereinigt|. (Entwickelten die Flöhe
einen Ritus, er würde sich auf den Hund beziehen) [mit einander
entstanden.] 40

4 ∅ Man könnte sagen nicht ihre Vereinigung (von Eiche und Mensch) hat
zu diesen Riten die Veranlassung gegeben, sondern vielleicht ihre
Trennung [sondern, in gewissem Sinne, ihre Trennung]
45

5 ∅ Denn das Erwachen des Intellekts geht mit einer Trennung von dem
ursprünglichen Boden der ursprünglichen Grundlage des Lebens vor
sich. (Die Entstehung der Wahl.)

298

---

23 früher geglaubt haben das Schlagen der Erde ⟨f...⟩
27 Ist ein solches | | Phänomen *–leergebliebenes Einfügungszeichen im MS*
36 den Eichbaum verehren ließen, sondern nur ⟨daß ...⟩
38 mit dem/und der/ *–erste Variante im MS durchstrichen*

2 ?/ „Ist die Vorstellung nur die Vorstellung, ... oder ist die Vorstellung
von Etwas in der Wirklichkeit?"
„Ist die Vorstellung nur die Vorstellung, oder ist die Vorstellung in   5
Beziehung auf die Wirklichkeit?"
„Ist die Vorstellung nur die Vorstellung, oder ist sie Vorstellung
von Etwas in der Wirklichkeit?"

3 ?/ Und von dieser Frage könnte man auch die Beziehung der Vorstellung   10
zum gemalten Bild erfassen.

4 ?/ Die Frage könnte aber nicht heißen: „Ist die Vorstellung immer
Vorstellung von etwas, was in der Wirklichkeit existiert" – denn das ist
sie offenbar nicht immer –; sondern, es müßte heißen: bezieht sich die   15
Vorstellung immer, wahr oder falsch, auf Wirklichkeit. – Denn das kann
man von einem gemalten Bild nicht sagen. –

5 Aber warum sollte man dann nicht sagen, daß die/eine/ Vorstellung
eine Vorstellung eines Traumes sei?   20

6 ?/ Verhalten sich nicht Vorstellung und Wirklichkeit zu einander wie ein
ebenes Bild zum dreidimensionalen Raum? in dem/welchem/ immer
etwas existieren k a n n, dessen Projection das ebene Bild ist?
(Also doch wohl wie die Sprache zur Wirklichkeit im Raum.)   25

7 .... quia plus loquitur inquisitio quam inventio ... (Augustinus)   300

8 / Manifestissima et usitatissima sunt, et eadem rursus nimis latent, et nova
est inventio eorum. (Augustinus)   30

9 Wenn man sagt, Vorstellungen seien privat, so ist man wieder von einer
falschen Analogie irregeleitet.

10 Könnte ich malen, daß es sich so verhält, wenn es keinen Sinn hätte, zu   35
sagen „es verhält sich so"?
Aber dieser Ausdruck „malen, daß es sich so verhält" ist selbst
problematisch. Er trägt bereits eine Deutung in das Bild hinein.

11 / Man wird sagen: der Maler der „Malheurs de Chasse" hat n i c h t   40
g e m e i n t daß es wirklich so zugeht, hätte er aber seine Bilder lehrhaft
(um zu zeigen wie es zugeht) gemeint, so wäre er im Unrecht gewesen.

5   nur die Vorstellung, oder ist die Vorstellung in ⟨Bezug ...⟩
10   Und von dieser Frage könnte man auch die Beziehung ⟨z...⟩
19   die/eine/ –erste Variante im MS durchstrichen
20   eine –im MS durchstrichen
32   Vorstellungen seien privat, so ist man wieder von einer ⟨F...⟩
32   falschen –im MS durchstrichen
41   n i c h t g e m e i n t daß es wirklich so zugeht, hätte er ⟨es ...⟩

333

1 / Aber dasselbe gilt doch auch von Erzählungen etwa des Baron
Münchhausen.

In dem Sinne in welchem man von ihnen sagen kann sie seien
nicht wahr kann man es allerdings auch von irgend einem Bild sagen
das keine historische Begebenheit/Tatsache/ darstellen soll.   5

2 / Anderseits kann man von jenen Erzählungen insofern nicht sagen sie
seien unwahr als sie gar nicht auf eine Methode der Verification deuten.
(Ebenso wie ein Genrebild)

.   10

.

.

.

9 *Im MS, in der letzten Leerzeile, in Wittgensteins Hand:* 12672 *über* 150. *Vermutlich
Referenz zur Schreibmaschinen-Synopse.*

SpringerPhilosophie

Kleine Bibliothek für das 21. Jahrhundert

Hrsg. von Ecke Bonk

Die „Kleine Bibliothek für das 21. Jahrhundert" ist eine Sammlung von Themen und Modellvorstellungen, die entweder bisher kaum zugänglich oder in Erinnerung zu rufen sind. Durch die Wiederveröffentlichungen in dieser Reihe wird versucht, einige „Pathosformeln" (Warburg) unserer konzeptionellen, spekulativen Betrachtung der Welt zusammenzutragen.

Gustav Theodor Fechner

Über die physikalische und philosophische Atomenlehre

1995. XV, 282 Seiten.

Broschiert DM 63,–, öS 438,–

Band 1. ISBN 3-211-82708-0

Die Frage „Gibt es Atome oder nicht?" bildet in der Mitte des 19. Jahrhunderts eine scharfe Trennlinie zwischen den empirischen Naturwissenschaften und der (noch mächtigen) Philosophie. In dieser Wendezeit, kurz bevor sich die moderne Atomphysik durchsetzt, begibt sich Gustav Theodor Fechner (1801–1887) auf eine gefährliche Gratwanderung.

Überzeugt von der Zukunftsperspektive atomistischer Ansätze sammelt und ordnet er Begründungszusammenhänge für eine moderne Physik, ohne dabei die Philosophie auszugrenzen, da sie unerläßlich für den begrifflichen Abschluß der physikalischen Untersuchungen ist.

Hermann von Helmholtz

Schriften zur Erkenntnistheorie

Kommentiert von Moritz Schlick und Paul Hertz

1998. 244 Seiten.

Broschiert DM 68,–, öS 476,–

Band 2. ISBN 3-211-82770-6

Hermann von Helmholtz (1821–1894) galt als der bedeutendste Physiker und Physiologe seiner Zeit.

Aus der Fülle seiner Publikationen stellten der Philosoph Moritz von Schlick und der Physiker und Mathematiker Paul Hertz 1921 aus Anlaß der 100-Jahrfeier seines Geburtstages den Band „Schriften zur Erkenntnistheorie" zusammen: • Über den Ursprung und die Bedeutung der geometrischen Axiome (o.J.) • Über die Tatsachen, die der Geometrie zugrunde liegen (1868) • Zählen und Messen, erkenntnistheoretisch betrachtet (1887) • Die Tatsachen in der Wahrnehmung (1878).

 SpringerWienNewYork

Sachsenplatz 4–6, P.O.Box 89, A-1201 Wien, Fax +43-1-330 24 26, e-mail: books@springer.at, Internet: http://www.springer.at
New York, NY 10010, 175 Fifth Avenue • D-14197 Berlin, Heidelberger Platz 3 • Tokyo 113, 3–13, Hongo 3-chome, Bunkyo-ku

SpringerPhilosophie

Veröffentlichungen des Instituts Wiener Kreis

Hrsg. von Friedrich Stadler

Fortsetzung der bei Hölder-Pichler-Tempsky begonnenen Reihe des „Wiener Kreises", der zu den einflußreichsten philosophischen Strömungen des 20. Jahrhunderts gehört, speziell als Wegbereiter der (sprach)analytischen Philosophie und Wissenschaftstheorie.

Kurt R. Fischer, Friedrich Stadler (Hrsg.)
„Wahrnehmung und Gegenstandswelt"
Zum Lebenswerk von
Egon Brunswik (1903–1955)
1997. 187 Seiten. 15 Abb. 1 Frontispiz.
Brosch. DM 54,–, öS 380,–
Band 4. ISBN 3-211-82864-8

Friedrich Stadler (Hrsg.)
Bausteine wissenschaftlicher Weltauffassung
Lecture Series / Vorträge des Instituts
Wiener Kreis 1992–1995
1997. 231 Seiten. Text: deutsch/englisch
Brosch. DM 60,–, öS 420,–
Band 5. ISBN 3-211-82865-6

Friedrich Stadler (Hrsg.)
Phänomenologie und logischer Empirismus
Zentenarium Felix Kaufmann (1895–1949)
1997. 163 Seiten. 1 Frontispiz.
Brosch. DM 52,–, öS 360,–
Band 7. ISBN 3-211-82937-7

Friedrich Stadler (Hrsg.)
Elemente moderner Wissenschaftstheorie
1999. Etwa 250 Seiten. 16 Abb.
Brosch. etwa DM 64,–, öS 448,–
Band 8. ISBN 3-211-83315-3
Erscheint Herbst 1999

Thomas E. Uebel
Vernunftkritik und Wissenschaft – Otto Neurath und der Erste Wiener Kreis im Diskurs der Moderne
1999. Etwa 300 Seiten.
Brosch. etwa DM 98,–, öS 686,–
Band 9. ISBN 3-211-83255-6
Erscheint Herbst 1999

Albert Müller, Karl H. Müller,
Friedrich Stadler (Hrsg.)
Konstruktivismus und Kognitionswissenschaft
Kulturelle Wurzeln und Ergebnisse
Heinz von Foerster gewidmet
1997. 265 Seiten. 22 Abb. 1 Frontispiz.
Brosch. DM 66,–, öS 460,–
Sonderband. ISBN 3-211-83059-6

 SpringerWienNewYork

Sachsenplatz 4–6, P.O.Box 89, A-1201 Wien, Fax +43-1-330 24 26, e-mail: books@springer.at, Internet: http://www.springer.at
New York, NY 10010, 175 Fifth Avenue • D-14197 Berlin, Heidelberger Platz 3 • Tokyo 113, 3–13, Hongo 3-chome, Bunkyo-ku

MIX
Papier aus verantwortungsvollen Quellen
Paper from responsible sources
FSC® C105338

If you have any concerns about our products,
you can contact us on
ProductSafety@springernature.com

In case Publisher is established outside the EU,
the EU authorized representative is:
Springer Nature Customer Service Center GmbH
Europaplatz 3, 69115 Heidelberg, Germany

Printed by Libri Plureos GmbH
in Hamburg, Germany